D0463915

Reine Noor

Reine Noor

Souvenirs
d'une vie inattendue

Traduit de l'américain par Anne-Marie Hussein

BUCHET/CHASTEL

Titre original :
LEAP OF FAITH – Memoirs of an Unexpected Life
Hyperion, New York
© 2003 Her Majesty Queen Noor
First published by Miramax Books, an imprint of Miramax Film Corp., New York, NY
Published by arrangement with Linda Michaels Limited, International Literary Agents

Et pour la traduction française
© Buchet/Chastel, un département de Meta-Éditions, 2004
7, rue des Canettes, 75006 Paris
ISBN 2-283-02004-2

Pour mon bien-aimé Hussein
Lumière de ma vie
« *Œuvre pour la vie sur cette terre comme
si tu devais vivre pour toujours et œuvre
pour la vie future au ciel comme si tu devais
mourir demain.* »

Remerciements

J'avais toujours imaginé que, si je devais un jour raconter mon histoire, ce serait pendant une période calme et méditative, à la fin de ma vie active, lorsque peut-être j'aurais un récit complet à faire. Après la mort de mon mari, beaucoup de gens m'ont cependant incitée à partager mes souvenirs et ma vision du legs laissé par Hussein à un moment où il peut se révéler d'un intérêt particulier.

Écrit dans un esprit de réconciliation, ce livre contribuera, je l'espère, à faire mieux connaître, surtout en Occident, les événements qui ont façonné le Moyen-Orient moderne. Il a pour ambition d'éclairer les problèmes auxquels le monde arabe est confronté et de mettre en lumière les vraies valeurs de l'islam. Je me suis souvent exprimée sur la nécessité de bâtir des ponts entre les cultures afin de nouer un dialogue constructif ; j'espère vivement que ce livre encouragera certains lecteurs à mettre cet idéal en pratique. Je ne prétends pas faire œuvre de politologue, d'historienne ou de théologienne ; j'ai veillé à l'exactitude de ce que j'écrivais et j'ai parlé, dans la mesure du possible, de ce dont j'ai été moi-même témoin.

Les opinions exposées dans ces pages sont naturellement entièrement miennes, mais elles ont été affinées au cours d'échanges de vue nombreux et animés avec des amis et des conseillers. Elles n'appartiennent cependant qu'à moi et ne représentent en aucune façon la position officielle du gouvernement jordanien.

Écrire ses mémoires exige un travail intensément personnel fait de réflexion et d'une certaine mesure d'introspection, j'en ai fait

l'expérience. Pendant la rédaction de ces pages, quelquefois douloureuse et souvent laborieuse, j'ai eu la chance de bénéficier de
l'aide de nombreuses personnes remarquables, à l'esprit extraordi-
nairement créatif. Pendant la phase consacrée au rassemblement
des documents, Linda Bird Francke a passé de longues heures avec
moi à examiner le matériau constituant les sources de base, en
particulier le journal que je tiens quotidiennement depuis vingt-
cinq ans. Elle s'est rendue en Jordanie où elle a interviewé divers
membres de la famille, mes amis et mes collègues. Victoria Pope a
été pour moi à la fois une amie et un guide infatigable et précieux
pendant toute la période critique de l'écriture du livre, et le texte
final doit beaucoup à son talent de rédactrice. Il a aussi bénéficié du
professionnalisme dont Peter Guzzardi a fait preuve en relisant le
manuscrit. Hania Dakhgan mérite aussi d'être remerciée pour son
aide cruciale durant les derniers mois frénétiques précédant la date
de la remise du manuscrit et pour les recherches qu'elle a effec-
tuées. La cohérence de l'ouvrage et la fluidité du récit doivent
beaucoup à ses conseils. Ghadeer Taher et Basma Lozi ont elles
aussi apporté une contribution importante.

Je suis reconnaissante à Robert B. Barnett, à Tina Brown et à
Jonathan Burnham d'avoir eu foi en ce livre dès le départ. J'ai aussi
une dette de gratitude envers Caroline Migdadi, Manal Jazi, Carol
Adwan, Gail Nash Brown, Elizabeth Corke, Dianne Smith, Carlo
Miotti, Jennifer Georgia, Tufan Kolan, Christine Anger, Liesa
Segovia, Janell Bragg, Susan Mercandetti, Hilary Bass, Jill Ellyn
Riley, Kristin Powers et Kathie Berlin.

J'ai également reçu conseils et soutien de la part de membres de
la famille et d'amis. Mes parents, Doris et Najeeb Halaby, mon
frère Chris, ma sœur Alexa et mes cousins Rodrigo et Pedro
Arboleda m'ont aidée à reconstituer l'histoire de notre famille
racontée dans les premiers chapitres. Les enfants de Hussein et
ceux que nous avons eus ensemble, Faysal, Hamzah, Hachim,
Iman, Raiyah et Abir, nos neveux, les princes Talal et Ghazi, le
prince Raad et la princesse Majda, le prince Ali bin Nayef et la
princesse Widjan, le prince Zeid bin Chaker (qui a apporté soutien
et réconfort à tant d'entre nous après la mort de Sidi et jusqu'à ce
qu'il nous quitte lui-même, trop vite, pour rejoindre son très cher

ami et frère) m'ont tous aidée en puisant dans leurs souvenirs heureux et en fournissant d'intéressants points de vue culturels et historiques. De nombreux amis m'ont encouragée, notamment la reine Sophie, l'impératrice Farah, le roi Constantin et la reine Anne-Marie, Swanee Hunt, Camille Douglas, Marion Freeman, Tessa Kennedy, Melissa Mathison, Sarah Pillsbury, Lucky Roosevelt, Gillian Rowan, Steven Spielberg et Nadine Subailat. À eux tous, un grand merci.

J'ai une dette de reconnaissance particulière envers les chercheurs qui, ainsi que plusieurs amis très chers, ont aidé à vérifier et revérifier les faits concernant la région. Parmi eux, je tiens à citer Moustapha Akkad, Aysar Akrawi, Fouad Ayyoub, Lina Attel, Adnan Badran, le docteur Sima Bahous, Ghazi Bisheh, Timoor Daghastani, Ali Ghandour, Sheikh Ahmed Hllayel, Rana Husseini, Khaled Irani, Ibrahim Izzedin, Abdul Kareem Kabariti, Rami Khouri, Lina Kopti, Ali Mahafza, Ashraf Malhas, Hussein Majali, Suleiman al-Moussa, Sheikh Walid al-Said, Rebecca Salti, Kamel Sharif, Hana Shaheen, Ali Shukri, Jafar Toukan, Abla Zureikat, le docteur Fouad Ajami, Kareem Fahim, Katherine Johnston Hutto, le docteur Sheila Johnston, Alison McIntyre, Megan Ring, Burdett Rooney, Jerry White et Richard Verrall. Les magnifiques médaillons qui ornent le début des chapitres du livre original sont dus au talent du dessinateur jordanien Andrea Attallah.

Je voudrais enfin remercier tout particulièrement mes enfants pour leur patience pendant ces quelques années que j'ai presque entièrement consacrées à la rédaction de ce livre. C'est grâce au soutien qu'ils m'ont apporté et à la mémoire de leur père que j'ai pu poursuivre ma tâche, même lorsqu'elle me semblait écrasante. Que Dieu les bénisse tous.

CHAPITRE 1

Premières impressions

J'ai vu mon futur mari pour la première fois à travers l'objectif d'un appareil de photo. J'étais avec mon père sur le tarmac de l'aéroport d'Amman, la capitale de la Jordanie, lorsque le roi Hussein s'est avancé pour nous accueillir. Mon père, que rien n'arrêtait jamais, m'a tendu son appareil. « Prends-moi en photo avec le roi », m'a-t-il dit. Malgré mon embarras, j'ai obéi : sur l'instantané, on voit les deux hommes côte à côte et, à l'arrière plan, la princesse Alia, fille aînée du souverain. Mon père a échangé quelques mots avec le monarque qui a ensuite prié son épouse, la reine Alia, de le rejoindre pour faire notre connaissance.

C'était en 1976. Mon père m'avait demandé de l'accompagner en Jordanie où il avait été convié à une cérémonie célébrant la réception du premier Boeing 747 acheté par ce pays. Mon père, Najeeb Halaby, ancien directeur général d'une compagnie aérienne et ancien patron de la FAA[1] présidait le comité-conseil de la compagnie aérienne jordanienne pour l'international. Sa visite à Amman avait également pour objectif de jeter les bases d'une école d'aviation panarabe, projet ambitieux visant à réduire la dépendance de la région vis-à-vis de l'étranger en matière de main-d'œuvre et de moyens de formation. L'idée d'un tel établissement, qui était venue au roi Hussein, à mon père et à d'autres passionnés d'aéronautique originaires du Moyen-Orient, commençait seulement à prendre forme. Disponible car je venais de quitter un emploi

1. Federal Aviation Administration : la Direction fédérale de l'aviation civile. *(N.d.T.)*

à Téhéran, j'avais saisi avec empressement cette occasion de visiter la Jordanie où j'avais déjà fait un bref séjour un peu plus tôt la même année. Un nouveau voyage dans cette partie du Moyen-Orient me ramènerait au pays de mes ancêtres et me ferait, je l'espérais, retrouver les racines arabes de la branche Halaby de ma famille.

Je me rappelle clairement mes premières impressions de la Jordanie. J'avais quitté l'Iran où je travaillais pour un cabinet d'architecte anglais et rentrais aux États-Unis en avion. En regardant par le hublot, j'avais été fascinée par le paysage désertique, étendue sereine qui se parait d'or au soleil couchant. Un extraordinaire sentiment d'appartenance m'avait envahie, une sensation presque mystique de paix.

C'était le printemps, saison magique où, sous l'effet des pluies, les montagnes et les vallées, brunes en hiver, reverdissent, et où les anémones sauvages couvrent la terre de pois rouges. Des gens vendaient des oranges, des bananes, des fraises, des tomates et des laitues tout le long de la route qui serpentait à travers les champs et les vergers luxuriants de la vallée du Jourdain ; des citadins qui avaient quitté la fraîcheur du haut plateau d'Amman pique-niquaient en famille sur les rives de la mer Morte. Une impression de chaleur et de joie se dégageait de l'ensemble, et la merveilleuse harmonie existant entre le passé et le présent m'envoûtait – les moutons qui paissaient dans des champs ou des terrains en friche avoisinant des immeubles de bureaux flambant neufs ou des hôpitaux ultramodernes. Je me souviens en particulier des lycéens marchant dans la campagne aux alentours d'Amman, livres ouverts à la main, absorbés dans la préparation du *Tawjihi*, l'examen de fin d'études secondaires.

Je savais, pour avoir regardé des cartes, à quel point la Jordanie était proche d'Israël et des territoires occupés de la Palestine, mais je ne l'ai véritablement compris qu'au moment où, de la rive jordanienne de la mer Morte, j'ai vu l'antique cité de Jéricho située en Cisjordanie occupée. La Jordanie a en effet une plus longue frontière en commun avec Israël que tout autre pays : elle s'étend sur 640 km du lac de Tibériade au nord au golfe d'Akaba au sud. Si le paysage a conservé sa beauté, la Seconde Guerre mondiale, trois guerres israélo-arabes et d'innombrables escarmouches ont laissé la ligne de cessez-le-feu entre les deux pays – une bande de terre sacrée dont les prophètes ont autrefois foulé le sol – criblée de mines.

À l'époque, je connaissais seulement la Jordanie par ce que j'avais lu dans la presse ou entendu au hasard des conversations. J'avais néanmoins conscience de la position unique occupée par le roi Hussein dans la région. Partisan fervent du panarabisme, doté d'une connaissance approfondie de la civilisation occidentale, c'était un fidèle défenseur de la modération en politique et un membre actif du mouvement du non-alignement. En raison de sa position stratégique entre Israël, l'Arabie saoudite, la Syrie et l'Irak, la Jordanie jouait, je le savais, un rôle clé dans la recherche de la paix au Moyen-Orient. Pendant mon séjour, j'appris aussi que le roi était un Hachémite – un descendant direct du prophète Mahomet, *Que la paix soit sur lui* –, ce qui lui valait un respect particulier de la part des musulmans.

Au début de l'année 1976, date à laquelle j'y suis allée pour la première fois, la Jordanie était un mélange fascinant de modernité et de tradition. L'émirat de Transjordanie, fondé en 1921, avait accédé à l'indépendance en 1946 et pris le nom de Royaume hachémite de Jordanie. Sous l'impulsion de son fondateur, le roi Abdallah, puis de celle de son petit-fils, le roi Hussein, le pays connut un développement soutenu et devint un État moderne. Une fois privée, après la création d'Israël, de son accès historique aux ports commerciaux de la Méditerranée via la Palestine, la Jordanie fit d'Akaba un port ouvert sur la mer Rouge et, au-delà, sur l'océan Indien.

Lors de ma première visite, le gouvernement venait de se lancer dans une modernisation ambitieuse des télécommunications. À l'époque il fallait des heures pour obtenir un numéro de téléphone à Amman ; on ne pouvait pas appeler l'étranger sans passer par un opérateur et les communications étaient parfois coupées lorsque des oiseaux se posaient sur les fils de cuivre. Mais un réseau ultra-moderne allait bientôt être mis en place jusque dans les parties les plus reculées du pays.

On avait construit de nouvelles routes asphaltées, reliant surtout le nord au sud, et complétant les routes commerciales traditionnelles qui partaient vers l'ouest et traversaient la Palestine. Il était facile d'aller en voiture de la frontière nord de la Jordanie avec la Syrie jusqu'à Akaba en empruntant la moderne Route du Désert, comme je l'ai fait moi-même lors de ce premier séjour. En chemin, j'ai vu des Bédouins nomades surveillant leur bétail et des enfants entrant et sortant des *beit esh-sha'ar*, les tentes typiques faites de poil de chèvre noire. Tandis que le jour cédait la place à la nuit, je ne pouvais pas détacher mon regard de l'éclat doré des hauteurs rocheuses sur les flancs desquelles paissaient des moutons, presque iridescents dans la lumière du couchant.

La Route du Désert était la plus rapide et la plus directe pour aller vers le sud, mais je lui préférais la pittoresque Route royale qui suivait les anciennes pistes caravanières. Les Rois mages l'avaient empruntée, dit-on, au moins pendant une partie de leur trajet vers Bethléem, et Moïse aussi quand il conduisit son peuple au pays de Canaan. « Nous suivrons la Route royale jusqu'à ce que nous ayons franchi ton territoire », lit-on dans la Bible (Nombres 21 : 21-22) à propos de l'autorisation qu'il demanda, en vain, au roi Sihon de traverser son royaume. Avec mes deux appareils Nikon, toujours pendus à mon cou, j'ai pris de nombreuses photographies du mont Nébo, près duquel Moïse est supposé être enterré, et des magnifiques mosaïques décorant les églises situées à proximité de la Route royale.

Au temps des premières civilisations, on entretenait la piste de sable empruntée par les caravanes d'ânes et de chameaux chargés d'or et d'épices, et les Romains en pavèrent certaines parties pour la rendre carrossable. La Route royale et ses alentours sont parsemés de vestiges témoignant de dix mille ans de civilisation : des impressionnantes statues néolithiques en plâtre aux yeux bordés de noir, les plus anciennes représentations de l'homme, jusqu'aux ruines de Rabbat-Ammon, la capitale des Ammonites qui date de l'âge de fer et forme le noyau central de la ville actuelle d'Amman.

Durant cette première visite en Jordanie, j'ai contemplé des trésors archéologiques éblouissants parmi lesquels, sur les collines de Gila, la ville de Jérach avec son enceinte, ses rues bordées de colonnades, ses temples et ses théâtres. À l'est, des lacs couvraient autrefois le désert dont le sable recèle aujourd'hui des dents de lions et des défenses d'éléphants fossiles. Sur la route de Bagdad se dressent les « châteaux du désert », édifices islamiques vieux de mille trois cents ans érigés par les Omeyyades, une dynastie musulmane fondée en 661 après J.-C. par le calife Muawiya Ier. Avec leurs fresques pittoresques, leurs mosaïques colorées représentant des animaux et des fruits et leurs thermes chauffés, ce sont des témoins d'un passé fabuleux.

Un peu plus au sud, à quelques heures de route, l'ancienne cité nabatéenne de Pétra a été taillée dans le grès multicolore des montagnes environnantes. Restée inconnue des Occidentaux pendant sept cents ans, elle a été découverte par hasard, en 1812, par l'explorateur suisse Johann Burckhardt. Pour y pénétrer, il faut suivre pendant un kilomètre et demi un étroit *siq*, un défilé naturel qui débouche sur ces extraordinaires merveilles que sont ses sanctuaires, ses temples et ses tombes sculptés dans la pierre. Le sol et les murs des grottes et des monuments flamboient de veines rouges, bleues, jaunes, pourpres et or qui courent dans la roche et offrent une gamme de couleurs et de motifs naturels d'une richesse qu'aucun artiste ne pourrait égaler.

Lors de ce premier voyage, j'ai exploré Amman à pied. Des hommes traversaient le centre-ville, conduisant leurs troupeaux d'une zone herbeuse à une autre. Ils faisaient tellement partie du paysage que personne ne klaxonnait ni ne s'impatientait en attendant qu'ils aient dégagé le passage : les animaux et leur berger avaient la priorité. J'ai flâné au marché, admirant les magnifiques objets incrustés de nacre – cadres, coffrets et damiers – ainsi que les vases bleus de cobalt, verts et ambre appelés verrerie d'Hébron. Amman avait un air typiquement méditerranéen avec ses maisons blanches et ses villas construites sur les flancs et aux alentours des sept célèbres collines conquises au IIIe siècle avant J.-C. par le général hellénistique Ptolémée II Philadelphus. Dans la chambre que j'occupais à l'hôtel Intercontinental, situé sur une hauteur dominant deux vallées, j'écoutais chaque matin, dans le calme précédant l'aube, le premier appel à la prière, *Al Fajr*, captivée par la voix du muezzin dont la mélopée rythmique se répercutait dans les collines environnantes. La capitale de la Jordanie était paisible, à l'inverse de Téhéran où j'avais été témoin d'une agitation croissante au cours des derniers mois que j'y avais passés.

En ce jour fatidique où mon père m'a présentée au roi Hussein sur le tarmac, les gens se pressaient autour du monarque en une masse compacte : des membres de sa famille, des dignitaires de la cour et des personnalités officielles, parmi lesquelles le directeur de la compagnie aérienne jordanienne, Ali Ghandour, un vieil ami de mon père qui nous avait invités à la cérémonie. Le roi, passionné d'aviation depuis son enfance, était venu célébrer un événement important pour la compagnie aérienne chère à son cœur, qu'il considérait comme un lien vital entre la Jordanie et le reste du monde. Sans doute aurait-il désiré monter dans le cockpit et décoller aux commandes du premier 747 du pays. Il restait néanmoins prisonnier au milieu de courtisans, de fonctionnaires, de gardes et de parents. Le groupe, retenu semblait-il par un fil invisible, suivait le monarque dans ses moindres déplacements.

En observant la scène, j'ai été frappée de voir que le souverain ne perdait jamais son calme ni son sourire, en dépit du terrible bruit et de la confusion ambiante. La photographie que mon père m'avait demandé de prendre à l'aérodrome m'a longtemps rappelé ce moment. Je l'ai gardée dans mon bureau pendant mes fiançailles et pendant les premières années de mon mariage, dans le simple cadre de papier fourni par le magasin où elle avait été développée. À mon grand regret, elle a disparu il y a à peu près dix ans, lorsque j'ai cherché à en faire faire une copie. Je n'ai pas perdu l'espoir de la voir tomber d'un livre ou réapparaître dans le tiroir d'un bureau ; il est rare de posséder un témoignage visuel des tout premiers instants passés avec l'homme de sa vie.

Ce court séjour en Jordanie s'est terminé par un déjeuner dans la résidence du roi à Akaba, lieu d'une agréable simplicité. Loin d'habiter un palais imposant, le monarque vivait avec les siens en bordure de la plage, dans une villa relativement modeste faisant face à la mer. Ses invités et les autres membres de son entourage familial étaient logés dans de petits bungalows groupés tout autour.

Le monarque était en voyage ce jour-là, mais il avait chargé Ali

Ghandour d'emmener son « cher ami Najeeb » déjeuner à Akaba. En dégustant les *mezzah*, un assortiment de hors-d'œuvre parmi lesquels du taboulé, du hoummos et des légumes marinés, les convives se sont vite mis à parler politique et à évoquer le Liban, en proie à une guerre civile meurtrière. J'écoutais avec attention et posais de nombreuses questions, fascinée par les événements politiques complexes dont la région était le théâtre.

Akaba était un endroit merveilleux, mais notre séjour en Jordanie touchait à sa fin. Bientôt, je serais de nouveau à New York, à la recherche d'un emploi de journaliste. Je n'imaginais pas un seul instant que, moins de trois mois plus tard, je retournerais en Jordanie, et que cette nouvelle visite déciderait de ma destinée. Peut-être aurais-je dû prendre plus au sérieux une prédiction faite au cours d'une de mes dernières soirées à Téhéran, peu de temps auparavant. Lors d'un dîner d'adieu organisé dans un restaurant du centre-ville, un ami avait lu mon avenir au fond de ma tasse de café, à la manière traditionnelle en honneur au Moyen-Orient. Il l'avait agitée, renversée, remise à l'endroit, puis avait étudié les motifs dessinés dans le marc. « Vous retournerez en Arabie, avait-il prédit. Et vous épouserez quelqu'un de sang noble, un aristocrate du pays de vos ancêtres. »

CHAPITRE 2

Racines

J'ai appris l'histoire de ma famille à l'âge de six ans. Nous habitions alors en Californie, à Santa Monica. Un jour, dans la chambre de mes parents, qui donnait sur l'océan, ma mère m'a parlé de mon double héritage : suédois et européen de son côté, arabe du côté de mon père. Après notre conversation, je me rappelle être restée assise seule à contempler l'horizon sans limites. Tout à coup, mon univers semblait s'être élargi. Non seulement j'avais un sentiment nouveau de ma propre identité, mais je me sentais pour la première fois reliée à une famille plus grande, à un monde plus vaste. J'étais surtout curieuse de mes racines arabes, ce qui irritait ma mère – et a continué longtemps à la contrarier. Mais comment ses ancêtres, de robustes travailleurs, auraient-ils pu rivaliser dans mon imagination avec les fringants frères Halaby ?

Mon grand-père arabe, Najeeb, et son frère aîné, Habib, n'avaient respectivement que douze et quatorze ans lorsqu'ils quittèrent Beyrouth pour Ellis Island. Ils firent la traversée comme passagers d'entrepont, avec leur mère, Almas, et leurs cadets. La famille était originaire de la ville syrienne de Halab – ou Alep – grande capitale culturelle et centre intellectuel du monde arabe. Après un bref séjour au Liban, dans le pittoresque village de Zahle, mon grand-père avait rejoint les siens à Beyrouth et s'était embarqué avec eux pour le Nouveau Monde. Pour tout bagage, les voyageurs se chargèrent d'énormes sacs bourrés de tapis d'Orient, de tissus damassés, d'objets de cuivre et de bijoux, superbes produits de leur pays dont ils comptaient faire commerce le temps de s'habituer à leur nouvelle vie. Les fils Halaby parlaient à peine l'anglais et ne connaissaient personne en Amérique, mais ils se révélèrent aussi débrouillards qu'ils étaient séduisants. Ils emportèrent leurs ballots à Bare Harbor, une station balnéaire du Maine où Najeeb rencontra et réussit à circonvenir Frances Cleveland, la jeune et jolie épouse du président Grover Cleveland. Les lettres de recommandation que la première dame des États-Unis donna aux jeunes Arabes leur assurèrent un succès initial.

Habib resta à New York et monta une affaire d'import-export tandis que Najeeb partait pour le Texas, attiré par les perspectives qu'offraient le pétrole et le coton. Beau jeune homme basané, galant et exotique, Najeeb ne passa pas inaperçu dans la société conservatrice de Dallas. Il y rencontra Laura Wilkins, une décoratrice d'intérieur, fille d'un propriétaire de ranch, qui devint sa femme en 1914. Les époux fondèrent les Galeries Halaby, en alliant les compétences commerciales de l'un au goût pour l'art et la décoration de l'autre. Ils recrutèrent leur clientèle parmi les habitants riches et épris de mode de Dallas, Houston et Fort Worth. Leur succès fut tel que, lorsque Stanley Marcus et son partenaire, Al-Neiman, agrandirent le magasin qu'ils possédaient dans le centre de Dallas, au milieu des années vingt, ils invitèrent Najeeb et Laura Halaby à louer les deux derniers étages de leur établissement et à s'y installer. Il y a plus d'un demi-siècle, le trio clairvoyant formé par Neiman, Marcus et Halaby créa, au cœur de la capitale du Texas, un centre commercial dédié au commerce du luxe.

Cet esprit d'entreprise était peut-être un trait de famille. Camile, le jeune frère de Habib et de Najeeb, en fit preuve lui aussi, mais d'une manière moins conventionnelle. Alors que ses aînés faisaient leur chemin aux États-Unis, il décida de quitter Brooklyn pour l'Amérique du Sud. Sa mère – Almas, mon arrière-grand-mère, qui parlait à peine trois mots d'anglais – avait lu une annonce dans le *New York Times* promettant une récompense à quiconque réussirait à repêcher une drague remplie d'or, échouée au fond de l'Atrato, fleuve traversant la forêt vierge dans un lointain pays appelé la Colombie. L'accident avait mis la compagnie minière Choco Pacific au bord de la ruine, et son seul espoir d'éviter la faillite était de recouvrer le métal précieux. Camile arriva en Colombie sans parler un mot d'espagnol et s'enfonça courageusement dans l'une des forêts tropicales les moins hospitalières du monde. Partant du port de Barranquilla, il traversa la jungle de la péninsule Daríen, finit par récupérer la drague, reçut la récompense et, après avoir franchi la cordillère des Andes, arriva à Medellín où une beauté locale lui accorda sa main. Il s'installa en Colombie, y prospéra en tant que représentant de fabricants de textiles, puis devint propriétaire de plusieurs usines de textiles et copropriétaire d'une fabrique de chaudières. Il en vint à jouir, ainsi que ses proches, d'un statut de notable à Medellín. (Cette position éminente eut d'ailleurs plus tard des conséquences dramatiques puisque plusieurs membres de sa famille furent kidnappés et rançonnés, et deux d'entre eux trouvèrent la mort au cours de luttes intestines entre factions terroristes.)

Mon père, né à Dallas en 1915, était fils unique. Ma grand-mère l'adorait et comblait tous ses désirs. Élève d'un établissement d'enseignement privé, il vécut dans une demeure superbement meublée qui servait aussi de vitrine aux Galeries Halaby. Contrairement à beaucoup d'immigrants, mon grand-père n'américanisa jamais son nom, ce qui était tout à son honneur. Il n'en était pas moins accepté dans la société texane et fut même admis au Dallas Athletic Club en dépit des nombreuses restrictions imposées aux étrangers d'origines diverses qui affluaient au Nouveau Monde. La seule concession qu'il fit à son pays d'adoption, mis à part son surnom de Ned, fut de troquer, sous l'influence de sa femme, la religion grecque orthodoxe de son enfance contre la doctrine de la science chrétienne. Après sa conversion, il se conforma aux enseignements de Mary Baker Eddy qui recommandait l'emploi exclusif de moyens spirituels pour le traitement des maladies. À l'instar de ma grand-mère, il ne consultait jamais de médecin et refusait l'usage des médicaments, pratique qui explique peut-être en partie pourquoi il mourut relativement jeune. Après avoir attendu que la foi le guérisse de ce qu'il prenait pour une angine, grand-père Najeeb était très affaibli quand il finit par accepter d'entrer à l'hôpital où la septicémie l'emporta. Son fils – mon père – n'avait que douze ans.

Après la mort prématurée de son mari, ma grand-mère maternelle vendit les Galeries Halaby et partit s'installer en Californie. Elle s'y remaria peu de temps après avec un riche Français de La Nouvelle-Orléans. Le mariage, qui dura six ou sept ans, souffrit, semble-t-il, des relations entre mon père et son beau-père. La sollicitude excessive de Laura envers son fils suscitait la jalousie de son mari et fut sans doute, dans une certaine mesure, responsable de la mésentente entre les époux. Laura avait assurément de quoi être fière de son petit « Jeeb ». Il excellait dans tout ce qu'il entreprenait et faisait preuve d'un robuste appétit de vivre. Inscrit à l'université de Stanford, il y devint capitaine de l'équipe de golf, puis suivit les cours de la faculté de droit de Yale. Après en être sorti diplômé, il devint aviateur et servit de pilote de référence. Pendant la Seconde Guerre mondiale il se vit confier, par la société Lockeed, les commandes du bimoteur P.38, du bombardier *Hudson* et de l'avion de transport *Lodestar*, en tant que pilote d'essai. Entré plus tard dans la marine, il fut affecté au Service de test des chasseurs embarqués et pilota plus de cinquante types d'appareils, parmi lesquels le premier jet américain.

Mon père possédait toutes les qualités indispensables à un pilote d'essai. Il était audacieux, sûr de son habileté technique, capable d'une grande concentration, prêt à prendre des risques et doté en même temps de la largeur de vue et de l'optimisme propres aux aviateurs, traits de caractère qu'il partageait avec mon futur mari. L'occasion lui fut fournie de donner la mesure de ses talents pendant son temps dans la marine, quand il fut chargé de faire grimper le premier jet encore fruste, le YP-59, à quarante-six mille neuf cents pieds, une altitude jusque-là jamais atteinte par un avion. Une fois le record battu, il oublia, dans son excitation, de consulter la jauge de carburant. À cent vingt mille pieds, les deux moteurs tombèrent en panne et l'appareil se trouva privé de force motrice, de radio, ainsi que de commandes électroniques pour abaisser les volets et faire sortir le train d'atterrissage. Il dut opérer manuellement – exactement cent vingt-sept tours de manivelle, nota-t-il plus tard. Il y parvint avec quelques secondes de marge, à cent pieds au-dessus de la piste. Il amorça ensuite une descente planée et réussit un atterrissage sans aucun moteur.

À une fête de Thanksgiving donnée à Washington en 1945, quelques mois après la fin de la guerre, Najeeb Halaby fit la connaissance de ma mère, Doris Carlquist. Elle était grande, blonde, d'origine suédoise et venait comme lui de la côte Ouest.

Les deux jeunes gens semblaient faits l'un pour l'autre. Ils avaient tous deux rejoint la côte Est pour participer à l'effort de guerre, lui en tant que pilote d'essai, elle pour remplir des fonctions administratives, d'abord au Bureau de contrôle des prix, puis au Département d'État, dans le service chargé des questions relatives à l'Allemagne et à l'Autriche occupées. Ils se découvrirent vite un intérêt commun pour la politique. « J'avais pour la première fois rencontré une jeune fille intelligente et pleine d'humour, qui aimait autant les échanges de vue que moi », dit-il plus tard. Tous deux étaient des idéalistes. « Comme moi, elle rêvait de paix mondiale et de compréhension entre les peuples », ajouta-t-il. Trois mois plus tard ils étaient mariés.

La vie d'épouse dut être difficile pour ma mère. Mon père, un bourreau de travail, était rarement à la maison. Après la guerre, il était entré au Bureau de recherches et de renseignements, un nouveau service créé au sein du Département d'État. À peine plus d'un an après leur mariage, il passa l'été en Arabie saoudite en tant que conseiller en aéronautique du roi Abdel Aziz Ibn Saoud. De retour à Washington, il réussit à persuader son ministère d'augmenter l'assistance militaire et technique octroyée par les États-Unis à cet État riche en pétrole.

Lors de la réorganisation, après la guerre, de certains ministères, diverses branches de l'armée furent regroupées, en 1947, au sein du tout nouveau secrétariat d'État à la Défense. Mon père quitta alors les Affaires étrangères pour le Pentagone où il devint un des collaborateurs du premier secrétaire à la Défense, James Forrestal. Il conserva ses fonctions lorsque ce dernier quitta les siennes : sous Truman, il participa à la création de l'OTAN et, sous Eisenhower, occupa auprès du ministre le poste important de délégué aux questions internationales de sécurité. Au moment de ma naissance, en août 1951, il était las du service de l'État. Le secteur privé le tentait, ne serait-ce que pour des raisons financières. En 1953, à un dîner d'officiers de réserve de la marine, il rencontra Laurence Rockefeller, l'actionnaire principal de la Eastern Airlines, qui lui offrit un poste. Cette année-là, la famille s'installa à New York.

Mes premiers souvenirs d'enfance datent à peu près de cette époque. Christian, mon frère, est né en 1953 et Alexa, ma sœur, en 1955. L'école maternelle que je fréquentais était située à Manhattan, non loin de notre appartement de la 73ᵉ rue Est. Dans la salle de classe sombre, surpeuplée et surchauffée, j'étais déchirée entre le désir instinctif de m'intégrer au groupe et celui de me tenir à l'écart en préservant mon indépendance. J'ai l'impression d'avoir toujours été timide. Enfant, je me cachais lorsque mes parents recevaient des invités pour éviter d'avoir à échanger des banalités avec eux. J'avais peu d'amis, mais nous étions très proches, et cela seul m'importait.

Nous avons beaucoup déménagé pendant mon enfance, et ces changements continuels ont renforcé ma réserve naturelle. Tous les deux ou trois ans, je devais m'adapter à une nouvelle maison, une nouvelle école, de nouveaux amis, un nouvel environnement, une nouvelle ville. Un sentiment d'exclusion m'habitait sans cesse. Il me fallait toujours observer, étudier, apprendre, me familiariser avec des gens et des groupes inconnus.

Mon père me jugeait « distante » et ma mère, inquiète de mon goût supposé pour la solitude, me conduisit chez un pédopsychiatre. Il l'assura que cela passerait avec le temps. Il se trompait. Aujourd'hui encore, je préfère les conversations dont la teneur est intellectuelle. Peut-être est-ce pour cela que je me suis toujours sentie incapable d'échanger des propos mondains : ils m'agacent, comme les intrigues et les commérages dont j'ai horreur.

Ma gaucherie vient sans doute d'un sentiment d'infériorité dû en grande partie à mes relations avec mon père. Son perfectionnisme l'empêchait d'être jamais satisfait. J'avais l'impression que je ne pourrais jamais être à la hauteur et, comme j'étais l'aînée, c'était de moi qu'il attendait le plus. Je n'oublierai jamais un incident survenu lorsque j'étais écolière. Ma vue, qui n'avait jamais été véritablement examinée, était très basse. Comme, assise au premier rang, j'étais incapable de lire les mots écrits au tableau noir, ma mère m'emmena chez un opticien. De retour à la maison, elle expliqua à mon père que je voyais très mal. Il ne la crut pas – ou ne voulut pas la croire. Dépliant devant moi une feuille du magazine *Time*, il me demanda d'en faire la lecture. Il la tenait tout près de mes yeux, mais je ne pouvais même pas déchiffrer les gros titres. J'avais besoin de lunettes, c'était une évidence mais il refusait de s'y rendre. Comment un de ses enfants pouvait-il présenter une telle tare ?

Au service des frères Rockefeller, mon père perfectionna sa connaissance du secteur des transports aériens. Il s'initia aux métiers de financement des compagnies aériennes, étudia la participation des municipalités à celui des aéroports, et mit sur pied un groupe d'étude chargé de réorganiser le réseau des voies aériennes et des aéroports du pays qui connaissait un développement rapide. Lorsque des querelles politiques intestines l'empêchèrent d'être nommé à la tête de l'Association aéronautique civile il décida de démissionner. Peu de temps après, il devint vice-président et directeur général de Servo-Mechanisms, un fabricant de sous-systèmes électroniques qui avait des bureaux à Long Island et à Los Angeles.

J'avais cinq ans lorsque nous sommes retournés en Californie, en principe pour y passer l'été. D'après ma mère, le déménagement a été particulièrement traumatisant pour moi, mais je la soupçonne d'exprimer là son propre regret de quitter la côte Est, car je n'ai gardé pour ma part que d'heureux souvenirs de cette époque. J'adorais vivre au grand air et j'appris à nager dans la piscine de la première maison que nous avions louée à Brentwood. Elle avait appartenu à l'actrice Angela Lansbury, et un merveilleux jardin plein d'orangers et de citronniers l'entourait. Je me rappelle encore aujourd'hui son riche parfum d'agrumes, les bougainvillées exubérantes et les palmiers majestueux.

Nous avons de nouveau déménagé à l'automne avant de nous installer quelques mois plus tard à Santa Monica, dans une vieille et charmante demeure victorienne dominant le Pacifique. Avec son jardin à l'abandon doté d'une rangée de cages à pigeons délabrées, c'était une merveilleuse maison où grandir : elle était originale et pleine de caractère, comme un vieil hôtel du Maine ouvert seulement l'été. Les pièces étaient hautes de plafond, il y avait un jardin d'hiver rempli de plantes, une salle de billard, une véranda avec une grande balancelle et un vaste grenier. Là, se sentant soudain une âme de bricoleur, mon père aménagea un théâtre de marionnettes illuminé par de petites lampes et nous y passions des heures heureuses à divertir famille et amis.

Je prenais plaisir à jouer seule dans un terrain vague voisin de la maison, creusant le sol pour y trouver des pierres que je collectionnais. J'adorais lire, assise sous mon magnolia favori. C'est là, dans un petit chemin proche de la maison, que mon père m'a appris à faire du vélo. Je me suis sentie obligée de faire de rapides progrès, car il n'était pas très patient. L'attrait principal de la maison résidait sans doute dans la proximité de l'océan Pacifique, compagnon fidèle et réconfortant dont le grondement me parvenait distinctement par la fenêtre de ma chambre et me berçait. Il était pour moi un refuge. J'ai passé des heures à me laisser rouler par les vagues ou, plus souvent encore, à les chevaucher sur un matelas pneumatique. Pour moi, il était à la fois symbole de liberté et de défi, et le simple fait d'être là toute seule me rendait merveilleusement heureuse.

Chaque fois que nous déménagions, Laura, ma grand-mère paternelle, suivait le mouvement afin de n'être pas séparée de son fils ou de sa famille. Cette femme exubérante, aux idées bien arrêtées, fait partie intégrante des premiers souvenirs que je garde de Santa Monica. Elle habitait non loin de mon école, Westlake School, et, à la fin de la journée, je passais souvent chez elle et m'immergeais dans son univers à la fois artistique et peu conventionnel. Avec ses bijoux Art déco, ses robes amples, les intrigants objets d'art et les souvenirs curieux dont elle s'entourait, c'était la personne la plus originale que j'avais jamais rencontrée. C'était aussi une adepte fervente de la science chrétienne et elle m'a transmis sa foi dans la pensée positive, doctrine selon laquelle une attitude optimiste dans la vie peut avoir des conséquences bénéfiques, non seulement pour soi-même, mais également pour autrui. Malgré mon jeune âge – j'avais neuf ou dix ans –, nous avions de longues discussions philosophiques sur la manière de donner un sens à sa vie, de la rendre digne d'être vécue.

Comme j'étais l'aînée, je devais trouver moi-même ma voie ; mon frère et ma sœur, d'âges plus rapprochés, partageaient la même chambre, s'entendaient bien et paraissaient très proches. La nuit, je restais éveillée pendant des heures interminables, me sentant terriblement isolée dans la maison plongée dans un sommeil paisible. Pour calmer mon agitation, je me glissais dans la bibliothèque de mon père où je passais de longs moments à consulter ses livres – une collection éclectique où, dans mon souvenir, figuraient les classiques, des ouvrages de Khalil Gibran et de Nevil Shute ainsi que l'Encyclopédie britannique à la richesse passionnante. Je feuilletais des exemplaires du *National Geographic* et contemplais avec envie le planisphère qui me permettait de situer les pays étrangers où mes parents allaient en voyage.

Un jour, à Santa Monica, j'ai décidé de m'enfuir, persuadée qu'à neuf ans j'étais tout à fait capable de me débrouiller par moi-même dans le vaste monde. J'ai arraché un drap de mon lit et j'y ai entassé mes biens les plus précieux, ajoutant à la dernière minute toute ma collection de livres de Nancy Drew et un réveil. Après avoir traîné cet encombrant ballot en bas du long escalier, puis à travers le vestibule, je me suis arrêtée dehors, sous la véranda, pour réfléchir à ce que j'allais faire. C'était une délicieuse soirée d'été ; l'océan ondulait au loin, et le globe étincelant du soleil descendait lentement à l'horizon. Je trouvais ce spectacle si enchanteur que je me suis perdue dans ma rêverie. Et soudain, il a fait noir. Je ne suis pas allée plus loin. Ma sœur adore me taquiner au sujet de mon odyssée avortée, prétendant qu'au moment de tenter la même aventure quelques années plus tard, elle, au moins, a réussi à descendre les marches du perron et à traverser la rue.

J'avais dix ans quand nous avons quitté la Californie pour retourner à Washington, peu après l'élection de John F. Kennedy, en 1960. Mon père avait été pressenti par deux de ses anciens condisciples de Yale – Sargent Shriver, le beau-frère du Président, et Adam Yarmolinsky, un de ses chasseurs de têtes – pour prendre la direction de la Federal Aviation Administration. Bien que flatté, mon père hésitait à reprendre du service dans le secteur public. Il avait quitté Servo-Mechanisms pour monter sa propre société de haute technologie à Los Angeles et faisait aussi du conseil juridique. Il gagnait enfin beaucoup d'argent et l'idée de se contenter encore une fois des émoluments plutôt modestes offerts par le gouvernement ne l'attirait guère. Ce n'est qu'après un entretien avec le nouvel élu, le 20 janvier 1961, veille de l'investiture présidentielle, que mon père s'est laissé convaincre d'accepter de prendre la direction de la FAA et de devenir le conseiller de Kennedy en matière d'aviation.

Ma sœur, mon frère et moi, n'étions pas à Washington lors de l'investiture du président Kennedy par un jour glacial et neigeux. Nous avons regardé la cérémonie à la télévision, sous le soleil de la Californie, et avons vu nos parents assis près de l'estrade balayée par le vent où le chef de l'État a prêté serment. Nous n'étions pas là non plus lorsque mon père s'est présenté devant le Sénat, ni lorsque, le 3 mars, il a pris officiellement ses fonctions de directeur de la FAA dans le bureau ovale (il était le second à les exercer). Nous faire venir dans la capitale aurait coûté trop cher : du jour au lendemain, mon père avait perdu deux tiers de ses revenus, et le gouvernement fédéral ne contribuait pas aux frais de déménagement des familles de ses serviteurs. À mon grand soulagement, nous sommes donc restés en Californie jusqu'à la fin de l'année scolaire et y avons passé l'été.

C'est à une réception donnée en l'honneur de mon père à l'hôtel Ambassador de Los Angeles que j'ai pris conscience de l'importance de la position qu'il occupait dans l'administration Kennedy. Un hélicoptère nous avait déposés sur la pelouse de l'hôtel, puis nous avait conduits à l'aéroport international de Los Angeles dont mon père présidait l'inauguration. J'ai adoré mon premier vol, ce qui est heureux vu la place importante que les hélicoptères allaient occuper plus tard dans ma vie. Le rôle que je devais jouer dans la cérémonie m'a semblé moins enthousiasmant : j'avais l'honneur de faire équipe avec le vice-président Lyndon Johnson pour dévoiler la plaque commémorative. Quasiment paralysée par le trac, j'ai néanmoins rempli ma mission, ce qui m'a ensuite valu de gentilles félicitations de Lady Bird Johnson.

Une fois à Washington, j'ai dû faire de nouveaux efforts d'adaptation. J'avais poursuivi ma scolarité sans peine en Californie, mais je découvrais que le système éducatif était beaucoup plus exigeant dans la capitale. J'étais par ailleurs grande pour mon âge, maigre et gauche, et je portais des lunettes aux verres aussi épais que des fonds de bouteille. La Californie me manquait, de même que le soleil, l'océan, l'odeur piquante des agrumes, les palmiers à la silhouette majestueuse et bizarre, la liberté de vivre au grand air tout au long de l'année.

Heureusement, je trouvais souvent refuge chez ma grand-mère

qui habitait une ferme à Centreville, un village de la Virginie voisine. L'amour des chevaux m'habitait déjà, et je passais des heures à explorer la campagne sur un petit poney, suivie par le berger allemand de ma grand-mère. C'est lors d'une de ces promenades que j'ai été pour la première fois confrontée au spectacle de la pauvreté. Au détour d'un chemin, j'ai aperçu quelques abris décrépits près d'un groupe de fermes. Choquée, je me suis sentie envahie par la peur, par un sentiment de totale impuissance et de culpabilité en croisant le regard vide et sans espoir des enfants de travailleurs saisonniers et de leurs familles qui cherchaient à se protéger du soleil implacable de midi.

À l'adolescence, mon frère, ma sœur et moi avons été mis dans des établissements d'enseignement privé. Mes parents y tenaient, malgré l'important coût financier, et je suis entrée à la National Cathedral School. Un certain nombre de mes camarades, nouvelles comme moi, étaient elles aussi les filles de membres de la jeune équipe Kennedy, ce qui nous a, tout naturellement, rapprochées. Je me suis liée d'amitié avec Grace Vance, dont le père, Cyrus Vance, secrétaire d'État à l'Armée, avait suivi les cours de la faculté de droit de Yale avec le mien. Je m'entendais aussi très bien avec Carinthia West, fille de l'éminent général sir Michael West, représentant britannique de l'OTAN à Washington, et avec Mo Orrick, fille d'un adjoint au ministre de la Justice.

M'enrôler dans le Peace Corps était, à en croire mon journal, mon ambition principale à l'époque et, en dépit des amies que je m'étais faites, j'avais parfois envie de quitter le milieu privilégié de mon école privée pour un environnement moins étouffant. Je priais alors instamment mes parents de m'inscrire à Western High, un lycée de Washington où je n'aurais pas été autant coupée des réalités économiques et sociales, mais ils refusaient obstinément d'accéder à ma demande.

À cette époque, j'ai pris conscience de l'existence du racisme. Des lois fédérales interdisaient la discrimination raciale dans les écoles et les universités publiques, mais plusieurs États du Sud les ignoraient ou les enfreignaient. Les fermes engagements pris par la nouvelle administration Kennedy en matière de justice sociale

encouragèrent les dirigeants du mouvement de défense des droits
civiques, notamment le révérend Martin Luther King, à revendiquer l'application de la législation existante et la promulgation de
nouvelles dispositions plus radicales pour en finir une fois pour
toutes avec la discrimination raciale. Les impressionnantes images
d'Afro-Américains – les Noirs comme on les appelait alors – montrées à la télévision avaient un profond effet sur les élèves de ma
classe. Nous voyions des policiers en train de frapper des manifestants qui essayaient pacifiquement de faire valoir leur droit de
voter, d'aller à l'école ou même de s'asseoir à l'avant des autobus.

Je n'oublierai jamais le moment où, regardant la télévision avec
ma grand-mère en automne 1962, j'ai vu James Meredith, un jeune
homme noir, tenter de s'inscrire à l'université du Mississippi. Des
agents de la police fédérale l'avaient escorté jusqu'en haut des
marches sous les quolibets de la foule, et il avait été repoussé à plusieurs reprises par des policiers et des fonctionnaires locaux. Martin
Luther King, apparu sur l'écran, avait commenté les mauvais traitements dont Meredith avait été l'objet. Débordante d'admiration, je
m'étais exclamée : « Il est formidable, n'est-ce pas ? » Ma grand-
mère avait acquiescé, mais j'avais très vite compris que ses
louanges s'adressaient à George Wallace, le gouverneur raciste de
l'État d'Alabama, qui avait donné son opinion sur l'événement
quelques minutes plus tard. Une terrible dispute avait suivi. À la
fin, j'étais sortie en claquant la porte pour aller m'enfermer dans
ma chambre que, plongée dans un livre, je n'avais pas quittée jusqu'à mon départ, le lendemain. Je pensais ne jamais pouvoir pardonner à ma grand-mère et, d'une certaine manière, nos rapports
n'ont plus jamais été tout à fait les mêmes.

J'ai soutenu, avec un petit groupe d'amis, le mouvement des
droits civiques en m'inscrivant au Comité de coordination du mouvement non violent des étudiants (le SNCC, Student Nonviolent
Coordinating Committee) fondé en 1960 pour coordonner les *sit-in*
organisés par les étudiants dans des restaurants du Sud pratiquant
la ségrégation. Ces actions avaient commencé spontanément à
Greensboro, en Caroline du Nord, le jour où quatre étudiants noirs
étaient venus acheter des fournitures scolaires au Woolworth ; lorsqu'ils s'étaient installés à la cafétéria du magasin pour déjeuner, on

avait refusé de les servir. Le lendemain, d'autres étudiants noirs étaient retournés sur les lieux en plus grand nombre, accompagnés d'un journaliste, et bientôt des *sit-in* avaient lieu partout dans le Sud où ce genre d'incident se produisait. Quand j'ai rejoint le SNCC, en 1961, ce mouvement étudiant avait pris de l'ampleur et comptait 70 000 participants ; son champ d'action s'était aussi élargi à tous les lieux publics tels les jardins, salles d'attente, salles de cinéma, bibliothèques. Nous arborions fièrement nos insignes, défilions et prenions part à des marches de protestation, ajoutant nos jeunes voix à un appel à l'action plus général. Nous chantions « *We shall overcome* » et nous étions sûrs de triompher. Des images d'enfants attaqués par des chiens policiers et renversés par de puissants canons à eau passaient sans arrêt à la télévision dans le pays tout entier, et le président Kennedy ne tarda pas à annoncer qu'il allait présenter au Congrès d'importantes lois concernant les droits civiques. Tout jeunes que nous étions, nous considérions qu'il était de notre devoir d'œuvrer pour la justice sociale par nos voix et nos actions. Je garde un souvenir très vif de la grande manifestation pour les droits civiques de Washington et du rassemblement au Lincoln Memorial, en août 1963, cinq jours après l'anniversaire de mes douze ans. Je ne comprenais pas pourquoi la capitale tout entière n'était pas descendue dans la rue ce jour-là, ni pourquoi le discours où Martin Luther King évoquait son « rêve » ne les inspirait pas autant que moi.

La vie à Washington ne se limitait pas à la politique. J'avais une autre passion, l'équitation, et, peut-être instinctivement, je ressentais une affection particulière pour un superbe étalon arabe, Blackjack. Quand je montais, je me sentais sûre de moi et en paix avec le monde. Je participais à des concours hippiques régionaux aussi souvent que possible et, le jour où mon maître d'équitation m'a jugée capable de concourir au niveau national, je me suis sentie immensément fière et déterminée à me consacrer entièrement à ce sport.

J'aimais aussi beaucoup chanter. Mon professeur m'a encouragée à prendre des leçons particulières, me donnant à penser que j'étais douée, même si, avec le recul, je me dis qu'elle devait sur-

tout avoir à cœur de protéger ses oreilles et la réputation de la cho-
rale qu'elle dirigeait. Pour des raisons financières, mes parents ont
refusé d'accéder à mon désir. Ils ne m'ont pas non plus laissée
apprendre le violon, ma mère voulant sans doute, dans sa sagesse,
épargner à la famille une inévitable torture.

J'ai aussi découvert à cette époque le plaisir que procure l'aviation. Mon père m'emmenait parfois avec lui, à bord d'un petit
appareil lorsqu'il devait aller visiter des aéroports un peu partout
dans le pays. Il me chargeait des moyens de navigation et des
contacts radio, me laissant jouer le rôle de copilote. Dans ces rares
moments, nous étions, lui et moi, en parfait accord.

Il était rarement à la maison à l'époque où il dirigeait la FAA et,
quand il y était, il semblait souvent avoir l'esprit ailleurs. Un
dimanche matin ensoleillé, j'ai eu avec lui dans le petit jardin de
notre maison de Washington une conversation qui reste gravée dans
ma mémoire. Comme il semblait extrêmement soucieux, je lui ai
demandé ce qui le préoccupait. Bien que couvert de dettes, il était
plus heureux, m'a-t-il répondu, il se sentait plus utile dans le service public que lorsqu'il exerçait des fonctions plus lucratives. Je
me rappelle avoir été effrayée par cette vulnérabilité si peu dans
son caractère, et en même temps extrêmement fière de lui. Cette
conversation, sans doute notre premier échange adulte, a eu une
profonde influence sur ma façon de penser, sur mes rêves d'avenir
et sur la valeur qu'ont à mes yeux les sacrifices consentis pour des
causes dont les enjeux dépassent les intérêts individuels.

L'éducation que nous avons reçue, mon frère, ma sœur et moi,
nous a rendus indépendants, trop peut-être. Aujourd'hui, avec le
recul, mon père dit que ma mère et lui ont probablement encouragé
chez nous un individualisme excessif, une propension à vivre dans
un monde à part plutôt qu'à nous fondre dans un tout. Peut-être
était-ce là la conséquence du fossé qui se creusait inéluctablement
entre eux. La tension continuelle entre nos parents avait des répercussions sur la famille entière. Mon père en est venu à penser que
les différences existant entre lui et ma mère touchaient aux
domaines de « la foi, des croyances intellectuelles et de la philosophie », et il s'est même demandé s'il n'aurait pas mieux valu pour
eux ne pas avoir d'enfants. Le fait est qu'ils en ont eu et, dès notre

plus tendre enfance, nous avons tous les trois dû nous accommoder de cette atmosphère conflictuelle. Je me suis protégée autant que possible en tentant de prendre mes distances avec eux sur le plan affectif.

Mon père attribuait une partie de ses problèmes conjugaux au fait qu'ils avaient vécu, ma mère et lui, des enfances différentes et en avaient conçu des attentes dissemblables à l'âge adulte. Il estimait avoir reçu une bien meilleure éducation que son épouse, fille d'un courtier de Spokane, dans l'État de Washington, qui ne s'était jamais remis de l'effondrement de la bourse en 1929. Ma grand-mère maternelle, May Ethel Ackroyd Carlquist, était morte alors que sa fille avait quinze ans. Quelques années plus tard, ma mère avait dû abandonner ses études par manque d'argent et, au lieu de vivre avec son père, elle avait été hébergée successivement par différents membres de la famille. Encouragée, ainsi que ses frères et sœurs, à être indépendante, elle avait eu le vif désir de poursuivre une carrière professionnelle. Une fois mariée, elle avait pourtant cessé de travailler, comme c'était courant alors. Dès que ses enfants avaient quitté l'école primaire, elle s'était tournée vers des activités d'intérêt général, travaillant pour un centre d'aide sociale à East Harlem. Elle collaborait aussi bénévolement à la télévision publique et se montrait active au sein de divers organismes œuvrant pour la promotion des relations américano-arabes, l'aide sociale au Moyen-Orient et le soutien aux réfugiés palestiniens, domaines auxquels elle se consacre encore aujourd'hui.

Malgré les tensions conjugales, ma mère avait beaucoup d'affection pour la branche arabe de la famille. Elle n'avait pas connu le grand-père Najeeb, mais avait rencontré son frère, Camile, qui, pour son mariage, lui avait envoyé des orchidées blanches cultivées dans sa propriété de Colombie. (Je devais avoir moi aussi, plus tard, un bouquet de mariée composé d'orchidées de la même provenance.) Ma mère avait voulu me prénommer Camille en son honneur, mais il avait protesté. Comme beaucoup d'émigrés installés au Nouveau Monde, il faisait son possible pour s'intégrer et taire ses origines arabes. Il aurait voulu que mes parents m'appellent Mary Jane. Ceux-ci finirent par trouver un compromis et me donnèrent un prénom auquel je ne me suis jamais identifiée : Lisa.

Après avoir appris cette histoire, je me suis toujours considérée en mon for intérieur comme « Camille ».

Malgré l'amour et l'admiration que je vouais à mon père, nos relations étaient extrêmement difficiles. Je me suis rendu compte assez tôt que les frustrations dont la famille tout entière faisait les frais résultaient de son impossible exigence envers lui-même. Les objectifs qu'il poursuivait à la tête de la FAA étaient très clairs, mais des luttes intestines entravaient les efforts qu'il faisait pour les atteindre. Il était en outre assailli de problèmes financiers et tourmenté par une union cahotante, ainsi que par le sentiment d'être considéré comme un être bizarre parmi les WASP [1] de Washington. Je me rappelle une devinette imprimée dans un journal local : « Qu'est-ce qu'un Najeeb Elias Halaby : un animal, un végétal ou un minéral ? »

L'insatisfaction ressentie par mon père reflétait sa volonté inlassable de faire ses preuves. Je l'ai compris à l'occasion d'un conflit particulièrement violent survenu à la maison : ce n'était pas moi qui étais en cause, c'était lui, m'est il apparu en regardant son visage déformé par la rage. « Sa frustration est telle qu'il doit s'en purger », me suis-je dit par-devers moi. Ma sœur avait recours à une stratégie de conciliation, mais je m'y prenais quant à moi d'une manière complètement différente : « Je suis comme je suis, c'est à prendre ou à laisser », signifiait mon attitude. J'avais peut-être l'air de faire de la provocation, mais je voulais désespérément que l'on m'accepte telle que j'étais, que l'on me juge selon mes propres mérites.

Beaucoup plus tard, dans une interview, j'ai décrit notre famille comme étant modérément dysfonctionnelle et, en cela, assez typique de la famille américaine à la fin du XXᵉ siècle. Cette analyse me semblait honnête et pleine de tact, mais ma mère s'en est offensée. Préserver le mythe de la famille idéale était extrêmement important à sa génération, ce qui explique pourquoi mes parents sont restés ensemble alors que leur union avait perdu tout sens

---

1. White Anglo-Saxon Protestant : sigle désignant aux États-Unis les protestants d'origine anglo-saxonne qui forment la classe dominante et la plus privilégiée.

depuis longtemps. Je me rappelle, encore adolescente, les avoir suppliés – chose rare pour un enfant – de se séparer, pour leur propre bien, mais ils étaient demeurés prisonniers des conventions jusqu'à ce qu'ils finissent par divorcer en 1974. Ils ont paradoxalement redécouvert par la suite les qualités qu'ils avaient initialement appréciées l'un chez l'autre, et une relation d'amitié et de confiance s'est développée entre eux au fil des années.

Le 22 novembre 1963, alors qu'en route pour le stade, je traversais Woodley Road avec mes camarades, j'ai entendu la radio de l'agent de la circulation annoncer une nouvelle consternante en provenance de Dallas, la capitale du Texas : des coups de feu avaient été tirés sur le cortège du président Kennedy et on craignait que les occupants de la voiture où il se trouvait n'aient été touchés. La nouvelle s'est répandue comme une traînée de poudre dans notre école. Lorsque, un peu plus tard, les cloches de la National Cathedral se sont mises à sonner pour délivrer leur tragique message, nous avons été bouleversées. Qu'on s'en soit pris à notre jeune et fringant Président paraissait inconcevable. Les filles du vice-président Johnson ont été immédiatement emmenées par les agents du service secret, et celles des membres de l'équipe de Kennedy appelées dans le bureau de la directrice pour être réconfortées.

L'assassinat de Kennedy a bouleversé mon univers. Mon père, comme tous les gens que je connaissais, admirait le président pour ses idéaux, son énergie et sa capacité à s'entourer de personnalités dotées de talents exceptionnels. Sa disparition était un choc d'autant plus terrible qu'elle se produisait à un moment d'optimisme et d'espoir. Lyndon Johnson maintint mon père à la tête de la FAA. Le nouveau président avait de nombreuses qualités à mes yeux – j'admirais surtout la vigueur avec laquelle il défendait les droits civiques et la force de son engagement dans la « guerre contre la pauvreté » – mais la détermination avec laquelle il s'opposa à la requête de mon père qui désirait retourner dans le privé me sembla moins louable. Ce dernier finit par avoir gain de cause et nous partîmes pour New York en 1965. Très endetté après les quatre années passées à la tête de la FAA, il accepta l'offre que lui fit Juan Tripp, le fondateur et P.-D.G. de la Pan American World Airways, de prendre la direction de cette compagnie.

Une autre école. Un nouvel environnement. J'avais quatorze ans et j'étais malheureuse. À New York, impossible de pratiquer l'équitation que j'adorais. S'ajoutant aux déceptions et à un désagréable sentiment d'insécurité, une menace inattendue a pesé sur moi pendant les premiers mois qui ont suivi notre arrivée : un jeune homme, étudiant de l'Université américaine à qui ma mère avait fait appel à Washington en tant que baby-sitter occasionnel, m'a harcelée en m'envoyant une série de lettres dérangeantes. J'étais terrifiée. Il disait qu'il me surveillait, qu'il allait m'enlever. J'étais convaincue qu'il me suivait. J'avais peur de sortir de notre immeuble, et, dans la rue, c'était pire. J'ai fini par me confier à ma mère qui a prévenu la police. Le jeune homme a finalement été interné, mais il a fallu longtemps pour que je retrouve mon état normal.

J'ai eu à cette époque l'occasion de faire un voyage éducatif en Grèce. Mon instinct arabe et méditerranéen a fait surface dans les marchés où j'ai appris l'art de marchander le moindre objet. À mon retour à New York, par réflexe, j'ai tenté la même approche chez Bloomingdale, au grand étonnement du vendeur. Supprimer le gène commercial hérité des frères Halaby n'est pas chose facile.

À New York, mes parents ont tenu à m'inscrire dans la seule des écoles que nous avions visitées où je ne voulais aller à aucun prix : Chapin, un établissement privé pour jeunes filles de bonne famille. Ils craignaient les influences négatives auxquelles j'aurais pu être exposée ailleurs et désiraient me protéger des bouleversements sociaux de l'époque. Je n'avais aucune intention de devenir une enfant-fleur ou de m'enfuir à San Francisco, mais je me montrais de plus en plus opposée à l'intervention américaine au Viêtnam.

Dès le début, cette guerre avait été très différente de toutes les autres : elle était télévisée et ses images poignantes pénétraient dans les dortoirs des étudiants et les salons des familles ; ses objectifs étaient en outre ambigus, et nous étions nombreux à ne pas voir pourquoi nous nous trouvions mêlés à une guerre civile qui se déroulait en Asie du Sud-Est, à des milliers de kilomètres de notre pays. Les Américains se divisèrent bientôt en deux camps : celui des faucons qui soutenaient l'action militaire et y voyaient un moyen indispensable de limiter l'expansion du communisme, et celui des colombes qui réclamaient le retrait des troupes américaines. De nombreux étudiants jugeaient immorale l'ingérence des États-Unis dans les affaires du Viêtnam, eu égard à l'impopularité et à la corruption de son gouvernement ; d'autres manifestaient contre la conscription, l'usage fait de la violence contre des civils et le nombre grandissant des morts parmi les troupes américaines. L'envoi de renforts continuait cependant. À la fin de 1965, le bombardement intensif du Viêtnam du Nord avait commencé et les États-Unis avaient deux cent mille soldats dans le pays.

Être jeune en Amérique à l'époque était passionnant, mais pas dans mon école new-yorkaise. À Chapin, le monde était tenu à distance, les élèves ne participaient pas au débat sur le Viêtnam, sur le mouvement des droits civiques, ou sur tout autre sujet prêtant à la controverse. Tout, au contraire, faisait l'objet de lois et de règlements, à commencer par l'uniforme scolaire. Si, depuis peu, les gants n'étaient plus obligatoires, le chapeau était encore de rigueur et, à l'époque des minijupes, l'ourlet de nos uniformes devait toucher le sol lorsque nous nous agenouillions. Après l'atmosphère stimulante que j'avais connue à Washington où je parlais politique avec mes amies, j'avais l'impression d'être dans un carcan à Chapin. J'acceptais très mal la décision unilatérale que mes parents avaient prise de m'y inscrire.

La direction n'appréciait pas mon esprit d'indépendance. Les instances administratives s'opposèrent à ce que je devienne déléguée, alléguant que j'étais « apathique et négligente ». On voyait sans doute en moi une menace pour l'ordre qui régnait dans ce microcosme soigneusement contrôlé. Peut-être à juste titre. J'avais néanmoins des raisons de m'enorgueillir d'être considérée comme une élève peu désirable : une rebelle beaucoup plus illustre, Jacqueline Bouvier, m'avait précédée dans cet établissement quelque vingt années plus tôt.

Chapin patronnait, et c'était à son honneur, un programme de soutien scolaire destiné aux élèves non anglophones d'une école publique de Harlem, et je me suis portée volontaire. Cela a été une vraie leçon d'humilité. J'ai d'abord été déçue par mon incapacité à faire faire des progrès significatifs aux élèves dont beaucoup présentaient de graves difficultés d'apprentissage et auraient eu besoin d'une aide beaucoup plus efficace que celle que mes compagnes et moi étions en mesure de leur apporter. J'ai fini par devenir meilleur professeur, mais cette expérience m'a surtout fait prendre conscience de la difficulté qu'il y a à briser le cercle vicieux de l'ignorance et de la pauvreté. Des années plus tard, j'ai choisi de consacrer la thèse d'architecture et d'urbanisme que j'ai présentée à Princeton à un projet municipal de réhabilitation à Harlem.

Tandis que je trouvais difficile de supporter Chapin, mon père avait ses propres problèmes à Pan Am. Juan Trippe était clairvoyant – il a été le premier directeur d'une compagnie aérienne à doter sa flotte de Boeing 707 et 747 –, mais il avait la folie des grandeurs. Il avait commandé pas moins de vingt-cinq des premiers 747, trop lourds pour leur moteur, et approuvé des programmes de construction d'un coût extravagant. En outre, malgré la promesse faite à mon père de se retirer et de le nommer P.-D.G. de la compagnie, il resta à sa tête pendant encore quatre ans. Lorsqu'il prit enfin sa retraite, il offrit la présidence à mon père, mais confia à un autre la direction exécutive d'une compagnie en grande difficulté financière.

En dépit des problèmes que mon père avait à Pan Am, les hautes fonctions qu'il y occupait nous valaient de nombreux privilèges. Nous voyagions gratuitement à bord des avions de la compagnie et allions en vacances partout où ils atterrissaient. Il était plus économique pour nous de skier en Autriche ou en Suisse qu'aux États-Unis, d'apprendre le grec en Grèce et le français en France. Malgré cet aspect fort agréable de notre vie, les tensions qui se faisaient sentir au sein de la famille empiraient. Avec le recul, je me dis que cette situation – le perfectionnisme forcené de mon père et les efforts courageux, bien que douloureux, de ma mère pour maintenir la paix – m'a formé le caractère et m'a appris à ne compter que sur moi-même. Le dévouement à la cause publique dont mes parents faisaient tous les deux preuve devait par ailleurs être une source d'inspiration pour moi tout au long de ma vie.

Après avoir supplié mes parents pendant des années de m'envoyer en pension, je suis arrivée à mes fins et j'ai passé mes deux dernières années de lycée à la Concord Academy. Cet établissement situé dans le Massachusetts était l'un des plus cotés du pays sur le plan éducatif, et j'avais été très favorablement impressionnée en entendant le directeur expliquer que les élèves arrivant en retard en classe ou aux repas devaient, en guise de punition, couper le bois servant à chauffer les dortoirs l'hiver. Le contraste évident avec Chapin m'avait paru salutaire. C'était une chance pour moi d'être à la Concord Academy : mes camarades de classe étaient des jeunes filles pleines d'énergie et extrêmement motivées ; les cours étaient stimulants, le niveau excellent et, plus important à mes yeux, on y encourageait l'autonomie et la responsabilité individuelle.

C'est presque sur un coup de tête que j'ai postulé pour une place à Princeton pendant ma dernière année à Concord. J'avais depuis longtemps décidé de retourner sur la côte Ouest pour faire mes études supérieures, et l'université de Stanford me plaisait particulièrement. Princeton envisageait d'ouvrir ses portes aux femmes pour la première fois depuis sa fondation, deux cent vingt-deux ans plus tôt, et avait annoncé que les demandes d'inscription pour l'année 1973 seraient peut-être prises en considération. Sur l'insistance de mon conseiller pédagogique, très enthousiaste, j'ai envoyé un dossier tout en sachant que j'irais à Stanford si j'y étais acceptée. Princeton, traditionnelle et conservatrice, était loin de correspondre à mon idéal, surtout pendant la période de transformation sociale et de bouleversement politique que nous vivions.

La concurrence était rude pour entrer dans les meilleures universités, et je ne pensais pas avoir beaucoup de chances. J'avais certes de bonnes notes, je pratiquais plusieurs sports et j'étais capitaine de mon équipe de hockey mais, comparée à mes brillantes camarades de classe, je n'avais rien de très remarquable, aussi ai-je accueilli avec joie la notification de mon admission à Stanford. Mais je faisais aussi partie, avec ma camarade Marion Freeman, des cent cinquante jeunes filles choisies par Princeton pour sa première promotion mixte. J'ai eu du mal à me décider, tiraillée entre le désir de relever le défi sans précédent que représentait mon admission à Princeton et celui de retourner en Californie. J'ai hésité jusqu'à la dernière minute et, au moment d'envoyer ma réponse, je pesais encore le pour et le contre, debout devant une boîte aux lettres, dans une rue déserte de New York. J'ai fini par opter pour Princeton en me disant qu'après une période d'essai de deux ans je pourrais toujours demander mon transfert.

Cet automne-là, mes camarades et moi sommes arrivées sur le campus sans trop savoir à quoi nous attendre. Nous nous sommes retrouvées isolées à Pyne Hall, une résidence située à l'écart. Il y avait une étudiante pour vingt-deux jeunes gens dont l'expérience en fait de contacts féminins se limitait aux relations entretenues avec les jeunes filles qu'ils voyaient pendant le week-end. La comparaison ne nous était pas favorable. Nous n'étions ni habillées ni maquillées pour sortir, et nous étions à huit heures en classe tous les matins.

Occupant des chambres voisines pendant notre première année, Marion et moi sommes devenues amies intimes – et le sommes restées. Malheureusement, la réserve dont, pour dissimuler ma gaucherie, je m'étais fait une cuirasse au début de ma scolarité m'a valu beaucoup de jugements défavorables. Un étudiant de dernière année m'a déclaré qu'au début il m'avait prise pour une « petite snob de New York » tandis qu'un autre, me trouvant hautaine, m'a baptisée « princesse de glace ». La publicité qui a entouré, peu après la rentrée, la nomination de mon père à la tête de Pan Am n'a pas arrangé les choses, et je n'en ai paru que plus « inabordable ». Un jour, j'ai été en butte aux moqueries de deux étudiants à cause de mes origines arabes – raison supplémentaire pour expliquer que, pendant ma première année à l'université, j'ai passé presque tous mes samedis soir seule à lire dans ma chambre.

En outre, ma mère a commencé à m'appeler au téléphone pour me persuader de faire mes débuts dans la société new-yorkaise cet hiver-là. L'idée me semblait ridicule. Qu'une soirée soit donnée pour présenter des jeunes filles et, probablement, pour signaler qu'elles étaient bonnes à marier, était à mes yeux une tradition terriblement archaïque. Obéissant, j'imagine, au besoin insatiable de mon père d'être accepté et intégré, et à son propre désir d'imiter ses amies new-yorkaises dont les filles étaient sans nul doute beaucoup plus accommodantes que moi, ma mère insistait.

J'étais cependant plus préoccupée par la guerre du Viêtnam que par ma situation mondaine. Les sentiments pacifistes dominaient sur les campus dans le pays tout entier, et Princeton ne faisait pas exception. Alors que le nombre des victimes américaines et vietnamiennes augmentait de jour en jour, et que l'établissement était plein de jeunes gens en âge d'être enrôlés, « un bal de débutantes » me semblait non seulement frivole et gênant, mais totalement déplacé. Je ne comprenais pas que mes parents puissent être aussi insensibles. Un jour où ma mère, en larmes, réitérait ses adjurations, j'ai cédé, tout en déclarant accepter de ne participer qu'à une manifestation de groupe. Je le ferais pour eux, pas pour moi, la chose était claire dans mon esprit.

Un mois après mon entrée à Princeton, deux cent cinquante mille personnes se rassemblèrent à Washington pour protester contre la guerre du Viêtnam. C'était la plus grande marche que la capitale eût jamais connue. Pour témoigner de leur solidarité, tous les étudiants de Princeton observèrent la Journée du moratoire pour le Viêtnam et jeûnèrent tandis que le journal des étudiants, le *Princetonian,* titrait en grosses lettres : « Halte à la guerre. » La révélation de l'intervention secrète des Américains au Cambodge au printemps 1970 déclencha un mouvement de colère dans toutes les universités du pays, notamment dans celle de Kent où la Garde de l'État d'Ohio tira sur les manifestants : quatre furent tués et neuf blessés. Les images transmises à l'époque par la télévision et par la presse restent gravées dans ma mémoire, en particulier celle d'une jeune femme, Mary Ann Vecchio, agenouillée à côté du corps d'un étudiant, en état de choc, les bras tendus, le visage déformé par un cri qu'on avait l'impression d'entendre en regardant la photographie.

L'indignation soulevée par cette répression sanglante fut immédiate. Une violente agitation secoua l'Amérique. L'université de Princeton se mit en grève, et les examens furent annulés. Lors d'une manifestation devant l'Institut d'études stratégiques la police antiémeute nous repoussa à coups de bombes lacrymogènes.

Cette époque a été cruciale pour moi en ce qu'elle a façonné mon opinion de la société américaine. J'aimais mon pays, mais la confiance que j'avais dans ses institutions se trouvait gravement ébranlée. Nous étions simplement dépassés par les événements, par la guerre du Viêtnam et par l'évolution sociale et politique d'une rapidité foudroyante. Les étudiants, et même les lycéens, étaient nombreux à abandonner leurs études ou à les interrompre pour prendre du recul et redéfinir leurs priorités. Je n'avais, pour ma part, pas l'impression que l'université répondait à mes attentes et je ne voulais pas y perdre mon temps. Au bout de trois semestres accomplis sans conviction, j'ai donc décidé de prendre un congé d'un an. Au cours de l'hiver 1971, je suis allée dans le Colorado où je pensais trouver facilement du travail dans une station de sports d'hiver. J'y suis arrivée pendant une violente tempête de neige et me suis réveillée sur le plancher d'une caravane dont les occupants m'avaient offert un abri.

Mon père était furieux. Arrivé en avion à Aspen où j'avais trouvé un emploi de femme de chambre dans un hôtel, il m'a accusée d'avoir fui. La vérité était tout autre. Le temps et la distance m'étaient nécessaires pour faire le point et pour découvrir si j'étais capable de me débrouiller toute seule. La déception exprimée sans ambages par mon père n'y a rien fait : j'avais besoin d'une année sabbatique, je le savais.

J'ai fait des ménages, j'ai été serveuse dans un restaurant de pizza, coursière à temps partiel à l'institut Aspen, ces emplois me rapportant assez d'argent pour me nourrir et payer ma part du loyer de la maison que je partageais avec d'autres jeunes femmes. J'ai assisté à ma première conférence à l'institut. Elle avait pour titre « Changements technologiques et responsabilité sociale », et pour thème l'œuvre de Buckminster Fuller, l'extraordinaire génie en matière d'invention architecturale. J'ai également travaillé à un projet architectural novateur concernant une école dont la construction obéissait à des normes écologiques. Je sentais que mes facultés intellectuelles étaient de nouveau sollicitées.

Après avoir passé un an dans le Colorado, je suis retournée à Princeton et j'ai choisi de préparer un diplôme d'architecture et d'urbanisme. Éclectique, mon cursus touchait à l'histoire, à l'anthropologie, à la sociologie, à la psychologie, à la technique, à l'histoire des religions et à celle de l'art. Il me plaisait énormément. Il offrait une approche pluridisciplinaire à la compréhension des besoins des individus et des groupements humains, et à leur satisfaction. Les études d'architecture m'ont aussi permis d'acquérir certaines capacités très utiles, comme de pouvoir me contenter de très peu de sommeil et de savoir réagir très vite face à un barrage de critiques impitoyables sur mon travail.

Mon père n'en avait plus pour longtemps à diriger la Pan Am. Il avait remué ciel et terre à Washington pour persuader les membres du Comité d'aéronautique civil d'accorder un traitement équitable à la compagnie aérienne, mais aucune entente n'était possible entre le président au pouvoir, Richard Nixon, un républicain, et mon père, un fidèle démocrate. Les préjugés nourris par les membres de l'équipe présidentielle étaient tels que mon père a même été inscrit sur la liste des « ennemis de la Maison Blanche » établie par John Dean, et Pan Am a perdu tout espoir d'obtenir le moindre soutien de l'État fédéral. (Quelques mois plus tard, le scandale du Watergate ayant éclaté, sa paranoïa devait conduire Nixon à sa perte.) Une fusion aurait pu fournir la solution mais, pour diverses raisons, aucune n'aboutit. Tandis que les dettes de la compagnie s'accumulaient, des problèmes personnels intervinrent, des différends opposant les membres du conseil d'administration et les dirigeants à mon père. Le 22 mars 1972, le conseil, demanda – et obtint – sa démission.

Il remarqua plus tard que nous semblions, Alexa, Chris et moi, « sincèrement heureux » qu'il eût cessé d'être un « grand manitou ». « Mes enfants désiraient-ils que nous soyons plus souvent ensemble ou cela les gênait-il de devoir défendre la Pan Am auprès de leurs amis, je ne saurais le dire », déclara-t-il. Je pensais sincèrement pour ma part qu'il était beaucoup moins taillé pour le monde impitoyable des affaires que pour servir l'État – son premier « amour » – ou des organismes internationaux.

Mon père avait quitté la Pan Am depuis peu lorsque, au printemps 1973, Ali Ghandour, le président de la compagnie aérienne jordanienne, l'invita, avec ma mère, à visiter le pays. Trouvant son hôte fatigué, il s'arrangea pour lui faire passer quelques jours au bord de la mer dans la propriété royale d'Akaba. Ce fut là qu'il rencontra le roi Hussein. Les deux hommes s'entendirent tout de suite à merveille. Le souverain, alors âgé de trente-huit ans, confia à son visiteur le projet qu'il avait formé de développer l'aviation civile en Jordanie, et lui demanda de lui servir de conseiller. Mon père accepta cette offre avec empressement et, pendant le reste de leur séjour, mes parents visitèrent les remarquables sites archéologiques de cette antique contrée à bord de l'hélicoptère royal.

Ils me racontèrent leur voyage pendant les vacances de printemps, en particulier l'entretien avec le roi Hussein. Ma mère, sous le charme, me montra le bijou que le monarque lui avait offert : une broche en forme de paon, sertie de quatre petites pierres de différentes couleurs – un saphir, une émeraude, un rubis et un diamant – choisie, avait dit le souverain, parce qu'il ignorait si elle était blonde, brune ou rousse. Ce fut donc ma mère qui fit entrer le roi Hussein dans ma vie, en le présentant sous un jour très sympathique : « Il a un regard plein de bonté, et les plus beaux yeux du monde », me dit-elle.

CHAPITRE 3

Journal de Téhéran

Une fois mon diplôme de Princeton en poche, en 1974, j'ai décidé de profiter des facilités de voyage offertes par la Pan Am à ma famille pour voyager et travailler à l'étranger dans des régions du monde qui m'intéressaient particulièrement. J'ai commencé par l'Australie où Llewelyn-Davis, un cabinet d'architectes et d'urbanistes anglais, m'a proposé un poste dans ses bureaux de Sydney, mais une loi restrictive concernant l'immigration promulguée au moment de mon arrivée m'a empêchée d'obtenir un permis de travail. Par un extraordinaire coup du hasard, tandis que je réfléchissais à ce que j'allais faire, j'ai rencontré une ancienne camarade avec laquelle j'étais allée à l'école primaire en Californie. Elle était sur le point de quitter ses fonctions dans un autre cabinet d'architectes qui développait des projets au Moyen-Orient. Mes origines arabo-américaines faisaient de moi la candidate la plus qualifiée pour prendre sa place, et j'ai ainsi pu obtenir le document qui m'avait été refusé.

Après avoir séjourné un an en Australie, je me suis rendue en Iran où se déroulait un colloque organisé par l'institut Aspen à Persépolis. Fondée il y a quelque deux mille cinq cents ans par le roi Darius le Grand et achevée par son fils Xerxès, cette ancienne capitale de l'empire perse est située non loin de Chiraz. Un spectacle son et lumière animait les ruines de cette antique cité, accompagné du récit de l'œuvre accomplie par ces deux souverains qui avaient repoussé les frontières de l'empire perse jusqu'en Europe et en Inde, creusé un canal entre le Nil et la mer Rouge, construit un réseau de routes encore utilisé aujourd'hui et même créé un système postal. Musique, poésie et images se combinaient pour créer un spectacle d'une beauté ensorcelante. J'étais alors loin d'imaginer que je participerais un jour, dans la cité jordanienne de Jérach, à la mise en œuvre d'un spectacle historique de même nature. À la conférence, j'ai rencontré pour la première fois l'impératrice d'Iran Farah Diba, qui deviendrait quelques années plus tard pour moi une amie chère et respectée même si, à l'époque, nos univers n'auraient pu être plus éloignés l'un de l'autre. La chahbanou présida le banquet de clôture donné sous de grandes tentes qui avaient servi, cinq ans plus tôt, aux fêtes marquant le 2 500e anniversaire de l'empire perse et réunissant le plus grand nombre de chefs d'État jamais rassemblés.

À la fin du colloque, je me suis vu offrir un emploi passionnant dans les bureaux de Llewelyn-Davis en Iran. Le chah, Reza Pahlavi, avait chargé cette société d'établir les plans d'un centre-ville prestigieux au nord de Téhéran, sur un terrain de six cent quarante hectares. Il s'agissait d'un projet très ambitieux, un fantasme d'urbaniste qui porterait le nom de Chahestan Pahlavi (« ville du chah Pahlavi »), et auquel le souverain tenait particulièrement.

Le nouvel espace urbain, d'où la vue s'étendrait jusqu'aux sommets neigeux de l'Alborez, devait comporter des rues piétonnières, des théâtres, des trottoirs équipés de tapis roulants, des centres commerciaux, des rues bordées d'arcades et des jardins en terrasses. Des immeubles occupés par des ministères et des ambassades entoureraient l'une des places publiques les plus vastes du monde qui serait baptisée place de la Nation-et-du-Chah. L'échelle envisagée était monumentale : l'esplanade en question devait être plus spacieuse que la place Rouge de Moscou, et le boulevard Chahinchah, une avenue bordée d'arbres traversant le centre du projet, rivaliserait avec les Champs-Élysées. En tant qu'assistante urbaniste, je serais chargée d'établir la carte du site et de faire le relevé, dans une large zone, de tous les bâtiments des alentours.

En lançant de grands travaux, le chah s'inspirait d'Abbas le Grand. Ce souverain, protecteur des arts, qui avait régné sur la Perse de la fin du xvie siècle au début du xviie, avait fait d'Ispahan, l'ancienne capitale du pays, une des plus grandes villes du monde grâce à des innovations architecturales audacieuses et à une utilisation panoramique de l'espace. Cet îlot de verdure situé au centre de l'Iran, au milieu de plaines désertiques, possède de magnifiques monuments comme la mosquée du cheikh Lutfullah et le palais de Chehel Sotoon, de larges avenues, quantité de ponts ainsi que des jardins luxuriants et parfumés. Le souvenir d'Ispahan évoque pour moi les carreaux de céramique bleue richement ornés qui décorent nombre de ses monuments et les innombrables salons de thé où les Iraniens passent des heures à bavarder et à fumer leur pipe à eau.

Je suis arrivée à Téhéran en automne 1975. Nous étions une vingtaine à travailler sur le projet et étions logés dans des appartements proches du site. J'avais vingt-quatre ans, j'étais la plus jeune et la seule femme. Beaucoup de mes collègues se comportaient à mon égard en grands frères ; ils me conseillaient de soigner un peu plus mon apparence, m'encourageaient à me maquiller et à discipliner ma chevelure. Comme les citadines arabes, leurs homologues iraniennes étaient toujours habillées avec recherche, portaient des bijoux et des toilettes élégantes. De mon côté, je ne mettais ni bijoux ni maquillage et, outre des jeans, ma garde-robe ne contenait que des vêtements pratiques pour voyager et travailler, car j'avais toujours considéré que ma personnalité et mes compétences professionnelles me seraient plus utiles que mon apparence. Je n'en enviais pas moins aux Iraniennes les *tchadors* transparents, les mousselines délicatement imprimées et les tissus de toutes sortes dont elles s'enveloppaient, quel que soit leur âge, pour paraître en public. J'aurais volontiers adopté leur façon de s'habiller, à la fois féminine, pudique et mystérieuse.

J'adorais me promener dans Téhéran, flâner dans le dédale des allées du bazar et le long de la rue Qajar, un paradis pour les piétons où pendaient tapis d'Orient et tentures. Non loin, des autobus modernes et des automobiles disputaient la chaussée à des charrettes tirées par des ânes. Il n'était pas facile de décrire l'Iran à mes amis restés aux États-Unis, car le pays échappait à toute tentative de classification. Sous la gaze de leurs voiles, les jeunes femmes à la mode portaient des jeans à pattes d'éléphant et des chaussures à semelles compensées. Pour me rendre sur mon lieu de travail, je passais devant les somptueuses demeures des nouveaux riches de Téhéran, mais dans le sud de la ville, j'avais du mal à respirer l'air vicié par la pollution qui provenait des raffineries situées au milieu de quartiers pauvres à la population en perpétuelle expansion. Le traitement réservé aux femmes méritait aussi une description nuancée. Je ne me suis jamais sentie gênée ni intimidée lorsque je voyageais seule ou que je marchais dans les rues, mais j'ai souvent été dévisagée, surtout lorsque j'allais au restaurant sans être accompagnée. Cela m'arrivait fréquemment, vers la fin de mon séjour, lorsque la plupart des membres de notre équipe étaient partis pour Londres. Il y avait toujours un moment difficile : le maître d'hôtel ne cachait pas son embarras en me voyant arriver, et finissait toujours par me faire asseoir dans un coin obscur.

Dans le journal que je tenais à l'époque, j'ai noté que l'Iran semblait avoir une personnalité double. C'était un pays très occidentalisé et cosmopolite qui comportait une classe moyenne nombreuse et instruite, mais qui gardait en même temps un caractère exotique et moyen-oriental associé à une culture populaire dynamique. En Iran, j'ai ressenti avec une intensité accrue, une impression que j'avais déjà eue au Mexique et en Amérique centrale au début des années 1970 : celle d'un pays dont la vitalité était véhiculée par son artisanat. Les tapis persans en sont la plus célèbre illustration, mais c'étaient les peintures minutieuses sur les bois laqués, les délicates boîtes en argent agrémentées de beaux motifs émaillés et de scènes historiques qui enflammaient mon imagination. J'ai appris que l'épouse du chah, l'impératrice Farah, avait encouragé l'artisanat d'art dans le but d'aider les populations pauvres à jouir d'un niveau de vie plus élevé. Des années plus tard, je me rappellerais le succès de cette initiative en lançant un projet visant à faire revivre et à développer cet aspect de l'héritage jordanien.

En fréquentant des Iraniens, j'ai pris conscience de l'existence du mécontentement latent qui donnerait lieu, trois ans plus tard, à une véritable révolution. Contrairement à beaucoup d'étrangers vivant à Téhéran, j'avais la chance d'être reçue par des amis de ma famille qui se montraient tous généreux et accueillants. Lors de dîners chez Cyrus Ghani, un avocat réputé qui avait écrit plusieurs livres sur l'Iran, et chez les membres de la vaste famille Farmanfarmaian, j'ai rencontré des artistes, des acteurs, des intellectuels de premier plan et des fonctionnaires et j'ai entendu des opinions très diverses concernant la culture, la politique ou les questions sociales.

Les jeunes cadres que je côtoyais étaient nombreux à approuver la direction prise par le pays. L'un des objectifs de la « révolution blanche » dont le chah avait été l'initiateur en 1963 consistait en une réforme agraire ambitieuse visant à redistribuer à la multitude des pauvres les vastes terres possédées par une poignée de riches. Le souverain s'était aussi fait le champion des droits de la femme. Pendant mon séjour en Iran, il investit son épouse d'une autorité accrue. Celle-ci conviait tous les meilleurs esprits du pays à des réunions mensuelles qui leur valurent plus tard le surnom de club de réflexion de l'impératrice. La sœur du chah, la princesse Ashraf, représentait de son côté l'Iran aux Nations unies. J'observais cette évolution avec intérêt. En tant que jeune femme active, je m'intéressais aux difficultés particulières auxquelles étaient confrontées les femmes dans leur vie privée et publique, surtout lorsqu'il s'agissait de personnalités en vue comme la chahbanou qui semblaient souvent être la cible des critiques destinées à leurs maris, et être tenues pour responsables des carences de la société.

Malgré le caractère progressiste des objectifs affichés, mes amis s'inquiétaient de voir l'Iran devenir rapidement un État tyrannique. La SAVAK, la police secrète du chah, réprimait tout ce qui risquait de constituer une menace pour le régime et, parmi les gens que je rencontrais, beaucoup veillaient à éviter les propos pouvant passer pour des critiques. Un jeune architecte iranien employé par Llewelyn-Davis, où il était très apprécié, fut un jour arrêté dans la rue par la SAVAK et emmené pour être interrogé. Nous avions peur de ne jamais le revoir, mais il revint le lendemain, très secoué. Un matin, lors d'une réunion de travail, le directeur du projet, Jacquelin Robertson, fit circuler parmi nous une note dans laquelle il nous prévenait que nos bureaux étaient truffés de micros et nous invitait à surveiller constamment ce que nous disions.

Cet avertissement témoignait d'un malaise grandissant. La plupart des conversations dont j'étais témoin tournaient autour du gouvernement, ainsi qu'autour de l'image du chah et de celle de sa famille. Outre la princesse Ashraf, personnalité en vue et suscitant la controverse, l'épouse du souverain était une cible facile. J'ai entendu par exemple raconter, au cours d'un dîner, qu'avant sa visite d'un quartier pauvre de Téhéran, le maire avait fait paver la rue qu'elle devait emprunter et procéder à une rapide restauration des alentours. Cette histoire a déclenché autour de la table une avalanche de critiques, mais les convives que je questionnais ont fini par admettre qu'elle ignorait sans doute complètement les efforts faits pour dissimuler l'état lamentable des lieux.

J'ai aussi eu vent chez mes amis de la réaction publique suscitée par le festival de Chiraz en 1974. L'intention en avait été parfaitement louable : il s'agissait de jeter des ponts entre l'Iran et le reste du monde grâce à un programme reflétant les tendances les plus récentes du théâtre et du monde du spectacle. L'approche choisie s'est révélée maladroite. Une troupe française avait donné une représentation de la comédie musicale *Hair* qui avait fait scandale en Occident à cause de la nudité des comédiens. Inutile de dire que l'impact sur un auditoire musulman avait été beaucoup plus violent encore.

Le malaise général avait d'autres causes plus profondes. Pour une part, l'argent du pétrole, qui commença à affluer en Iran en 1973, après la troisième guerre israélo-arabe et la fin de l'embargo sur le pétrole arabe, bouleversait la structure sociale du pays et menaçait son équilibre culturel. Il était impossible de ne pas voir le contraste entre les forces progressistes et conservatrices. Adaptables, les jeunes membres des classes moyennes s'en accommodaient, mais ce n'était pas le cas du reste de la société qui reposait, dans son ensemble, sur de puissantes assises traditionalistes et religieuses.

Du point de vue économique, les différences se creusaient entre les différentes couches de la société. Dans les campagnes, les gens vivaient simplement, mais sans doute mieux que les habitants des bidonvilles de Téhéran dont les rues étaient rarement pavées, où il n'y avait ni électricité ni équipement sanitaire, et où la population démunie et sans qualification n'avait aucun moyen d'améliorer son sort. Le chah avait conçu un ambitieux programme visant à faire disparaître l'analphabétisme, mais les pauvres n'avaient accès qu'à l'enseignement dispensé par les *madrasa*, les écoles religieuses. Ce fossé que le souverain et son gouvernement s'efforçaient de combler entre les classes sociales ne cessait au contraire de s'élargir. De manière évidente, la richesse tirée du pétrole ne profitait qu'à une petite partie de la population.

À mesure que je connaissais mieux la ville et ses habitants, j'étais de plus en plus préoccupée par l'impact négatif qu'aurait, du point de vue sociologique et écologique, le gigantesque projet Chahestan Pahlavi. Il affecterait en effet le seul « poumon » vert restant à une agglomération en rapide expansion. Entourée sur trois côtés par des montagnes, Téhéran était un réceptacle où s'accumulait inévitablement la pollution émanant des raffineries, des usines et des pots d'échappement des voitures. Les *jubes* – des rigoles ouvertes courant le long des rues dans la ville entière – charriaient de l'eau de pluie mêlée à des ordures du nord au sud de la ville. Des embouteillages bloquaient certains quartiers pendant des heures. Voir Téhéran se dégrader sous l'effet d'une industrialisation hâtive m'inquiétait d'autant plus que j'avais d'abord été attirée par l'extraordinaire beauté du pays.

Pendant mon séjour dans la capitale iranienne, j'ai également pris la mesure de l'intensité de la ferveur religieuse qui anime la branche chiite de l'islam, prédominante en Iran. Comme je l'appris, la principale différence existant entre les chiites et les sunnites touche au choix du successeur du prophète Mahomet. À la mort de celui-ci, en 632 après J.-C., ses adeptes désignèrent pour la plupart son beau-père, Abu Bakr, pour lui succéder, tandis que les membres d'un autre groupe se rangeaient derrière Ali, son cousin et gendre. Ces derniers constituèrent le Chi'at Ali, le parti d'Ali, et proclamèrent que seul le guide qu'ils s'étaient donné, ses descendants masculins ou les hommes appartenant à la lignée du prophète avaient le droit d'être calife ou chef spirituel de l'islam. Les autres musulmans, les sunnites, beaucoup plus nombreux, choisirent le calife par consensus, à cause de ses mérites. En dépit du fossé qui les séparait, les deux branches de l'islam honoraient l'une et l'autre les Hachémites auxquels ils accordaient un statut particulier.

En 680 après J.-C., les différends opposant chiites et sunnites donnèrent lieu à un épisode de violence. Après la mort de l'imam Ali, son fils, l'imam Hussein, entendit dire à La Mecque, où il résidait, que le nouveau calife omeyyade qui avait pris le pouvoir à Damas était un ivrogne corrompu, indigne de conduire les musulmans. Refusant d'écouter les conseils de prudence d'une partie de son entourage, l'imam Hussein quitta le Hedjaz (une région située sur la côte ouest de la péninsule arabique) avec sa famille et une petite troupe d'hommes armés pour défier le calife dépravé. Dans l'affrontement meurtrier qui s'ensuivit, il tomba dans une embuscade à Karbala, dans le sud de l'Irak, et fut assassiné avec soixante-dix parents et partisans. En donnant sa vie pour l'islam, il devint un martyr – *shaheed* –, notion qui occupe une place centrale dans l'identité des chiites, éternels opprimés et persécutés ; Karbala, où il est enterré, devint un centre de pèlerinage. Depuis lors, l'histoire du martyre de l'imam Hussein a joué un rôle clé dans la religion des chiites et dans ses rituels, parmi lesquels figure la représentation devant d'immenses foules, le jour d'Achoura, de « passions » évoquant la fin tragique de l'imam.

J'étais à Téhéran en 1976 lors de cette célébration et je ne l'oublierai jamais. Tôt le matin, seule dans mon appartement, j'entendis un bruit étrange, puissant, impossible à identifier. Il s'enfla jusqu'à se changer en clameur. Regardant par la fenêtre, je vis un cortège d'une cinquantaine d'hommes qui marchaient dans la rue en frappant leur corps ensanglanté avec des chaînes. Le spectacle était si terrible que j'étais paralysée d'effroi. Je n'avais alors aucune idée de ce dont il s'agissait. Des amis iraniens m'apprirent plus tard que l'autoflagellation représente une manière de partager les souffrances endurées par l'imam Hussein dont le fils nouveau-né avait été tué dans ses bras et dont la tête avait été coupée et promenée à la pointe d'une lance.

Les chiites appliquaient à la politique la ferveur qu'ils mettaient à pratiquer leur religion. Dans la ville sainte de Qom, les théologiens s'étaient opposés dès le début aux réformes du chah et diabolisaient les influences occidentales qui envahissaient leur civilisation. À leurs yeux, la réforme agraire mise en œuvre par le souverain était communiste, et ils jugeaient le droit de vote accordé aux femmes et aux membres des minorités non musulmanes anti-islamique. Des émeutes avaient éclaté dans cette ville en 1963 et l'armée les avait réprimées, réduisant les religieux au silence ou exilant certains parmi lesquels le virulent ayatollah Ruhollah Khomeiny.

Les troubles croissants ont fini par affecter le bureau de Llewelyn-Davis. Deux Américains ayant été tués non loin de la demeure de Jacquelin Robertson, on nous a conseillé de changer sans cesse d'itinéraire et d'heure quand nous allions au bureau. Au début de l'année 1976, le personnel de la société a commencé à quitter le pays. L'inquiétude concernant notre sécurité se doublait de raisons professionnelles : le travail préliminaire étant terminé, la phase suivante pouvait aussi bien se dérouler à Londres où les plans seraient établis, et à New York où les architectes commenceraient à créer des maquettes.

Ayant été embauchée après les autres et me trouvant au bas de l'échelle hiérarchique, je suis partie la dernière. J'ai quitté l'Iran à regret et me suis envolée pour la Jordanie puis, après un bref séjour dans ce pays, pour New York.

Grâce au travail d'urbaniste que j'avais effectué à Téhéran, j'avais été en contact avec les réalités sociales et culturelles d'un important pays musulman du Moyen-Orient. J'avais aussi touché du doigt l'incompréhension dont l'Occident, et particulièrement les États-Unis, faisait preuve envers la civilisation de cette partie du monde et envers l'islam. L'intérêt que je portais au journalisme s'en est trouvé renforcé car j'en étais venue à considérer qu'il était plus urgent de bâtir des ponts entre les civilisations que d'entreprendre des travaux d'urbanisme. J'ai décidé, pendant le voyage de retour, de me mettre en rapport avec des chaînes de télévision et de radio comme CBS, PBS et d'autres organes de presse susceptibles de m'employer, et aussi de déposer un dossier de candidature à l'Institut de journalisme de l'université de Columbia. J'espérais ainsi pouvoir me rendre utile dans une région du monde pour laquelle je ressentais un attachement naissant.

CHAPITRE 4
Une audience avec le roi

« Mais viens donc avec nous », avait insisté Marietta avec son habituelle force de persuasion. Marietta Tree, qui avait activement milité pour les droits civiques et représenté les États-Unis à la Commission pour les droits de l'homme des Nations unies, était une vieille amie de mon père. Tous deux étaient de passage à Amman avant d'aller à Beyrouth. Persuadé que le roi serait heureux de faire la connaissance de Marietta, mon père avait demandé qu'il lui accorde une audience. L'heure de l'entretien approchait : « Non, non, ai-je protesté avec véhémence. Le rendez-vous a été pris pour toi, pas pour moi. »

Huit mois plus tôt, j'avais accepté un emploi temporaire en Jordanie, chez Arab Air Services, une société aéronautique fondée par mon père pour fournir des études, de l'ingénierie et de l'assistance technique à divers pays du Moyen-Orient. Son directeur était tombé malade et je le remplaçais. Avant de retourner en Jordanie, j'avais été choquée d'apprendre que la reine Alia, à qui j'avais été présentée à peine quelques mois plus tôt à l'aéroport d'Amman, avait trouvé la mort dans un accident d'hélicoptère. Pendant les premières semaines suivant mon arrivée, j'apercevais de temps en temps, en me promenant dans la ville, une photo de la reine défunte collée au pare-brise d'une voiture, et l'image de cet être jeune, si tôt disparu et tant pleuré, me faisait monter les larmes aux yeux.

Le directeur de la compagnie avait repris ses fonctions vers le milieu de 1977, mais j'étais restée quelque temps pour l'aider tout en faisant, dans plusieurs capitales de la région, une étude préparatoire à la création de l'école d'aviation panarabe. Je m'apprêtais à quitter le pays quand Ali Ghandour m'avait fait une proposition tentante : il s'agirait pour moi de diriger, au sein de la compagnie aérienne jordanienne, un service bientôt chargé de superviser la conception et l'entretien de toutes les implantations de la compagnie en Jordanie et dans le monde. Le hasard a voulu que je reçoive, le lendemain, une lettre d'admission à l'institut de journalisme de l'université de Columbia.

J'étais face à un dilemme. D'un côté j'avais enfin la possibilité de poursuivre une carrière dans le journalisme dont j'avais rêvé ; de l'autre on m'offrait l'occasion inespérée de mettre à profit d'une manière concrète ma formation d'architecte et d'urbaniste. Je me sentais ridiculement sous-qualifiée pour les fonctions proposées par Ali Ghandour, mais n'ai pas pu résister à l'envie de relever le défi.

Je n'avais parlé ni à Marietta ni à mon père des brèves occasions où j'avais croisé le roi depuis mon installation en Jordanie. Elles s'étaient produites à l'aéroport où mon travail m'appelait souvent. Je me souviens d'un jour où je m'étais rendue en hâte là-bas dans ma Golf noire de location pour apporter une lettre à un collègue en partance pour les États-Unis. Laissant mon moteur tourner, je m'étais précipitée, hors d'haleine, sur le tarmac. L'avion devait décoller quelques minutes plus tard. Près de l'aile, un groupe compact de mécaniciens et d'hommes en costumes gris me barrait le passage. En fendant la foule, j'ai failli me heurter au roi. « Majesté », ai-je haleté, sentant mes joues s'empourprer. « Comment allez-vous ? a-t-il demandé en souriant. Comment se fait-il que je ne vous voie pas plus souvent ? » J'ai bafouillé quelques excuses incohérentes et suis allée porter mon pli. Passant ensuite au bureau de mon amie Meliha, au centre de formation de l'aviation civile, je lui ai dit : « Il m'est arrivé une chose incroyable », et je lui ai raconté la façon dont je m'étais ridiculisée.

Une autre fois, peu après mon arrivée en Jordanie, j'avais rencontré le roi brièvement lors d'une visite officielle faite par Cyrus Vance, nommé depuis peu secrétaire d'État par le président Carter. Des journalistes qui connaissaient mon intérêt pour leur métier m'avaient invitée à assister à la conférence de presse donnée par l'émissaire américain et le souverain. Nous avions été conduits en bus à travers un épais brouillard jusqu'au palais Hashimya, la résidence royale. M'ayant aperçue parmi les représentants de la presse, Cyrus Vance, l'un des plus vieux amis de ma famille, était venu me dire bonjour. Tous les regards s'étaient braqués sur moi, et les quelques mots que m'avait adressés de loin le roi au moment où j'essayais de me fondre dans la foule n'avaient rien fait pour dissiper mon embarras.

Au Diwan – c'est ainsi qu'on appelle la cour royale de Jordanie –, Marietta et mon père ont continué à insister pour que j'assiste à l'audience, et j'ai persisté dans mon refus. C'est avec soulagement que j'ai vu Yanal Hikmat, le chef du protocole, venir les chercher pour les accompagner jusqu'au bureau du monarque. J'avais l'intention de m'en aller et de les retrouver plus tard à l'hôtel, mais la réunion avait à peine commencé lorsque Yanal a reparu et m'a demandé de le suivre. Je le connaissais car nous avions des amis communs, aussi n'ai-je pas hésité à lui faire part de mon désir de ne pas m'imposer. Il m'a vite interrompue : « Le roi souhaite que vous soyez présente » en insistant sur le mot « roi ».

Je me suis glissée dans la salle aussi discrètement que possible. À la fin de l'audience, le roi s'est tourné vers moi et m'a demandé s'il me serait possible de me rendre à sa résidence d'Hashimya pour lui donner mon avis sur une série de problèmes posés par des travaux faits dans ce vaste palais. Je me suis retrouvée invitée à déjeuner pour le lendemain. « Hash. 12 h 30 », peut-on lire dans mon journal à la date du 7 avril. Ce qui n'y est pas dit, c'est que je ne suis rentrée chez moi qu'à sept heures et demie ce soir-là.

À mon arrivée à Hashimya, le roi, vêtu d'une veste de cuir et d'une chemise à col ouvert, m'a accueillie chaleureusement. Il s'est montré bavard et détendu pendant le déjeuner, et m'a emmenée ensuite faire le tour du palais. Les bâtiments étaient, il faut l'avouer, dans un état désastreux. La construction en avait été hâtive et peu soignée, et cela se voyait. Le toit fuyait tellement que, lorsqu'il pleuvait, l'eau qui s'infiltrait le long des conduits électriques coulait dans les pièces. Le chauffage, l'électricité et la plomberie étaient tous défectueux et avaient besoin d'une révision complète. Le roi m'a demandé si je pouvais me charger de la supervision des travaux, et il a eu l'air surpris lorsque je lui ai répondu que cela ne relevait pas de ma compétence.

Comme je devais l'apprendre plus tard, les personnages haut placés sont les derniers à être informés de l'exacte étendue des problèmes. Les membres de leur entourage se déclarent toujours capables de les résoudre, quelles que soient leurs aptitudes ou leur expérience. Pour ma part, je ne voulais pas tromper le roi Hussein sur mes capacités, lui moins que quiconque. Quelqu'un dans sa position méritait de recevoir l'aide le plus efficace possible. « Tout ce que je peux faire est d'essayer de trouver une entreprise apte à vous fournir les services dont vous avez besoin », lui ai-je dit.

Au moment où j'allais partir, le roi m'a demandé s'il pouvait me présenter ses trois plus jeunes enfants : le prince Ali, âgé alors de deux ans, la princesse Haya qui en avait trois et Abir, une petite Palestinienne de cinq ans qui vivait au palais. (La reine Alia, la troisième épouse du souverain, l'avait recueillie après la mort de sa mère survenue lorsqu'un avion s'était écrasé sur un camp de réfugiés où elle vivait, près de l'aéroport d'Amman.) Le roi a ensuite proposé de me faire visiter les écuries – le haras royal de Jordanie – qui abritaient des chevaux arabes du désert dont le pedigree remontait à des centaines d'années. Nous nous y sommes rendus, accompagnés par l'escorte de motards qui suit le roi dans tous ses déplacements.

Les chevaux, surnommés « buveurs de vent » par les Bédouins, possédaient une grâce extraordinaire. Ils semblaient flotter au-dessus du sol tandis qu'ils trottaient dans le paddock. J'avais vu des chevaux arabes aux États-Unis, mais ici, chez eux, ils me semblèrent encore plus beaux. Les Arabes sont très fiers de ces bêtes au front plat et large entre des yeux très écartés, aux oreilles petites et pointues, à la crinière abondante, à la queue épaisse, et dont l'échine courte, qui comporte une vertèbre de moins que celle des autres races, leur permet de se déplacer facilement sur les terrains rocailleux et le sable du désert. Nombre des chevaux que j'ai vus cet après-midi-là étaient les descendants de ceux montés par les Hachémites durant la Grande Révolte arabe, le combat mené par le chérif Hussein de La Mecque pour secouer le joug de l'empire ottoman. L'émir Abdallah, son fils et donc le grand-père de mon hôte, montait Johara (Joyau), sa jument favorite, le jour où il assiégea La Mecque avec ses compagnons d'armes.

Le roi connaissait toutes les bêtes par leur nom et adorait montrer le haras à ses visiteurs. Il faisait, à ses yeux, la fierté de la Jordanie, d'autant que les grandes tribus éleveuses de chevaux sont pour beaucoup originaires de ce pays. Depuis 1960, un couple espagnol, Santiago et Ursula Lopez, s'occupait des écuries, mais le roi en avait récemment confié la responsabilité à sa fille aînée, la princesse Alia, qui s'intéressait de très près à l'élevage. Elle développait soigneusement la race pour améliorer les lignées tout en préservant les traits caractéristiques des chevaux du désert. Sous sa direction, le haras royal s'était distingué lors de concours régionaux et internationaux.

Alors que je m'apprêtais à prendre congé, j'ai vu arriver une extraordinaire automobile, une Excalibur bleu vif décapotable qu'un émir du Golfe venait d'offrir au roi. Celui-ci m'a suggéré d'en prendre le volant pour rentrer chez moi tandis qu'il s'assiérait à mes côtés. J'ai tenté de me dérober, mais je voyais bien qu'il s'agissait pour mon hôte d'une bonne occasion de s'amuser. J'ai donc proposé un compromis : j'accepterais la suggestion pourvu qu'un véhicule moins voyant soit mis à ma disposition. Ce qui s'est passé ensuite m'a fait l'effet d'un rêve. Je conduisais le roi de Jordanie dans les rues d'Amman, environnée par son escorte et par des gens qui tournaient la tête pour voir passer le cortège royal. Je me sentais très mal à l'aise, mais le caractère spontané de l'épisode semblait combler le roi de joie. Je devais bientôt découvrir qu'il adorait les surprises. (Il aimait aussi me faire rougir et ce ne fut qu'au bout de longues années de mariage que j'ai cessé de perdre contenance quand il me taquinait.) Pour ma part, je comptais les rues, impatiente d'atteindre mon immeuble et de m'y engouffrer.

Je n'ai parlé à personne de la journée que j'avais passée à Hashimya, ni des appels téléphoniques que j'ai reçus du roi le lendemain. Je vivais en Jordanie depuis suffisamment longtemps pour savoir que le moindre mot, le moindre geste du souverain, la moindre rencontre qu'il faisait donnaient lieu à des commentaires sans fin, à des interprétations erronées et à de folles exagérations. L'intérêt porté à la vie privée du roi Hussein était particulièrement vif à l'époque. À quarante et un ans, de nouveau célibataire, c'était un excellent parti, et les spéculations concernant la femme qu'il épouserait allaient bon train. Des noms circulaient dans les dîners mondains, chacun prétendant tenir ses renseignements de bonne source.

J'étais flattée, naturellement, qu'un homme si distingué et si accompli semblât prendre autant de plaisir à nos conversations. Je n'avais alors que vingt-six ans. Mais le roi était connu pour sa générosité et pour le souci qu'il avait du bien-être de quiconque vivait ou même séjournait en Jordanie. Il me dira beaucoup plus tard avoir lu quelque chose de spécial dans mes yeux lors de l'audience au Diwan et être tombé amoureux de moi à ce moment-là.

Je m'étais fait de merveilleux amis à Amman : Meliha Azar, qui était professeur à l'école d'aviation civile ; Fatina Asfour, qui gérait la fabrique d'allumettes de sa famille ; Rami Khouri, le jeune directeur du *Jordan Times*, et Amer Salti, un banquier avec qui je jouais de temps en temps au tennis et dont la femme, Rebecca, était américaine. J'étais aussi liée avec Khalid Shoman, fils du fondateur de la plus grande banque arabe dont il était le vice-président, et avec sa femme, Suha, une artiste. J'ai vite découvert qu'Amman était une très petite ville et que tout le monde se connaissait.

Je fréquentais aussi beaucoup les familles de mes amis, ce qui me permettait d'élargir le cercle de mes connaissances. À l'époque on se recevait beaucoup en famille, et j'étais toujours accueillie à bras ouverts. Les repas étaient des plus agréables, la nourriture et la compagnie excellentes. La mère de Fatina, fine cuisinière, m'a appris à accommoder mes aliments préférés : les gombos (*bamieh*), les fèves (*foul*) et un plat de haricots verts en sauce tomate appelé *fasoulieh* que je préparais une fois de retour dans mon petit appartement. Ne voulant cependant pas abuser de l'hospitalité de mes hôtes en m'invitant trop fréquemment à leur table, je passais le reste du temps dans une solitude d'autant plus pesante que je devais faire plus d'un kilomètre à pied pour aller à l'hôtel Intercontinental téléphoner à ma famille.

Les familles jordaniennes étaient très unies, et je les enviais. Le contraste était frappant avec ce qui se passait chez moi et chez beaucoup de mes amis occidentaux. L'interdépendance joue un très grand rôle dans la civilisation arabe. En Jordanie, les jeunes gens de mon âge, garçons ou filles, ne quittaient pas le foyer familial avant leur mariage et s'offraient ainsi mutuellement compagnie, surveillance et sécurité. Il y avait sept enfants chez les Asfour et ils formaient un monde à eux seuls. Ils n'avaient pas de besoins matériels ou sociaux à assouvir ailleurs puisqu'ils étaient comblés au sein de leur famille. J'aimais beaucoup aller dîner chez eux et j'y étais traitée comme l'une des leurs.

La Jordanie est un véritable melting-pot. Jouant depuis des milliers d'années un rôle de carrefour au Moyen-Orient, ce pays a servi de voie de communication et de route commerciale entre les États et les empires de la région, et au-delà. Dans l'Antiquité, elle a fait partie à différents moments des empires assyrien, babylonien, égyptien, grec, romain, byzantin et perse. Les grandes familles établies à Amman témoignent de l'ampleur de cette fertilisation croisée. Elles reflètent les trois plus importants groupes démographiques présents dans le pays : les Bédouins semi-nomades, aujourd'hui établis dans une large mesure dans les villes ; les nouveaux arrivants venus de pays voisins – Syrie, Irak, Palestine, Liban et Arabie saoudite – pendant la première moitié du XXe siècle ; enfin les habitants des nombreuses villes, villages et hameaux d'agriculteurs dont les ancêtres sont établis depuis des siècles, et même, dans certains cas, des millénaires.

La longue tradition maintenue par ces populations sédentaires est surtout discernable sur les sites antiques. Le patrimoine architectural et humain transmis de génération en génération est celui de paysans, de commerçants, d'artisans – hommes et femmes – qui vivaient près des points d'eau, cultivaient la terre, faisaient paître des animaux et pratiquaient des échanges au niveau local et régional en empruntant les routes commerciales dont l'existence remonte à la nuit des temps. C'est à eux qu'est dû le profond sentiment d'unité culturelle qui devint l'identité nationale de la Jordanie au XXe siècle.

La Jordanie a aussi été, pendant des centaines d'années, une terre d'accueil pour des minorités fuyant les persécutions politiques et la violence. C'est le cas, entre autres, des Circassiens, un groupe de musulmans sunnites non arabes venus du Caucase, modeste par le nombre mais influent. Ils appartiennent à une très ancienne ethnie composée de douze tribus qui sortit, en 1864, décimée d'un combat d'un siècle contre les Russes. La Turquie et la Russie, les super-puissances de l'époque, forcèrent ceux qui restaient à émigrer vers trois régions de l'empire ottoman : la Turquie, la Syrie et la Jordanie. Arrivés en 1878, les premiers Circassiens s'établirent d'abord dans les ruines romaines d'Amman, abandonnées depuis la fin de l'Empire romain, avant d'occuper plusieurs sites voisins. Quarante ans plus tard, ils accueillirent le roi Abdallah en Jordanie et soutinrent immédiatement le régime qu'il instaura. Après la créa-tion de la Transjordanie, en 1921, les Circassiens devinrent les piliers de l'armée et du gouvernement. Ce sont ces hommes de grande taille, à la peau claire, qui composent la garde d'honneur du roi, et je compte au moins un Circassien parmi mes amis – Yanal Kikmat, le chef du service du protocole de la cour.

En Jordanie, on trouve également des Tchétchènes, musulmans eux aussi originaires du Caucase, qui avaient fui devant la poussée expansionniste russe dans les années 1890 et avaient trouvé refuge dans ce qui était alors l'empire ottoman. Trois des quatre-vingts sièges du parlement jordanien sont réservés aux Tchétchènes et aux Circassiens. Les deux communautés sont connues pour leurs rites de mariage très particuliers. Les récits d'enlèvements de jeunes filles dont les parents désapprouvaient les amours me fascinaient et j'avais envie d'assister à un de ces spectacles au cours desquels le soupirant galope vers sa bien-aimée, la prend en croupe et s'enfuit avec elle sous les salves tirées pour célébrer l'événement.

Les Bédouins sont les traditionnels « habitants du désert ». Leurs ancêtres, qui vivaient dans la péninsule arabe, sont mentionnés dans la Genèse où on les dit enfants de Sem, fils de Noé. Pendant des siècles, ils ont parcouru les régions où ils trouvaient de quoi nourrir leurs animaux et où ils assuraient, disait-on, la sécurité des chrétiens en route pour la Terre sainte et les laissaient utiliser leurs puits.

À une époque récente, leur mode de vie s'est modifié et ils se sont établis pour la plupart dans des villes comme Amman où ils sont devenus commerçants, militaires ou fonctionnaires. Les autres, dont le nombre ne cesse de diminuer, sont restés attachés à leur mode de vie traditionnel et continuent à se déplacer au fil des saisons, et à faire paître leurs bêtes dans la beauté rude du désert. J'admirais l'esprit qui les animait, leur enviais leur liberté et pensais que l'homme moderne aurait beaucoup à apprendre de leur totale indépendance par rapport à notre monde matérialiste.

Si plus de quatre-vingt-dix pour cent des Jordaniens sont des musulmans sunnites, il existe une importante communauté de chrétiens, comme en ont témoigné les cinquante mille personnes qui se sont rassemblées dans le stade d'Amman pour accueillir le pape Jean-Paul II en l'an 2000. Beaucoup appartiennent à la religion grecque orthodoxe, comme la branche Halaby de ma famille. Ils descendent aussi souvent des premiers chrétiens venus en Terre sainte il y a des siècles. Karak, où s'élève le célèbre château des croisés, compte une très ancienne population chrétienne, tout comme Salt et Madaba. C'est dans cette dernière ville qu'a été découverte, dans l'église grecque orthodoxe de Saint-Georges, la mosaïque la plus célèbre de la région : elle date du VIe siècle et représente une carte détaillée de la Terre sainte, de l'Égypte à la Syrie, où figurent les villages, les rivières et les vallées et, au centre, la ville sainte de Jérusalem.

Depuis 1948, les Palestiniens, qui descendent des Arabes établis au pays de Canaan, forment une partie importante de la population jordanienne. Selon des estimations prudentes, quelque huit cent mille Palestiniens ont été déracinés en 1948, lors de la création de l'État d'Israël, et répartis entre la Jordanie, la Syrie et le Liban. On en trouve aujourd'hui dans de nombreux pays du monde entier.

Au fil des années, environ un million et demi de Palestiniens se sont réfugiés dans le royaume hachémite de Jordanie dont ils sont devenus citoyens en 1950, au moment de l'unification des rives est et ouest du Jourdain. L'accueil qui leur était ainsi fait était chaleureux. Le roi Hussein a en fait été le seul homme d'État arabe à accorder la nationalité à ces gens devenus soudain apatrides. La population de la Jordanie a presque doublé du fait d'un premier afflux de Palestiniens après la guerre de 1948 et d'un second après le conflit israélo-arabe de 1967.

L'impact sur les ressources du pays est évident. Alors que la population d'Amman avait été au large sur sept collines, elle en occupait à présent quatorze. En trente ans, les alentours vallonnés de la citadelle et de l'amphithéâtre romain qui formaient le cœur de la ville avaient été envahis du haut jusqu'en bas par des maisons de fortune, entassées les unes sur les autres sans un pouce de terrain entre elles.

Environ quatre-vingt mille réfugiés moins chanceux vivaient dans treize camps surpeuplés. La situation devint si intenable après la guerre de 1948 que les Nations unies créèrent une organisation temporaire, l'Office de secours et de travaux des Nations unies pour les réfugiés de Palestine au Proche-Orient (UNRWA) chargé de s'occuper des quelque quatre millions d'exilés palestiniens recensés, réfugiés en Jordanie, en Syrie, au Liban, dans la bande de Gaza et la Cisjordanie, de leur fournir un abri et de subvenir à l'éducation de leurs enfants. La situation est loin d'être réglée aujourd'hui, cinquante ans plus tard, et cet organisme est toujours à la recherche de solutions. En passant près de ces camps lorsque je visitais le pays, je m'étonnais de l'ingéniosité qui avait permis à leurs habitants de survivre si longtemps dans des conditions jugées au départ temporaires.

C'est seulement en vivant et en travaillant en Jordanie que j'ai compris l'ampleur de cette tragédie humaine. Des Palestiniens de la seconde et même de la troisième génération naissaient dans les camps de réfugiés en 1977, sans rien d'autre que des souvenirs auxquels se raccrocher. Nombre d'entre eux vivaient encore sous des tentes, refusant de déménager pour s'installer dans des habitations moins précaires de peur de perdre leur statut de réfugiés et, avec lui, le précieux « droit de retour » dans leur terre natale. Certains conservaient des documents en lambeaux, titres de propriété des champs et des maisons dont ils avaient été chassés, emportés dans leur fuite trente ans plus tôt, et ils étaient nombreux à garder la clé de leur demeure suspendue à leur cou.

J'ai été fascinée par ce que j'ai appris de la série d'événements qui, débutant en 1914 dans le Hedjaz, à La Mecque, berceau de l'islam, avait conduit à la fondation de l'État moderne de Jordanie. Les Hachémites, descendants directs du prophète Mahomet, avaient régné sur la ville pendant plus de mille ans. Ils étaient également les gardiens héréditaires de la plupart des lieux saints de l'islam, en particulier de La Mecque où, d'après les musulmans, Abraham a reconstruit le premier sanctuaire consacré à Dieu et où le prophète Mahomet est né, ainsi que de Médine où, en 662 après J.-C., il trouva un refuge contre les persécutions.

La politique de plus en plus répressive menée au début du XXe siècle par les Ottomans – l'interdiction de l'enseignement de la langue arabe dans les écoles et de son usage dans l'administration par exemple –, attisa le ressentiment du grand chérif de La Mecque (chérif et chérifa sont les titres respectivement portés par les hommes et les femmes qui descendent en ligne masculine directe du prophète Mahomet), le Hachémite Hussein bin Ali, ainsi que celui d'autres Arabes influents de la région. Les arrestations de nationalistes arabes se multipliaient, et la tolérance longtemps pratiquée par le régime turc cédait la place à l'oppression. Dans ce contexte, des sociétés secrètes arabes apparues dans la région tout entière demandèrent au chérif Hussein de prendre leur tête.

La Première Guerre mondiale offrit aux Hachémites une occasion d'agir : le chérif Hussein pensa pouvoir profiter de la lutte menée contre les Allemands et leurs alliés pour non seulement débarrasser les pays arabes de la présence des Ottomans, vieille de quatre cents ans, mais aussi pour créer, une fois le conflit terminé, une confédération d'États réunissant, du Yémen à la Syrie, toutes les provinces arabes ayant fait partie de l'empire ottoman, notamment la péninsule arabique, le Liban, la Mésopotamie (l'Irak moderne) et la Palestine.

Après de longues négociations menées au Caire avec le fils du chérif Hussein, Abdallah, les Britanniques se montrèrent favorables à cette idée : « Si vous et Son Altesse votre père continuez à soutenir un mouvement visant à l'indépendance des Arabes, la Grande-Bretagne est prête à vous assister en usant de tous les moyens en son pouvoir », écrivit Ronald Storrs, le secrétaire britannique aux Affaires d'Orient.

Une telle déclaration, ainsi que d'autres émanant de sir Henry McMahon, le haut-commissaire britannique en Égypte, eurent pour effet de persuader le chérif Hussein qu'une alliance entre les Hachémites et les Anglais serait bénéfique pour la cause arabe. Il mobilisa donc une force de trente mille hommes recrutés dans les tribus et commandés par trois de ses fils, Ali, Abdallah et Faysal. En juin 1916, il déclencha la Grande Révolte arabe, nom habituellement donné à ce mouvement, qui changea le cours de la guerre au Moyen-Orient.

Pendant les deux années suivantes, les Arabes du Hedjaz se battirent sous la bannière hachémite, libérant La Mecque, Taif, Djedda et d'autres places fortes turques. Trompant la vigilance des soldats ottomans, ils firent sauter à maintes reprises la ligne de chemin de fer du Hedjaz dont les quelque mille trois cents kilomètres reliant Damas et Médine avaient été construits par les occupants au début du siècle avec des arbres coupés dans les forêts jordaniennes. Ils en démolirent un grand tronçon avec l'aide du capitaine T.E. Lawrence, le célèbre officier du génie et stratège anglais. Lors de l'opération la plus audacieuse de la campagne, sous sa conduite et celle de Faysal, ils parcoururent les mille trois cents kilomètres de désert séparant La Mecque d'Akaba qu'ils libérèrent avec l'aide des tribus arabes. Surgissant du désert dans lequel les Ottomans voyaient un obstacle si insurmontable qu'ils avaient pointé leurs canons dans la direction opposée – celle de la mer, ils prirent les troupes ennemies par surprise.

Le chameau monté par Lawrence trébucha pendant l'ultime chevauchée et le vaillant capitaine, qui perdit connaissance, ne revint à lui qu'après la chute d'Akaba. Cet incident n'empêcha pas la légende de l'officier anglais de prendre des dimensions épiques en Occident, grâce aux reportages du journaliste américain Lowell Thomas et aux nombreux récits de la Grande Révolte arabe faits par la suite, notamment dans les *Sept Piliers de la sagesse* de Lawrence et le film *Lawrence d'Arabie* que je me rappelle avoir vu à sa sortie, en 1962. Je m'étais alors émerveillée devant la défaite que l'excentrique héros semblait avoir infligée à lui seul aux Turcs. Les forces arabes auprès desquelles il jouait le rôle de « conseiller » et qui étaient en réalité les armées de Faysal, d'Ali et d'Abdallah, les fils de Hussein, y font figure de bandes mal entraînées, indisciplinées et incapables de battre l'ennemi à elles seules. Ce film avait fait une forte impression sur l'adolescente que j'étais, à un moment où je prenais tout juste conscience de mes racines arabes et où je n'avais guère de repères concernant l'histoire et l'aspect culturel de mon héritage. Comme je l'ai appris plus tard, la manière dont Lawrence fut glorifié en Occident provoqua la colère de beaucoup d'Arabes, indignés que leurs chefs soient injustement privés des éloges qu'aurait dû leur valoir la grande victoire qu'ils avaient remportée. Ils discernèrent aussi un racisme sous-jacent dans la version des événements présentée par les Occidentaux : sans l'intervention d'un Blanc, d'un Anglais, le rêve d'indépendance des Arabes serait resté lettre morte, tel était le message qu'elle contenait.

Après avoir libéré Akaba et le Hedjaz, l'armée arabe se dirigea vers le nord et prit Amman. La Grande Révolte arabe se termina le 1er octobre 1918 par une marche victorieuse sur Damas aux côtés des alliés européens et déboucha, trente jours plus tard, sur un armistice signé avec les Turcs. Cet incontestable triomphe remporté par les Hachémites ne leur profiterait cependant pas une fois la paix revenue.

Le chérif Hussein, proclamé roi du Hedjaz, s'attendait naturellement, ainsi que d'autres chefs arabes, à ce que les Britanniques honorent la promesse qu'ils avaient faite d'œuvrer en faveur de l'indépendance de la région. Trois mois après l'entrée des troupes hachémites dans Damas, le Congrès arabe syrien proclama le chérif Faysal roi de la Syrie indépendante tandis qu'un groupe de dirigeants originaires de l'ancienne Mésopotamie choisissait Abdallah comme souverain de l'Irak, tout juste créé.

Mais les Hachémites avaient été trahis. En 1916, tandis qu'ils organisaient la rébellion contre l'empire ottoman, la Grande-Bretagne négociait déjà avec la France afin de partager, selon les termes de l'accord Sykes-Picot, les territoires arabes pour l'indépendance desquels les Hachémites se battaient. La Syrie et le Liban iraient à la France, les Britanniques se réservant la Palestine, l'Irak et la Transjordanie, région située à l'est du Jourdain.

Les Anglais avaient reconnu le chérif Faysal comme roi hachémite de Syrie, mais les Français refusèrent d'admettre la légitimité du gouvernement qu'il forma et, en 1920, ils le forcèrent à abdiquer et à s'exiler. À la conférence du Caire présidée par Winston Churchill, alors ministre des Colonies, Faysal devint roi d'Irak et le chérif Abdallah se vit attribuer le trône de Transjordanie, sans que la fusion qu'il réclamait avec la Palestine lui soit accordée.

Le chérif Hussein avait entraîné ses fils et les volontaires qui formaient son armée dans la lutte contre les Ottomans sur la foi d'une assurance donnée par les Britanniques que tous les pays arabes occupés par les Turcs, la Palestine comprise, constitueraient un seul État après la guerre. Sir Arthur Balfour, le ministre des Affaires étrangères anglais, ne voyait cependant pas les choses de cet œil. Au lieu d'accéder à la demande d'autodétermination des Arabes, qui constituaient la presque totalité de la population de la Palestine et vivaient sur cette terre depuis des siècles, voire des millénaires, il promit aux Juifs qu'elle serait leur « foyer national ». La déclaration Balfour, document qui date de 1917, entérina ces engagements, précisant cependant en termes clairs : « Rien ne sera fait qui puisse porter préjudice aux droits civils et religieux des collectivités non juives existant en Palestine. »

Je connaissais, bien sûr, avant d'aller en Jordanie, l'histoire de la création d'Israël et des turbulences qui suivirent.

Les Juifs, victimes de persécutions à travers les siècles, m'inspiraient – et m'inspirent toujours – une immense compassion, et les atrocités commises par l'Allemagne nazie pendant la Seconde Guerre mondiale m'horrifient. Autour de moi, tout le monde, les nouveaux amis que j'avais en Jordanie compris, partageait mes sentiments au sujet de l'Holocauste et de ses terribles réalités. Mais ils supportaient mal, comme je commençais à le faire moi-même, la manière dont les Arabes faisaient trop souvent figure d'agresseurs en Occident dans le conflit qui les opposait à Israël, alors que c'étaient leurs terres qui avaient été saisies pour résoudre un problème politique européen.

Les juifs, les musulmans et les chrétiens ont vécu côte à côte en paix au Moyen-Orient, et assurément en Palestine, pendant des siècles. L'hostilité mutuelle qui les anime actuellement date de l'apparition du sionisme et de la création de l'État d'Israël. Theodor Herzl, le père du sionisme moderne, un journaliste juif né en Hongrie, affirmait qu'il était impossible aux Juifs, tout patriotes et bons citoyens qu'ils fussent, de s'intégrer à la société d'aucun pays européen en raison de l'antisémitisme permanent qui régnait en leur sein. Ils formaient en fait d'après lui « une nation sans terre ». Sa solution au problème : la création d'un État juif.

Herzl ne voyait pas dans la Palestine le seul lieu où fonder cet État et il suggéra aussi l'Argentine. Les Britanniques devaient ensuite proposer l'Ouganda, idée qui fut rejetée. Herzl et les partisans de ses idées auraient sans doute accepté tout territoire qui leur aurait été offert, mais seule la Terre sainte, c'est-à-dire la Palestine et l'actuelle Jordanie, était acceptable aux yeux des juifs les plus attachés à la religion.

Il fallut cinquante années sanglantes pour que l'État d'Israël soit fondé. Le processus amorcé avec la déclaration Balfour, dans laquelle le roi Hussein voyait « la racine de presque toute l'amertume et la frustration présentes dans le monde arabe aujourd'hui », se poursuivit lorsque, en 1920, la Société des Nations, récemment créée, confirma la tutelle des Britanniques sur la Palestine. Ceux-ci exercèrent leur mandat, comme on appelle généralement l'autorité qui leur fut confiée, jusqu'en 1948. Leur politique était vouée à l'échec dès le départ : ayant promis l'indépendance aux Arabes travaillés par le nationalisme, tout en s'engageant à donner un pays aux Juifs, ils s'étaient en effet mis dans une situation impossible. Les Arabes craignaient – et les événements leur donnèrent raison – que certains des Juifs sionistes qui commençaient à arriver en Palestine n'aient aucune intention de partager la terre avec eux, mais veuillent la posséder tout entière. Le Fonds national juif, créé en 1901 par la riche Organisation sioniste mondiale établie à Bâle, entreprit immédiatement de faire l'acquisition, en Palestine, de vastes domaines appartenant surtout à des propriétaires absentéistes vivant en Syrie ou au Liban. Plus tard, j'ai rencontré en Jordanie des Palestiniens qui, après avoir été fermiers pendant des années en Palestine, avaient été chassés de leurs champs et de leurs maisons. Le déplacement des populations palestiniennes était amorcé.

Entre 1919 et 1921, le mouvement s'accéléra, et l'arrivée en Palestine de dix-huit mille immigrants juifs provoqua des émeutes à Jérusalem et à Jaffa. De nouveaux troubles se produisirent en 1928, causés par un afflux de dix mille immigrants supplémentaires, qui s'amplifia encore en 1933, après l'arrivée au pouvoir des nazis en Allemagne. Le nombre des nouveaux venus continua d'augmenter, atteignant trente mille en 1933, quarante mille en 1934, soixante et un mille en 1935, et déclenchant une révolte arabe qui dura trois ans avant d'être brutalement réprimée par les Britanniques.

Il ne manquait pas de dirigeants mondiaux pour s'apitoyer sur les souffrances des Palestiniens. « La Palestine appartient aux Arabes comme l'Angleterre appartient aux Anglais et la France aux Français, déclara le Mahatma Gandhi. Aucun code moral ne peut justifier ce qui se passe en Palestine aujourd'hui. » Mais le conflit ne s'apaisa pas. Les luttes recommencèrent à la fin de la Deuxième Guerre mondiale lorsque des milliers de réfugiés clandestins arrivèrent en Palestine.

En 1947, les Britanniques s'en remirent aux Nations unies pour régler le sort de la région. Le 29 novembre, l'Assemblée générale adopta, sur leur proposition, une résolution qui consacrait la partition de la Palestine en deux États, l'un arabe, l'autre juif, et plaçait Jérusalem sous contrôle international. Les pays musulmans, arabes et non arabes, votèrent contre la partition et demandèrent que la Palestine ne soit pas divisée. La résolution 181 accordait cinquante-cinq pour cent du territoire aux Juifs, qui ne représentaient pourtant qu'un tiers de la population et ne possédaient que six pour cent des terres. Les pays arabes s'opposèrent à la résolution, adoptée à deux voix près seulement, et quittèrent l'Assemblée générale en proie à une grande colère. Une fois encore, des pays occidentaux s'arrogeaient le droit de décider du sort des peuples arabes. Une guerre civile meurtrière éclata en Palestine.

Les conflits donnent souvent lieu à des atrocités qui deviennent emblématiques des horreurs de la guerre. Au Viêtnam ce fut le massacre de civils par des soldats américains à My Lai ; en Inde celui de Jallianwala Bagh où les troupes britanniques tuèrent quatre cents personnes à Amritsar en 1919. Il y en eut aussi un en Palestine : celui de Deir Yassine.

Je n'avais jamais entendu prononcer ce nom avant d'aller en Jordanie. Je savais que les Arabes donnaient celui de *aam al-nakba* – l'année de la catastrophe – aux tragiques événements de 1948, mais je n'en ai appris les détails qu'en étudiant l'histoire de la Palestine. J'ai découvert alors que les Palestiniens que je rencontrais savaient tous sans exception, et dans les moindres détails, ce qui s'était passé à Deir Yassine : en avril 1948, les habitants de cette petite ville avaient été massacrés par le groupe Stern, un groupe de terroristes juifs fondé en 1940 et fort de plusieurs centaines de membres, associé pour l'occasion à l'Irgoun, le bras armé du parti révisionniste conduit par Menahem Begin, futur Premier ministre d'Israël.

En dépit du pacte que les notables de Deir Yassine avaient passé avec les villages juifs voisins, les terroristes israéliens avaient envahi la bourgade le matin du 9 avril 1948 et, après avoir eu raison d'une résistance initiale, avaient été de maison en maison, tirant sur leurs occupants à bout portant et faisant, pour finir, sauter certaines des habitations. Personne ne connaît le nombre exact des victimes – quelques centaines d'après les assaillants. Les jours suivants, la Croix-Rouge internationale découvrit des cadavres au fond de quatre puits, d'autres entassés dans des fosses et enterrés sous les décombres des maisons. Il s'agissait surtout d'hommes âgés, de femmes et d'enfants.

La nouvelle du massacre de Deir Yassine se répandit dans la Palestine tout entière et eut l'effet recherché : intimider la population. Partout, les familles commencèrent à quitter leurs maisons pour chercher un refuge temporaire dans les pays voisins. Le plan élaboré par les sionistes radicaux et visant à chasser les Palestiniens fonctionnait.

Sans le récit fait par des témoins oculaires, le rapport établi par un membre de la Croix-Rouge internationale et le courage de quelques universitaires juifs qui insistèrent pour avoir accès aux archives israéliennes, l'ampleur du massacre n'aurait peut-être jamais été connue. Le gouvernement israélien interdit encore aujourd'hui la consultation de certains documents parmi lesquels des photos prises après le massacre dont quelques sionistes continuent à nier qu'il ait jamais eu lieu.

Ce bain de sang en entraîna naturellement d'autres. Quelques jours après le massacre de Deir Yassine, les Arabes y répondirent en dressant une embuscade à un convoi de personnel médical juif. D'autres atrocités furent commises des deux côtés pendant les jours qui précédèrent la proclamation de l'État d'Israël en mai 1948. Il était évident que David ben Gourion n'avait, pas plus que d'autres dirigeants sionistes, l'intention de permettre aux Palestiniens d'en faire partie. Les forces armées juives dépeuplaient les villages arabes depuis des mois d'une façon continue et méthodique, chassant leurs habitants et rasant leurs maisons au bulldozer. Les agglomérations palestiniennes situées sur la côte entre Haïfa et Jaffa avaient été « vidées », des villages palestiniens bordant la route qui relie Tel Aviv à Jérusalem conquis, les habitants palestiniens de Haïfa et de Tibériade mis en fuite, les quartiers arabes de Jérusalem-ouest occupés et les Palestiniens qui y vivaient chassés.

Pendant ma jeunesse, le conflit arabo-israélien de 1948 était présenté, aux États-Unis, comme une action défensive menée par Israël contre les hordes d'Arabes sanguinaires qui franchissaient en masse ses frontières. J'ai découvert en Jordanie que la perception qu'en avaient les Arabes était diamétralement opposée : Israël était considéré comme l'agresseur, comme le prouvait le fait que les combats n'avaient pour la plupart pas eu lieu dans le territoire accordé à Israël mais dans celui adjugé aux Palestiniens. Les « armées » arabes qui, hormis la Légion jordanienne, n'avaient d'armée que le nom, pénétraient en Palestine pour aider leurs frères et pour tenter d'empêcher les forces israéliennes de s'emparer de territoires supplémentaires. Elles n'y réussirent pas. À la fin de « l'année de la catastrophe », plus de soixante-dix pour cent des territoires censés former l'État arabe étaient entre les mains d'Israël qui se trouvait ainsi maître d'un territoire dépassant de presque un tiers celui qui lui avait été accordé par la résolution 181 de l'ONU.

Israël ignora aussi la résolution 194, adoptée par l'ONU en décembre 1948 et réaffirmée à maintes reprises depuis, qui reconnaissait le droit des Palestiniens à recevoir des compensations pour les propriétés saisies et à rentrer chez eux. Il avait, entre-temps, dépeuplé quelque cinq cents villages arabes et rasé la plupart d'entre eux pour y installer des immigrants juifs. Pendant l'hiver 1949, les Palestiniens sans domicile affrontèrent le froid dans des grottes et sous des abris de fortune, quelquefois à quelques kilomètres de leurs anciennes maisons et de leurs vergers accaparés par le nouvel État d'Israël. Je me rappelle ma mère me racontant plus tard qu'elle avait pleuré devant le spectacle de leur souffrance lors d'un voyage fait dans la région avec mon père.

Le minuscule royaume hachémite de Jordanie survécut à ce bouleversement, mais subit de dures conséquences sur les plans démographique, économique et politique. Cette histoire tragique influença la vie tout entière du roi Hussein. Pour lui les affaires d'État étaient des affaires de cœur. Mais il y avait des moments où il tâchait de chasser de son esprit les problèmes urgents qui l'assaillaient, et c'était à Akaba, dans sa résidence au bord de la mer, qu'il trouvait le cadre le plus propice à la détente. La semaine qui a suivi notre premier déjeuner à Hashimya, il m'a invitée à y passer le week-end avec ses enfants et un groupe d'amis. La simplicité de ses manières m'a tout de suite frappée. Si tout le monde, les membres de sa famille inclus, ne s'était pas adressé à lui en l'appelant *Sidi* (Sire, terme employé par ses proches), *Sayidna* (titre plus officiel voulant dire « Monseigneur ») ou *Jalalet el-Malek* (« Majesté »), et ne s'était pas levé en signe de respect à son entrée dans une pièce, il aurait été facile d'oublier qu'il était l'un des monarques les plus respectés de notre temps et l'un de ceux dont le règne était le plus long. Il prenait un plaisir évident à créer une atmosphère joyeuse et conviviale autour de lui. Il nous a tous emmenés faire une promenade dans son bateau à moteur et a essayé de nous persuader de faire du ski nautique malgré la température de l'eau, plutôt froide en ce mois d'avril. Il y avait un flotteur non loin de la plage et il a passé un long moment à encourager ses enfants à l'atteindre en barbotant, sans doute pour leur apprendre à nager sans qu'ils s'en aperçoivent. Le soir, après dîner, nous regardions des films dans la petite salle qu'il avait fait construire à côté de la maison.

Les quatre jours passés à Akaba ont été idylliques. Les couchers de soleil qui changeaient le turquoise de la mer en rose et teintaient de lavande les montagnes bordant la côte avaient une beauté particulière. Même les pétroliers mouillés au large ne manquaient pas d'un certain charme, surtout la nuit lorsqu'ils étaient tout enguirlandés de lumières. On était en plein boom du pétrole et ils étaient nombreux à Akaba.

Le poids historique de l'endroit s'ajoutait à sa beauté. Apprécié pour la situation stratégique qu'il occupe sur les routes du commerce et des pèlerinages, et pour l'abondance d'eau douce que son sol recèle non loin de la surface, le port d'Akaba a été l'objet de multiples conquêtes et reconquêtes depuis le Xe siècle avant J.-C. De la plage, on voyait à quel point les amis et les ennemis étaient proches. L'Arabie saoudite s'étendait au sud-est et l'Égypte au sud-ouest ; entre ce pays et la résidence royale se trouvaient Israël et la ville touristique d'Eilat, située à quelques kilomètres à l'ouest sur la côte. Les barbelés de la frontière avec Israël se dressaient à quelque sept cents mètres de la jetée royale et, spectacle incongru, des soldats jordaniens patrouillaient en grand uniforme d'un côté de la frontière tandis que des soldats israéliens en faisaient autant de l'autre, et qu'à l'arrière-plan des gens se doraient au soleil sur la plage.

Je devais m'habituer plus tard aux détonations des grenades sous-marines que les Israéliens lançaient pour dissuader les hommes-grenouilles qui auraient pu tenter de prendre pied sur le rivage à la faveur de la nuit. Ces explosions ont hélas eu pour effet de détruire le récif de corail d'Eilat qui abritait une grande variété de poissons tropicaux. Celui d'Akaba est resté pratiquement intact et sert de rendez-vous aux amateurs de pêche sous-marine et aux touristes qui viennent l'admirer dans des bateaux à fond transparent.

La découverte d'Akaba m'absorbait tellement que je n'ai pas remarqué les tensions qui ont parcouru notre groupe tout au long du week-end. Parmi les invités se trouvait une photographe anglaise qui vivait en Jordanie depuis un certain temps et y travaillait. Elle avait été présentée au roi par des amis communs et ma présence la mécontentait, me dit-on ; je trouvais cela curieux, ignorante que j'étais de la rivalité féroce animant ceux qui se disputaient les attentions du souverain.

Nous sommes rentrés à Amman le 16 avril et le roi a commencé à m'inviter à dîner à Hashimya. Il était beaucoup moins libre de ses mouvements dans ce palais qu'à Akaba, mais son entourage se faisait assez discret pour que nous ayons l'occasion de parler longuement de toutes sortes de sujets, notamment de nos enfances. Nous avons découvert un étrange parallélisme entre ces deux périodes de nos vies. Nous étions tous deux des aînés, tous deux timides, et nous avions tous deux un petit nombre d'amis en qui nous avions confiance. Nous avions l'un et l'autre fréquenté un nombre ahurissant d'établissements scolaires, lui sept et moi cinq. Nos vies familiales et notre scolarité chaotique nous avaient inculqué la ferme volonté de ne compter que sur nous-mêmes. Nous avons aussi découvert que nous avions entretenu chacun des rapports difficiles avec notre père et joui de relations spéciales avec un aïeul – une grand-mère paternelle dans mon cas, un grand-père dans le sien. Le lien très profond qui l'unissait à ce dernier, le roi Abdallah, avait été cruellement brisé dans des circonstances dramatiques.

En 1951, le prince Hussein se tenait à quelques pas du roi de Jordanie à Jérusalem lorsque celui-ci avait été assassiné par un Palestinien, en raison d'efforts pour trouver une solution politique avec Israël. Hussein avait seize ans à l'époque et il lui était encore difficile, des années plus tard, d'évoquer ce terrible événement survenu à la mosquée Al-Aqsa pendant la prière du vendredi. Un homme armé caché derrière un pilier s'était soudain avancé et avait tiré à bout portant sur le roi, le touchant à la tête. Hussein voyait encore le turban blanc de son grand-père rouler par terre et s'arrêter juste devant ses pieds, les gens autour de lui courir pour se mettre à l'abri, le tueur se retourner, le viser à la poitrine et faire feu. Il n'avait dû la vie qu'à une médaille épinglée à son uniforme, une décoration qu'à la demande de son aïeul, il portait ce matin-là, et qui avait fait dévier la balle.

Hussein était devenu prince héritier et Talal, son père, avait accédé au trône. Cet intermède ne dura cependant que douze mois. Le nouveau souverain souffrait de schizophrénie, une maladie caractérisée par un comportement instable et une humeur capricieuse. Hussein avait un très grand respect pour son père, homme intelligent et sensible, mais, tout en l'aimant profondément, il était rempli de craintes à son endroit et voyait avec désespoir sa santé mentale décliner. Il avait toujours l'air profondément triste lorsqu'il parlait de son père pour lequel il avait eu une immense affection. Il admirait le courage avec lequel il avait tenté de régner et l'énorme pas en avant qu'il avait fait franchir au pays en promulguant une constitution démocratique révolutionnaire pour l'époque et toujours en vigueur aujourd'hui. Mais les pressions qui s'exerçaient sur le roi eurent raison de son équilibre mental. Le 11 août 1952, après un examen pratiqué par trois médecins jordaniens et deux spécialistes étrangers, un vote du Parlement l'avait forcé à abdiquer.

Le prince héritier Hussein, alors élève de Harrow, collège situé près de Londres, était en vacances en Suisse lorsque la nouvelle lui parvint abruptement. « J'ai entendu frapper à la porte de ma chambre et un groom m'a tendu un télégramme provenant de la cour royale de Jordanie et adressé à "Sa Majesté, le roi Hussein" », se rappelait-il. Il n'avait pas encore dix-sept ans. Il termina l'année scolaire entamée en Angleterre et, à l'issue d'une formation accélérée, obtint un brevet d'officier de l'Académie militaire royale de Sandhurst. À dix-huit ans, il était roi de Jordanie à part entière.

Hussein avait mené une vie étonnante. Son intelligence et son courage m'impressionnaient. Je ne pouvais qu'admirer la vitalité et l'immense réserve d'énergie dont il disposait. Mais il y avait des moments où, seule au calme chez moi, je m'interrogeais avec un peu d'inquiétude sur l'avenir des liens qui se tissaient entre nous. Me trouver en sa compagnie était un grand plaisir pour moi, un privilège en fait. Mais nous passions de plus en plus de temps ensemble et je commençais à me demander si notre idylle n'allait pas prendre une tournure ambiguë. Que se passerait-il s'il cherchait à ce qu'elle débouche sur des rapports plus intimes ? Que ferais-je dans ce cas ? On le disait séducteur et je ne voulais pas que notre précieuse amitié se transforme en une banale aventure royale. Je ne pouvais pas m'imaginer dans une pareille situation et j'espérais que nos relations resteraient au stade dénué de complications où elles étaient.

Mon père était lui aussi préoccupé. De passage un jour à Amman, il m'a mise en garde. Je le revois, debout près de ma voiture dans le parking de l'hôtel Intercontinental, me disant : « Méfie-toi, Lisa. La cour est un nid d'intrigues et les gens peuvent être méchants ici. J'ai beaucoup d'estime pour le roi Hussein, comme tu le sais, mais je ne veux pas que tu souffres. »

Surprise, je l'ai questionné du regard, jugeant en mon for intérieur son inquiétude sans fondement. « Tu sais, il n'y a pas de quoi te faire du souci, ai-je répondu. Cette cour n'est pas comme les

autres. Il n'y a pas de cabales ici. » Le souvenir de cette conversation devait, beaucoup plus tard, énormément m'amuser.

Pour le moment, je me plaisais en compagnie du roi, et ce sentiment était de toute évidence partagé. « Visite surprise », ai-je noté
dans mon journal le lendemain du départ de mon père. Et, plus loin
les mots « Vous me manquez », prononcés par Hussein ce jour-là.
Je me rends compte aujourd'hui qu'il envoyait des signaux que je
ne déchiffrais pas. À l'époque, je ne me posais aucune question au
sujet des soirées que nous passions avec ses trois plus jeunes
enfants, à leur lire des histoires, à leur faire faire leur prière du soir
et à les mettre au lit. Nous dînions et ensuite, assis dans son vaste
salon, nous passions les grosses cassettes sur lesquelles les premiers films en vidéo étaient enregistrés (Hussein possédait le premier magnétoscope que j'avais vu et faisait aussi des copies de
films donnés dans les cinémas locaux). Il aimait surtout ceux de
John Wayne (en particulier *L'Homme tranquille*) ainsi que *La Party*
de Peter Sellers et *Les Feux de la rampe* de Charlie Chaplin,
héroïque d'après lui « parce qu'un homme survit seul face à tous
les méchants ». Le *Jour du dauphin* a été pour nous une grande
source d'amusement. George C. Scott y joue le rôle d'un chercheur
qui dresse un couple de dauphins et réussit à leur faire comprendre
et parler l'anglais avec, il va sans dire, un vocabulaire très limité. Je
riais quand Hussein imitait la voix des héros du film : « Fa aime
Be » disait-il en faisant une allusion badine à nos sentiments nais-
sants.

C'était sans doute pendant les longues promenades à moto que
nous faisions à Amman et dans les environs de la ville que notre
intimité était le mieux préservée. Par une délicieuse soirée de printemps, le roi a réussi à « semer » son escorte dans les rues étroites
de la capitale, et nous avons passé à les parcourir seuls un moment
pendant lequel je me suis sentie merveilleusement libre. Goûter à la
vie des gens ordinaires, hors du palais, m'a semblé très amusant.

Un jour, à bord de l'hélicoptère préféré de Hussein, une Alouette
qu'il pilotait lui-même, nous avons survolé la mer Morte à la
recherche d'un endroit susceptible de servir de centre touristique.
Dans le cockpit en forme de bulle de ce type d'appareil, on jouit
d'une visibilité telle qu'il m'a semblé flotter dans l'air, sans que

rien n'entravât mes mouvements. Assise à l'avant, à côté du roi Hussein, j'ai plané avec lui au-dessus du plateau d'Amman, puis au-dessus des vallées appelées *wadi* et des cascades qui plongent jusque dans le désert ; nous avons ensuite atterri dans un champ près de la mer Morte, point le plus bas de la terre.

Les journées et les soirées que je passais avec le roi étaient passionnantes, tant d'un point de vue intellectuel que personnel, mais aussi épuisantes. Je me réveillais tous les matins à six heures pour aller travailler et, le soir, un film, quelquefois plusieurs, suivaient le long dîner que nous prenions ensemble. Il était souvent une ou deux heures du matin quand je rentrais chez moi et je ne dormais que quatre ou cinq heures par nuit. Je maigrissais, phénomène qui n'était toutefois pas imputable à la seule fatigue. Le roi Hussein mangeait très rapidement. Il avait acquis cette habitude lors de son séjour à Sandhurst et l'avait perfectionnée plus tard pour faire face à toutes les obligations que son métier de souverain lui imposait. Tandis qu'il expédiait ses repas à une vitesse supersonique, je les consommais lentement, en partie parce que j'y étais accoutumée, et en partie à cause de l'intérêt que je prenais à nos conversations. J'en étais encore au potage quand il avait terminé, et c'était souvent ma seule nourriture car il me semblait impoli de continuer à manger quand il avait fini. Nos rencontres au palais de Hashimya occupant tous les moments de liberté que mon travail me laissait, je n'avais pas en outre le temps de faire de courses. J'ai donc perdu cinq à six kilos, mais ne le regrettais pas : je pensais avoir beaucoup appris de mes lectures et de mes rencontres avec les journalistes étrangers de passage en Jordanie, mais les connaissances que j'acquérais auprès du roi Hussein étaient d'un tout autre niveau.

C'était la désastreuse guerre arabo-israélienne de 1967 et l'occupation consécutive par Israël de Jérusalem et de la Cisjordanie qu'il déplorait le plus. Il avait les larmes aux yeux en me racontant comment s'était déroulé ce conflit marqué par la duplicité et les occasions manquées. La perspicacité dont il avait fait preuve alors, semblable en bien des points à celle du roi Abdallah lors de la guerre de 1948, m'émerveillait. Le grand-père et le petit-fils savaient tous deux que les armées arabes étaient incapables de tenir tête aux troupes israéliennes, beaucoup mieux entraînées et équipées et, chose plus importante, ils étaient convaincus que, pour être durable, toute solution devait être politique et non militaire.

Le compte à rebours avait commencé deux ans plus tôt dans un Moyen-Orient déjà parcouru de tensions, lorsque les colons israéliens avaient commencé à cultiver la terre aux alentours du lac de Tibériade, dans la zone démilitarisée située entre Israël et la Syrie. L'intention d'Israël était, selon de nombreux observateurs, d'inciter les Syriens à tirer sur les colons, ce qui l'autoriserait à user de représailles menées avec des moyens disproportionnés. « S'ils n'ouvraient pas le feu, nous donnerions l'ordre aux tracteurs d'avancer jusqu'à ce que, furieux, ils finissent par le faire », aurait dit Moshé Dayan, le ministre de la Défense israélien cité par le *New York Times*. « Nous utiliserions alors notre artillerie, et plus tard aussi l'aviation. » La provocation décisive se produisit en avril 1967. Peu après la réaction attendue de la part des Syriens, Israël déclencha l'offensive prévue, infligeant à l'ennemi de grosses pertes au sol et abattant six de ses Mig-21S dont quelques-uns au-dessus de Damas.

Réagissant à une rumeur selon laquelle l'armée israélienne, commandée par Ytzhak Rabin, massait des chars près de la frontière avec la Syrie, l'Égypte, qui avait signé un pacte de défense avec ce pays, demanda aux Nations unies de retirer les casques bleus stationnés à l'intérieur de sa frontière avec Israël, puis les remplaça par des troupes égyptiennes et interdit le détroit de Tiran aux navires israéliens. Le président égyptien Gamal Abdel Nasser bluffait-il ? On l'ignore encore aujourd'hui. Juste avant que la guerre n'éclate, Israël avait promis au roi Hussein que ses forces n'attaqueraient pas la Jordanie si celle-ci restait neutre, bien qu'en novembre, ces mêmes forces aient envahi Sammou, un village situé en Cisjordanie et appartenant à la Jordanie, et avaient détruit cent vingt-cinq maisons, un dispensaire et l'école, tuant ou blessant des civils innocents. (La résolution 228 adoptée par le Conseil de sécurité des Nations unies condamna Israël.) Le roi Hussein ne pouvait pas accepter l'offre d'Israël. « J'étais dans une situation impossible », me dit-il plus de dix ans après ces événements.

Agissant de leur propre initiative à partir du territoire de la Jordanie, des commandos palestiniens effectuaient des raids contre Israël, s'attirant de lourdes représailles dont les villages arabes de Cisjordanie étaient les victimes. Ces attaques provoquèrent dans la population palestinienne de la Jordanie une colère qui se retourna contre le roi Hussein, accusé de ne pas la protéger. Fallait-il faire la guerre à Israël ou non ? Le dilemme était insoluble, car le souverain était assuré de perdre dans les deux cas. L'armée jordanienne, de terre comme de l'air, était beaucoup moins nombreuse et moins bien équipée que l'israélienne, c'était un fait. « Je risquais une défaite militaire si nous nous battions, me dit-il, et je mettrais en danger la sécurité et la stabilité de la Jordanie si nous ne le faisions pas. »

Le roi Hussein alla en Égypte s'entretenir avec le président Nasser et se joignit à contrecœur à l'alliance militaire formée par l'Égypte et la Syrie, acceptant de mettre les troupes jordaniennes sous commandement égyptien. Il réunit les officiers de son armée parmi lesquels se trouvaient trois membres de la famille royale. Il voulait qu'ils sachent la vérité. « On nous entraîne dans une guerre contre Israël et, bien que je sois certain que vous ferez de votre mieux, nous serons vaincus », leur dit-il après avoir souligné le terrible déséquilibre des forces en présence. Mais ses interlocuteurs, parmi lesquels son cousin germain le prince Ali bin Nayef, refusèrent d'accepter son analyse de la situation. « Nous pensions être de meilleurs soldats que les Israéliens, se rappela le prince Ali plus tard. Nous étions plus coriaces, plus forts, mieux entraînés et plus courageux. Mais ils étaient mieux équipés, avaient plus de munitions et plus de carburant pour leurs chars. »

Les avis divergent quant à la manière dont la guerre commença, mais, malgré les polémiques, un fait demeure indiscutable : le premier coup fut frappé par Israël. À l'insu de tous, même du roi Hussein, la guerre était finie avant d'avoir commencé. En effet, le 5 juin 1967, l'aviation israélienne, passant au-dessous des radars égyptiens, avait lancé une attaque surprise et détruit au sol pratiquement tous les appareils égyptiens stationnés entre Le Caire et Alexandrie. Les avions israéliens mitraillèrent ensuite les forces égyptiennes qui, déployées dans le Sinaï, ne jouissaient d'aucune protection aérienne. La voie était ouverte aux troupes israéliennes qui envahirent l'Égypte et mirent son armée en déroute.

Une déclaration inexplicable faite à la radio le matin de l'attaque par le commandant en chef de l'armée égyptienne, le maréchal Abdel Hakim Amer, scella le sort désastreux qui menaçait la Jordanie. L'armée de l'air égyptienne était victorieuse, annonça-t-il ; elle avait non seulement abattu soixante-quinze pour cent des appareils israéliens, mais les troupes égyptiennes avaient pénétré sur le territoire israélien et progressaient. Le président Nasser, qui n'avait pas été, semble-t-il, correctement informé, répéta ces fausses nouvelles quelques heures plus tard en parlant au téléphone avec le roi Hussein. Les citoyens égyptiens et jordaniens ne connurent la vérité que plusieurs jours plus tard. Mais il y avait longtemps que le dommage était fait.

Trois heures après la destruction de l'aviation égyptienne, le même commandant en chef toujours basé au Caire ordonna aux forces jordaniennes d'engager un combat déjà perdu. Le désastre était inévitable. La Jordanie n'avait que seize pilotes pour ses vingt-deux Hunter Hawks. Ils accomplirent un premier raid mais, lorsqu'ils revinrent se poser en Jordanie pour faire le plein de carburant, les avions israéliens franchirent la frontière, les détruisirent tous au sol, puis attaquèrent Amman. Un de leurs projectiles tomba sur le palais Basman où le roi résidait à l'époque, fracassant une chaise dans son bureau. L'armée de terre jordanienne ne connut pas un meilleur sort malgré le courage dont elle fit preuve. En l'absence de tout soutien égyptien, terrestre ou aérien, ses troupes, vulnérables dans le désert, furent pulvérisées par les bombes israéliennes.

Le roi Hussein s'exposa au danger à maintes reprises en se rendant au front pour encourager son armée. Il frôla la mort en plusieurs occasions, notamment le deuxième jour de la guerre, en compagnie de son cousin le prince Raad. Après s'être entretenu avec le Premier ministre, il avait absolument tenu à se rendre au quartier général de l'armée, au nord d'Amman. Pour y parvenir, il lui fallait survoler Suweileh où l'armée irakienne avait établi un camp que les Israéliens avaient bombardé la veille en faisant beaucoup de victimes. L'heure prévue pour le passage du roi coïncidait avec celle de l'attaque ennemie. « Je l'ai supplié de ne pas y aller à ce moment précis, car l'aviation israélienne risquait de bombarder de nouveau les Irakiens, m'a raconté le prince Raad plus tard. Mais il m'a lancé un regard plein d'une colère que je n'avais jamais vue dans ses yeux. Nous sommes donc partis. »

Le prince Raad est persuadé que le roi Hussein bénéficia de la protection divine ce jour-là. Des nuages bas apparus soudain sur leur route les enveloppèrent pendant qu'ils traversaient l'endroit dangereux et poursuivaient leur chemin. Ils buvaient une tasse de café au quartier général lorsque, les nuages s'étant entrouverts, ils virent les avions israéliens, étincelants sous les rayons du soleil, arriver pour attaquer les positions irakiennes. Ils rentrèrent sains et saufs à Amman où le roi reprit sa veille, visitant ses troupes, gardant un contact radiophonique permanent avec tous, s'entretenant avec ses généraux et avec les membres du gouvernement. « J'ai passé quarante-huit heures sans dormir », me dit-il.

Le 6 juin, tout juste vingt-quatre heures après le début de ce qu'on appellerait la guerre des Six-Jours, le roi Hussein demanda au Conseil de sécurité de l'ONU d'imposer un cessez-le-feu. Sa requête n'aboutit que vingt-quatre heures plus tard à cause de discussions concernant la rédaction du document. Ce délai s'avéra crucial, car il permit aux Israéliens d'atteindre leur objectif et de s'emparer de territoires aussi étendus que possible, exactement comme ils l'avaient fait en 1948. Le roi Hussein accepta le cessez-le-feu le 7 juin mais, tandis que Radio Amman l'annonçait à intervalles réguliers, les forces israéliennes continuaient à combattre les Jordaniens à Jérusalem et à occuper la Cisjordanie.

Elles s'apprêtèrent ensuite à attaquer le plateau du Golan, ignorant le cessez-le-feu avec la Syrie imposé par l'ONU, comme elles l'avaient fait de ceux conclus avec la Jordanie et l'Égypte. Le 8 juin, le quatrième jour de la guerre des Six-Jours, un navire de surveillance électronique américain, le *USS Liberty*, chargé de collecter, au large de Gaza, des renseignements sur les préparatifs d'invasion de la Syrie par Israël, s'aperçut tout à coup que ses réseaux de communication étaient brouillés et fut, tout aussi soudainement, attaqué d'abord par des avions de combat israéliens sans signes distinctifs, puis par des torpilleurs. Trente-quatre marins américains trouvèrent la mort lors de cet incident, et cent soixante-quinze furent blessés. Israël présenta immédiatement ses excuses au gouvernement des États-Unis, alléguant, sans être véritablement crus, qu'il s'agissait d'un accident. Que les forces israéliennes aient pu attaquer délibérément le *Liberty* pour arrêter le flot des messages révélant l'intention d'Israël de s'emparer de territoires supplémentaires provoqua une grande indignation jusque dans les plus hautes sphères de l'administration américaine.

Le 9 juin au matin, quelques heures après l'acceptation par la Syrie du cessez-le-feu exigé par le Conseil de sécurité, le plateau du Golan subit une attaque aérienne massive de l'artillerie et de l'aviation israéliennes. En moins d'une semaine, le but d'Israël était atteint : les dimensions du pays avaient triplé. La partie de la Palestine attribuée aux Palestiniens par les Britanniques pendant la période du Mandat, et ensuite par les Nations unies, était tout entière entre les mains des Israéliens.

La guerre fut un désastre pour la Jordanie. Sept cents soldats périrent et plus de six mille furent blessés ou portés disparus. Le prince Ali se trouvait parmi ces derniers. On le crut mort. La femme du prince, la princesse Widjan, m'a décrit son angoisse pendant les heures passées chaque jour à aller d'hôpital en hôpital à la recherche du corps de son mari. « Les morts et les blessés arrivaient dans des camions, avec d'horribles brûlures au napalm, m'a-t-elle raconté. Je me suis portée volontaire pour nourrir les invalides car ils n'étaient pas capables de manger seuls. Toutes les fois qu'un camion arrivait, je criais : « Y a-t-il quelqu'un de la 3e brigade ? Y a-t-il quelqu'un de la 3e brigade ? » Un soldat finit par répondre qu'il en était, et qu'il avait vu le prince Ali deux jours plus tôt « encore assis sur un char et tirant des rafales de mitrailleuse sur les avions israéliens qui passaient au-dessus de sa tête ». Le prince retourna chez lui trois jours plus tard. « Nous avions honte de rentrer après avoir perdu la guerre », dit-il à sa femme.

Le roi Hussein était effondré. Les pertes subies par son pays l'ont toujours profondément affecté. En moins d'une semaine, le royaume hachémite de Jordanie avait perdu la moitié de son territoire : les villes palestiniennes que le roi s'était engagé à protéger en 1950 – Jérusalem, Bethléem, Hébron, Jéricho, Naplouse, Ramallah – lui avaient été arrachées. Israël avait occupé la Cisjordanie tout entière avec ses terres fertiles, forçant quelque quatre cent mille Palestiniens à se réfugier en Jordanie. L'économie du pays, l'une des plus prometteuses du monde arabe, était ruinée. Les revenus fournis par un tourisme florissant tarirent, les investisseurs étrangers se firent rares et les programmes de développement furent ajournés. « Ce fut le pire moment de ma vie », me dit le roi en parlant des six jours que dura la guerre.

Que les Israéliens se soient emparés de Jérusalem, la ville sainte pour laquelle son grand-père s'était battu et que les Arabes et les musulmans avaient conservée grâce à lui, avait arraché des larmes amères au roi. Son cousin, le chérif Abdel Hamid Charaf, qui se trouvait seul avec lui ce jour-là, me le raconta, ajoutant n'avoir jamais vu le souverain pleurer auparavant. « Je ne peux pas accepter que Jérusalem soit perdue alors que je suis sur le trône », s'était-il lamenté.

À partir de ce moment, le roi consacra toute son énergie à la reconstruction de ce qui avait été détruit et à la recherche d'une solution qui soit non seulement juste pour les Palestiniens, mais s'applique à l'ensemble de la région et lui apporte une stabilité dont le monde entier bénéficierait. Prenant son bâton de pèlerin, il partit en novembre 1967 – tout juste cinq mois après la guerre – pour New York où les Nations unies tentaient de mettre sur pied, pour régler le conflit arabo-israélien, une résolution équitable et génératrice de paix.

Le roi Hussein était descendu à l'hôtel Waldorf Astoria où logeaient aussi les ministres des Affaires étrangères égyptien, Mahmoud Riad, et israélien, Abba Eban, ainsi qu'Arthur Goldberg, le représentant des États-Unis aux Nations unies. Au cours de longs entretiens secrets – Goldberg recevant les trois autres à tour de rôle –, ils finirent par se mettre d'accord sur un texte qui, sous le nom de résolution 242, fut adopté à l'unanimité par le Conseil de sécurité le 22 novembre. Ce document, qui énonçait les principes sur lesquels bâtir la paix pour le Moyen-Orient, proclamait « l'inadmissibilité de l'acquisition de territoires par la guerre » (inscrite dans la charte des Nations unies) et demandait le « retrait des forces armées israéliennes des territoires occupés lors des récents conflits », en échange de « la reconnaissance de la souveraineté, de l'intégrité et de l'indépendance politique de chaque État de la région et du droit de vivre en paix à l'intérieur de frontières sûres et reconnues, à l'abri de menaces ou d'actes de force ».

Après avoir reçu l'assurance, donnée par le secrétaire d'État à la Défense américain, Dean Rusk, et par le président Lyndon Johnson, qu'Israël rendrait à la Jordanie, avant six mois, une partie substantielle de la Cisjordanie, le roi Hussein accepta la résolution 242 et souscrivit à l'échange « terre contre paix » qu'elle préconisait. « Les Américains m'assurèrent que les Israéliens avaient donné leur approbation, me dit le roi. Ils m'affirmèrent que le délai d'application de l'accord était de six mois. Je les ai crus. » Mais il fut trompé en 1967, comme son grand-père l'avait été en 1917.

En 1978, tandis que nous devisions longuement à table dans le palais de Hashimya, Israël occupait toujours les terres arabes saisies dix ans plus tôt. De la terrasse, on pouvait voir les lumières de la ville historique de Jérusalem qu'obscurcissaient presque celles des colonies et des lotissements construits par les Israéliens aux alentours. On était dans une impasse, les preuves en étaient visibles partout, ne fût-ce que dans les camps de réfugiés palestiniens aménagés sur toute l'étendue de la Jordanie, et dans le fait que, dans les journaux, la date des récits d'incidents survenus de l'autre côté du Jourdain était précédée de la mention « Territoires occupés de Cisjordanie » ou « Jérusalem occupée ». Le roi Hussein restait cependant optimiste. La résolution 242 devait occuper une position centrale dans notre vie. Ce serait le moteur de l'action que nous mènerions ensemble tandis qu'il continuerait à chercher sans relâche les moyens d'instaurer une paix durable avec Israël et d'obtenir que justice soit faite aux Palestiniens. Cette quête nous conduirait dans de nombreuses parties du monde et mettrait la solidité de notre union à l'épreuve. Je devais m'y consacrer tout entière, cœur et âme.

CHAPITRE 5

Un acte de foi

« Je veux voir votre père », lit-on dans mon journal à la date du 25 avril 1978. C'était une phrase que le roi Hussein avait prononcée plus tôt ce soir-là. Au moment où je l'avais notée, je n'en avais pas saisi la véritable signification. Je savais que le souverain se préparait à aller aux États-Unis au printemps, comme il le faisait chaque année. Peut-être voulait-il discuter avec mon père d'aéronautique. Il ne m'était pas venu à l'idée qu'obéissant aux règles de l'éducation vieux jeu qu'il avait reçue, il me faisait part d'une manière indirecte de son intention de lui demander ma main. Trois semaines à peine s'étaient écoulées depuis l'audience à laquelle j'avais assisté.

J'ai gardé intact le souvenir du moment où j'ai commencé à comprendre ce qu'il voulait dire. Nous étions à table au palais, à la fin d'un long repas, et je coupais une pomme, son dessert préféré, que nous allions partager. Hussein a de nouveau annoncé qu'il avait l'intention d'aller aux États-Unis et de parler à mon père. La manière dont il s'exprimait et le regard qu'il m'a lancé ont conféré un poids spécial à ses paroles. J'étais si interloquée que je n'ai rien trouvé d'autre à dire que : « Prenez un autre quartier de pomme », tout en continuant à couper le fruit.

En parfait gentleman qu'il était, le roi n'a pas insisté. Il partait pour la Yougoslavie le lendemain matin et, en me disant au revoir, il m'a tendu deux petits paquets. Une fois seule, je les ai ouverts. L'un contenait un briquet orné de diamants, l'autre un anneau d'or incrusté de minuscules diamants blancs et jaunes. Le lendemain, avant d'aller au bureau, j'ai suspendu la bague à une chaîne autour de mon cou et l'ai dissimulée sous ma chemise. Il était facile d'imaginer la réaction de mes collègues s'ils avaient vu ce bijou à mon doigt.

Pendant quelques jours, je n'ai eu de contact avec le roi Hussein qu'en regardant les nouvelles le soir à la télévision. C'était la première fois que nous étions séparés et, en regardant le reportage consacré à la visite officielle qu'il faisait en Yougoslavie, j'ai été stupéfaite de constater combien l'homme que je voyais sur l'écran me manquait et de me rendre compte de la force des liens qui m'unissaient à lui. À son retour, il a continué à faire allusion à mon père dans presque toutes nos conversations, puis, un jour, avec une courte phrase pleine de tact, il m'a demandé de l'épouser. J'étais au pied du mur.

Le roi Hussein était un des célibataires les plus recherchés à l'époque. Bien des parents, en Jordanie, mais aussi dans d'autres pays de la région, auraient été enchantés à l'idée qu'une de leurs filles se marie avec lui ; une telle union s'accompagnerait d'avantages énormes. Il m'avait lui-même raconté que, pendant une visite officielle aux États-Unis peu après la mort de sa troisième femme, il avait eu l'impression, lorsqu'il était au Texas, que la population féminine tout entière défilait devant lui, comme s'il s'agissait d'un concours pour savoir qui serait la prochaine Grace Kelly. Que des considérations d'ordre matériel ou social puissent peser sur ma décision lorsque le moment serait venu pour moi de choisir un époux était une idée qui m'était étrangère, et je n'étais pas prête à changer d'avis. Les gens de ma génération se mariaient par amour.

Les deux semaines suivantes ont été un supplice pour moi tandis que je retournais dans mon esprit la question de savoir si je devais mettre le jugement du roi en doute, s'il avait raison de penser qu'en me choisissant pour femme il agissait pour son bien et pour celui de son pays. Il était vrai qu'aucune de ses épouses précédentes n'était née en Jordanie, mais son mariage avec moi ne serait-il pas mal vu dans le monde arabe ? Que je sois américaine aurait-il une importance ? Ma personnalité conviendrait-elle ? J'avais mené une vie indépendante jusque-là, j'avais voyagé dans de nombreux pays. J'avais l'esprit libre, ouvert. Serais-je capable de faire une bonne épouse de roi, saurais-je m'imposer la discipline indispensable dans une telle position ? En acceptant, je me chargerais d'une énorme responsabilité. Et mon rôle personnel, quel pourrait-il être ? J'avais toujours travaillé, non pas seulement parce que j'en avais besoin, mais aussi parce que apporter une contribution à la société m'avait toujours semblé important.

Je n'avais pas beaucoup parlé au roi Hussein de la vie que j'avais menée avant d'arriver en Jordanie et cela me préoccupait. Je savais la presse internationale sans pitié pour les personnalités en vue. Et je désirais que Hussein se décide en toute connaissance de cause. Je ne voulais pas qu'il ait jamais à souffrir d'avoir fait un choix susceptible d'être pour lui la source de complications supplémentaires. En ce qui me concernait, je me demandais si je trouverais la force de faire face aux épreuves qui se présenteraient inévitablement sur ma route. Serais-je capable de les surmonter ? Les interrogations inquiètes se bousculaient dans mon esprit enfiévré.

Je devais aussi réfléchir au peu que je savais du roi, et faire la part des rumeurs et des cancans auxquels sa vie privée donnait lieu. L'idée de devenir sa quatrième femme – la quatrième femme de qui que ce fût, d'ailleurs – me causait, je l'avoue, quelque souci. Il m'avait parlé de son premier mariage, une union qui avait duré dix-huit mois avec la chérifa Dina Abdel Hamid (devenue la reine Dina), une lointaine cousine hachémite de sept ans son aînée dont il avait eu une fille, Alia. Il avait ensuite épousé une jeune Anglaise, Antoinette Gardiner, connue plus tard sous le nom de princesse Muna, dont il avait deux fils, Abdallah et Faysal, et deux jumelles, Zeine et Aïcha. Après leur divorce, survenu au bout de onze ans, il avait épousé Alia Toukan, issue d'une famille palestinienne et tragiquement morte quatre ans plus tard. Si j'acceptais de devenir sa femme, je serais la belle-mère de huit enfants, dont ceux, très jeunes, de la défunte. Cela représentait une responsabilité énorme mais, idéaliste comme je l'étais, j'étais prête à l'assumer de gaieté de cœur.

D'autres considérations entraient en ligne de compte. Les États-Unis étaient devenus depuis longtemps la puissance la plus influente dans la région à la place de la Grande-Bretagne ; or l'appui indéfectible que le gouvernement américain accordait à Israël était très impopulaire, autant en Jordanie que dans les autres pays arabes. Son peuple n'en voudrait-il pas au roi Hussein d'avoir choisi une Américaine, même si elle avait des origines arabes ? Ne se sentirait-il pas trahi ? Cette préoccupation n'était pas sans fondement. Un article paru l'année précédente dans le *Washington Post* alléguant que le roi était un agent de la CIA avait gravement écorné l'image du souverain dans une partie du monde où l'antiaméricanisme était virulent. Je ne voulais à aucun prix que de telles calomnies acquièrent un semblant de crédibilité à cause de moi.

Une telle chose aurait très bien pu se produire étant donné les tensions auxquelles la région était en proie et dont le président égyptien Anouar al-Sadate était en partie responsable. J'étais en visite à Paris pour le compte de la compagnie aérienne jordanienne en novembre 1977 lorsque l'homme d'État égyptien s'était rendu en Israël pour s'adresser à la Knesset, le parlement israélien, et pour prier à la mosquée d'Al-Aqsa, le troisième sanctuaire de l'islam, édifié sur le lieu de l'ascension du prophète, le voyage nocturne au cours duquel il est monté au ciel. Je me rappelle avoir regardé à la télévision le reportage filmé en direct sur l'arrivée de Sadate à Tel-Aviv. J'ai retenu mon souffle en voyant le président égyptien descendre d'avion et poser le pied sur le sol israélien. C'était un spectacle extraordinaire. Ce geste était porteur d'un espoir de paix, avais-je pensé alors. Loin de partager mon optimisme, les amis libanais avec lesquels je me trouvais étaient horrifiés.

Nos réactions respectives reflétaient la controverse que provoqua la visite de Sadate. Tandis qu'en Occident beaucoup le considéraient comme un héros, le monde arabe était en proie à la fureur. Il y eut des émeutes à Damas où des bombes furent lancées sur l'ambassade d'Égypte, des étudiants prirent d'assaut celle d'Athènes, et un groupe de Palestiniens occupa temporairement celle de Madrid. Amman ne fut le théâtre d'aucune violence, mais l'humeur du public y était sombre.

L'idée qu'Israël pouvait réussir à affaiblir la position arabe en divisant les dirigeants et en en ralliant certains à son camp, et que les Palestiniens resteraient sans appui était un cauchemar pour Hussein. Aux yeux des Israéliens, l'Égypte était le plus puissant, le plus vaste et le plus peuplé des États arabes, celui dont les territoires conquis par leurs troupes présentaient le moins de problèmes.

Il serait en effet relativement facile pour eux de rendre le Sinaï, saisi en 1967, si Sadate se laissait, malgré ses dénégations, persuader de se désolidariser des Arabes et de suivre sa propre voie.

L'annonce inattendue, en novembre 1977, de la visite que Sadate avait l'intention de faire à Jérusalem et du discours qu'il se proposait de prononcer à la Knesset avait causé une telle inquiétude en Jordanie que le roi Hussein avait convoqué une réunion d'urgence de son cabinet. Taisant pourtant ses critiques sur le voyage historique du président égyptien, il appela les États arabes à un jugement modéré. Il craignait qu'un rejet total de l'initiative égyptienne ne risque d'inciter Sadate, isolé, à conclure un traité de paix séparé avec Israël. Il discernait aussi des éléments positifs dans les paroles prononcées par Sadate à la Knesset, notamment dans son refus d'un règlement du problème palestinien qui ne serait pas global. Toujours optimiste, il continuait à espérer que le geste du dirigeant égyptien ne serait pas sans avoir des conséquences bénéfiques. Ne jamais désespérer de qui que ce fût, tel était, je l'apprenais, un des traits du caractère du roi Hussein. Il avait une foi tenace dans le triomphe des bons anges qui veillent sur les êtres humains. Sa réaction modérée devant la déclaration de Sadate provoqua cependant la colère de certains Jordaniens qui pensaient que le dirigeant égyptien méritait d'être traité avec plus de sévérité.

C'était par exemple l'avis de l'épouse du chef de la cour royale. « C'est tout ce que vous avez à dire après ce que Sadate a fait ? » demanda-t-elle à son mari. « Il faut savoir ce que l'on veut, le ramener dans le camp arabe ou l'en chasser », répliqua-t-il en faisant écho aux paroles du roi Hussein

Avant la visite de Sadate en Israël, l'administration Carter, installée depuis peu à Washington, avait négocié avec cet État et les pays arabes l'organisation, à Genève, d'une conférence de paix internationale sur le Moyen-Orient. Tandis que des liens se tissaient entre le roi Hussein et moi, le souverain travaillait jour et nuit, maintenant le contact avec les Nations unies, se rendant constamment en Égypte, en Syrie, en Arabie saoudite et dans les émirats du Golfe pour convaincre ces pays de s'asseoir autour d'une table avec Israël afin de trouver une solution sur la base de la résolution 242. Il rentrait épuisé, mais plein d'espoir. Il était convaincu que, dans une négociation, l'union constituait la force principale des pays arabes. Ensemble, ils étaient capables d'agir pour le plus grand bien de tous, mais surtout pour celui des Palestiniens dont le sort tragique était au cœur du conflit.

Avec le recul, je m'étonne que, durant cette période, Hussein ait trouvé autant de temps à me consacrer. Le délai que j'avais demandé pour réfléchir à sa demande en mariage ne nous empêchait pas de continuer à dîner ensemble à Hashimya, d'écouter de la musique et à regarder des films. Parmi ses chanteurs préférés figuraient la belle Fairuz, d'origine libanaise, Farid al-Atrache, un Syrien qui était à la fois musicien, chanteur et acteur (le Maurice Chevalier du monde arabe), Johnny Mathis et le groupe suédois Abba. Il chantait quelquefois lui-même pour moi. Je n'aimais pas Abba autant que lui, loin s'en fallait, mais j'étais charmée lorsqu'il fredonnait : « *Take a chance on me !* » Mon cœur était en train de fondre.

Quelques-uns de ses amis venaient parfois se joindre à nous. Je garde un souvenir très vif de ma première rencontre avec Leïla Charaf. Originaire du Liban, elle avait passé neuf ans à Washington où son mari avait été ambassadeur de Jordanie, et à New York où il avait été représentant permanent aux Nations unies. Je me suis tout de suite sentie attirée par son esprit vif et son sens aigu de la politique. Son mari, qui devint Premier ministre après avoir été chef de la cour royale, avait, quant à lui, un esprit brillant et des opinions progressistes. Nous nous sommes très vite liés d'une amitié étroite, et je devais avoir souvent recours à leurs conseils.

Au cours d'une des premières conversations que j'ai eues avec Leïla, elle m'a expliqué la signification d'un événement dont j'avais été témoin quelques jours plus tôt. Tandis que je marchais dans une des rues principales de la ville, je m'étais trouvée prise dans un tourbillon de motards, de gardes royaux et de policiers qui barraient l'accès au Parlement, un bâtiment historique de deux étages, de modeste apparence. Le tumulte était dû au fait que le roi avait convoqué le Conseil consultatif national, l'assemblée représentative intérimaire de la Jordanie. Leïla m'expliqua que, après l'union, en 1950, de la Cisjordanie et de la Jordanie, les dirigeants palestiniens, poussés par le besoin d'être protégés contre l'expansionnisme israélien, avaient demandé que les députés de la Cisjordanie et de la rive est siègent en nombre égal au parlement jordanien. Après la guerre de 1967, cet organe consultatif avait été suspendu parce que Israël empêchait les élus vivant en Cisjordanie occupée de se rendre à Amman pour prendre part aux séances. Lorsqu'ils réussissaient à franchir la frontière, ils représentaient des circonscriptions sur lesquelles la législation jordanienne ne s'exerçait plus. « Qui tiendrait des élections dans un territoire occupé ? » a demandé Leïla, qui a poursuivi : « Organiser une telle consultation signifierait accepter l'occupation. » Et donc, en l'absence de la moitié de ses membres, le Parlement avait cessé d'être convoqué, et la Jordanie avait été privée d'assemblée législative jusqu'à la réouverture qui avait eu lieu sous mes yeux.

Les membres du nouveau Conseil consultatif national étaient issus de toutes les couches de la population, sans distinction d'appartenance géographique, ethnique ou professionnelle, et sans distinction de sexe. Pour la première fois des femmes siégeaient officiellement dans un organisme national au sein duquel des décisions étaient prises. Pour que des élections aient lieu, il faudrait attendre que la Cisjordanie soit rendue à la Jordanie, comme le voulait le droit international, et que le droit à l'autodétermination soit reconnu aux Palestiniens. La convocation du Conseil consultatif national était néanmoins, pour la Jordanie, un pas en avant d'une importance capitale et d'une portée très générale.

Nous avions pris, le roi et moi, l'habitude de nous voir tous les soirs et de passer un moment avec les enfants. Un jour, il est venu me chercher chez moi avec Abir. C'était une enfant de cinq ans, aux cheveux noirs et bouclés, aux grands yeux bruns et au caractère indomptable. Elle a disparu dans ma chambre, s'est engouffrée dans mon placard, a enfilé mes chaussures et s'est mise à parader dans le salon, à mon grand amusement, et au déplaisir de Hussein. Haya, âgée de trois ans, venue un autre après-midi, était elle aussi pleine de vie ; c'était une créature délicate et adorablement coquette, une petite ballerine. Les deux fillettes aimaient à jouer indéfiniment avec mes cheveux quand leur vaste collection de poupées Barbie et Cindy cessait de les amuser. Quant à Ali, c'était un

petit garçon câlin, aux joues rebondies et au sourire merveilleusement malicieux, qui respirait la joie de vivre. Il avait du mal à se
faire une place à côté de ses sœurs aînées, et il venait chercher
auprès de moi attention et affection.

Le temps passait cependant et la nécessité de donner ma réponse
au roi se faisait de plus en plus pressante. Avoir quelqu'un à qui
parler m'aurait été utile, cela m'aurait aidée à y voir clair, mais les
secrets sont impossibles à garder à Amman. Je ne mettais pas la
discrétion de mes quelques amis intimes en doute, mais je pensais
instinctivement qu'en parlant du roi avec un tiers, j'empiéterais sur
sa vie privée. Mis à part sa sœur Basma et le major Timoor
Daghastani, son mari, auxquels nous rendions de temps en temps
visite le soir, personne n'était au courant de nos relations. La décision qui s'imposait à moi n'était pas non plus, me semblait-il, de
celles dont je pouvais discuter au téléphone avec ma famille ou
avec les amis que j'avais aux États-Unis. Il me faudrait la prendre
seule.

Dix jours après la demande en mariage du roi, un week-end
passé au bord de la mer dans la maison d'Akaba m'a donné à réfléchir. L'épouse du chah d'Iran y était invitée, mais sa présence n'a
eu qu'un rapport indirect avec mon trouble, causé par le comportement de Hussein. Dès notre arrivée, j'ai vu un changement se produire en lui : l'être sensible, détendu et chaleureux que j'avais
appris à connaître et à aimer s'est transformé sous mes yeux en un
étranger tendu et distant. Les moindres détails de la visite semblaient l'obséder, il ne pouvait pas s'empêcher de les vérifier sans
cesse. Une fois ses hôtes d'honneur arrivés, il a subi une autre
métamorphose : il s'est montré cérémonieux et compassé, attitude
formant un contraste saisissant avec celle, très libre, qu'il adoptait
avec ses amis et sa famille.

L'extrême sophistication du mode de vie de la chahbanou et la
pompe dont elle s'entourait étaient à l'opposé de la simplicité qui
caractérisait la cour jordanienne. L'admiration que Hussein vouait
à l'impératrice était évidente, et je ne pus pas m'empêcher de
me demander s'il ne se trompait pas à mon sujet, s'il ne se mépre-
nait pas sur l'image que je pourrais présenter au public si j'étais
sa femme. J'ai fait ce qu'on attendait de moi pendant tout le

week-end : j'ai pris part à l'élégant dîner organisé sur la côte saoudienne où des tentes avaient été dressées sur la plage, non loin
du petit village de Hagl ; un autre jour, j'ai participé au survol de
Wadi Rum en hélicoptère, suivi d'un autre banquet donné dans la
vallée, là aussi sous des tentes. Dans l'autobus qui nous ramenait à
Akaba, je suis restée silencieuse, et Basma, la sœur de Hussein,
semblant lire dans mes pensées, m'a vivement conseillé de
beaucoup réfléchir avant de répondre à son frère.

La vie a repris un cours plus ou moins normal après le départ des
invités, mais le souvenir du Hussein que j'avais vu tant qu'ils
étaient là n'a cessé de me hanter. Avec le temps, j'en suis venue à
comprendre que recevoir des personnalités qu'il veut honorer
représentait un devoir quasi sacré pour mon mari. Se conduire en
hôte parfait est un idéal profondément enraciné dans son héritage
culturel. Dans le monde arabe tout entier, une personne que l'on
reçoit doit être l'objet de toutes ses attentions, et on fait même bon
accueil à un ennemi en quête d'un refuge. Chez les Bédouins jordaniens par exemple, un chef de tribu égorge sa dernière bête pour
nourrir un invité, ou lui offre au besoin le contenu de sa propre
assiette. Pour Hussein, qui connaissait le chah et sa famille depuis
près de vingt ans, l'impératrice Farah Diba était un hôte privilégié.
Au cours des années qui allaient suivre, j'en viendrais à comprendre
l'énorme responsabilité que mon mari sentait peser sur ses épaules
vis-à-vis d'invités comme les souverains iraniens : ils avaient non
seulement reçu sa famille avec un faste légendaire, mais avaient,
pendant de nombreuses années, généreusement contribué au développement de la Jordanie.

Quand nous avons été seuls, Hussein m'a fait une confidence qui
a un peu éclairé sa conduite. L'impératrice l'avait pris à part et lui
avait posé la question suivante : « Si quelque chose nous arrivait,
accepteriez-vous d'être le tuteur de nos enfants ? » Peut-être pen-
sait-elle à la bataille que son mari menait contre le cancer, ignorée
de tous à l'époque ; peut-être aussi s'effrayait-elle de l'agitation
croissante à laquelle son pays était en proie. La pression qu'exerçaient sur le chah les théologiens chiites de Qom s'intensifiait, et la
ville sainte avait été le théâtre d'une émeute trois mois plus tôt. Les
forces de sécurité avaient mis fin à la violence, mais l'agitation que

j'avais devinée, et dont j'avais occasionnellement ressenti les effets quand j'étais en Iran, ne s'était pas apaisée.

Hussein, ému par la requête de l'impératrice, s'inquiétait de la ferveur religieuse croissante qui se manifestait en Iran dans les couches populaires. Il promit à la chahbanou qu'il parlerait à l'imam Moussa Sadr, un chef religieux chiite modéré qui vivait au Liban, et qu'il lui demanderait s'il accepterait de servir d'intermédiaire entre le souverain et ses opposants afin d'apaiser le conflit qui allait s'aggravant. Si quelqu'un était capable de jouer un rôle constructif, c'était bien ce personnage influent. Le roi Hussein l'invita en Jordanie et, lors d'une rencontre qui eut lieu à Hashimya, l'imam l'avertit que la révolution était imminente, et que le sang coulerait à moins qu'un véritable effort de réconciliation ne soit entrepris. Il ajouta qu'à son avis, le chah devrait inviter l'ayatollah Ruhollah Khomeiny, alors en exil en Irak, à rentrer en Iran, et tenter de trouver une solution pacifique. À la suite de cet entretien, le roi Hussein se rendit à Téhéran et rapporta au chah ce qui lui avait été dit. Le chef des services secrets du souverain, qui assistait à l'entrevue, remarqua : « Sadr est un menteur. C'est un serpent, et Khomeiny aussi. » De retour en Jordanie, le roi fit part de ses impressions à Ali Ghandour : « J'ai peur que l'imam Sadr n'ait raison. Il en coûtera très cher de ne pas l'écouter. »

Le roi écrivit aussi à Khomeiny qui, de Paris où il avait trouvé refuge, continuait à diriger l'opposition contre le chah. L'ayatollah répondit une lettre qui, bien que polie, indiquait clairement sa ferme volonté de ne pas négocier avec le régime du chah.

En rentrant en voiture à Amman après le départ des Iraniens, nous nous sommes arrêtés à la ferme du chérif Zeid bin Chaker et de sa femme Nawzad. Ce cousin, âgé d'un an de plus que le roi, comptait parmi ses plus vieux et plus sûrs amis. Il avait fréquenté comme lui le collège Victoria, prestigieux établissement d'enseignement secondaire d'Alexandrie, était sorti de l'école militaire de Sandhurst un an avant lui, puis était entré dans l'armée jordanienne dont il était à l'époque commandant en chef. Il deviendrait ensuite chef de la cour royale, puis Premier ministre pendant trois mandatures, après quoi le roi devait l'élever au rang de prince honoraire.

Nos hôtes nous ont offert un délicieux pique-nique impromptu qui m'a procuré le moment de détente dont j'avais besoin après le week-end passé à Akaba. Le repas a été servi dans un champ, sous une tente de coton décorée de motifs gais, et la conversation a porté sur les incursions faites par divers membres de la famille dans le domaine de l'agriculture. J'ai revu le cousin du roi et sa femme quelques jours plus tard à l'occasion d'une prise d'armes avec fanfare traditionnelle organisée pour honorer le président de la Mauritanie, en visite en Jordanie. Le roi m'y avait invitée et il est venu me chercher pour me conduire chez le chérif Zeid qui habitait non loin du quartier général de l'armée. Là, il a été décidé que j'assisterais à la cérémonie aux côtés de sa femme. Nous sommes arrivées juste un peu avant le souverain et, pour gagner nos places, il nous a fallu traverser l'aire de parade de bout en bout, trajet qui m'a paru interminable devant la foule des spectateurs officiels. Le caractère public de l'occasion m'intimidait terriblement, mais je ne me rendais heureusement pas compte que tous les yeux étaient braqués sur moi.

J'appris plus tard qu'alors que nous prenions place non loin du roi, quelque part au milieu de la première rangée de sièges, quelqu'un dans la foule avait lancé un regard interrogateur à l'aide de camp du souverain tout en me désignant du doigt. Le militaire avait répondu en dessinant avec ses mains une couronne au-dessus de sa tête et en faisant un salut. D'autres amis me racontèrent aussi qu'ils avaient remarqué la manière dont le roi m'avait regardée arriver comme si « la lumière du soleil jaillissait de ses yeux ». Je deviendrais certainement la femme du roi Hussein, telle avait été la conclusion générale. « Ils vont se marier, c'est évident », avait remarqué Leïla Charaf à Nawzad Chaker tandis que les deux femmes quittaient ensemble les lieux.

Hussein s'est mis à me presser de lui donner une réponse. « Nous ne pouvons pas continuer de cette façon », insistait-il. J'ai essayé de lui parler de la vie que j'avais menée avant mon arrivée en Jordanie et de discuter avec lui des problèmes que notre mariage risquait de soulever. « Je ne veux rien savoir de tout cela », répondait-il. Il manifestait une telle confiance dans notre avenir commun que son optimisme communicatif commença à me gagner.

J'avais déjà un immense respect pour sa personne, une grande admiration pour tout ce qu'il représentait et pour tout ce qu'il essayait d'accomplir. Rumeurs et cancans pouvaient bien courir à son sujet, je le connaissais pour ce qu'il était, un être dont la force de caractère, l'honnêteté foncière et les convictions ne pouvaient être mises en doute. Il m'attirait aussi terriblement. Pourtant je savais que notre mariage ne serait pas une union ordinaire.

Je ne me faisais pas une idée nette de ce que l'avenir me réservait, mais je savais que, quoi qu'il arrive, mon aptitude au travail et tout ce que je pourrais faire pour le bien du pays ne manqueraient pas de me venir en aide. Le roi m'avait dit clairement qu'il me proposait un partenariat. Cette certitude m'aida à me décider. J'avais une tâche à accomplir pour un pays que j'aimais déjà, et j'avais comme associé un homme extraordinaire. Ensemble nous pourrions accomplir de grandes choses.

« Puis-je appeler votre père ? » a interrogé une fois encore le roi le 13 mai, exactement dix-huit jours après m'avoir demandé de l'épouser. Nous étions à Hashimya au début de l'après-midi et venions de mettre les enfants au lit à l'heure de la sieste. De l'autre bout de la pièce où je me trouvais, j'ai lu la sincérité dans son regard, entendu la certitude dans sa voix. Ma mère avait raison à propos de ses yeux. « Oui », ai-je dit.

« Un peu abasourdi », tels étaient les mots avec lesquels mon père devait décrire plus tard sa réaction lorsque, ayant décroché le téléphone dans sa cuisine, à Alpine, dans le New Jersey, il entendit la voix riche et profonde du roi Hussein dire : « J'ai l'honneur de vous demander la main de votre fille. » Il ne savait rien de nos relations, l'audience à laquelle j'avais assisté au mois de mars et la demande que le roi m'avait faite d'inspecter Hashimya mises à part. « Je croyais que vous parliez juste de déjeuner ensemble », a-t-il bredouillé. Ma mère a elle aussi été stupéfaite lorsque nous l'avons appelée un peu plus tard de la pièce réservée à la radio à Hashimya, sur la ligne privée du roi. Je lui ai dit que j'étais amoureuse de l'homme aux beaux yeux et que j'allais l'épouser. Il y a eu un instant de silence, le temps qu'elle recouvre ses esprits, puis elle m'a dit qu'elle était très heureuse pour moi. Ignorant mon long débat intérieur, mes parents m'ont tous les deux conseillé de bien réfléchir avant de me décider. Qu'ils aient d'abord pensé à moi m'a touchée. Loin d'imaginer le prestige qui pourrait rejaillir sur eux ou tout autre avantage qu'ils pourraient tirer de ma future position, ils ne se préoccupaient que de mon bonheur. Ils aimaient l'un et l'autre beaucoup le roi Hussein, mais ils s'inquiétaient des difficultés auxquelles j'aurais à faire face une fois mariée.

L'idée que j'allais vivre si loin ne plaisait pas à ma mère, et elle s'est dite soucieuse des différences culturelles existant entre nous, qui risquaient de nous empêcher de trouver un langage commun. Je lui ai décrit nos longues conversations et l'ai assurée que je n'avais jamais rencontré personne avec qui il était plus facile de parler. Les préoccupations de mon père avaient plutôt trait à la politique. Il se demandait si j'étais de taille à me faire une place dans le milieu byzantin que représentaient une famille royale et une cour. Il s'inquiétait aussi pour ma sécurité étant donné la période troublée que connaissait le Moyen-Orient. Que la vie du roi fût menacée était de notoriété publique, et il craignait que je ne sois exposée aux mêmes dangers que lui.

Les attentats dont le roi Hussein avait été victime étaient assurément légendaires. À la fin des années 1950, l'avion dans lequel il se trouvait avait, par exemple, failli être abattu au-dessus de la Syrie par des jets Mig qui s'approchèrent tellement de son propre appareil que son oncle, assis à côté de lui, avait échangé des gestes obscènes avec leurs pilotes. D'autres tentatives, surtout au début de son règne, rappelaient ni plus ni moins des méthodes en cours au Moyen Âge. Son valet de chambre égyptien remplit une fois d'acide son flacon de gouttes nasales, geste qui aurait eu des conséquences fatales si ledit flacon ne s'était pas cassé en tombant dans le lavabo, et si son contenu n'avait pas rongé l'émail. C'était de poison que s'était servi un autre assassin en puissance, un marmiton employé dans les cuisines royales qui avait été soudoyé par un cousin agissant pour le compte des Syriens. Le complot avait été éventé grâce à la découverte à plusieurs reprises de chats morts aux alentours du palais. Comme le gâte-sauce ne s'y connaissait pas très bien en produits toxiques, il s'était fait la main sur des chats errants.

Des moyens plus conventionnels avaient été utilisés en d'autres occasions comme lors de l'embuscade dressée une fois sur la route de l'aéroport, et une autre fois sur le chemin de la ferme dont le roi était propriétaire à Hummar. Son oncle, le chérif Nasser, avait eu la malchance d'être présent lors de ces deux incidents, comme il l'avait été lors de celui survenu en avion. Dans le premier cas, quand la fusillade avait éclaté, il avait poussé Hussein hors de la voiture et l'avait envoyé rouler dans un fossé, puis il s'était jeté sur lui pour faire un rempart de son propre corps. Le roi se plairait à dire, plus tard, en riant que la corpulence de son oncle, sous le poids duquel il avait failli être étouffé, lui avait fait courir un danger plus grave que les balles du meurtrier. La seconde fois, c'était le chérif Nasser qui avait failli être tué. L'oncle et le neveu conduisaient l'un et l'autre une Buick décapotable, et l'assassin avait tiré par erreur sur la voiture du plus âgé des deux, transperçant le pare-brise et crevant un pneu, mais manquant par miracle le conducteur.

Le roi l'avait échappé belle en bien d'autres occasions au fil des années, mais il ne se laissait pas impressionner. Il croyait à son destin et à la volonté d'Allah. Comme tous les musulmans, il pensait que Dieu, et Lui seul, déciderait du moment et de la manière de sa mort. Il était toujours armé, habitude qu'il avait prise à l'adolescence, après l'assassinat de son grand-père, le roi Abdallah. Il veillait aussi toujours à ce que ses gardes du corps soient les mieux entraînés et les mieux équipés au monde. Si prudent qu'il fût, il ne laissait cependant pas le souci de sa sécurité entraver ses mouvements.

Sa mansuétude était également légendaire. C'est un trait de caractère remarquable, surtout dans une région où il n'est pas courant de bien traiter ses ennemis. Ce fut ainsi qu'un général jordanien, Ali Abu Nuwar, qui avait essayé de le renverser, ne bénéficia pas seulement de la clémence royale, mais fut plus tard nommé ambassadeur de Jordanie en France.

La presse s'intéressait beaucoup plus que moi aux dangers dont le roi était environné. À mes débuts, mes interviewers commençaient toujours par m'interroger sur les menaces qui pesaient sur la vie de mon futur époux. Ils me demandaient si la crainte de la violence ne m'avait pas fait réfléchir au moment de prendre ma décision. Je n'avais, à vrai dire, jamais pensé à ma propre sécurité, ne pouvant pas imaginer être moi-même la cible d'un attentat politique.

Malgré leurs appréhensions, mes parents m'ont donné leur bénédiction. Ma mère s'est disposée à me retrouver discrètement à Paris pour que je puisse y choisir une robe de mariée et renouveler ma garde-robe. Celle-ci se composait à l'époque de trois jupes, de quelques chemisiers, de deux blazers et de plusieurs jeans. Bien qu'encline au minimalisme dans ce domaine, je me rendais compte qu'elle était insuffisante. Nous avions décidé de garder secrets nos projets de mariage jusqu'à mon retour de Paris, sachant que, sitôt la nouvelle connue, je n'aurais plus aucune liberté de mouvement, mais notre plan fut aussitôt contrecarré.

Le roi Hussein n'aimait pas taire ce qui lui arrivait d'heureux, je l'ai découvert à cette occasion. En arrivant à son bureau le lendemain matin, il a parlé de nos fiançailles à son cousin, le prince Raad qui, aussi incapable que lui de tenir sa langue, a clamé la nouvelle dans les corridors du Diwan. Au milieu de la journée, tout Amman était au courant. Il n'y avait plus rien à faire : le rendez-vous avec ma mère a dû être annulé et lorsque, deux jours plus tard, l'annonce officielle a eu lieu, j'étais plus ou moins prisonnière dans la capitale jordanienne. Les choses sont allées ensuite à une vitesse qui m'étonne encore aujourd'hui lorsque j'y pense. Toutes mes affaires ont été transportées à Al-Ma'Wa, une petite maison située à l'intérieur de l'enceinte du palais de Basman, et j'y ai été installée. L'endroit avait servi de refuge au roi Abdallah, le grand-père que le roi Hussein chérissait, contre les pressions exercées par sa famille et son travail. Il avait donc une signification particulière pour mon futur mari qui gardait un souvenir attendri des après-midi tranquilles passés à prier dans le jardin ou à défier son aïeul aux échecs. Les lieux, qui se prêtaient au calme et à la réflexion, avaient cependant beaucoup changé. Il ne restait plus qu'une version bâtarde de la simple façade originelle et, à l'intérieur, le sol était couvert d'une moquette en haute laine de plusieurs teintes obsédantes de brun.

C'en était fini de la vie telle que je l'avais connue. J'avais un chauffeur officiel, et un véhicule chargé de veiller à ma sécurité me suivait partout quand je circulais en voiture, comme conductrice ou comme passagère. Il m'a été impossible, pour ma propre sûreté, de me rendre à mon bureau, même une dernière fois, et je n'ai pas remis les pieds dans mon ancien appartement. La soudaineté avec laquelle j'ai cessé de travailler m'a semblé particulièrement pénible. Je savais mes collaborateurs extrêmement capables, mais cela ne m'empêchait pas de me sentir très coupable de les abandonner si brusquement, même si la décision ne m'appartenait pas. Ce n'était pas comme si un point final était mis à mes activités professionnelles, me disais-je pour me consoler, il s'agissait seulement pour moi d'une période d'adaptation.

Une conférence de presse a été organisée, mais, dans l'ensemble, mon désir de voir les contacts avec les médias réduits au minimum a été pris en compte. Je tenais énormément à ce que l'aspect personnel et intime de nos relations soit respecté, mais, en dépit de mes efforts, les spéculations allaient bon train. On parlait beaucoup de notre différence d'âge, chose dont je n'étais pas moi-même consciente. Le roi avait, il est vrai, quarante-deux ans et moi vingt-six, mais une entente naturelle existait entre nous et j'appréciais sa sagesse et son expérience. Comme je mesurais cinq centimètres de plus que lui, notre différence de taille faisait aussi l'objet de beaucoup de commentaires. Tout cela me semblait ridicule, et une seule question se posait à moi – question qui n'a jamais cessé de me hanter : serais-je à la hauteur du rôle d'épouse et de consort, serais-je digne de la foi que le roi avait en moi ?

Mais la presse était tenace. Les journalistes réussissaient souvent à tromper la standardiste du palais et à appeler Al-Ma'Wa directement. Quand cela arrivait, je prétendais être quelqu'un d'autre tandis que la personne au bout du fil avait recours à toutes sortes de ruses pour se ménager une entrevue avec la fiancée du roi. Par une étrange ironie du sort, moi qui avais voulu, il n'y avait pas bien longtemps, être journaliste, je jouais au chat et à la souris avec des gens qui auraient pu être mes collègues. Malgré mon silence persistant, les médias ont continué à me harceler à tel point que j'ai demandé à Meliha Azar, l'excellente amie que j'avais à l'École d'aviation, s'il lui était possible de travailler pour moi. Elle a, par bonheur, accepté et m'a rendu de multiples services, en particulier celui de me protéger de l'indiscrétion des médias.

Je n'étais pas prisonnière. Je pouvais aller et venir à ma guise. Hussein avait mis une voiture à ma disposition, une Lancia grise qui lui avait été offerte. L'odeur de cuir qui émane d'une automobile neuve évoque pour moi encore aujourd'hui de doux souvenirs de cette période de ma vie. Je prenais souvent le volant moi-même, comme j'ai continué à le faire après mon mariage.

Mon nom est certainement le don le plus précieux que j'ai jamais reçu du roi. Ali Ghandour avait suggéré celui d'Allyyessar qu'avait porté une reine phénicienne et qui contenait les lettres du mien, Lisa. Il ne plaisait pas à mon futur mari : il ressemblait trop à « Al-Yasar », terme désignant en arabe une personne se situant à gauche sur l'échiquier politique. (Il n'aurait d'ailleurs pas été tout à fait inapproprié, car mes idées étaient certainement plus progressistes que celles de son entourage.) « Noor », a-t-il un jour dit, alors que nous étions ensemble à Hashimya.

Noor veut dire « lumière » en arabe. Je m'appellerais Noor al-Hussein, « Lumière de Hussein ». En quelques semaines, quelques mois, une transformation s'est opérée dans mon esprit et jusque dans mes rêves : je suis devenue Noor.

Ma famille a eu plus de mal que moi à accepter le changement, surtout ma mère. La chose était compréhensible, bien sûr. Après tout, c'était elle qui avait choisi mon nom et, pendant vingt-six ans, j'avais été Lisa pour elle. Je l'ai laissée continuer à m'appeler de cette façon pendant quelques années, puis j'ai eu une explication franche avec elle. Il me semblait qu'en persistant, elle proclamait son refus d'admettre ma nouvelle identité, d'accepter ma nouvelle existence. Je lui ai dit sans ambages qu'en épousant le roi Hussein je m'étais engagée pour la vie et que, si elle m'aimait et voulait m'aider, elle devait le reconnaître et agir en conséquence. Elle n'a jamais plus prononcé le nom de Lisa.

J'étais décidée à devenir musulmane et j'ai passé beaucoup de temps, dans la petite maison d'Al-Ma'Wa, à approfondir la connaissance que j'avais de l'islam. La constitution jordanienne n'exige pas du monarque qu'il épouse une femme partageant sa foi. Il doit être lui-même musulman bien sûr, et descendre du chérif Hussein bin Ali, le chef de la Grande Révolte arabe, mais, comme tout croyant de sexe masculin, il est libre d'épouser une personne appartenant à une des religions monothéistes, et faisant partie de ce que le Coran appelle les « gens du livre ».

Mes parents ne m'avaient imposé aucune croyance particulière et m'avaient toujours encouragée à chercher moi-même ma propre voie spirituelle. L'islam est la première religion à m'avoir véritablement attirée. J'admirais un grand nombre des principes sur lesquels il repose : les relations directes entre le croyant et Dieu, l'égalité des droits – ceux des hommes et des femmes –, le respect pour le prophète Mahomet et pour tous les prophètes et les messagers qui l'ont précédé – Abraham, Moïse, Jésus-Christ et beaucoup d'autres –, l'équité, la tolérance et la charité. « Nulle contrainte en la religion » est-il écrit dans le Coran (2.256). « Aucun de vous n'est un vrai croyant s'il ne désire pas pour son frère ce qu'il désire pour lui-même », a également dit le prophète. J'appréciais aussi sa simplicité et l'importance accordée à la notion de justice. Une grande place y est laissée à la croyance individuelle : certains fidèles conduisent la prière, d'autres étudient la théologie, mais personne ne s'arroge le rôle d'intermédiaire avec Dieu, il n'y a pas de bureaucrates comme dans d'autres religions monothéistes. Un musulman ne se distingue d'un autre que par sa piété. L'honnêteté, la fidélité et la modération font partie des vertus prônées par l'islam, ce sont celles qui autorisent un individu qui les pratique à prétendre avoir plus de mérite qu'un autre.

Hussein n'a pas exigé que je devienne musulmane. Il ne me l'a même jamais demandé. C'est moi-même qui l'ai voulu. (Adopter une religion est à mes yeux une décision trop grave pour être prise par commodité.) Aucune question n'est venue troubler mon esprit. Pour la première fois de ma vie, j'ai eu le sentiment d'appartenir à une vaste communauté. Je me suis sentie humble et reconnaissante. L'appel à la prière dont je subissais l'attrait depuis que je l'avais entendu pour la première fois à Téhéran avait maintenant pour moi un sens personnel profond.

Seule à Al-Ma'Wa, je me suis fait apporter des livres sur l'islam et sur l'histoire de la Jordanie afin de me livrer à une étude aussi approfondie que possible de ces deux sujets. J'avais commencé à m'initier à l'arabe dès mon arrivée en Jordanie et j'ai redoublé d'efforts.

Nous avons continué à apprendre à nous connaître l'un l'autre, le roi Hussein et moi ; la prudence à laquelle je m'étais astreinte et les questions que je m'étais posées m'avaient libérée, et je suis tombée profondément amoureuse de lui. Je consacrais de longs moments tranquilles à ses enfants. « S'il te plaît, Dieu, fais qu'elle vive long-temps », a dit Haya dans sa prière du soir lorsque son père lui a appris que nous allions nous marier et qu'elle aurait une nouvelle mère. Les pauvres petits avaient subi une lourde perte très tôt dans leur jeune vie. Je comprenais pourquoi le prince Ali, âgé de deux ans, me serrait souvent la main sans vouloir la lâcher.

Avec le recul, je me rends compte que les quelques semaines qui ont précédé notre mariage ont constitué la période la plus douce, la plus exempte de soucis de ma vie. Nous avons, le roi et moi, eu très peu à faire avec les préparatifs de la cérémonie, et la frénésie qui règne en général en pareille circonstance m'a donc été épargnée. La seule recommandation que nous ayons faite à la cour, responsable de l'événement organisé par son service du protocole, était d'observer la plus extrême simplicité. Au Moyen-Orient, les mariages donnent sou-vent lieu à des fêtes extravagantes s'étalant sur trois jours, avec des banquets, de la musique et des danses. Mais, comme beaucoup de mes contemporaines, j'avais toujours pensé que je me marierais nu-pieds, au sommet d'une montagne, dans un champ de pâquerettes. Je n'avais jamais rêvé d'une cérémonie compliquée. Ayant par ailleurs une conscience aiguë des critiques suscitées par les folies auxquelles le boom du pétrole avait donné lieu dans de nombreux pays arabes dans les années 1970, je désirais adopter un style plus simple.

Pendant cette période, Hussein m'a présentée à d'autres membres de sa famille. Un jour, à Hashimya, en prenant le thé sur la terrasse, j'ai fait la connaissance de son frère, le prince Mohammed. Nommé prince héritier en 1952, il l'était resté jusqu'en 1962 puis, en 1971, il avait été placé à la tête du Conseil des chefs de tribus. J'ai été très touchée de la façon chaleureuse dont il m'a accueillie dans la famille. J'ai aussi rencontré son cadet, le prince héritier Hassan, ancien élève de l'université d'Oxford, et sa femme, Sarvath, issue d'une famille de notables pakistanais. Le roi Hussein l'avait nommé prince héritier en 1965 pour assurer la succession pendant les années troublées, marquées par les nombreux attentats qui avaient mis sa vie en danger. Il agissait en tant que suppléant et conseiller du roi, et assurait la régence pendant ses absences. Il jouait un rôle important en Jordanie et supervisait la stratégie de développement du pays ; il est aussi le fondateur de l'Académie royale des sciences et c'est un partisan fervent du dialogue entre les religions et les cultures. Doté d'un solide sens de l'humour, il éclate souvent d'un grand rire communicatif ; j'adorais regarder les deux frères partir d'un énorme fou rire dans les rares occasions qui leur étaient données de se détendre ensemble. J'ai découvert, lors de notre rencontre, que sa femme s'intéressait aux problèmes touchant à l'éducation ; elle a fondé par la suite en Jordanie une excellente école privée comportant des programmes d'éducation spécialisés pour les handicapés mentaux, ainsi que le premier centre destiné aux élèves souffrant de difficultés d'apprentissage.

Lors d'un de mes premiers séjours à Akaba, Hussein s'était arrangé pour que j'accompagne sa sœur, la princesse Basma, qui allait rendre visite, dans le Wadi Rum, à une communauté bédouine du sud du pays. C'était la première fois que je voyais un membre de la famille hachémite jouer ce rôle traditionnel. Sous la *beit esh-sha'ar* frappée par les rayons brûlants du soleil, dans une chaleur étouffante, nous avons reçu les membres de la tribu un par un, écoutant leurs requêtes qui concernaient un enfant malade, de meilleures écoles, logements ou moyens de transport. Nombre des pétitionnaires avaient, comme c'était la coutume, apporté une requête écrite à remettre aux membres de la famille royale. J'ai admiré la patience et la grâce de la princesse Basma tandis qu'elle saluait chacun avec un sourire et prêtait une oreille attentive à tous. Après la mort de sa troisième femme, le roi avait demandé à sa sœur d'administrer un fonds dédié à la mise en œuvre de programmes auxquels la reine décédée s'était intéressée. La princesse avait dépassé les objectifs fixés et avait fini par fonder des centres d'aide sociale un peu partout dans le pays. Elle devait plus tard consacrer une part croissante de ses activités aux problèmes relatifs aux femmes, en Jordanie ainsi qu'au plan international.

Hussein était très souvent en voyage à l'époque de nos fiançailles, lesquelles ont coïncidé avec la période cruciale entre la visite du président Sadate à Jérusalem et l'accord de Camp David, survenu un an plus tard. Les soirées que nous passions ensemble étaient constamment interrompues par des appels téléphoniques relatifs à des réunions avec les autres dirigeants de la région. J'ai été tout de suite frappée par le sens aigu que le roi avait de sa responsabilité personnelle tandis qu'il s'efforçait d'obtenir des chefs d'État arabes qu'ils adoptent une position commune au sujet de la conférence de Genève. De retour à Amman après ces entrevues, il avait l'impression que le succès était proche.

Nous avons tâché de préserver la régularité de nos rencontres malgré la pression des événements. Quand nous n'étions pas ensemble, nous communiquions souvent à l'aide d'émetteurs-récepteurs. Le roi gardait toujours une de ces radios portatives à portée de la main de façon à pouvoir entrer en communication immédiate avec la garde royale, le Premier ministre et le chef de la cour royale. Après nos fiançailles, il m'en a donné une. Mon nom de code était Novembre Hussein pour Noor al-Hussein et le sien Hôtel Tango pour Hussein Talal. Le soir, après m'avoir raccompagnée à Al-Ma'Wa, il m'envoyait un message pour me dire qu'il était bien arrivé. C'était notre façon de nous dire bonsoir.

S'il désirait que notre mariage ait lieu le plus vite possible, le roi a néanmoins accepté de laisser le temps aux membres de nos deux familles de se rassembler à Amman. La date a été fixée au 15 juin, le lendemain du jour du retour de sa mère, la reine Zeine, d'un de ses voyages bisannuels en Europe. Il ne nous restait pas beaucoup de temps pour nous organiser. La première question qui se posait était celle de ma robe de mariée. La secrétaire de longue date de Hussein ayant décidé de la commander à Londres, chez Dior, deux stylistes se sont présentés à Amman avec des dessins de tenues extrêmement élaborées qui ne correspondaient pas du tout à mes goûts. Je souhaitais quelque chose d'aussi sobre que possible et je leur ai montré un vêtement d'un style un peu bohémien qui avait grevé mon budget au moment où je l'avais acheté dans une boutique de prêt-à-porter d'Yves Saint Laurent. Ils ont bien voulu s'en inspirer et m'ont fourni une robe de soie blanche d'une suprême simplicité.

Le problème des chaussures a été plus difficile à résoudre. La mode était aux semelles compensées que je trouvais à la fois hideuses et peu pratiques. Si j'en avais porté, j'aurais dominé mon mari d'une tête, ce que je voulais éviter à tout prix. Les souliers plats n'étaient, à ce qu'il semblait, pas disponibles en Jordanie, et les sandales Scholl que j'affectionnais ne convenant de toute évidence pas, j'ai fini, avec l'aide d'une amie, par commander une paire de ballerines sur mesure à Beyrouth. Nous n'avons pas su jusqu'au dernier moment si elles me seraient livrées à temps ou si je devrais me marier pieds nus. Elles sont arrivées le matin du mariage et, au sortir de leur boîte, elles sentaient encore la colle.

Quelques jours plus tôt, Hussein m'avait conduite à l'aéroport pour accueillir ma famille. C'était la première fois que Christian, mon frère, et Alexa, ma sœur, venaient en Jordanie, et ils ne connaissaient pas mon fiancé. Ma sœur se rappelle m'avoir vue rayonnante de bonheur, « flottant sur un nuage », incapable de répondre d'une manière cohérente à aucune des questions qu'elle me posait sur l'ordonnancement de la cérémonie ou sur quoi que ce fût d'autre.

Je suis devenue musulmane à neuf heures du matin le jour de mon mariage. Hussein a frappé à la porte d'Al-Ma'Wa. « Je viens de me rendre compte que vous ne vous étiez pas encore convertie officiellement à l'islam », a-t-il dit. Nous sommes allés au salon et j'ai prononcé la profession de foi musulmane, la *shahada* : « *Ashadu ann la illaha ila Allah, wa ann Muhammadun rasoul Allah* » (Point de divinité hormis Dieu, et Mahomet est son Envoyé).

Je me suis ensuite préparée pour la cérémonie. Il n'y a sans doute jamais eu de mariage royal plus simple que le nôtre. Un coiffeur qu'on m'avait envoyé m'a arrangé les cheveux de la manière la moins élaborée que j'ai pu lui imposer. Je ne me suis pas maquillée. J'ai introduit un brin de tradition américaine en portant quelque chose de bleu et quelque chose d'emprunté : une broche en saphir de chez Tiffany offerte par mon père, et une paire de pendants d'oreilles appartenant à une magnifique parure arrivée le matin même de la part du prince Fahad, le prince héritier d'Arabie saoudite. Un collier supportant un médaillon serti de diamants où était gravé le portrait de Hussein en faisait aussi partie. (Le prince a dit à mon mari avoir voulu donner à chacun de nous un objet représentant l'autre.) Les pendants d'oreilles étaient superbes, mais comme je n'avais jamais porté de bijou aussi imposant, j'ai décidé de ne mettre que les boucles.

La cérémonie devait avoir lieu à Zaran, le palais qu'habitait la reine Zeine, la mère du roi Hussein. Je lui avais été présentée la veille à l'aéroport où Hussein et moi étions allés l'accueillir. Elle m'avait invitée à venir me préparer chez elle, et la princesse Basma s'y était rendue elle aussi pour m'aider à garder mon calme. Comme toute mariée, j'étais dans un état d'extrême agitation qu'aggravait la chaleur, suffocante ce jour-là. La reine mère m'a murmuré des paroles d'encouragement tandis que je descendais le grand escalier en fer à cheval pour rejoindre, au bas des marches, mon mari qui m'a conduite dans un salon oriental, de petite dimension mais magnifique.

J'étais la seule femme. Chez les musulmans, le mariage est essentiellement un contrat que les deux parties signent en présence de témoins. Je ne le savais pas à l'époque, mais j'étais la première mariée hachémite en Jordanie à assister à la cérémonie (*Katb al-Kitab*). Les filles de Hussein elles-mêmes devaient suivre la coutume plus traditionnelle de se faire représenter par un proche parent de sexe masculin. Le prince Mohammed, qui a toujours été pour moi un frère chéri et un ami fidèle, m'a servi de tuteur testimonial.

L'événement, qui n'a duré que cinq minutes, aurait été très décontracté s'il n'avait suscité une telle curiosité. Une fois assise à côté du roi Hussein sur un canapé incrusté de nacre et recouvert de damas, j'ai salué les frères de mon futur époux, le prince Mohammed et le prince héritier Hassan. J'ai eu du mal à distinguer mon père, mon frère et les autres membres masculins de la famille royale, masqués par les flashes aveuglants des appareils de photo et des caméras frénétiques des télévisions de la presse arabe et internationale qui, je m'en suis rendu compte avec un choc, était massée à l'autre bout de l'étroite pièce.

J'ai répété en m'appliquant la simple formule que j'avais apprise par cœur en arabe. Les yeux tournés vers le roi, j'ai dit : « Je me suis promise à toi en mariage, en échange d'une dot approuvée par nous », et il a répondu : « Je t'ai acceptée comme épouse, mon épouse en mariage, en échange de la dot approuvée par nous. » Nous avons confirmé ces vœux en nous serrant la main droite, les yeux dans les yeux. Il n'y a pas eu d'échange d'anneau. Le cheikh qui officiait a récité quelques versets du Coran, puis nous nous sommes rendus dans une salle adjacente où les membres de nos familles respectives et nos invités nous ont rejoints en criant « *Mabrouk*, félicitations ! » Abir, Haya et Ali ont été les premiers à nous embrasser.

Lorsque j'examine aujourd'hui les photos publiées à l'époque en première page de tous les journaux du monde, je vois une jeune femme rayonnante d'optimisme et d'espoir, tournée, l'air épanoui, vers un bel homme barbu avec lequel elle échange un sourire. Je ne garde du reste de la journée qu'une masse de souvenirs fragmentés – nos difficultés à couper le gâteau (personne ne nous avait dit que la dernière couche était faite de carton), notre impatience à quitter la réception pour nous retrouver seuls, le moment où, ayant gagné à pied la cour du palais, nous avons adroitement évité de monter dans l'Excalibur qui nous attendait, richement décorée, préférant sauter dans la voiture de Hussein pour nous rendre à l'aéroport et nous envoler vers notre précieux refuge d'Akaba.

J'avais invité mes huit beaux enfants à passer quelques jours avec nous au bord de la mer avant notre voyage de noces en Écosse. Je voulais qu'ils sentent aussi vite que possible qu'ils faisaient partie de la nouvelle vie qui s'ouvrait devant nous. Je savais que ce ne serait pas facile : ils étaient nés de trois mères différentes ; les plus âgés étaient déjà adultes et le plus jeune, Ali, n'avait que deux ans. Tous cependant adoraient leur père, et ce sentiment commun me permettrait, je l'espérais fermement, de créer une famille où ils trouveraient affection, sécurité et soutien.

J'ai appris que je porterais le titre de reine en regardant la télévision avec mon mari pendant la première soirée que nous avons passée à Akaba. Je ne sais pas pourquoi il ne me l'avait pas dit lui-même. Peut-être avait-il voulu me faire une surprise. J'étais, semblait-il, la seule personne, en Jordanie et dans le monde occidental, que cette question n'avait pas obsédée. Les journaux s'étaient perdus en conjectures depuis l'annonce officielle de nos fiançailles. On s'était demandé si je ne risquais pas, en tant qu'américaine, de faire l'objet d'un rejet, mais, à ma connaissance, rien de semblable ne s'est produit dans les pays arabes, et rien non plus en Jordanie. En tant que Halaby, j'étais considérée comme une Arabe rentrant au pays de ses ancêtres plutôt que comme une étrangère.

Notre départ pour l'Écosse a encore été retardé par la cérémonie de remise des diplômes de l'université de Jordanie. Mon mari avait l'habitude de la présider et nous sommes donc retournés à Amman deux jours après notre mariage pour ce qui devait être notre première apparition publique ensemble. Ne sachant pas à quoi m'attendre, j'étais très nerveuse. L'université était en effervescence lorsque nous y sommes arrivés, et nous avons reçu un accueil extrêmement chaleureux. J'étais moi aussi l'objet de démonstrations d'affection – des photos de moi étaient affichées dans toute la ville et collées sur les voitures et les autobus –, mais c'était à Hussein qu'elles étaient véritablement destinées, je le savais. Elles me touchaient, mais les sentiments qu'elles traduisaient ne m'étaient pas dus : il me faudrait les mériter, j'en avais pleinement conscience.

Mon premier geste dans ce sens m'a été dicté par mon instinct. J'avais une conscience si aiguë des menaces pesant sur la vie du roi que, chaque fois que nous nous montrions en public, à commencer par le jour de la cérémonie à l'université, je faisais de mon mieux pour me placer entre lui et la foule. Nos enfants firent de même plus tard, mais, au début de notre mariage, lui offrir une protection a tout de suite été un réflexe chez moi.

Tandis que nous nous préparions à partir pour l'Écosse je me sentais remplie d'un sentiment de bonheur et de sérénité mêlés. J'avais l'impression qu'un horizon sans limites s'ouvrait devant moi, que tous les rêves pouvaient se réaliser, tous les buts pouvaient être atteints. J'avais offert ma vie à mon mari et à la Jordanie, avec les contraintes, les responsabilités, les frustrations, les échecs, les succès et les déceptions qu'un tel engagement comportait. J'avais accompli un acte de foi, et j'en ai été richement récompensée.

CHAPITRE 6
Lune de miel à Gleneagles

Nous avons frôlé la mort pendant notre lune de miel. Littéralement. Nous avions décidé d'aller à Gleneagles, dans les Highlands écossaises, le paradis des golfeurs. Nous aimions tous les deux les vastes paysages, les montagnes aux flancs verdoyants et la beauté sauvage de l'Écosse que, toute fraîche émoulue du lycée, j'avais découverte sac à dos. Le vieil hôtel était ravissant. Des buissons artistement taillés, des bouleaux argentés et une grande haie de rhododendrons bordaient la longue allée y conduisant, et de larges plates-bandes éclatantes de pivoines en fleur en décoraient l'entrée. Tout était parfait, sauf qu'il faisait terriblement froid. Le mois de juillet 1978 a en fait battu, de ce point de vue, presque tous les records jamais atteints en Écosse. Il a, en outre, plu des cordes presque tous les jours.

On nous avait réservé, derrière le bâtiment principal, un bungalow ultramoderne qui n'avait jamais été habité. Nous y avons été accompagnés en grande pompe et une clé d'or nous a été offerte pour marquer le fait que nous en étions les premiers occupants. L'atmosphère qui régnait dans les pièces au sol recouvert d'une moquette en haute laine orange et marron ne ressemblait en rien à celle qui faisait le charme typiquement écossais de la partie ancienne du vieil hôtel, si élégant avec ses hauts plafonds, ses lits à baldaquin en acajou et ses vastes cheminées.

« Est-ce qu'il n'y a pas une odeur bizarre ? » ai-je demandé à mon mari un soir à l'heure du coucher. Il ne sentait rien. J'ai en général le sommeil léger mais, en cette occasion, j'ai dû lutter pour sortir de ma torpeur. Hussein me secouait et essayait de me tirer du lit. « Lève-toi, lève-toi », l'ai-je entendu me dire comme si sa voix venait de très loin. Il m'a conduite dans le salon en me traînant à moitié, et je me suis rendu compte que nous avions besoin d'air frais pour chasser la vapeur âcre qui avait envahi l'appartement tout entier. Je me sentais faible, les yeux et la gorge me brûlaient. Hussein a cherché du regard une fenêtre à ouvrir, mais elles étaient toutes très hautes, absolument hors d'atteinte. La porte d'entrée avait été verrouillée de l'extérieur, sans doute pour assurer notre sécurité. J'ai examiné rapidement l'énorme clé de style baroque qu'on nous avait offerte cérémonieusement à notre arrivée. Elle semblait avoir un rôle purement décoratif et, tout en faisant mine de l'essayer pour détendre un peu l'atmosphère, je savais qu'elle ne nous pouvait être d'aucune utilité.

Le téléphone s'est révélé également inopérant. On ne nous avait pas donné les numéros des divers services de l'hôtel, pas plus que ceux nous permettant d'entrer en contact avec nos gardes du corps jordaniens et avec les agents de sécurité britanniques mis à notre disposition par Scotland Yard. Leur camionnette était visible devant le bungalow, mais elle était garée trop loin pour que nos cris puissent être entendus. Nos appels restèrent sans réponse. Il ne nous restait plus qu'à rire devant l'absurdité de la situation.

Nous avons tout de même essayé de composer différents numéros au hasard. Un standardiste de l'hôtel, abasourdi, a fini par nous mettre en communication avec les occupants de la camionnette. Quelques minutes plus tard, un garde ouvrait notre porte, et nous nous sommes précipités dehors pour avaler de douloureuses goulées d'air frais. À ce qu'il parut, un radiateur situé dans l'étroit couloir menant du salon à la chambre à coucher avait grillé et rempli les pièces d'une fumée nocive. Si un incendie s'était déclaré, nous n'aurions pas échappé aux flammes.

La situation était ridicule. Qui aurait pu imaginer que, dans un pays ami, un radiateur défectueux avait failli réussir là où tous les complots et les tentatives d'assassinat dont mon mari avait été la cible pendant vingt-sept ans de règne avaient échoué ? Il y avait plus paradoxal encore : si nous avions choisi l'Écosse pour y faire notre voyage de noces, c'était précisément à cause de la sécurité et du confort que la région offrait. En Grande-Bretagne, nous jouissions de la protection discrète que la branche spéciale de Scotland Yard assurait d'une manière très professionnelle.

Je n'étais pas au bout de mes peines. Je n'avais pas l'habitude de l'appareil sécuritaire qui entourait Hussein, ni des rapports familiers que tout le monde semblait trouver normal d'entretenir avec lui, et dorénavant avec moi. C'était l'époque de la coupe du monde de football et, quoi que nous fassions – que nous fussions en train de déjeuner, de prendre le thé ou de nous promener en voiture – un membre ou un autre de notre entourage venait apporter les dernières nouvelles des matchs. Cela ne semblait pas gêner mon mari. Non seulement il adorait le football et passait les pluvieux après-midi écossais à regarder la retransmission de la moindre rencontre à la télévision, mais il était accoutumé à être entouré à tous moments par les gens qui veillaient à sa sécurité.

Je ne l'étais pas, moi qui tiens par nature à préserver mon intimité. Que nous ne puissions jamais être seuls était quelque chose que je ne comprenais pas du tout. Je ne voyais pas, par exemple, ce qui justifiait la présence continuelle d'un officier de la branche spéciale à nos côtés pendant nos longues promenades en voiture, seule distraction que le temps exécrable nous permettait. Nous étions déjà précédés et suivis par des véhicules chargés de notre protection.

Ces promenades en voiture constituaient pour mon mari le meilleur moyen de se détendre alors que ma préférence allait à des activités plus sportives, surtout de plein air comme le tennis, le ski ou l'équitation. Nous nous sommes fait des concessions mutuelles en Écosse. Entre deux averses, j'ai réussi à entraîner Hussein sur le célèbre terrain de golf de Gleneagles et sur la lande écossaise. Il acceptait de me suivre, mais son goût pour les sorties en automobile reprenait immanquablement le dessus.

La passion de Hussein pour les voitures remontait à ses années de collège passées à Harrow. Les réticences de la cour royale de Jordanie, peu pressée de le voir prendre le volant, l'avaient sans doute attisée. Aucun des hauts dignitaires qui la composaient n'était prêt à octroyer un permis de conduire à l'héritier du trône âgé de dix-sept ans. Il avait donc passé cet examen en Angleterre où il avait acheté une voiture, la première d'une longue série.

Il y avait une autre différence entre nous : ce n'étaient pas les voitures qui m'intéressaient, mais les lieux qu'elles nous permettaient de découvrir. J'adorais partir à l'aventure sur les petites routes et les chemins écossais, sans but bien déterminé. Hussein aimait lui aussi explorer, mais il préférait choisir une destination précise. Un jour, par exemple, il a décidé de me montrer Sandhurst, l'école militaire dont il avait été l'élève et, quelques minutes plus tard, nous étions sur la route du Surrey. Une fois sur les lieux, il m'a fièrement montré la statue de la reine Victoria à laquelle les cadets punis pour une quelconque infraction devaient « présenter leurs respects » : tandis qu'il était à l'exercice avec ses camarades, le coupable devait quitter son rang et, en guise de pénitence, aller saluer la statue avant de regagner sa place.

Mon mari aimait savoir exactement où il se trouvait et où il allait, habitude acquise sans doute pendant les années qu'il avait passées aux commandes d'hélicoptères et d'avions. C'était un Écossais, Jock Dalgliesh, qui lui avait appris à piloter. Il l'avait rencontré à un moment tragique de son existence. Cet homme, alors lieutenant-colonel et détaché auprès de l'armée de l'air jordanienne, se trouvait sur le tarmac de l'aéroport de Jérusalem lorsque Hussein y était arrivé en état de choc, juste après l'assassinat de son grand-père, le roi Abdallah. Personne ne semblait savoir quoi faire. Il avait pris les choses en main, avait fait monter Hussein dans le Dove, un bimoteur appartenant au roi, l'avait fait asseoir sur le siège du copilote et s'était envolé avec lui pour Amman. Hussein n'avait jamais oublié ce geste, et un lien d'amitié qui devait durer toute leur vie s'était tissé entre l'officier britannique et le jeune garçon, cimenté par un amour commun pour le pilotage.

Une fois encore, la cour n'avait pas vu d'un bon œil l'enthousiasme du prince. Jock lui-même avait tâché de le dissuader en l'emmenant dans son avion et en exécutant une série de manœuvres tellement acrobatiques que son passager avait été malade. Hussein ne s'était pas laissé décourager. Il ne s'était pas contenté de vouer aux avions un amour aussi passionné qu'aux voitures, mais avait juré de doter la Jordanie d'une excellente armée de l'air. S'il était capable de piloter un avion, il devait se trouver parmi ses sujets des jeunes gens eux aussi aptes à le faire. Il poursuivit donc sa formation, défiant l'ordre exprès donné par la cour à Jock, à ses collègues et à tous les mécaniciens au sol : « ne laissez pas le prince héritier voler seul », leur avait-on intimé. Un jour où personne ne le voyait, il était monté dans le premier appareil disponible et avait décollé.

Sans Jock, je n'aurais jamais rencontré le roi, pourrait-on presque dire. La passion de l'Écossais pour le pilotage avait infecté Hussein. C'était elle qui, associée à celle de mon père et à mon goût de l'aventure, nous avait conduits à nous trouver au même endroit au même moment.

Dans la petite maison de campagne que Jock possédait près d'Édimbourg, mon mari et lui ont évoqué leurs souvenirs, en particulier celui du dramatique incident au cours duquel ils avaient frôlé la mort ensemble, vingt ans plus tôt, au-dessus du territoire de la Syrie. Jock avait pris les commandes du vieux Dove lorsque des avions de combat syriens avaient voulu le forcer à atterrir. Il avait littéralement fait du rase-mottes pour éviter les assaillants et atteindre l'espace aérien jordanien. Mon mari m'a dit n'avoir jamais vu la mort de plus près.

Hussein n'oubliait pas ses vieux amis, et Jock occupait une place spéciale dans son cœur. Lorsque l'aviateur écossais se fit vieux, mon mari demanda à deux reprises à Richard Verrall, son pilote d'hélicoptère anglais, de partir avec le Dove pour l'Écosse afin de permettre à son ancien compagnon de prendre une fois encore les commandes de l'appareil. Jock, qui avait alors soixante-dix ans passés, n'était pas monté dans un avion depuis plus de trente ans, mais il avait posé sur les manettes une main aussi ferme que si son dernier vol datait de la veille.

Nous avons pris tous les deux beaucoup de plaisir à la visite que nous avons faite à Jock, mais le temps, toujours affreux, gâchait notre séjour. La pluie continuait à tomber à seaux et j'avais perpétuellement froid. Je n'avais pas imaginé une telle chose en faisant mes bagages. Le choix de ma robe de mariée et de mes chaussures m'avait tellement préoccupée que je n'avais pas eu le temps de penser à me constituer une garde-robe, ou même à acheter des vêtements pour partir en voyage de noces. Un ami de mon mari avait bien apporté quelques tenues féminines à Amman, mais elles convenaient plutôt à une croisière dans les Caraïbes qu'à un séjour en Écosse. Quatre jours sous la pluie sans pouvoir jouir d'aucune intimité s'étaient écoulés lorsque l'incident du radiateur s'était produit. C'était la goutte qui fait déborder le vase. Nous avons décidé de partir le lendemain pour Londres où Hussein possédait une maison qui avait autrefois abrité l'ambassade de Jordanie. À l'époque, le roi avait l'habitude de descendre au Claridge, mais, avec le temps, j'ai fini par le persuader que cette résidence nous offrait plus d'intimité et une plus grande sécurité que le célèbre hôtel.

Situé dans une rue interdite au public, face au palais de Kensington, Palace Green était un grand bâtiment de cinq étages acheté par le roi quelques années plus tôt lorsque le gouvernement l'avait mis en vente. Il y avait vécu quelque temps, l'avait offert à sa seconde femme au moment de leur divorce (il vendait rarement ce qui lui appartenait, il le donnait plutôt, c'était un comportement auquel j'ai fini par m'habituer), puis le lui avait racheté. Les étages supérieurs étaient réservés à la vie de famille, et des salons de réception plus officiels occupaient le rez-de-chaussée. La secrétaire anglaise, au service du roi depuis vingt-cinq ans, travaillait dans une chambre d'amis au second étage, avec une machine à écrire posée sur une coiffeuse. Il n'y avait pas de standard et, lorsque le téléphone sonnait, c'était souvent le roi qui répondait.

Mon mari était extrêmement occupé lorsqu'il était à Londres, je n'ai pas été longue à le découvrir. Pendant notre voyage de noces, il a vite été assailli de demandes d'audience émanant de Jordaniens, de journalistes, de diplomates et de gens de toutes sortes. Sa charge de travail était la même qu'à Amman. Je me trouvais souvent isolée au milieu d'un tourbillon d'activités. Rien ne m'avait jusque-là préparée à une telle existence. Elle serait cependant pour moi, je commençais à le comprendre, une réalité quotidienne : bien que mari et femme, nous aurions à batailler toute notre vie pour trouver quelques moments à passer ensemble au milieu du cours tumultueux des événements. En fait, notre salle de bains deviendrait le refuge où nous pourrions nous retrouver seul à seul. Ce serait souvent l'unique endroit où nous nous sentirions entièrement libres de parler à cœur ouvert.

Étant donné les pressions qui s'exerçaient sur le roi Hussein depuis son plus jeune âge, les défis qu'il avait à relever et les crises auxquelles il avait à faire face, j'ai très vite décidé que je m'efforcerais de ne pas faire porter sur lui le poids supplémentaire de problèmes qui n'affectaient que moi. J'ai parfois eu du mal à tenir un tel engagement, surtout pendant notre lune de miel : j'apprenais encore à connaître l'homme que j'avais épousé et ses occupations lui laissaient si peu de temps à consacrer à notre couple que je me sentais envahie par une insatisfaction croissante.

Je n'étais pas seulement une jeune mariée, épousée après de très brèves fiançailles, mais la belle-mère de huit enfants. Je me sentais déjà très proche des trois plus jeunes – Abir, Haya et Ali – avec lesquels j'avais passé beaucoup de délicieux moments à l'époque où leur père me faisait la cour. Après notre mariage, ils m'ont appelée « Mama » ou « Mummy ». Je connaissais cependant à peine les autres – Alia, l'aînée, Abdallah, Faysal et les jumelles, Zeine et Aïcha – et ne savais d'eux que ce que Hussein m'avait dit des difficultés qu'ils avaient rencontrées au cours de ses trois mariages précédents. Ils prirent l'habitude de m'appeler « Abla Noor », c'est-à-dire grande sœur.

Au fil des années, j'ai fait de mon mieux pour réunir tous ces enfants et, quand cela semblait approprié, leurs mères, dans l'espoir que des contacts réguliers nous rapprocheraient et apaiseraient les éventuelles tensions. J'aimerais pouvoir dire que mes efforts ont été couronnés de succès. Il me semble cependant, avec le recul, que j'étais un peu naïve. Je croyais que, si je débordais de bonnes intentions, on me rendrait la pareille. Les choses n'étaient pas si simples. Des malentendus se sont assez souvent glissés entre nous, bien que, j'en suis convaincue, nous ayons tous désiré – parents, beaux-parents et enfants – que les liens compliqués qui nous unissaient ne donnent pas lieu à des heurts.

Notre séjour à Londres m'a donné l'occasion de faire la connaissance de quelques-uns des vieux amis de Hussein. Nous avons passé d'agréables moments avec Ibrahim Izzedin, l'ambassadeur de Jordanie en Grande-Bretagne, et avec sa femme, Noor. J'ai immédiatement vu en eux des êtres intelligents et optimistes sur lesquels on pouvait compter. Ibrahim et Hussein avaient grandi côte à côte et avaient appris à monter à bicyclette ensemble. Leurs longues discussions m'ont laissé le temps de m'entretenir avec Noor dont la gentillesse, la sagesse et le sens de l'humour m'ont tout de suite plu. Elle a également accepté de m'aider dans ma recherche d'un tapis de prière ancien que je voulais offrir à mon mari.

Nous avons aussi passé une délicieuse journée dans la maison de campagne de Tessa Kennedy, une amie de longue date de mon mari. Cette décoratrice d'intérieur connue en Angleterre lui avait été présentée en 1957 par l'ambassadeur de Grande-Bretagne, Charles Johnston, lors d'un long voyage qu'elle faisait au Moyen-Orient. Sa mère, qui l'accompagnait, espérait lui faire oublier un jeune peintre jugé indigne de l'épouser. Le remède n'avait pas eu l'effet désiré : la jeune fille s'était enfuie avec son amoureux le jour de son retour en Angleterre, au grand scandale de la bonne société de Londres. Hussein et elle étaient restés en excellents termes : il était le parrain de sa fille, Milica, et elle venait souvent en Jordanie avec sa famille, à Pâques ou en été.

Pendant le déjeuner, j'ai fait à Tessa le récit des journées que nous avions passées à grelotter en Écosse, et je lui ai raconté l'épisode du radiateur qui aurait pu nous être fatal. Nous avons ensuite disputé une vigoureuse partie de croquet sur la pelouse qu'ombrageaient un cèdre du Liban, un sorbier pleureur, et d'autres arbres magnifiques. Tout était parfait, le cadre, le temps, la compagnie. D'après les confidences que Tessa m'a faites plus tard, l'humour dont j'avais fait preuve à propos de l'incident survenu pendant notre voyage de noces l'avait convaincue que j'étais la femme qui convenait à Hussein. « Je crois que j'ai trouvé quelqu'un. J'ai été profondément déprimé et je suis enfin heureux. Ma vie va changer », lui avait-il dit au téléphone peu après notre rencontre.

Au début de notre mariage, j'ai trouvé extrêmement dérangeant le flot incessant de commérages dont les amis et la famille de Hussein étaient l'objet. À Londres, à peine arrivée d'Écosse, j'ai fait la connaissance de la secrétaire du roi, une personne loyale et dévouée, mais possessive et plutôt mère poule. Elle s'est presque tout de suite lancée dans une critique acerbe de tous les membres de l'entourage de son patron. Sans gêne apparente, elle a passé les amis de Hussein en revue et n'a épargné ni ses anciennes épouses ni ses enfants malgré les tentatives que je faisais pour détourner la conversation. Un tel comportement m'était tout à fait étranger, et j'ai commencé à me poser des questions sur le monde dans lequel je venais de pénétrer.

L'aspect financier de ma nouvelle existence m'a demandé, lui aussi, un difficile effort d'adaptation. Dépenser l'argent d'autrui était une chose que j'avais du mal à accepter. J'étais habituée à travailler et à subvenir à mes propres besoins. Une fois mariée, le système budgétaire en vigueur à la cour, et les ressources financières de mon mari m'ont semblé être enveloppés de mystère et échapper à tout contrôle de ma part. Je n'avais qu'une certitude : l'argent n'était pas une chose dont je devais me préoccuper. Mais j'étais dans une position ambiguë. D'un côté, je savais que le roi ne mettrait aucun frein à mes dépenses, malgré certaines allusions qu'il avait faites à des extravagances passées. De l'autre, l'éducation que j'avais reçue m'avait appris à me fixer des limites. J'étais dans le brouillard le plus complet. Je ne savais pas ce qu'on attendait de moi ni en tant qu'épouse de Hussein ni en tant que reine, ce qui entraînait souvent des malentendus. « Pourquoi ne vas-tu pas faire des courses avec ma secrétaire ? » demandait mon mari pendant notre séjour à Londres lorsque ses affaires le retenaient. Il était convaincu que j'aimais faire les magasins alors que je voulais avant tout profiter de notre voyage de noces pour apprendre à mieux le connaître.

Un jour où j'en avais particulièrement gros sur le cœur, j'ai voulu me changer les idées et j'ai appelé mon amie Fatina Asfour qui, tout juste mariée, habitait Londres. Il y avait plusieurs voitures dans le garage de Palace Green, et sans doute aussi des chauffeurs pour les conduire, mais j'ai dit à la secrétaire que j'avais envie de prendre un taxi. Au moment de rentrer chez moi, je me suis rendu compte que je ne connaissais pas mon adresse, ni même mon numéro de téléphone. J'ai appelé l'ambassade de Jordanie, mais les bureaux venaient de fermer. Nous sommes arrivées tant bien que mal, Fatina et moi, à repérer le quartier où j'habitais et elle m'a raccompagnée. Pendant tout ce temps, je me demandais si, ayant quitté le monde irréel qu'habitait le roi en empruntant, comme Alice au pays des merveilles, une galerie creusée par un lapin, je pourrais y retourner – et même si je voulais vraiment y retourner.

N'étais-je pas en train de faire un rêve bizarre ? Quand nous sommes enfin arrivées devant Palace Green, les grilles étaient fermées, ce qui ne fit que renforcer l'impression d'étrangeté que je ressentais. Prenant mon courage à deux mains, j'ai sonné et un garde m'a ouvert la porte.

En vérité, seul le désir de retrouver mon mari me poussait à réintégrer l'univers clos que j'avais quitté. Nous étions mariés depuis moins de deux semaines. J'aimais profondément Hussein, et je croyais passionnément à la quête pour la paix dans laquelle il était engagé. Les dîners, les séances de cinéma, les conversations en tête à tête, tout ce qui avait constitué la tranquille routine de nos fiançailles, s'étaient, il est vrai, espacés, mais nous trouverions d'autres façons d'apprendre à nous connaître, je découvrirais d'autres moyens d'élargir ma vision du monde.

La politique nous accompagnait sans cesse, lune de miel ou pas. Où que nous fussions, un poste de radio à ondes courtes noir, gros comme un cartable, était – et serait dorénavant toujours – posé sur la table de chevet, nous informant nuit et jour des nouvelles politiques du moment. Les événements cruciaux dont la région était le théâtre – les luttes et les crises qui se succédaient d'une manière quasi inexorable – m'étaient déjà familiers, mais je les connaissais surtout par les livres et les journaux. Maintenant, je comprenais que chaque décision prise scellait le sort d'êtres humains. Je me rendais compte que mon mari vivait l'histoire en train de se faire, que son esprit en était occupé à tous moments. Son appartenance à la lignée hachémite et sa recherche de la paix façonnaient son existence entière, dictaient le sens qu'il lui donnait.

La Jordanie était confrontée à des difficultés politiques sans précédent. Un grand nombre de ses citoyens d'origine palestinienne, très attachés à leur héritage, mettaient tout en œuvre pour retourner dans le pays de leurs ancêtres. Lors de la création, en 1964, de l'Organisation pour la libération de la Palestine (OLP), il était tout à fait naturel que beaucoup d'entre eux soutiennent ce mouvement qui proclamait leurs droits sur le sol même de leur pays natal et promettait de leur rendre leurs terres. Le roi Hussein espérait que le jour viendrait où un traité de paix définitif leur permettrait de choisir entre rester en Jordanie et retourner en Palestine. C'était le but qu'il s'efforçait d'atteindre, mais, en attendant, les citoyens jordaniens, tous considérés comme les membres d'une même famille, devaient travailler ensemble à l'édification de la nation.

Hussein continuait à réclamer le retrait des troupes israéliennes des territoires occupés. Après la guerre de 1967, il avait accueilli les centaines de milliers de Palestiniens chassés de la Cisjordanie et de la bande de Gaza, mais il avait interdit aux extrémistes d'établir sur le sol de la Jordanie des bases à partir desquelles monter des opérations militaires contre l'occupant. Les groupes de combattants palestiniens qui composaient l'OLP – parmi lesquels le Fatah conduit par Yasser Arafat – voyaient les choses d'un autre œil. Leur intention, qu'indiquait clairement le nom choisi pour leur organisation, était de reprendre à Israël leur pays natal tout entier, par tous les moyens, y compris par la force. « J'approuvais leur cause, mais pas leur tactique », me dit le roi. Il y avait assez de sympathisants dans les camps de réfugiés et les collectivités palestiniennes pour fournir un asile aux combattants pour la liberté – les *fedayin* comme on les appelait – qui menaient régulièrement des raids de l'autre côté de la frontière. Les Israéliens répondaient avec des moyens disproportionnés et détruisaient les villages jordaniens et palestiniens tout au long de la vallée du Jourdain.

Ce fut alors que se produisirent les événements de Karameh. Ce petit camp de réfugiés devenu un village palestinien solidement établi et plutôt prospère abritait un des nombreux postes de commandement qu'Arafat avait dans le pays. Comme il avait été bombardé en novembre 1967 par les Israéliens qui avaient tué plusieurs fillettes rentrant de l'école, ses habitants avaient fait bon accueil à l'OLP. Les attaques et les représailles se poursuivirent jusqu'au 21 mars 1968, date à laquelle Israël envoya en Jordanie une force armée massive de quinze mille hommes chargée d'expulser les fauteurs de troubles. Loin de remporter une victoire facile, les soldats israéliens se trouvèrent face à l'armée jordanienne et à ses chars.

Une bataille féroce s'ensuivit. Les forces jordaniennes étaient sur le point d'avoir le dessus, et même de battre l'armée de terre de leur adversaire, lorsque ce dernier fit donner son aviation. Karameh fut rasé – seule la mosquée resta debout – mais les assaillants payèrent un lourd tribut en se retirant de l'autre côté de la frontière. D'après les estimations des Jordaniens, immédiatement réfutées par Israël, ils détruisirent vingt chars ennemis et vingt-cinq transports de troupe blindés, et tuèrent ou blessèrent plus de deux cents soldats. Ils perdirent pour leur part beaucoup de chars et à peu près le même nombre d'hommes que le camp adverse, mais ils eurent le sentiment d'avoir remporté une immense victoire psychologique. Ils furent donc frappés de stupeur en entendant Arafat revendiquer sans perdre un instant cette victoire et clamer qu'elle était due à l'OLP. Si ce point demeura contesté, l'impact qu'eurent les événements de Karameh ne le fut pas.

D'un jour à l'autre, les *fedayin* d'Arafat, qui avaient tenu tête aux Israéliens, firent figure de héros dans le monde arabe. Peu après, l'OLP, auréolée de la gloire de son prétendu triomphe, se retourna contre le roi Hussein. Mon mari me fit une description de l'effrayante anarchie qui régna en Jordanie à la suite de la bataille de Karameh. Des volontaires venus du monde arabe tout entier – et même de certaines parties de l'Afrique et de Cuba – se hâtèrent vers la Jordanie pour participer à la résistance palestinienne. Tandis que les Israéliens répondaient aux raids des *fedayin* en bombardant, parfois au napalm, les villages de la vallée du Jourdain, les « armées » indisciplinées de l'OLP entrèrent dans Amman. Leurs diverses factions établirent des barrages dans les rues de la capitale, vérifiant les papiers d'identité des automobilistes et leur extorquant de l'argent. « Aucun adulte, aucun enfant n'était sûr, en sortant de chez lui, de jamais revoir sa famille », me dit mon mari. Les officiers de l'armée et de la police jordaniennes étaient insultés, enlevés et même tués. « Amman était presque devenu un champ de bataille. »

Le roi Hussein subissait une pression intense, surtout de la part des forces armées. Supportant mal les humiliations qui leur étaient infligées, les officiers l'exhortaient à réagir. Il s'efforçait cependant de les retenir. « Que voulaient-ils que je fasse ? » me dit-il. « Que pouvais-je faire à des gens qui avaient été chassés de leur pays, des gens qui avaient tout perdu ? Leur tirer dessus ? » Il rencontra plusieurs fois Arafat pour obtenir que l'ordre soit rétabli, mais le chef de l'OLP avouait son impuissance à contrôler la situation. Hussein continuait à contenir l'impatience de son armée. « J'espérais que les *fedayin* reviendraient à la raison, me dit-il, et se rappelleraient que ce n'était pas contre leurs frères arabes qu'ils devaient se battre, mais contre l'armée d'occupation israélienne. »

En réponse aux roquettes que l'OLP tirait par-dessus la frontière, les représailles israéliennes se firent de plus en plus violentes tout le long de la vallée du Jourdain et de la mer Morte au lac de Tibériade. « Les combats étaient devenus incessants et j'étais terriblement inquiet, me raconta Hussein. À certains endroits, les Palestiniens avaient fixé leurs lance-roquettes sur des minuteries installées derrière nos lignes, de sorte que nos soldats étaient les principales victimes des représailles ennemies. Ailleurs, il nous fallait faire reculer nos unités afin de contenir les Palestiniens, ce qui nous obligeait à laisser la frontière presque sans protection. »

Voyant son pays sous le coup de menaces intérieures aussi bien qu'extérieures, Hussein établit des contacts secrets avec les Israéliens en mars 1970. « Je voulais leur expliquer que ce n'était pas une armée qui les combattait mais des gens qui protestaient contre l'occupation de leur pays », me dit-il. Il agissait dans le même esprit que son grand-père et souhaitait, comme lui, parvenir à un accord négocié avec les Israéliens qui ne porterait atteinte ni aux droits des Palestiniens ni à leurs territoires. « Comme lui, je savais qu'on n'aboutirait à rien en faisant la guerre et en prolongeant les souffrances des deux peuples, m'expliqua mon mari. Je voulais nouer un dialogue direct avec les Israéliens, quels qu'en puissent être les résultats. Je ne pouvais pas me contenter de rester passif, sans savoir ce qu'ils pensaient. » C'était une démarche qu'il résumait souvent par la formule « contact n'est pas consentement ». Il devait lui rester fidèle pendant de longues années de négociations.

En mars 1970, le roi Hussein voulait aussi s'assurer que les Israéliens ne chercheraient pas à tirer parti des difficultés intérieures de la Jordanie. En les rencontrant, il s'exposait à un danger très grave étant donné l'intensité des sentiments suscités par la crise, mais il croyait n'avoir pas le choix. Il était en train de perdre le contrôle de son propre pays au profit de l'OLP et ne pouvait pas courir le risque d'être attaqué au même moment par son voisin.

Tandis que les dirigeants de l'OLP parcouraient les rues d'Amman en cortèges motorisés escortés par des gardes, les *fedayin*, à la tête

d'une sorte d'armée unifiée sous le nom de Mouvement de la résistance palestinienne, jetaient en Jordanie les bases de ce qui était ni
plus ni moins qu'un État dans l'État. Le roi Hussein, qu'ils savaient
animé du désir d'arriver à un accord de paix avec les Israéliens,
était à leurs yeux un obstacle. Par deux fois, il faillit trouver la mort
dans une embuscade.

D'autres membres de la famille royale furent eux aussi pris pour
cible. En juin 1970, un jour où le chérif Zeid bin Chaker, un cousin
du roi que nous appelions Abou Chaker, se trouvait au quartier
général de l'armée, la maison habitée par sa mère et celle, voisine,
du prince Ali bin Nayef, subirent des tirs d'artillerie intenses de la
part des Palestiniens. La princesse Widjan, la femme d'Ali, me
raconta plus tard comment elle avait été réveillée à six heures du
matin par le bruit de balles et d'obus pleuvant sur sa maison. Elle
avait rassemblé ses enfants tremblants de peur sous la table de la
salle à manger et s'efforçait de les calmer lorsqu'une salve particulièrement violente fit tomber le lustre qui s'écrasa au-dessus de
leurs têtes. Elle entendit dire un peu plus tard à la radio que l'OLP
venait d'accepter un cessez-le-feu. Pourquoi, dans ces conditions,
sa maison était-elle encore bombardée ?

Le prince Ali, qui appartenait à la troisième division blindée où il
était officier de renseignements et avait été condamné à mort par
l'OLP, se trouvait chez lui ce jour-là. Il appela le quartier général et
s'entendit répondre que l'organisation palestinienne considérait que
le cessez-le-feu ne s'appliquait ni à lui ni à ses proches. « On lui dit
que la famille du prince Ali ne méritait pas de vivre. J'étais au bord
de la crise de nerfs et il m'a priée de me calmer », se rappelait
Widjan. Le prince Ali téléphona alors à Arafat qui lui expliqua que
le bombardement continuait, parce que des soldats jordaniens postés autour de la maison d'Abou Chaker répondaient aux tirs de ses
propres hommes. Le prince appela la maison voisine et demanda à
la chérifa Jozah, la sœur d'Abou Chaker, qui avait répondu, d'aller
dire aux soldats jordaniens de cesser le feu. « Appelez-les du rez-
de-chaussée, avait-il précisé. Les hommes de l'OLP occupent le
minaret de la mosquée. Ils tirent de là-haut et vous ne seriez pas en
sécurité sur le toit. » La chérifa Jozah posa le combiné et, quelques
instants plus tard, le prince entendit une salve de mitrailleuse et un

cri. La mère d'Abou Chaker reprit alors la communication et lui apprit que sa fille ne l'avait pas écouté. Elle était montée sur le toit pour parler aux soldats et les Palestiniens avaient tiré sur elle. Elle était morte.

Les deux familles et le corps de la victime furent évacués dans des ambulances que l'OLP continua à mitrailler. Après avoir accompagné les rescapés au quartier général de la Défense civile où ils seraient en sécurité, le prince Ali prit des dispositions pour envoyer sa femme et ses enfants à Londres, après quoi il retourna à ses occupations. Cette journée avait été la plus difficile de sa vie, me confia le vétéran de la guerre de 1967. « C'était l'OLP qui contrôlait Amman, pas nous. »

Grisés par leurs succès, les membres d'une faction palestinienne particulièrement militante dilapidèrent alors le capital politique qu'ils avaient acquis sur le plan international après Karameh, se gagnant une réputation d'infâmes terroristes. En septembre 1970, le Front populaire pour la libération de la Palestine (FPLP) dirigé par Georges Habache détourna, au cours de la même semaine, quatre avions de ligne dont trois furent forcés d'atterrir en Jordanie. Ces actions provoquèrent la colère du roi Hussein qui déclara qu'ils étaient la « honte des Arabes ». En l'écoutant raconter cet épisode huit ans plus tard, j'ai senti qu'il était encore profondément préoccupé par les épreuves subies par les passagers. Il considérait le viol de son pays comme un outrage et, en guise d'excuse, comme une sorte de pénitence, il entretint sa vie durant une correspondance avec les victimes des pirates de l'air.

Ces incidents eurent pour effet de ternir l'image de l'OLP en Occident et dans le monde arabe. L'Égypte et l'Irak retirèrent tous deux leur soutien au FPLP, comme le fit aussi Arafat, mais ce geste ne mit pas fin à l'anarchie. Les otages furent relâchés, mais les pirates de l'air détruisirent les trois avions. Arafat se montrait incapable de contrôler les agissements des extrémistes de l'OLP dans les villes de Jordanie, et les forces de sécurité jordaniennes auxquelles il était interdit d'agir étaient au bord de la rébellion. Dix jours après le premier détournement, le roi Hussein nomma un gouvernement militaire à la tête duquel il plaça le général de brigade Mohammed Daoud. Ce dernier, accompagné d'un certain nombre de ministres, se mit une dernière fois en rapport avec Arafat pour tenter d'obtenir un retour à l'ordre par la négociation, mais ses efforts furent vains : « Dites au roi Hussein que la seule concession que je lui ferai sera de lui donner vingt-quatre heures pour quitter le pays. » Face à cette provocation, le souverain ordonna enfin à l'armée jordanienne d'entrer en action.

Une chasse à l'homme commença alors. Les membres actifs de l'OLP furent traqués dans chaque ville, chaque camp de réfugiés, chaque rue, chaque maison. L'opération, qui dura dix mois, fut une épreuve douloureuse pour le roi qui avait fait tout ce qui était en son pouvoir afin d'éviter que les Arabes se battent entre eux. « Ce fut la pire année de ma vie », me dit-il. Les combats furent particulièrement violents au centre d'Amman, dans le voisinage des palais royaux. Le grand-père du roi Hussein, le roi Abdallah Iᵉʳ, avait interdit, pour des raisons de sécurité, qu'aucun bâtiment ne soit construit sur la colline surplombant ces édifices mais, devant l'arrivée massive des réfugiés palestiniens, son petit-fils l'avait autorisé. « Ils avaient déjà tant souffert, je ne pouvais pas leur refuser cela », me dit-il.

Sa générosité faillit lui coûter la vie. Un feu nourri fut dirigé sur le palais Basman par les hommes de l'OLP postés sur le flanc de ladite colline. Le chef de la garde découvrit qu'un cuisinier indiquait par signes à l'OLP l'endroit où le roi se trouvait. Hussein survécut, mais le palais resta criblé d'impacts de balles et de roquettes, souvenirs encore visibles aujourd'hui de la tragédie palestinienne.

Pendant les combats, la Jordanie fut privée d'électricité et de téléphone, et coupée du monde. Les reporters étrangers terrés à Amman réussissaient tant bien que mal à transmettre des informations à leurs journaux, mais, comme l'OLP constituait leur principale source de renseignements, ils envoyaient des comptes-rendus biaisés. Le monde apprenait ce qui se passait vraiment grâce au roi Hussein. C'était un fervent opérateur de radio amateur, et communiquer avec tous les individus qui partageaient ce goût était, je devais le découvrir très vite, une passion chez lui. Où que nous nous trouvions ensemble, même dans un pays étranger – en Angleterre, dans les montagnes autrichiennes ou à Washington –, il faisait toujours installer un petit poste là où nous logions. Durant cette dangereuse période, en 1970, son violon d'Ingres se révéla très utile, comme ce

fut aussi le cas plus tard, lorsqu'un navire lui dut de ne pas faire nau-
frage au large de Hongkong. En cette occasion, les autorités por-
tuaires de l'île ignoraient qu'un bateau en perdition se trouvait à
deux cents milles marins de leurs côtes. Pour une raison inconnue,
les signaux de détresse émis par le bâtiment ne leur parvenaient pas,
mais Hussein les reçut et les communiqua au service compétent. En
1970, la radio lui permit de sauver sa propre vie.

L'existence même de la Jordanie était menacée. Le 19 septembre
1970, lendemain du jour où la campagne contre l'OLP avait débuté,
l'arrivée massive de chars sur sa frontière avec la Syrie fut signalée.
Une patrouille de reconnaissance envoyée sur les lieux indiqua que
les véhicules portaient l'inscription « Armée de libération de la
Palestine ». Cette ruse ne trompa cependant personne. « Nous
savions parfaitement que les équipages de ces engins étaient
syriens », me dit Hussein.

Ni le roi ni ses généraux ne croyaient à une attaque syrienne.
Mais le lendemain, sous prétexte que les États-Unis avaient intimé
à la Jordanie l'ordre de détruire les positions de l'OLP, les unités
blindées syriennes franchirent la frontière au nord du pays et mena-
cèrent d'occuper la ville d'Irbid. « C'était le plus grave danger
auquel la Jordanie eût jamais eu à faire face », me dit mon
mari. Outre la puissante armée des envahisseurs syriens, il y avait
aussi, dans la région, des troupes irakiennes venues pendant la
guerre de 1967, protéger les bases aériennes jordaniennes contre les
attaques israéliennes. Leur présence compliquait encore la situation. « Pendant quelques heures, nous nous sommes demandé si
nos deux voisins se ligueraient contre nous, me dit le prince
Raad. Il s'en est fallu de peu. S'ils l'avaient fait nous aurions été
dans de sales draps. »

Les Irakiens ne s'allièrent pas aux Syriens dont l'aviation n'entra
pas non plus en action, son commandant en chef, Hafez al-Assad,
ayant estimé qu'Israël, et peut-être même le gouvernement américain dont les troupes stationnées en Europe avaient été mises en
état d'alerte, interviendraient si une telle attaque avait lieu. Assad
devait dire plus tard qu'il avait désobéi aux ordres de son gouvernement parce qu'il voulait éviter toute lutte fratricide entre Arabes. Sa
décision était toutefois, de l'avis général, sans doute de nature plus

pragmatique. Une chose est hors de doute : l'armée de terre jordanienne réussit, avec le soutien de celle de l'air, à arrêter l'avance des troupes ennemies, pourtant beaucoup plus nombreuses. « Nous devions nous défendre, se rappelait Abou Chaker. Tout homme qui vous tire dessus est votre ennemi, qu'il soit arabe ou pas. » Deux jours plus tard, les Syriens se retiraient.

L'opération avait duré deux semaines, mais il fallut encore dix mois – jusqu'en juillet 1971 – pour déloger les derniers rebelles palestiniens. Arafat, qui tenta de s'enfuir sous un déguisement, fut arrêté par des officiers de renseignements militaires. Fidèle à lui-même, le roi Hussein le fit relâcher. Il montra la même clémence envers d'autres *fedayin* qui avaient été capturés. Aux membres d'un commando capturé qui, prosternés devant lui, tremblants de peur, cherchaient à lui baiser les pieds, il ordonna de se relever, de prendre leurs affaires et de partir. « C'étaient mes frères », me dit-il.

Les milliers de prisonniers palestiniens rassemblés dans des camps furent aussi traités avec mansuétude. Beaucoup d'entre eux étaient venus du Liban, de Syrie, d'Irak et d'ailleurs sous prétexte de combattre Israël, mais en réalité pour des raisons politiques. Dans la plupart des cas, il leur fut proposé de quitter discrètement le pays. Ils furent nombreux à partir en camion pour la Syrie d'où ils furent envoyés au Liban. Les réfugiés palestiniens restés en Jordanie continuèrent à y vivre en paix. « Nous n'avions rien contre eux, ni eux contre nous, me dit mon mari. Ils étaient tous citoyens de la Jordanie. Il n'y a pas eu d'exode, excepté celui des combattants de l'OLP. »

Le roi Hussein avait survécu. Sa disparition imminente, au sujet de laquelle les journaux du monde entier avaient beaucoup glosé, ne s'était pas produite. Il avait sauvé son pays et, plus important encore, il avait préservé l'intégrité de son territoire. La Jordanie ne connut pas de guerre civile comme celle qui devait écarteler le Liban pendant les dix années qui suivirent ; le pays s'unit au contraire derrière le roi. Les événements avaient donné tort à ceux qui lui reprochaient de ne pas avoir agi plus tôt contre l'OLP. La tolérance de Hussein, la patience dont il avait fait preuve, son refus d'utiliser trop tôt la force avaient sauvé la Jordanie de l'anéantissement.

L'OLP n'en avait cependant pas fini avec la Jordanie. Un an plus tard, un grand ami du roi, le Premier ministre jordanien Wasfi Tal, fut assassiné au Caire par un groupe terroriste créé depuis peu au sein de l'OLP et connu sous le nom de Septembre noir. Ce gang serait aussi responsable du meurtre des membres de l'équipe israélienne aux Jeux olympiques de Munich et serait soupçonné d'avoir tiré sur l'ambassadeur de Jordanie en Grande-Bretagne, Zeid Rifai, un autre ami de mon mari. À la suite de cette tentative, à laquelle la victime échappa par miracle, les services de sécurité jordaniens insistèrent pour que le roi, qui était en tête de la liste des cibles du groupe Septembre noir, ne séjourne pas à Londres quand il était en Angleterre. Il acheta donc une maison aux environs de la capitale, à Egham, dans un coin magnifique de la campagne anglaise.

C'est là, à Castlewood – tel était le nom de cette propriété – qu'Abir, Haya et Ali sont venus nous rejoindre après la partie écourtée de notre voyage de noces en Écosse. Ils y étaient libres d'y courir pendant que nous étions occupés en ville. Nous allions pique-niquer avec eux dans les environs et nous les emmenions à Londres où nous passions des heures dans le parc de Kensington à nourrir les canards qui nagent dans la Serpentine. La distraction suprême était cependant pour eux les joyeuses visites que nous faisions au magasin de jouets Hamley. Mon mari les gâtait, et ils gambadaient entre les rayons, suivis par une armée de vendeurs croulant sous les paquets.

Nous avons aussi rendu visite à cette époque à Um Qabus, la mère du sultan d'Oman qui passait l'été dans sa belle maison des bords de la Tamise. Miriam Zawawi, une de ses amies, et bientôt aussi la mienne, nous a accueillis tous les cinq à la porte et nous a conduits dans un salon imprégné du parfum de l'encens où notre hôtesse nous attendait. Avec ses cheveux teints au henné, ses bijoux et son magnifique cafetan brodé, elle avait une allure véritablement royale. Elle débordait de curiosité, d'affection et de bonne humeur, et avait préparé des cadeaux pour tout le monde. Les enfants, impressionnés, ont accepté poliment ceux qui leur étaient destinés, puis ont demandé la permission de s'éclipser. Hussein et moi sommes restés avec la vieille dame et avons parlé famille et politique, deux sujets sur lesquels elle était intarissable. Elle s'est enquise de chacun, se souvenant de tous les noms, et a fait preuve d'une excellente connaissance des événements du moment.

Nous avons eu aussi le plaisir inattendu de voir arriver Abdallah, le fils aîné de Hussein, qui venait de terminer sa première année de lycée à Deerfield, dans le Massachusetts. Je me suis réjouie autant pour l'un que pour l'autre, car cette visite était, je le comprenais, importante pour tous les deux. Elle leur offrait l'occasion de passer quelques jours ensemble et permettrait aussi au père de se faire pardonner de ne pas être allé aux États-Unis voir ses aînés avant de leur annoncer brutalement sa décision de se remarier. Le soir, après le dîner, Hussein entraînait le jeune garçon dans des parties de bras de fer ou d'autres jeux de main dans notre salon privé, au dernier étage de la maison. Il aimait à chahuter de cette manière avec ses enfants ; c'était pour lui une façon de leur témoigner son affection, et je veillais à ne pas faire intrusion à ces moments-là. Que mon mari eût été distrait par la visite d'Abdallah n'a pas été un mal, car, un soir, les contrariétés accumulées pendant ma lune de miel ont eu raison de mes nerfs et ils ont lâché. J'ai appelé ma mère au téléphone en pleurant, ce qui n'est pas dans mes habitudes, et en disant : « Je voudrais rentrer à la maison. »

Ce n'étaient pas des paroles en l'air, mais elle savait – et moi aussi – que je ne me laissais pas facilement abattre. Je me suis sentie mieux après lui avoir parlé, et Hussein, qui était occupé ailleurs, a toujours ignoré ma défaillance passagère. Je commençais cependant à prendre la mesure de l'existence qui m'attendait. En tant que jeune mariée, je passerais par des moments difficiles, souvent douloureux. Je pénétrais dans un monde complexe sur lequel je n'aurais que très peu de contrôle. J'avais épousé un homme que j'adorais, mais dont l'emploi du temps était si rempli, l'attention tellement sollicitée qu'aucun effort supplémentaire ne pouvait lui être demandé. En rentrant à Amman, j'avais compris que je ne devrais compter que sur moi-même.

CHAPITRE 7

Une jeune mariée à la cour

Les nouveaux couples passent inévitablement par une phase d'adaptation. Le nôtre n'échappait pas à la règle. C'était surtout à moi de m'adapter, bien sûr : j'étais entrée dans l'existence de mon mari plus que lui dans la mienne. Le manque d'intimité m'apparaissait comme la contrainte la plus difficile à supporter. Il était embarrassant pour moi de me trouver, au sortir de ma chambre à coucher, face à l'un des nombreux serviteurs, ou même à l'aide de camp de mon mari. Être servi par une nuée de domestiques est sans doute un luxe dont beaucoup de gens rêvent. Leur présence me dérangeait, je la trouvais indiscrète. Au fil des années, j'ai fini par comprendre que les malentendus de cette sorte sont souvent d'origine culturelle. Ma propre gêne résultait d'une différence entre deux approches, l'occidentale qui tend à protéger l'intimité et l'espace individuel, l'orientale qui privilégie l'identité collective et la vie en commun.

Comme le veut la tradition en honneur dans la plupart des monarchies du monde, on m'appelait « Majesté », et lorsqu'on me présentait quelqu'un ou qu'on parlait de moi on disait « Sa Majesté ». Cela m'a paru étrangement impersonnel au début, comme si une barrière de protocole s'interposait soudain entre moi et le reste du monde, les membres de ma famille et mes amis compris ; il me semblait aussi fastidieux pour ceux qui étaient constamment en rapport avec moi de devoir sans cesse répéter la formule dans la conversation. Lorsque j'entrais dans une pièce, toutes les personnes présentes devaient également se lever, et je trouvais cette marque de déférence totalement imméritée.

Naturellement humble et modeste, mon mari n'en était pas moins conscient de la dimension symbolique de sa position, et de l'autorité dont elle le revêtait. Contrairement à certains monarques moyen-orientaux, il veillait cependant à rester aussi accessible que possible et décourageait les marques excessives de soumission ainsi que le respect exagéré exigé par l'étiquette. Il relevait avec bonté les gens qui voulaient à tout prix se prosterner à ses pieds et tendait la main qu'on cherchait à lui baiser. En prenant modèle sur lui, mais aussi en faisant confiance à mon instinct, j'ai tenté de me forger ma propre ligne de conduite.

L'attachement que j'éprouve pour la Jordanie et les Jordaniens m'est venu très spontanément, mais il a été plus difficile pour moi de définir mon rôle et de déterminer la façon dont je pourrais contribuer au bien du pays. Un jour où, peu de temps après notre mariage, ce problème me semblait particulièrement insoluble, j'ai interrogé Hussein : « De quelle manière pourrais-je me rendre utile ? », lui ai-je demandé. « Je te fais entièrement confiance. Tu n'as jamais commis une seule faute », m'a-t-il répondu. Une immense vague d'affection pour lui m'a submergée devant cette approbation sans équivoque, mais ma question était restée sans réponse.

Comme tous les nouveaux mariés, nous avons dû harmoniser nos habitudes jusque dans leurs aspects les plus quotidiens. Le sommeil en était un. Mon mari était un oiseau de nuit. Il se couchait très tard, et j'avais eu du mal à me plier à son rythme pendant la période qui avait précédé nos fiançailles, alors que j'allais encore au bureau à heures fixes. Une fois devenue sa femme, n'étant plus obligée de me lever tôt, j'ai essayé d'adopter ses horaires. J'y suis parfois arrivée, mais pas toujours. Je suis du matin, et me réveille spontanément à six heures et demie presque chaque jour, même si la soirée s'est prolongée très tard la veille.

Partager l'existence du roi Hussein m'a en vérité obligée à des modifications beaucoup plus radicales. Les dangers qui menaçaient constamment mon mari et les orages politiques qui l'environnaient m'ont même conduite à changer complètement d'attitude envers la vie : j'ai appris à profiter de chaque journée que Dieu nous accorde. Cela n'a pas toujours été facile. Entrée, jeune mariée, dans une maison royale dont je ne connaissais pas le fonctionnement, je me suis d'abord contentée d'observer, et de chercher à comprendre sans rien changer à la routine quotidienne et sans remettre aucun de ses aspects en question. Cependant, lorsque j'ai peu à peu commencé à dire ce que je pensais, cela n'a pas manqué de causer des frictions. J'ai eu ainsi plusieurs prises de bec avec le chef de la maison royale, dignitaire anglais officiellement appelé contrôleur dont je me suis aperçue qu'il prenait son titre au pied de la lettre.

Peu après mon arrivée au palais, j'ai remarqué que la plupart des lumières restaient allumées la nuit, même lorsque tout le monde dormait. J'ai entrepris de les éteindre le soir, pour faire, ai-je expliqué, des économies d'énergie. Mon initiative n'a pas été appréciée : de telles considérations sont étrangères à quiconque habite un palais, me suis-je entendu objecter. Les divergences à ce propos avaient des causes en partie culturelles : la crise du pétrole avait sensibilisé les Américains au coût de l'énergie, et ma famille ne faisait pas exception. J'ai conclu de cet incident qu'il ne m'appartenait pas d'avoir des idées sur le mode de fonctionnement de la maison royale.

Il n'était pas jusqu'au régime alimentaire de mon mari qui ne provoquât des passes d'armes. À la suite d'un bilan de santé que Hussein avait fait faire aux États-Unis, les médecins lui avaient recommandé un nutritionniste. Ce spécialiste, un jeune Jordanien du nom d'Amal Nasser, lui avait fortement conseillé de réduire son taux sanguin de cholestérol et de triglycéride. J'ai tenté de mettre au point avec le contrôleur un régime plus sain. En vain : « Vous exagérez, Majesté », m'a-t-il dit un jour d'un air supérieur. J'ai insisté, mais il n'a pas cédé. Après tout, il occupait ses fonctions depuis deux années pleines et ne voyait pas de raison de changer ses habitudes à cause d'une jeune et nouvelle reine.

Je n'étais pas un cas unique. Négocier avec le personnel en place est le lot des épouses de souverains régnants, je l'ai appris en échangeant des confidences avec mes homologues. Les gens qui entourent un personnage royal et ceux qui le servent tiennent souvent beaucoup à leurs prérogatives et sont extrêmement attachés à leurs habitudes. Mes suggestions étaient, je l'ai appris plus tard, considérées comme des atteintes à la dignité de ceux auxquelles

elles s'adressaient, c'était en particulier le sentiment du contrôleur qui avait la haute main sur les questions relatives à la nourriture, du valet de chambre qui avait la charge des vêtements du roi, et du chef du protocole qui s'occupait du menu des repas officiels. Mes remarques passaient à leurs yeux pour des critiques tacites, et parfois même pour des insultes. Lorsque j'essayais, pour améliorer les tenues de Hussein, de les agrémenter de chemises rayées et de nouvelles cravates ou que je choisissais pour lui des chaussures confortables, ces articles devenaient vite introuvables ; le valet de chambre, pour lequel j'avais par ailleurs beaucoup d'affection, n'aimait pas que je me mêle de la garde-robe du roi qui, à son avis, ne regardait que lui.

Un jour, alors qu'après avoir passé quelque temps en Angleterre, nous rentrions en Jordanie à bord de notre avion privé, mon mari s'est étonné de la disparition systématique des chaussures Bally qu'il achetait. Remarquant plus tard aux pieds d'un membre du personnel qui passait près de nous des souliers tout à fait semblables à ceux dont il venait de faire l'acquisition, il complimenta l'homme sur son bon goût. C'étaient les siens, avons-nous découvert : son valet de chambre s'en était, semble-t-il, débarrassé en déclarant : « Sa Majesté ne les portera jamais. »

Même si certains de ces incidents avec le personnel étaient plus amusants qu'irritants, je me demandais néanmoins pourquoi, lorsque je croyais m'être expliquée clairement et avec tact, mes remarques paraissaient mal comprises ou mal interprétées. Sans doute étions-nous tous un peu tendus. Les conditions dans lesquelles nous vivions – employés et membres de la famille confondus – étaient pénibles, il n'y avait aucun doute à cela. Les réparations avaient déjà commencé au palais de Hashimya, et nous étions réveillés chaque matin par les marteaux-piqueurs qui défonçaient le toit, au-dessus de nos têtes. Comme la remise en état des bâtiments entraînerait des travaux importants, Hussein m'avait demandé, avant même que la situation ne soit devenue insupportable, de procéder à une rapide rénovation d'Al-Diafa, « palais des invités » qui avoisinait Basman, au cœur de la vieille ville où son grand-père, le roi Abdallah Ier, avait construit Raghadan, la première résidence des souverains hachémites de Jordanie. Lorsque nous nous y sommes installés un an environ plus tard, Hussein l'a rebaptisé Al-Nadwa pour souligner son désir que notre nouvelle demeure soit un lieu de rencontre pour tous.

À la vérité, même si tous les problèmes qui se posaient à Hashimya avaient pu être résolus, je ne suis pas sûre que nous y aurions été heureux. Mon mari ne s'y était jamais senti à l'aise et désirait vivement disposer d'une demeure plus accueillante où abriter sa famille. Il avait toujours eu l'impression d'être un invité dans ces salles de marbre solennelles, et l'endroit lui rappelait de tristes souvenirs : il venait de s'y installer avec la reine Alia lorsque celle-ci avait été tuée, et elle était enterrée sur une colline voisine. J'ai gardé gravée dans ma mémoire la question posée par Abir un jour où, rentrant au palais avec les enfants, je passais près du cimetière : Est-ce que tante Alexa [ma sœur] sera notre mère quand tu mourras ?» avait demandé la petite fille, déjà deux fois orpheline.

Les tout débuts de notre mariage furent largement dominés par des questions politiques. Deux mois à peine après la cérémonie, le président américain Jimmy Carter invita le président égyptien Anouar al-Sadate et Menahem Begin, le nouveau Premier ministre israélien partisan d'une ligne dure, à se rencontrer à Camp David pour tenter de négocier un accord sur le Moyen-Orient. Ce geste signifiait l'abandon de la conférence de Genève à l'organisation de laquelle mon mari avait consacré tant de temps et d'énergie. Face aux Israéliens, l'Égypte serait seule à la table des négociations, et non plus au sein d'une délégation collective dont auraient fait aussi partie les Palestiniens, les Syriens, et les Jordaniens. Cette perspective éveilla la crainte que Sadate ne négocie une paix séparée, mais elle fit aussi naître un soupçon : la réunion de Camp David n'était-elle pas organisée dans le dessein d'empêcher une conférence réunissant Israël et tous les pays arabes ? Israël avait tout à gagner à éviter les pressions générées par un tel forum.

Le roi Hussein ne fut pas invité à Camp David parce que Zbigniew Brzezinski, le conseiller du président Carter pour la sécurité, et Sadate considéraient qu'il risquait de « compliquer le processus ». En raison de l'insistance avec laquelle il demandait que les troupes israéliennes se retirent de tous les territoires occupés depuis 1967 et que le droit à l'autodétermination soit reconnu aux Palestiniens, il était à leurs yeux un obstacle potentiel, plutôt qu'un partenaire susceptible de les aider à aboutir aux résultats qu'ils désiraient obtenir.

L'esprit occupé de politique, mon mari avait omis de me parler de la réunion de famille qui avait lieu chaque dimanche chez la reine mère, au palais de Zahran. Nos enfants s'y étaient rendus régulièrement avec leurs nannies et nous y allions occasionnellement, Hussein et moi, mais de nombreux mois s'écoulèrent avant que je ne découvre que la reine mère s'attendait à ce que sa descendance tout entière s'assemble autour d'elle ce jour-là. C'était mon premier faux pas – bien involontaire –, tout au moins le premier dont j'avais conscience.

Née en Égypte en 1916, la reine mère, la charifa Zeine al-Charaf, avait épousé son cousin germain, le prince héritier Talal, à l'âge de dix-huit ans. Elle avait mis quatre enfants au monde et s'était comportée en pionnière des droits de la femme, fondant la première Ligue des femmes en Jordanie et la branche féminine du Croissant-Rouge jordanien. Ce fut peut-être sous son influence que son époux inscrivit la reconnaissance pleine et entière des droits de la femme dans la constitution jordanienne de 1952.

Voir la santé mentale de son mari se dégrader fut sans doute très pénible pour la reine Zeine, mais elle surmonta cette épreuve avec une force de caractère à laquelle elle dut encore faire appel lorsque son beau-père, le roi Abdallah, fut assassiné, puis son mari hospitalisé à l'étranger. Après l'abdication du roi Talal, elle joua un rôle significatif jusqu'à ce que son fils, âgé de dix-sept ans, termine ses études, et monte sur le trône deux ans plus tard, le jour de ses dix-huit ans.

Une fois Hussein devenu roi, l'attention de la reine Zeine s'était reportée presque exclusivement sur sa famille. Lorsque j'ai pris part pour la première fois aux réunions du dimanche après-midi au palais de Zahran, je n'avais aucune idée des coutumes qui réglaient le cours de la vie familiale, ni de ce qu'on attendait de moi. Je n'étais sûre que d'une chose : j'étais, évidemment, l'objet d'une curiosité intense et de commentaires sans fin. En l'absence de conseils, j'ai suivi mon instinct et me suis efforcée de me montrer polie et respectueuse. Je suis cependant restée moi-même, je ne pouvais pas faire autrement, sous peine de devenir folle.

C'était en compagnie des enfants que je me sentais le plus à mon aise. Je me souviens d'un dimanche où, après s'être approchés à la queue leu leu de la reine Zeine et lui avoir baisé la main, les gamins étaient partis jouer dans le jardin tandis que les adultes tenaient compagnie à l'aïeule. Je me suis vite aperçue que, dans un jeu auquel toute la bande participait, les plus jeunes, parmi lesquels se trouvaient nos trois enfants, n'étaient pas en mesure de gagner. Pour rétablir l'équilibre des forces, je me suis précipitée dehors, j'ai attrapé l'un des plus grands garçons et l'ai immobilisé. Les enfants étaient, cela va sans dire, stupéfaits de voir leur nouvelle tante courir après eux sur la pelouse, mais j'ai réussi à retenir mon prisonnier – Ghazi, le fils du prince Mohammed, âgé de douze ans – juste assez longtemps pour permettre aux plus petits d'avoir le dessus. Je ne sais pas ce que les adultes ont pensé de mon comportement, mais il m'a valu les louanges de Ghazi et de son frère Talal qui me déclarèrent « super ».

Mon mari aimait ses neveux et nièces comme ses propres enfants. Talal et Ghazi ne se lassaient pas de raconter l'histoire de « la disparition des neveux ». À l'époque, le roi aimait à survoler les alentours d'Amman à bord de son hélicoptère, le premier et le seul en Jordanie. Un jour, entendant cet appareil vrombir au-dessus de leur tête, les garçons s'étaient précipités dans leur jardin et avaient fait de grands signes au pilote. Le roi s'était posé sur la pelouse, les avait tous embarqués et avait demandé : « Où voulez-vous aller ? » Il avait décollé et leur avait fait faire le tour de la ville, comme sur un tapis volant moderne, avant de les ramener chez eux. Leurs parents avaient naturellement demandé où ils avaient disparu. « Notre oncle nous a emmenés en hélicoptère », avaient-ils expliqué. « Ne dites pas de sottises », avaient répliqué les adultes.

Pendant les premières années de mon mariage, commérages et critiques ne m'ont pas été épargnés et, en y réfléchissant, je m'étonne de la façon dont j'en étais blessée. Les langues ne s'arrêtaient jamais de marcher à Amman, et les rumeurs finissaient par donner naissance à des affabulations plus absurdes les unes que les autres. C'est ainsi que l'accident dans lequel la reine Alia avait trouvé la mort avait reçu diverses explications : selon la plus invraisemblable, c'était la reine mère qui l'avait organisé. Après l'annonce de nos fiançailles, on avait raconté, paraît-il, que le décès de la reine était le fait de la CIA, déterminée à me mettre sur le trône à la place de la défunte. J'étais aussi censée avoir en Amérique un enfant noir dont le père faisait chanter mon mari en menaçant de vendre les photos de ma progéniture au magazine *People* ; ma sœur, qui faisait alors des études de droit au Texas, était supposée avoir ouvert une boutique à New York, sur Madison Avenue, où elle revendait les vêtements soustraits à ma garde-robe ; j'avais aussi fait l'acquisition d'une île en Asie lors d'un voyage en Extrême-Orient. Des histoires d'achats de bijoux extravagants, de difficultés conjugales, de grossesses et de fausses couches ne cessaient de circuler.

Mon mari était immunisé. Les ragots le laissaient indifférent et je m'efforçais de l'imiter. Je savais que beaucoup de femmes dans ma position avaient été avant moi, avec ou sans raison, la cible de méchantes langues en Iran, en Jordanie, aux États-Unis ou en Europe. Je savais aussi que je n'étais pas la seule personne dans la famille à enflammer les imaginations. L'expérience m'a appris que les calomnies reflètent bien souvent la mentalité, les goûts et les fantasmes de ceux qui les répandent, et qu'il ne faut pas en être personnellement affecté. J'ai cependant toujours eu du mal à accepter qu'il puisse se trouver des gens capables d'ajouter si facilement foi à des racontars sans fondement.

Un jour, les cancans, le manque d'intimité ou l'agacement causé par les travaux en cours à Hashimya – je ne sais plus lequel des trois – provoquèrent en moi un tel besoin de détente que j'ai demandé à Meliha de m'aider à m'échapper. Elle a accepté de mauvais gré et je me suis glissée à côté d'elle dans sa voiture, dissimulant mon visage au regard des gardes au moment où nous franchissions les grilles du palais. Le monde extérieur s'ouvrait à moi, j'étais libre. À ma demande, ma complice, très nerveuse, m'a conduite chez nos amis Suha et Khalid Shoman avec lesquels j'ai passé de merveilleux moments à bavarder avec insouciance en buvant du thé et en refusant de répondre aux appels frénétiques que le palais lançait pour me retrouver. Lorsque j'ai compris que ma disparition affolait les membres loyaux et dévoués de la garde royale, j'ai pris le chemin du retour et n'ai plus jamais cédé à ce genre d'impulsion. Le répit n'en avait pas moins été très salutaire.

Mon désir le plus cher était de découvrir comment servir les intérêts de mon mari et ceux de la Jordanie. Trouver mon chemin a été difficile. Le rôle qui m'était occasionnellement attribué dans les cérémonies officielles était clairement défini, mais je n'avais personne pour m'aider à déterminer celui que je pouvais jouer personnellement. Bien qu'aimant par-dessus tout le naturel, j'ai appris petit à petit à me composer un personnage public propre à être montré aux photographes et à la foule. J'ai compris l'importance du langage corporel que mon mari m'a souvent expliqué : « Quand on sourit, on donne confiance aux gens, alors que, si on fait grise mine, ils soupçonnent que quelque chose ne va pas et ils s'inquiètent », me disait-il.

Qui étais-je pour mettre ses paroles en doute ? N'avait-il pas réussi à préserver l'unité de son pays lors de multiples crises, en allant au-devant de son peuple, rayonnant d'une confiance qu'il ne ressentait peut-être pas lui-même ? Il avait créé la légende en calmant par sa présence des foules prêtes à l'émeute et en ralliant, par la seule force de sa personnalité, des troupes au bord de la rébellion. Que son humeur eût une influence sur celle des individus qui l'entouraient – membres de sa famille ou sujets – était une évidence. J'avais vu de mes yeux les gens sourire quand il souriait, rire quand il riait, se montrer soucieux quand il était tendu. Je n'avais jamais imaginé qu'on me regarderait avec les mêmes yeux que lui.

Dès notre première rencontre, j'avais évité de parler à qui que ce fût du roi et des moments que nous passions ensemble. J'ai tout de suite instinctivement essayé de maintenir un espace privé autour de nous, avec la certitude que, pour les personnes dans notre position, l'existence d'un tel refuge était un droit fondamental. Je ne me rendais pas compte que j'étais seule à penser de la sorte. Les gens considéraient le souverain et sa famille comme propriété publique. La fascination qu'exercent les hommes et les femmes en vue est, bien sûr, universelle, mais il me semblait important de ne pas encourager une telle tendance en Jordanie. Dans un pays si petit (il est grand comme l'État d'Indiana et comptait trois millions d'habitants dans les années 1980), les moindres détails concernant la vie de la famille royale, et en particulier celle de son chef, sont inévitablement grossis, déformés, répétés, et ces ragots finissent par faire figure de vérités indiscutables. Certains de leurs auteurs sont même capables de déclarer sans rougir avoir été témoins d'un événement survenu dans le pays à une date où ils étaient, de notoriété publique, à l'étranger.

La discrétion ne donne pas toujours les résultats attendus. J'ai vite appris qu'elle agit même souvent comme un stimulant, car elle pousse certains individus à faire appel à leur imagination. Ils se donnent de l'importance en prétendant avoir accès à des sources d'information interdites aux autres, et cherchent ainsi à créer l'impression qu'ils ont de l'influence. J'ai donc dû apprendre à combiner avec efficacité le besoin de protéger ma vie privée et la nécessité d'en rendre publique une part suffisamment grande pour permettre aux gens de comprendre les buts que je poursuivais.

J'ai cependant persisté dans mon refus de parler aux journalistes. L'idée que notre mariage puisse être donné en pâture à la presse me répugnait, mais surtout, je désirais aborder des sujets plus graves que celui de ma vie personnelle, objet principal, je le savais, de l'intérêt des médias. En dépit de mes bonnes intentions, mes débuts n'ont pas été brillants dans ce domaine.

L'attaché de presse de la cour voulait que je donne une interview au magazine *People*. Je doutais, pour ma part, qu'il faille commencer par ce genre de publication. « Je ne crois pas que ce soit la bonne façon de s'y prendre », ai-je objecté. Mon interlocuteur a insisté et, pensant qu'il connaissait son métier, je l'ai laissé faire.

À la parution de l'interview, j'ai été atterrée en voyant le titre choisi : « Une Américaine en jean dit de son roi : "je serais ravie d'avoir un enfant de lui". » Au moment où le journaliste quittait le palais, il m'avait demandé si Hussein et moi voulions avoir des enfants et j'avais répondu « *Inch' Allah* » (si Dieu le veut). Voir cette remarque anodine figurer en grosses lettres à la première page d'un journal était mortifiant. Ma réaction a étonné l'attaché de presse qui ne comprenait absolument pas la cause de mon déplaisir. (Je devais plus tard me lier d'amitié avec lui et il ferait une belle carrière d'ambassadeur à l'étranger.) Après plusieurs incidents de ce genre, j'ai décidé de ne me fier qu'à mon instinct.

Lorsque mes propres activités se sont mises à absorber une part croissante de mon temps, je me suis aperçue que la presse locale rendait compte de toutes mes apparitions publiques. J'ai alors commencé à choisir les occasions sur lesquelles je voulais qu'elle insiste, et à organiser mon calendrier de façon à établir un équilibre entre celles où je jouais le rôle traditionnel dévolu à une reine et celles où je prenais des initiatives qui me tenaient à cœur dans les domaines culturel, social et environnemental.

Au début, j'ai tâtonné. Il me fallait, j'en étais sûre, disposer d'un endroit où tenir des réunions, et où abriter la petite équipe capable de m'aider à répondre aux requêtes qui m'étaient présentées et à élaborer les projets que je désirais mettre en œuvre. Hussein m'a encouragée à m'installer à Al-Ma'Wa. Situé non loin des bureaux de la cour et un peu en surplomb, l'endroit était commode. Il avait une grande valeur sentimentale pour mon mari car il avait servi de havre de paix à son grand-père ; il en avait aussi une symbolique pour notre couple depuis nos fiançailles. Aucune des anciennes épouses du roi n'avait disposé d'un bureau et, à la cour où tout tournait autour de la personne du souverain, les dignitaires aux mœurs patriarcales étaient nombreux à s'étonner qu'une reine puisse agir indépendamment de leur tutelle. Que je choisisse mes propres priorités, lance des projets que j'aurais élaborés moi-même et parle en public de ma propre initiative était inconcevable à leurs yeux. Attribuable à un manque de confiance résiduel dans les capacités féminines, leur réaction me semblait d'autant plus surprenante que j'avais rencontré un grand nombre de femmes remarquables en Jordanie. Je n'avais bien entendu nullement l'intention de me mêler de politique ni de m'immiscer dans les affaires de la cour. Je voulais seulement combler certains des manques existant dans les programmes consacrés au développement du pays, et tenter d'instaurer une meilleure compréhension entre les nations, si nécessaire pendant cette période troublée de l'histoire du Moyen-Orient.

La cour garda la haute main sur les relations avec la presse, mais mon bureau jouissait d'une complète indépendance dans les autres domaines. J'ai pu ainsi soumettre à mon mari des idées nouvelles et audacieuses, et, en essayant d'élargir notre horizon, d'aborder des sujets plus vastes, de manière plus progressiste, j'ai soulevé des questions qui ne se seraient probablement pas posées à lui autrement. Alléger dans la mesure du possible les responsabilités pesant sur ses épaules et compléter son action, tel était le rôle que je désirais jouer. Je ne demandais ni aide ni soutien. Je suivais mon chemin, avec l'aide d'amis et de collègues dont le nombre allait croissant.

À Al-Ma'Wa, j'ai transformé les pièces d'habitation en bureaux. La maison avait eu dès le départ pour moi une signification très spéciale, et je m'y sentais chez moi. Je voulais qu'à travers les projets qui en émaneraient, elle représente le meilleur de ce que la Jordanie avait à offrir, qu'elle en reflète la riche diversité. Les gens destinés à y travailler devraient, je le savais, être issus de toutes les strates de la société, venir de tous les horizons, être musulmans, chrétiens, hommes et femmes, originaires de l'une et l'autre rives du Jourdain, Circassiens, progressistes et conservateurs.

Très importante pour moi sur le plan personnel, la période de mon installation à Al-Ma'Wa a coïncidé avec des événements politiques tragiques auxquels nous avons été mêlés. Durant l'été 1978, nous nous sommes rendus en Iran. J'y avais vécu et travaillé en 1976 et je n'y étais pas retournée depuis. Cette nouvelle visite avait donc une signification particulière pour moi. La révolution qui y instaurerait une république islamique et forcerait le chah à s'exiler était imminente – elle éclaterait quelques mois plus tard –, mais au moment où nous y avons séjourné, mon mari et moi, au bord de la mer Caspienne, dans l'endroit charmant qui servait de refuge au couple impérial, les signes avant-coureurs de la tempête étaient peu visibles. La police secrète – la SAVAK – et l'armée tenaient le mouvement révolutionnaire en lisière, et le calme régnait en surface. Une certaine inquiétude, dont les échos parvinrent aux oreilles de mon mari, se faisait jour dans l'entourage du chah, mais personne cependant ne pressentait le tremblement de terre qui allait ébranler le pays.

Je me rappelle avoir essayé de compléter l'idée que mon mari se faisait de la situation. Sa vision était quelque peu différente de la mienne, car elle résultait d'une part de ses contacts avec le chah et avec la famille impériale, de l'autre des renseignements fournis par les milieux militaires et les services secrets. De mon côté, j'avais pris conscience, deux ans plus tôt, lorsque je travaillais à Téhéran, des fissures qui menaçaient déjà dangereusement la société iranienne, et des influences divergentes qui s'y exerçaient.

Pendant notre séjour, l'impératrice Farah nous est apparue pleine de vivacité et débordante d'énergie. Ce n'était pas le cas de son mari : soit affaibli par un cancer dévastateur dont le secret serait gardé quelque temps encore, soit souffrant simplement d'un excès de timidité, il passait de longs moments à se reposer ou à jouer au trictrac avec son médecin. Autour de lui les gens nageaient, faisaient du ski nautique ou de la planche à voile et s'adonnaient, le soir, à une danse frénétique inspirée par *La Fièvre du samedi soir*. Grâce aux attentions dont nous étions l'objet, nous avons passé quelques journées merveilleusement reposantes, véritable prolongement de notre lune de miel. Nos hôtes étaient aux petits soins pour nous, et nous étions si choyés que nos soucis semblaient par moments s'évanouir. Il y avait un coach de tennis sur place et j'ai demandé à Hussein de s'initier à ce sport que je pratiquais depuis l'enfance et que j'adorais ; il a courageusement accepté et n'a quasiment jamais relâché ses efforts par la suite. Pendant notre séjour, les distractions qui nous étaient proposées nous préoccupaient plus que la politique.

L'un de ces amusements consistait à survoler la mer à bord d'un hélicoptère dont les passagers étaient encouragés à sauter dans les rouleaux. Élevée comme je l'avais été au bord du Pacifique, je n'avais pas peur des vagues lorsque le rivage restait à portée du regard, mais être livrée à la gigantesque houle qui soulève la Caspienne m'a semblé terrifiant. Les lames étaient si hautes que de leur creux on ne pouvait pas apercevoir la terre. Seul un navire stationné non loin, prêt à nous repêcher, nous servait de repère.

J'ai cependant eu encore plus peur lorsque la princesse Fatima, la sœur du chah, a invité Hussein à monter à bord de l'hélicoptère qu'elle pilotait elle-même. Son mari, décédé à l'époque, avait été commandant dans l'armée de l'air iranienne et elle avait elle-même une grande expérience de l'aviation. Dans l'entourage du roi Hussein, on jugeait toutefois son style beaucoup plus insouciant et plus négligent que celui de mon mari qui, dans l'espace aérien jordanien, tenait à une observation scrupuleuse des règles. Un jour, elle a persuadé Hussein de survoler le palais en sa compagnie. L'appareil a vrombi au-dessus de nos têtes pendant ce qui a semblé une éternité tandis que nous nous demandions si nous reverrions jamais le roi et que nous suppliions Dieu de nous le ramener sain et sauf.

À notre retour en Jordanie, nous avons continué à nous tenir au courant de ce qui se passait en Iran. Il y avait des téléscripteurs à Hashimya et à Akaba, et je me rappelle avoir examiné chaque jour les longs rouleaux qui sortaient de ces machines. J'appréciais beaucoup l'accès instantané qu'ils me donnaient aux nouvelles de la région et à celles du monde. À cette époque où ni fax ni CNN n'existaient, ces serpents de papier occupaient une place importante dans notre existence. Pendant mes premières années de mariage, ils feraient partie intégrante d'un rituel nocturne au cours duquel, après avoir passé en revue toutes les dépêches, je choisissais celles qui pouvaient présenter de l'intérêt pour Hussein. En automne 1978, celles provenant d'Iran étaient de plus en plus inquiétantes.

La princesse Widjan, une cousine germaine de Hussein qui avait séjourné là-bas quelques mois après notre passage, me dit à son retour que quatorze personnes avaient été tuées au cours d'une attaque menée contre le palais pendant que se déroulait un spectacle de danses folkloriques donné en l'honneur de la délégation jordanienne. Le prince héritier Hassan ainsi que le prince Raad et sa femme Majda qui en faisaient partie n'en avaient rien su sur le moment, et ils ne l'avaient appris que dans l'avion qui les ramenait en Jordanie. En septembre 1978, mois qui correspondait cette année-là à la fin du ramadan – le mois du jeûne musulman – les rues de Téhéran furent le théâtre d'une série de manifestations gigantesques. Excités par les sermons enregistrés sur des cassettes que l'ayatollah Khomeiny faisait parvenir depuis son exil irakien, les participants réclamaient l'expulsion des Américains et le retour à l'orthodoxie religieuse. Le gouvernement réagit en imposant la loi martiale et, peu après, les forces de sécurité du chah ouvrirent le feu sur la foule à Téhéran, faisant plus d'une centaine de morts et plusieurs centaines de blessés. Cette journée historique porte le nom de Septembre noir.

Ces événements sanglants remplirent mon mari d'angoisse. Il était d'autre part furieux de la manière dont l'ayatollah Khomeiny continuait à manipuler la situation à partir de la France où il s'était installé en octobre 1978, et où il prononçait toujours des discours diffusés en Iran. Hussein ne comprenait pas – et il n'était pas le seul au Moyen-Orient – qu'un pays autorise quiconque à poursuivre sur son sol des activités politiques hostiles à un État tiers. Pourquoi la France tolérait-elle Khomeiny ? Le désir de se ménager des avantages commerciaux et politiques expliquait cette indulgence, fut-il suggéré plus tard. Si tel était le cas, cette attitude porta peut-être ses fruits, mais elle eut de terribles conséquences pour la région tout entière.

Nous nous sommes rendus, mon mari et moi, une dernière fois en Iran à la fin de 1978, quelques semaines seulement avant le 16 janvier 1979, jour du départ du chah pour l'exil. À cette occasion, nous avons dîné en tête à tête avec le couple impérial. La soirée a été déprimante. Tandis que l'impératrice Farah s'efforçait courageusement d'entretenir la conversation, son époux ouvrait à peine la bouche. Convaincu qu'il était encore possible pour le souverain de détourner l'orage politique qui menaçait, Hussein le supplia de s'adresser directement à ses sujets, comme lui-même l'avait fait avec succès en Jordanie dans le passé : « Parlez au peuple, parlez aux théologiens, parlez à l'armée, apaisez la tension en nouant un dialogue avec la nation », lui dit-il. Mais le chah ne voulait – ou ne pouvait – pas le faire.

Au même moment, notre délégation dînait avec l'ambassadeur d'Iran en Jordanie qui, au cours de la conversation, dit d'un air agité : « Sa Majesté impériale m'a demandé d'aller à Qom pour y rencontrer le plus important des mollahs afin d'essayer de rétablir le calme. Aidez-moi, je vous en supplie. Je n'ai jamais eu à faire à aucun de ces religieux. Je ne sais pas comment m'y prendre ! » Il demanda ensuite si le roi Hussein consentirait à aller s'entretenir avec plusieurs des plus influents de ces personnages en compagnie du chah pour essayer de dénouer la situation. « Je suis sûr que Sa Majesté serait prête à le faire », répondit le prince Raad, le cousin de mon mari.

Ce n'était pas une idée extravagante. En tant que chiites, les Iraniens vouent un respect particulier au roi Hussein, descendant direct d'Ali, le gendre du prophète et son héritier légitime à leurs yeux. Quand Abou Chaker et le prince Raad vinrent nous trouver, plus tard dans la soirée, pour nous faire part de la proposition de l'ambassadeur, Hussein l'accepta sans hésiter. En dépit de l'heure tardive, il demanda à voir le chah, espérant le persuader d'aller à Qom avec lui pour tenter une dernière fois de trouver un terrain d'entente avec les religieux. Il ne fut pas reçu.

Si quelqu'un pouvait exercer une influence sur le souverain iranien, c'était Hussein. Quelques années plus tôt, alors qu'il dînait avec lui au bord de la mer Caspienne, là même où nous avions séjourné en 1978, il avait réussi à le dissuader de se lancer dans une guerre précipitée. Les Britanniques s'apprêtaient à l'époque à se retirer de certaines régions du Golfe et le chah avait annoncé brusquement son intention d'occuper Bahreïn après leur départ. « Cette île appartient à l'Iran. Nous n'allons pas la laisser échapper », avait-il déclaré. Une longue discussion dont mon mari avait gardé le souvenir avait suivi. « Vous ne pouvez pas faire une chose pareille, avait-il plaidé. Bahreïn est un pays arabe indépendant et, même si sa population est en partie chiite, elle est en majorité arabe. Le monde arabe ne vous laissera pas faire. » « Que les Arabes aillent se faire foutre », avait répondu son interlocuteur. « Mais je suis arabe », avait-il rétorqué. « Oh ! non, non, je ne parle pas de vous, avait répliqué le chah, vous êtes jordanien. »

Mon mari, qui trouvait très amusante cette distinction entre Arabes et Jordaniens, adorait raconter cette histoire à ses proches. Il n'avait cependant pas parlé en vain : Bahreïn était restée indépendante. Son influence n'a malheureusement pas été aussi décisive lorsqu'il s'est agi d'éviter au chah de sombrer dans la tragédie qui les menaçait, lui et son pays.

CHAPITRE 8

Fastes royaux

L'idée que les gens se font d'un roi et d'une reine correspond rarement à la réalité telle que nous la vivions, je m'en suis aperçue lors de la première visite officielle que nous avons faite, mon mari et moi, en Allemagne, en 1978. L'épisode qui me l'a révélé m'amuse d'autant plus lorsqu'il me revient à l'esprit qu'il s'est fréquemment répété depuis. Après la cérémonie d'accueil organisée à l'aéroport, le président Walter Scheel et sa femme, Mildred, nous ont accompagnés en hélicoptère au château réservé aux invités d'honneur non loin de Bonn. À notre arrivée, nous avons été accueillis par l'épouse du propriétaire des lieux et par son jeune fils. Le petit garçon, auquel on a expliqué que nous étions roi et reine, s'est montré d'une politesse adorable, mais une profonde déception se lisait dans les yeux qu'il a levés sur nous : « Mais où est sa couronne ? », a-t-il demandé d'une voix plaintive à sa mère qui nous a traduit sa question. J'ai souvent été témoin depuis d'un semblable désappointement. Les enfants – et de nombreux adultes – ont besoin que les rois et les reines aient l'air de sortir d'un conte de fées.

Pour beaucoup de gens, une reine devrait être une créature éblouissante, s'occupant peut-être vaguement de quelques œuvres de charité du haut d'un piédestal. Ce rôle de potiche dans lequel beaucoup à la cour voulaient me confiner ne me convenait pas. Inaugurer expositions et ventes de charité ne me suffirait pas, j'espérais pouvoir aider à résoudre des problèmes de la vie réelle, comme je l'aurais fait si j'avais été urbaniste ou journaliste. J'ai été abreuvée de conseils, à l'instar de beaucoup de personnes dans ma position. On m'a expliqué le rôle que je devais jouer, l'image que je devais donner, ce qu'on attendait de moi. Si j'avais écouté tout le monde, j'aurais présenté au moins dix visages au public, sans jamais contenter personne.

L'apparence d'une reine et sa façon de s'habiller entrent généralement pour beaucoup dans l'opinion que les gens ont d'elle, c'est là une évidence à laquelle il a bien fallu que je me rende. Tout en comprenant l'importance de l'aspect cérémoniel de la vie des souverains, et la nécessité pour ces personnages de présenter au public une image impressionnante, j'avais une conscience aiguë de mes lacunes dans ce domaine. J'avais tout à apprendre, et mon ignorance me semble risible aujourd'hui. L'annonce d'une série de voyages officiels – en Allemagne quatre mois après notre mariage, puis, en décembre, en France, en Italie et en Grande-Bretagne – m'a forcée à réagir : il fallait que je m'occupe de ma garde-robe, mes jeans et mon blazer ne feraient pas l'affaire.

La femme du contrôleur de la maison royale a proposé de demander au couturier italien Valentino, fournisseur de la reine Alia et de plusieurs membres de la famille royale, s'il pouvait me procurer quelques vêtements pour les voyages prévus. Il a envoyé des représentants à Amman avec ce qui restait des modèles de sa collection d'automne-hiver. Comme j'étais encore très maigre, ces habits conçus pour des mannequins étaient parfaitement à ma taille, ce qui était une chance car le temps manquait pour en faire faire sur mesure.

J'ai été très soulagée d'avoir de quoi m'habiller, non seulement convenablement mais très élégamment. Ravissantes, mes nouvelles toilettes étaient pour moi des tenues de travail, elles me donnaient la liberté de me consacrer entièrement à la tâche que je m'étais fixée : représenter la Jordanie de manière à servir au mieux les intérêts du pays.

Les joyaux reçus à l'occasion de mon mariage et la merveilleuse couronne en diamants offerte par mon mari avaient à mes yeux le même rôle pratique. Je ne possédais moi-même que quelques bracelets et bagues en argent d'une valeur purement sentimentale, mais, durant les premiers mois qui ont suivi notre mariage, Hussein est revenu à plusieurs reprises de visites dans des pays de la région avec de magnifiques parures que des souverains arabes me destinaient. Tout en admirant ces cadeaux somptueux, je ne les portais qu'avec une certaine gêne. La Jordanie était un pays pauvre, et de tels ornements me semblaient indécents, même si tout le monde ne partageait pas ce point de vue. Les riches bijoux étaient plus acceptables lors des visites officielles que nous faisions à l'étranger, mais même dans ces circonstances, je ne me sentais pas à l'aise.

Mon mari avait lui-même un penchant typiquement arabe pour les couleurs vives et la joaillerie imposante. Pour lui faire plaisir, j'ai accepté de mettre, au banquet donné en notre honneur en Allemagne, un ravissant collier d'émeraudes que m'avait offert le roi Khaled d'Arabie saoudite. Je l'ai senti étinceler autour de mon cou toute la soirée et, au lieu de l'exposer aux regards, j'ai fait des efforts désespérés pour le dissimuler sous l'écharpe de mousseline attachée à ma robe. Les autres convives étaient, dans l'ensemble, habillés très simplement, et je ne voulais pas que l'éclat de ma parure créât une barrière entre eux et moi. Une reine se doit peut-être de se démarquer du commun des mortels, mais ce n'était pas dans ma nature, et je ne pensais pas non plus que ce fût dans l'intérêt de la Jordanie. Au fil des années, j'ai essayé de mettre au point un style de vêtements répondant à la fois à mon goût pour la sobriété et à l'obligation de paraître « royale », mais je pense être invariablement tombée tantôt dans un excès tantôt dans l'autre.

Notre visite officielle à Bonn s'est déroulée sans incident, mais j'étais impatiente de profiter du répit offert par le séjour organisé pour nous dans la station de sports d'hiver de Berchtesgaden où nous étions invités à passer les quelques jours qui nous restaient. Nous fêterions ainsi l'anniversaire de mon mari dans les montagnes. On était en novembre, mais nous avons eu la chance de pouvoir skier sur les pentes du Zugspitze, pic qui domine la ville de Garmisch-Partenkirchen. Notre première descente a été comique. Mon mari, qui était novice, s'appliquait à suivre à la lettre les conseils de son moniteur. Je n'avais, pour ma part, pas pratiqué ce sport depuis plusieurs années, mais je m'y étais adonnée à partir de l'âge de treize ans et je pensais ne pas être trop rouillée. Je me suis donc élancée sur la piste et l'ai dévalée à toute vitesse, tombant, me relevant et reprenant ma course. Attentif à éviter toute chute,

Hussein me regardait pirouetter comme si j'étais folle. Je m'amusais de mon côté de le voir poursuivre son chemin méthodiquement, environné de photographes, d'agents de sécurité allemands et de nos intrépides gardes royaux, peu habitués à ce genre d'activité. Nous aimions par la suite raconter en famille cette première aventure sur la neige, en évoquer en riant les détails rocambolesques, et nous rappeler le soulagement que nous avait procuré ce moment de détente après les contraintes exténuantes imposées par la première partie du voyage.

Je n'en avais pas fini avec les cérémonies officielles, et j'ai découvert que je n'étais pas toujours libre de décider de mon apparence. Lors de notre visite en France, ma belle-mère, la reine Zeine, a insisté pour que je fasse appel à son coiffeur, le célèbre Alexandre, qui est venu au palais Marigny où nous étions logés, pour me préparer au banquet organisé à Versailles. Après avoir jeté un coup d'œil sur ma personne, l'homme de l'art, extrêmement galant et flatteur, s'est lancé dans la confection d'un chignon sophistiqué. Quand il a fini, j'avais l'impression de crouler sous la masse qui me couronnait le crâne. Il a ensuite vaporisé dessus une telle quantité de laque que cette véritable forteresse a résisté à tous les efforts que j'ai faits, après son départ, pour en diminuer le volume. J'étais au bord des larmes tant je me sentais ridicule (c'est à Marge Simpson qu'il faudrait me comparer aujourd'hui) quand mon mari est venu me chercher. Il m'a gentiment assuré que j'étais tout à fait splendide et m'a rappelé qu'il était temps de partir.

Il était peut-être sincère. Que j'apporte une note de féerie aux réceptions sérieuses où je représentais la Jordanie lui plaisait certainement. Lors de notre première visite officielle aux États-Unis, je lui ai présenté, au moment de m'habiller, deux robes du soir, l'une, très sobre, que je comptais porter, et l'autre composée d'une veste brodée de perles accompagnant une jupe longue. Il a choisi sans hésiter la seconde qui formait, comme je l'avais deviné, un contraste saisissant avec la toilette sans prétention de Mme Carter. Ce genre de chose se reproduisant chaque fois que je lui demandais son avis, j'ai fini par opter pour des tenues simples, empruntées souvent à la tradition jordanienne, et reflétant nos goûts personnels à tous les deux.

Qu'une femme en vue soit jugée sur son apparence plutôt que sur ses capacités m'a toujours rendue perplexe. La mode, je le sais, sert de moteur à une puissante industrie dans le monde entier, et les vêtements portés par les célébrités ne contribuent pas seulement au succès d'un certain nombre de maisons de couture, mais à celui d'industries nationales. La princesse Diana a, par exemple, beaucoup fait pour promouvoir les stylistes anglais et, de ce fait, l'économie anglaise. Les épouses des présidents n'agissent pas autrement en France ou aux États-Unis, et font une publicité très bénéfique pour leurs pays respectifs. Si la Jordanie avait eu un grand couturier, je lui aurais servi très volontiers d'ambassadrice. Par malheur, elle n'en avait pas.

J'ai mis longtemps à me rendre compte de ce qu'une clientèle célèbre représentait pour ce genre d'entreprise sur le plan financier. C'est pendant notre voyage officiel en Italie que je m'en suis aperçue. À Rome, j'ai voulu passer chez Valentino pour le remercier de m'avoir aidée au pied levé lors de ma visite en Allemagne. Ayant fait arrêter ma voiture un peu avant d'arriver, près de l'escalier conduisant à la Trinité-des-Monts, j'ai continué mon chemin à pied en m'efforçant de ne pas me faire remarquer. En m'approchant, j'ai vu, à ma grande horreur, un attroupement de photographes et de reporters qui, selon toute vraisemblance, m'attendaient. Même si je commençais à comprendre qu'habiller des personnalités procurait un prestige durable à une maison de couture, je n'en ai pas pour autant consenti à servir à des fins promotionnelles. Ce dégoût m'a longtemps causé des difficultés, car, grossis par la rumeur, mes contacts rares (parfois même supposés) avec certains couturiers ont parfois donné l'impression que j'étais une consommatrice d'articles de luxe d'un prix extravagant.

Les cinq grossesses qui ont occupé le cours des six années suivantes ont compliqué mes problèmes vestimentaires. J'ai fini par avoir recours à la vente par correspondance et par faire venir des États-Unis ce dont j'avais besoin pour la vie quotidienne. Cette méthode s'est révélée aussi pratique qu'économique.

Mon manque d'intérêt pour la mode a eu une conséquence très amusante au début de notre mariage. Les premières visites officielles qui m'ont amenée en Europe avec mon mari m'ont valu de nombreux commentaires dans la presse qu'intéressait surtout mon apparence. La même année, Barbara Walters est venue en Jordanie afin d'y faire, pour la télévision, un reportage où nous figurions. Nous l'avons emmenée aux écuries royales avec Abir, Haya et Ali pour lui montrer – et faire admirer à son auditoire – les superbes chevaux arabes qui font la joie et la fierté de mon mari et de sa famille. J'étais ce jour-là en jean et en veste de daim. Cette tenue qui, selon moi, convenait parfaitement à l'occasion ne fut pas du goût de tout le monde et, à la fin de l'année, je me suis trouvée en tête de la liste infamante des femmes les plus mal habillées. Je découvris avec un malin plaisir que d'autres arbitres de la mode m'avaient, au même moment, classée parmi les femmes les mieux coiffées et les plus élégantes au monde.

Si, pendant ma première année de mariage, l'image que je voulais présenter au public me préoccupait, c'était que je cherchais ma voie. Cette question avait cependant dans ma vie une place mineure comparée à celle occupée par les terribles soucis causés par le problème de la paix au Moyen-Orient. À l'époque, rien ne menaçait plus le rêve de stabilité régionale poursuivi depuis toujours par mon mari que ce qui se passait à Camp David. La rencontre qui réunit pendant douze jours Sadate, Begin, Carter et leurs délégations respectives dans la résidence d'été des présidents des États-Unis se déroula en septembre, alors que nous étions à Londres pour affaires. Lorsque Hussein apprit par notre ambassadeur, Ibrahim Izzedin, que Sadate voulait lui parler et lui avait demandé un rendez-vous téléphonique par l'intermédiaire de son secrétaire, il se montra prudemment optimiste.

L'appel, prévu pour le lendemain, tôt le matin, n'est pas venu. Nous avons attendu toute la journée dans un état de tension extrême jusqu'à ce que, tard dans la soirée, Sadate téléphone pour dire que, n'étant pas parvenu à s'entendre avec Begin, il avait l'intention de quitter Camp David. Hussein fut soulagé de voir le président égyptien aligner sa position sur celle qu'il défendait depuis toujours. Selon lui, il ne fallait en aucun cas faire une paix séparée avec Israël aux dépens des Palestiniens. Les deux chefs d'État se mirent d'accord pour se rencontrer au Maroc quelques jours plus tard.

En route, nous nous sommes arrêtés à Majorque pour rendre visite au roi d'Espagne, Juan Carlos, et à son épouse, la reine Sophie, dans leur belle maison d'été ouverte sur la Méditerranée. À Londres, j'avais fait la connaissance du frère de la reine, le roi Constantin de Grèce, et de son épouse, la reine Anne-Marie (fille du roi Frédéric IX de Danemark et de la reine Ingrid), amis de longue date de Hussein. Un coup d'État militaire les avait forcés à s'exiler en 1967, mais ils avaient gardé des liens étroits avec leur pays dont ils faisaient connaître la culture et où ils encourageaient l'éducation. Installés à Hampstead dans une modeste maison, ils avaient réussi à reconstruire leur vie. Je m'étais prise d'une grande affection pour eux et nous devions par la suite les voir aussi souvent que possible lorsque nous étions en Angleterre et les inviter fréquemment en Jordanie avec leur famille.

À Majorque, j'ai été frappée par l'approche moderne et naturelle adoptée par la reine Sophie envers la tradition. Bien qu'appartenant à l'une des plus anciennes familles royales d'Europe – elle s'appelle Sophie de Grèce et de Hanovre, et elle est apparentée aux tsars de Russie, aux empereurs d'Allemagne et à la reine Victoria –, elle s'efforçait, m'a-t-elle expliqué, de bannir la pompe des aspects privés et publics de sa vie, et d'en réduire le caractère cérémoniel. Elle avait l'appui de son mari, le roi Juan Carlos de Bourbon ; les deux époux conduisaient souvent leur voiture eux-mêmes, se mêlaient à leurs sujets et se déplaçaient librement dans le pays. Ils avaient limité au maximum le port des couronnes, des riches parures et de tous les insignes royaux, et préféraient les contacts privés avec les monarques régnants aux visites officielles.

L'existence simple menée par les époux royaux à Madrid nous a impressionnés. Au lieu d'habiter l'immense et magnifique palais-musée du Prado, ils s'étaient installés dans celui de la Zarzuela, une résidence relativement modeste qu'ils avaient fait construire dans une région boisée aux abords de la capitale. Nous avons adoré suivre la longue route qui y mène à travers une réserve grouillante de cerfs en liberté. Hussein comparait souvent la demeure confortable et sans prétention qui abritait le couple royal espagnol au palais de marbre aux allures d'hôtel de Hashimya, et regrettait que nous ne puissions pas imiter nos amis.

Mon mari et Juan Carlos étaient très liés. Hussein avait apporté soutien et conseils au roi d'Espagne pendant les dix années de grands bouleversements qui s'étaient écoulées entre 1969, date de la restauration de la monarchie par le général Franco, et 1978, celle de l'avènement de la monarchie constitutionnelle. C'était Juan Carlos qui, avec le gouvernement resté trois ans au pouvoir après la mort du dictateur, avait rétabli la démocratie en Espagne et avait tenu, en 1977, les premières élections démocratiques que le pays eût connues en quarante et un ans. Le parlement espagnol issu des urnes avait ensuite adopté une nouvelle constitution et l'avait confirmé dans son rôle de roi.

Sophie a été la première à remarquer la manière spontanée dont je m'étais adaptée à ma nouvelle vie. Ayant fait partie de l'équipe grecque de yachting à la tête de laquelle son frère Constantin avait gagné une médaille d'or en 1960, aux Jeux olympiques de Rome, c'est une excellente navigatrice et, par un jour ensoleillé, elle m'a emmenée faire une promenade en mer à bord d'un petit voilier Laser. Nous nous trouvions dans une anse isolée lorsque plusieurs bateaux de touristes sont venus interrompre le charmant moment que nous passions ensemble. J'étais en maillot de bain et je me suis immédiatement couverte. J'avais vécu suffisamment longtemps au milieu de musulmans pour savoir que se montrer dans un costume aussi indécent choquait les plus conservateurs d'entre eux. J'avais appris à maintenir un juste équilibre entre pudeur et naturel. Ma réaction instinctive a frappé Sophie qui aimait plus tard raconter cet épisode.

Notre séjour en Espagne s'est terminé d'une façon abrupte. Un matin, ayant allumé comme d'habitude notre radio branchée sur la BBC, nous avons entendu, à notre grand désarroi, annoncer qu'Anouar al-Sadate était parvenu à un accord avec Menahem Begin à Camp David. L'autodétermination pour les Palestiniens n'était pas mentionnée. Nos pires craintes s'étaient réalisées. Le roi Hussein était atterré, d'autant que les paroles prononcées par Sadate quelques jours plus tôt l'avaient un peu rassuré. Nous avons immédiatement annulé notre voyage au Maroc et avons dit à nos hôtes espagnols qu'il nous fallait partir sur-le-champ pour la Jordanie. À mesure que les détails de ce qui avait été conclu à

Camp David étaient dévoilés, il devenait de plus en plus clair que les dégâts que cet accord causerait ne seraient pas faciles à limiter. Ses conséquences devaient assurément influer d'une manière dramatique sur les vingt et un ans que durerait notre mariage, et sur la quête pour la paix que mon mari poursuivait.

CHAPITRE 9

De crise en crise

Mon mari se mettait rarement en colère. Quand il était fâché, ses yeux s'assombrissaient et les muscles de sa mâchoire se crispaient. Je vis ces signes apparaître sur son visage quand il apprit les détails des tractations qui avaient eu lieu à Camp David. L'accord finalement signé à la Maison Blanche, le 17 septembre 1978, eut des conséquences désastreuses autant pour les Palestiniens que pour la Jordanie.

Cédant à la pression exercée par Jimmy Carter et Menahem Begin, Anouar al-Sadate avait consenti à un arrangement qui présentait de graves lacunes : Israël ne s'engageait pas à se retirer derrière les frontières existant avant 1967, et ne promettait pas d'évacuer les territoires occupés. Il continuait par conséquent à ignorer la résolution 242 des Nations unies et à rejeter l'échange « territoires contre paix » qu'elle préconisait. Begin refusa même d'utiliser le terme consacré de « Rive ouest » pour désigner les territoires palestiniens occupés, et utilisa à la place l'expression « Judée et Samarie » qui, entérinée par Jimmy Carter, était jugée incendiaire dans le monde arabe. Il alla même jusqu'à parler de « territoire libéré ».

Aucune allusion n'était d'autre part faite aux droits des Arabes et des musulmans sur la partie occupée de Jérusalem-est. En fait, le nom de la ville sainte n'apparaissait nulle part. Aucun calendrier n'était non plus prévu pour le démantèlement des colonies juives qui se multipliaient illégalement à un rythme ininterrompu en Cisjordanie occupée. Il y avait pire encore : on ne parlait plus d'« indépendance » pour la Palestine, mais seulement d'« autonomie ».

D'un seul trait de plume, les Palestiniens avaient perdu l'espoir de posséder un jour un État indépendant. Ils devaient se contenter d'un statut leur permettant de s'administrer eux-mêmes. Il n'entrerait de surcroît en vigueur que cinq ans plus tard et dépendrait du consentement d'Israël.

Le sentiment d'avoir été trahi était d'autant plus vif chez Hussein que le texte de l'accord contenait de nombreuses références au royaume hachémite de Jordanie sans qu'il eût jamais été consulté. Il domina avec peine sa fureur lorsqu'il prit connaissance de ce que les Américains et les Égyptiens attendaient de lui : à l'avenir, ce serait la Jordanie qui devrait représenter les Palestiniens dans les négociations, et non l'OLP. Ce serait à elle qu'il incomberait de définir, aux côtés de l'Égypte et d'Israël, les termes de l' « autonomie » accordée aux Palestiniens dans les territoires occupés, et elle devrait passer avec Israël un traité calqué sur celui conclu entre ce pays et l'Égypte.

La situation était pleine d'une amère ironie, et les effets désastreux du traité de « paix » qui venait d'être signé se faisaient déjà sentir. L'accord de Camp David avait creusé un fossé entre les États-Unis et la Jordanie et, tandis que Sadate était acclamé comme un visionnaire en Amérique, les dirigeants arabes se réunissaient à Bagdad pour le condamner.

Le sommet de Bagdad fut un événement d'une importance capitale pour le roi Hussein, sur le plan personnel autant que d'un point de vue politique. Il n'était pas retourné en Irak depuis 1958, date à laquelle son cousin, le roi Faysal, avait été renversé par un coup d'État et assassiné. Les deux jeunes gens avaient été très proches : ils avaient été à Harrow et à Sandhurst au même moment, avaient passé leurs vacances ensemble et avaient été couronnés le même jour. Mon mari me dit avoir prévenu lui-même le commandant en chef de l'armée irakienne de l'imminence d'un coup d'État. Son avertissement avait été accueilli avec condescendance et ignoré. Une semaine plus tard, des opposants à la monarchie s'emparaient du palais. Il existe différentes versions de ce qui se passa alors, mais un témoin en fit le récit suivant à un membre de la famille de Hussein : le roi Faysal, auquel on avait promis qu'il pourrait quitter le pays en toute sécurité, descendait l'escalier du palais avec sa famille lorsque les rebelles avaient fait feu. Brandissant un Coran, la grand-mère du souverain s'était écriée : « Ne tuez pas Faysal. Jurez sur le Coran ! » Mais une rafale de mitrailleuse avait fauché le groupe tout entier. Mon mari s'est reproché toute sa vie de n'avoir pas montré plus d'insistance lorsqu'il avait prévenu les responsables irakiens de l'existence d'un danger.

Au sommet de Bagdad réuni en novembre 1978, un seul des vingt-deux pays de la Ligue arabe était absent : l'Égypte. Une délégation fut envoyée au Caire pour tenter une dernière fois de dissuader Sadate de mettre sa décision de signer un traité de paix séparé avec Israël à exécution, mais le président égyptien refusa de la recevoir. Il choisit au contraire d'envenimer la querelle en traitant ses homologues de « lâches et de nains », et en déclarant qu'il n'avait pas l'intention d'écouter les « sifflements de serpents ».

Durant les six mois que l'administration Carter mit à négocier les détails de l'accord final entre l'Égypte et Israël, les Américains employèrent tous les moyens à leur disposition pour forcer mon mari à changer d'avis. Écouter le roi Hussein discuter avec ses conseillers des stratégies et réponses possibles constituait pour moi une précieuse leçon de *realpolitik*. Je savais, pour avoir vécu en Iran et dans le monde arabe, que les États-Unis exerçaient des pressions sur les pays de la région, mais être témoin de ces manœuvres me faisait voir la réalité en face.

Le traité de paix entre l'Égypte et Israël fut signé par Begin, Sadate et Carter à Washington le 26 mars 1979. Ce fut une journée noire pour la Jordanie. Je revois encore Leïla, dont le mari était alors Premier ministre, suivant la cérémonie à la télévision d'un air furieux, les yeux fixés sur Sadate et répétant : « Ne signez pas. Ne signez pas. Mon Dieu, faites que le stylo se casse ! » Il signa, naturellement, et les événements prirent le cours prévu depuis longtemps.

La région était déjà en ébullition. Deux mois plus tôt, le chah avait été forcé de quitter l'Iran où l'ayatollah Khomeiny avait reçu un accueil tumultueux. Dans cet environnement inflammable, les accords de Camp David firent l'effet d'un brandon jeté dans une poudrière. Ils représentaient un échec terrible pour le roi Hussein qui, profondément déçu, autant par l'opportunisme de Sadate que par l'aveuglement des États-Unis, regrettait amèrement l'abandon de la conférence de paix internationale qui représentait, à son avis, la meilleure chance de résoudre pacifiquement l'ensemble des problèmes du Moyen-Orient. Camp David entraîna une série de bouleversements dont ni la Jordanie ni la région ne se sont encore complètement remises.

Cette période sombre fut éclairée pour nous par une grande joie quand je découvris que j'étais enceinte. La question de savoir si nous aurions des enfants n'avait jamais été évoquée entre nous. Hussein en avait déjà huit dont trois vivaient avec nous, mais il m'avait surprise par une remarque faite un jour où j'étais occupée à établir les plans d'une demeure susceptible de nous convenir : « Veille à ce qu'il y ait six chambres pour les enfants », m'avait-il recommandé, indiquant ainsi la manière dont il envisageait l'avenir. « Qu'est-ce que tu veux dire ? » avais-je demandé, sans toutefois imaginer que nous puissions jamais avoir besoin de trois pièces supplémentaires. En apprenant ma grossesse, Hussein a été « transporté de joie », selon ses propres mots. Nous avons essayé de ne pas ébruiter la nouvelle pendant les trois premiers mois, puis nous l'avons annoncée aux enfants qui se sont montrés ravis à l'idée d'avoir un petit frère ou une petite sœur.

Je me suis sentie deux fois bénie lorsque mon mari m'a confié son intention de se rendre un peu plus tard en Arabie saoudite pour accomplir le pèlerinage du *hadjdj* et se rendre ensuite à Médine. Il avait déjà fait celui, moins important, de le *'umrah* qui a lieu la vingt-septième nuit du mois de ramadan, la plus sacrée de l'année, mais jamais celui plus complet du *hadjdj*, qui dure cinq jours et a lieu pendant le dernier mois de l'année musulmane. (Calculée à partir de l'hégire selon un calendrier lunaire, celle-ci est plus courte d'environ onze jours que celle régie par le calendrier grégorien en usage en Occident.) Les fidèles se rassemblent dans la plaine d'Arafat et prient tout au long de la journée, en particulier pour demander le pardon de leurs fautes. C'est un devoir pour tout musulman valide, homme ou femme, de faire le pèlerinage du *hadjdj* une fois dans sa vie, mais mon mari ne s'était jamais senti prêt à l'entreprendre. Qu'il juge le moment propice si peu de temps après notre mariage m'a donné l'impression de bénéficier d'une extraordinaire faveur divine.

Pour participer aux divers rituels, mon mari revêtirait la tenue commune à tous les pèlerins. Composé de deux pièces d'étoffe dont l'une est enroulée autour de la taille et l'autre rejetée sur l'épaule, ce costume sans aucune couture symbolise l'égalité fondamentale de tous les hommes et traduit leur sentiment d'humilité devant Dieu. À La Mecque, environné par la multitude de ses coreligionnaires, Hussein ferait face à la Kaaba, le simple édifice de pierre qui se dresse au milieu de la vaste cour de marbre de la sainte mosquée al-Haram al-Charif. Les hommes et les femmes prient ensemble dans ce lieu de culte, le seul avec la mosquée de Mahomet à Médine où ils soient autorisés à se côtoyer. Il y a trois mille ans, Abraham, l'ancêtre de mon mari, y reconstruisit le premier sanctuaire élevé à la gloire d'un Dieu unique et, deux mille ans plus tard, le prophète Mahomet, son descendant et héritier spirituel, brisa les idoles païennes adorées par les renégats qui avaient abandonné le monothéisme.

À La Mecque, Hussein, mû par des motifs purement religieux, s'efforçait toujours de passer inaperçu, mais la nouvelle de sa présence se répandait rapidement. Par respect pour la lignée à laquelle il appartenait, les pèlerins venus de toutes les parties du monde applaudissaient souvent quand il arrivait, et le saluaient en disant : « *Ahlan bi Sabt Al Rasoul* », « Sois le bienvenu, petit-fils du Prophète. » À son retour du *hadjdj*, j'ai été heureuse de le voir apaisé et revigoré. Il a essayé de me faire partager l'extraordinaire bien-être que son voyage spirituel lui avait apporté, mais ce ne fut que vingt ans plus tard, après m'être rendue moi-même à La Mecque pour accomplir le *'umrah*, que j'ai apprécié le pouvoir régénérateur de ce rituel. Nous allions avoir besoin de la force que le pèlerinage avait donnée à Hussein pour faire face aux épreuves qui nous attendaient.

Au début du printemps 1979, alors que j'étais de passage à Londres, mon mari m'a téléphoné pour m'annoncer la triste nouvelle de la mort de son oncle maternel, le chérif Nasser bin Jamil, frappé par une soudaine crise cardiaque. Cette disparition a été un choc pour nous tous. Le défunt avait été aux côtés de Hussein depuis le début de son règne. Il avait commandé les forces armées du pays au début des années 1970, et avait sauvé plusieurs fois la vie à mon mari. Oncle et neveu avaient toujours été très proches, et le chérif Nasser avait été parmi les premiers membres de la famille à nous offrir de chaleureuses félicitations au moment de nos fiançailles. Il nous avait donné en cadeau un magnifique terrain où nous espérions construire un jour notre propre maison. Hind, sa femme, une artiste talentueuse, et une amie très chère elle aussi, était comme moi enceinte.

Ce premier malheur a été presque immédiatement suivi d'un second. J'étais encore à Londres tandis qu'en Jordanie, mon mari s'apprêtait à se rendre à Bagdad où la condamnation finale de l'Égypte allait être prononcée. Le lendemain de son coup de téléphone, j'étais allée déjeuner à Hampstead avec mes amis le roi Constantin de Grèce, la reine Anne-Marie et la mère de cette dernière, la reine Ingrid de Danemark, à laquelle je n'avais pas encore été présentée. À peine entrée dans le salon, je me suis sentie tout à coup si faible que j'ai dû ressortir en m'excusant. J'en étais à mon cinquième mois de grossesse et ne me sentais pas bien. Je l'ai expliqué à Anne-Marie qui, inquiète, m'avait suivie. Sans me dire ce qu'elle craignait, elle m'a conduite dans sa chambre où elle m'a fait allonger. Tandis qu'une hémorragie se déclarait, elle est allée discrètement appeler le docteur George Pinker qui est à la fois son obstétricien et celui de la famille royale d'Angleterre. Il était à la pêche en Écosse, mais son remplaçant promit de venir dès que possible.

Mes hôtes habitant loin du centre de Londres, le médecin a tardé à venir, et ce délai m'a laissé le temps de comprendre ce qui m'arrivait. Quand Constantin est entré dans la chambre pour me dire qu'il allait appeler mon mari au téléphone, je l'ai supplié de n'en rien faire : « Il est en route pour Bagdad. Le moment est crucial pour lui. Il a suffisamment de soucis, inutile d'en rajouter », lui ai-je dit. Nous avons discuté un moment, sans que je parvienne à le convaincre. Quand j'ai entendu la voix de Hussein j'ai failli céder à l'émotion, mais je m'étais juré dès le départ de ne pas alourdir le poids qui pesait sur ses épaules. « Est-ce que je dois venir ? » a-t-il demandé. « Non, il n'en est pas question. Reste où tu es et fais ce que tu as à faire. Tout va bien », ai-je répondu.

Ce n'était pas vrai, évidemment. Un sentiment d'échec et de culpabilité venait s'ajouter en moi à celui de la perte que j'avais subie. Ma grossesse étant relativement avancée, j'avais pu sentir l'enfant bouger en moi, et de véritables liens s'étaient tissés entre nous. J'étais follement impatiente d'être transportée à l'hôpital et de recevoir des soins compétents, mais une grève perlée paralysait les ambulances, et il a fallu un temps anormalement long pour qu'un véhicule arrive jusqu'à Hampstead. Sans sirène – et sans gyrophare, d'après mes souvenirs – nous avons avancé avec une lenteur d'escargot. Pendant tout le trajet, le médecin qui m'accompagnait ne cessait de répéter « Tenez bon, tenez bon », tandis que je me tordais de douleur. Une fois à l'hôpital, les choses sont allées si vite que je me rappelle seulement m'être réveillée dans un lit. Le téléphone sonnait. Quand j'ai entendu la voix de la standardiste annoncer : « Monsieur Brown désire parler à madame Brown », j'ai cru à une erreur. Pour des raisons de sécurité, on m'avait inscrite sous ce nom à mon insu. Je devais vite m'habituer à ce patronyme dont nous nous sommes servis par la suite, Hussein et moi, pour nous protéger des indiscrétions.

À l'hôpital, la presse londonienne ne m'a pas longtemps laissé oublier qu'une reine n'a pas de vie privée. Les tabloïdes londoniens se sont immédiatement emparés de ma fausse couche. L'utilisation, pour satisfaire la curiosité du public, du sentiment de deuil que je ressentais avait pour moi la gravité d'un viol. Alexa, ma sœur, qui m'a téléphoné, a dû comprendre l'étendue de ma détresse au son de ma voix. Elle m'a parlé un long moment, et le chagrin a rapproché les deux adultes que nous étions devenues. Je lui serai toujours reconnaissante d'avoir demandé un congé au cabinet d'avocats pour lequel elle travaillait à Washington et d'être venue me retrouver à Londres.

Mon mari m'a rejointe tout de suite après la fin du sommet de Bagdad. Sachant à quel point j'aimais le ski, il s'était arrangé, m'a-t-il annoncé, pour que nous allions passer quelques jours à Zurs, une minuscule station de sports d'hiver des Alpes autrichiennes que j'avais fréquentée avec ma famille pendant mon adolescence. Le consul général de Jordanie en Autriche avait eu l'amabilité de s'occuper des détails de notre séjour et l'emploi du temps qu'il avait organisé était si chargé que nous n'avons pas eu un moment pour nous trouver seul à seul. Ni lui ni sa femme ne nous ont quittés un instant, et nous étions en même temps constamment environnés par les membres de notre entourage et des clients de l'hôtel dont ils avaient fait connaissance. Au lieu de pouvoir partager notre chagrin et nous offrir mutuellement consolation et réconfort, nous nous sommes trouvés incessamment en compagnie de gens devant lesquels nous devions faire bonne figure.

Mes nerfs ont fini par lâcher le dernier soir de notre séjour. On nous avait emmenés en traîneau dîner dans un hameau situé au-dessus du petit village de Lech. Au cours du repas, des enfants nous ont donné l'aubade. Dans l'atmosphère confinée et étouffante de la salle d'auberge, j'ai senti l'émotion m'envahir. Je me suis dominée tant que j'étais en public mais, sur le chemin du retour, je me suis rendu compte que mon mari n'avait pas posé une seule question sur ma fausse couche, que ce sujet n'avait même pas été abordé entre nous. En faisant la brave je lui avais, il était vrai, donné à croire que tout allait bien, mais il s'était comporté comme si ma force et mon courage allaient de soi.

« Nous ne pouvons pas prétendre que rien ne s'est passé », me suis-je dit in petto, sentant monter ma colère contre Hussein (et peut-être aussi contre moi-même, parce que je lui avais caché mes sentiments). Je me suis alors plainte que notre séjour en Autriche avait été difficile pour moi. Sa réponse a été de nature à me faire réfléchir : « Il a été également pénible pour moi, a-t-il remarqué. Ma dernière promenade en traîneau dans les Alpes a eu lieu à Saint-Moritz, avec l'empereur et l'impératrice d'Iran. Ils sont en exil maintenant. » Je l'ai regardé, ébahie. Je ne voyais pas le rapport qu'il pouvait y avoir entre les deux situations. Cet épisode m'a fait découvrir un type de comportement auquel mon mari devait rester fidèle tout au long de nos années de mariage : à tout souci person-nel que j'exprimais, il opposait une anxiété d'ordre plus général, propre à relativiser mes difficultés. J'ai aussi appris que cet être doté d'un cœur d'or était incapable de parler de choses qui lui étaient douloureuses. Plus elles le touchaient, plus il lui était impossible de les évoquer.

Une autre grossesse est venue bénir notre couple six mois plus tard. On pensait autour de moi que j'accoucherais à l'étranger, ou que je ferais pour le moins venir un médecin occidental, mais je faisais pour ma part entièrement confiance au docteur Arif Batayneh, l'obstétricien jordanien de la famille royale. Il était en rapport avec George Pinker, le médecin de la reine Anne-Marie, qui m'avait examinée après ma fausse couche et avait accepté d'agir en tant que consultant. On m'a conseillé de m'abstenir de tout voyage à l'étranger pendant les premières semaines, ce dont je fus soulagée car j'avais beaucoup à faire dans le pays.

Je m'étais déjà investie dans toutes sortes d'activités au niveau national. L'ONU ayant déclaré que 1979 serait l'Année internationale de l'enfance, j'avais été nommée présidente du Comité jordanien. J'ai donc réuni au palais de Hashimya les ministres et les représentants des organisations internationales et des ONG qui s'occupaient des problèmes touchant à ce sujet afin d'examiner avec eux les renseignements que nous possédions, de commencer à définir les priorités et à mettre au point des stratégies à court et à long terme pour les traiter.

Développer l'aide à l'enfance était extrêmement important pour un pays comme la Jordanie dont la population était très jeune. Plus de la moitié de ses habitants avait moins de seize ans et un cinquième moins de cinq. Le taux de natalité était exceptionnellement élevé (plus du double de celui constaté ailleurs dans les pays en voie de développement), ce phénomène étant en partie dû à l'afflux dramatique des réfugiés. Une telle évolution démographique pesait lourdement sur tous les services gouvernementaux, en particulier sur ceux chargés de l'éducation et de la santé. Les écoles étaient souvent surpeuplées et le nombre des élèves par professeur très élevé ; dans la plupart des établissements, deux équipes de maîtres travaillaient par roulement ; les livres de classe et les équipements scolaires manquaient cruellement, ainsi que les espaces verts, en particulier dans les quartiers pauvres.

Au début des années 1980, j'ai reçu une lettre du Premier

ministre autrichien, Bruno Kreisky, qui me signalait l'existence de SOS Kinderdorf International, un réseau de villages pour orphelins et enfants abandonnés. Créé juste après la Seconde Guerre mondiale, pendant la période chaotique où d'innombrables enfants s'étaient retrouvés sans foyer et sans famille, cet organisme a des ramifications dans le monde entier. Après avoir rencontré son fondateur, Hermann Gmeiner, j'ai entamé avec lui une longue et fructueuse collaboration. Chaque village SOS offre un foyer permanent de style familial aux enfants qui ont perdu leurs parents ou qui ne peuvent plus vivre avec eux. Quatre à dix garçons et filles d'âges variés y vivent ensemble avec une « mère SOS », et entre huit et quinze de ces « familles » forment un village.

Mon mari et moi visitions souvent les agglomérations de ce type créées à Amman et à Akaba, en particulier à l'occasion de l'Aïd, fête où les familles ont coutume de se réunir pour rompre ensemble le jeûne. Jafar Tukan, un architecte jordanien de talent que je devais compter plus tard parmi mes amis, a établi les plans de notre premier village SOS fondé près d'Amman et inauguré par Hussein et moi en 1987. Le groupe de charmantes maisons en pierres traditionnelles communiquant entre elles par des cours et des jardins ouverts était original. Il représentait un premier exemple d'ensemble architectural prenant en compte les spécificités culturelles du pays et les impératifs environnementaux. Plus tard, nous avons de nouveau collaboré à la construction, près d'Akaba, d'un autre village SOS d'une conception novatrice auquel le prix de l'Aga Khan a été attribué en 2001, et à celle d'un troisième dans le nord de la Jordanie, à Irbid, opérationnel depuis 1999. En 2002, j'ai été ravie d'apprendre que la contribution sans équivalent faite par le Kinderdorf au monde de l'enfance avait été récompensée par le prestigieux prix Conrad N. Hilton.

Dans le domaine de la santé, nous avons commencé par une campagne d'immunisation nationale que j'ai lancée avec le ministère de la Santé dans plusieurs régions rurales, et au cours de laquelle j'ai administré moi-même des vaccins par voie buccale afin de souligner l'importance que j'attachais à cette méthode prophylactique. En 1980, nous avons participé, avec l'UNICEF, à la « révolution pour la survie et le développement de l'enfant » qui, en utilisant des méthodes peu onéreuses comme la surveillance de la croissance, la réhydratation orale et l'allaitement, a eu pour résultat de diminuer le taux de mortalité des nourrissons et des mères.

À la fin des années 1980, la Jordanie avait réussi, dans le domaine du développement humain, des avancées reconnues par l'UNICEF et par d'autres agences et elle faisait figure de modèle dans le monde en voie de développement du point de vue de la nutrition, de la scolarisation des enfants, de l'éducation des filles et de l'accès de la population aux services de santé et à l'eau. Elle comptait parmi les quarante-cinq pays qui avaient atteint un niveau d'immunisation de quatre-vingt-dix pour cent.

Ce fut donc avec une grande fierté que je représentai le roi Hussein au Sommet mondial pour l'enfance organisé par les Nations unies, et que je signai, avec soixante et un chefs d'État et de gouvernements, la Déclaration pour la survie, la protection et le développement des enfants. L'année suivante, la Jordanie ratifia la Charte du droit des enfants qui rencontra l'approbation la plus large jamais obtenue et fut la source de transformations sociales dans toutes les parties du monde. (Les seuls pays à ne pas l'avoir encore signée sont les États-Unis et la Somalie.)

À la suite des conférences sur les droits des enfants que j'ai organisées à plusieurs reprises au plan national au cours des années suivantes, j'ai aussi créé, à la demande du roi Hussein, une équipe spécialisée dans les problèmes de l'enfance qui, sous le nom de National Task Force for Children, NTFC (Comité national pour l'enfance), est chargée d'étudier et d'évaluer le statut des enfants en Jordanie. Afin d'encourager et de faciliter la coopération entre des organismes faisant souvent double emploi, nous avons mis en place une Coalition nationale pour l'enfance chargée de coordonner les activités d'instituts tant publics que privés. Un centre national de recherche doté d'un site Internet – le premier du genre en Jordanie – a aussi été créé au sein du NTFC. Il se consacre essentiellement à l'examen de problèmes d'une importance cruciale – le travail des enfants, la pauvreté urbaine, les rapports de la jeunesse et de la culture, le tabagisme chez les adolescents, les lacunes des programmes gouvernementaux et les priorités à leur assigner.

Pendant les premières années de mon mariage, j'ai aussi pris une très grande part aux activités de la Société royale pour la protection de la nature, la RSCN (Royal Society for the Conservation of Nature). Fondé sous l'égide du roi Hussein en 1966, époque où l'on ne se préoccupait guère de la défense de l'environnement, cet organisme était le premier, et resta longtemps le seul, à s'occuper de ce genre de question au Moyen-Orient. J'en étais extrêmement fière car mon intérêt en la matière remontait à ma jeunesse : en 1970, étudiante à Princeton, j'avais applaudi U Thant, alors secrétaire général des Nations unies, quand il avait décidé de célébrer la première « Journée mondiale de la terre ». Le sentiment de globalité, et la nécessité de rechercher un équilibre entre les besoins de l'humanité et ceux de l'environnement étaient pour moi des évidences aussi flagrantes à l'époque qu'aujourd'hui.

Le roi Hussein et les fondateurs de la RSCN ont personnellement donné l'exemple en renonçant à la chasse, leur passe-temps favori, car il avait un effet désastreux sur la nature en Jordanie. Mus par ce souci, ils ont pris une part de plus en plus active aux efforts entrepris pour protéger les fragiles merveilles de la vie sauvage jordanienne contre les conséquences du développement. En 1978, la RSCN a demandé à ses homologues internationaux, notamment à l'Union internationale pour la protection de la nature et au Fonds mondial pour la nature (le WWF), de l'aider à identifier les régions spécifiques où créer des réserves. En conséquence, six zones protégées ont été délimitées, et leurs habitants se sont vu offrir la possibilité de jouir de revenus fournis par des occupations ne causant pas de dommages à la nature. La Jordanie est devenue un modèle pour les pays voisins dans le domaine de la gestion des zones protégées, et un centre de formation y a été créé pour accueillir les spécialistes de la défense de l'environnement de la région tout entière.

En m'acquittant de mes responsabilités, j'ai prêté dès le début l'oreille aux points de vue émanant de sources aussi variées que possible et j'ai cherché à établir un consensus entre mes conseillers les plus fiables. Je me suis aussi efforcée d'exploiter le réseau national et international grandissant d'experts, de partenaires potentiels et de contributeurs financiers auquel le pays pouvait faire appel. Une fois le succès de programmes modèles relatifs à l'éducation, aux problèmes spécifiques des femmes et à la lutte contre la pauvreté acquis en Jordanie, nous avons commencé à mettre sur pied des projets valables pour l'ensemble de la région.

J'ai constamment tenu à ce que mes collaborateurs parlent avec franchise et se sentent libres de faire des critiques, pourvu qu'elles soient constructives. J'ai toujours beaucoup apprécié les gens capables d'exprimer leur opinion ouvertement, et j'en ai fait mes amis et mes conseillers. J'ai refusé d'écouter les sycophantes qui disaient non pas la vérité mais ce que je désirais entendre. J'ai aussi cherché à encourager le travail en équipe, meilleur moyen, à mes yeux, d'agir d'une manière efficace pour améliorer la qualité de la vie et les perspectives d'avenir de la population.

Il n'y avait pas de conseillers d'orientation dans les établissements scolaires jordaniens, je l'ai appris de la bouche d'experts en la matière. Au sortir du cycle d'études secondaires, les élèves faisaient pour la plupart des études de médecine, d'ingénieur ou de droit, domaines dans lesquels les diplômés étaient déjà en surnombre tandis que les spécialistes manquaient dans beaucoup d'autres branches, l'électronique, l'hôtellerie, les transports et la pédiatrie par exemple. En 1979, j'ai créé la Fondation royale pour la culture et l'éducation qui commandita la première recherche concernant les besoins du pays en ressources humaines et accorda des bourses à des étudiants – souvent à des femmes faisant preuve de qualités exceptionnelles – qui se consacraient à des champs d'activité d'une importance vitale pour le développement de la Jordanie. Au cours des vingt années qui suivirent, les bénéficiaires de ces aides devinrent des chefs de file dans leurs spécialités respectives. L'hypothèse selon laquelle les individus sont capables de contribuer d'une manière significative à l'accélération du rythme du développement d'un pays se trouva ainsi corroborée.

Ma formation d'urbaniste et d'architecte m'a conduite très tôt à réfléchir aux moyens qui permettraient à la Jordanie de mieux assurer la maîtrise de sa croissance. Ayant été témoin de l'agacement de mon mari face aux cauchemars qu'avaient représentés les travaux au palais de Hashimya (comme d'ailleurs de tous les bâtiments édifiés sur ses ordres, notamment ceux destinés à la compagnie d'aviation), il m'est apparu que nous avions un besoin crucial de règles de construction normalisées. Peu de temps après mon mariage, j'ai invité le ministre des Travaux publics à venir me voir à Al-Ma'Wa. « Aidez-moi à comprendre nos standards de construction », lui ai-je demandé. Sans prononcer un mot, il a ouvert la serviette qu'il avait apportée et l'a vidée par terre. Dans l'amas de brochures jonchant le sol, il y avait des notices concernant les normes en usage aux quatre coins du monde, mais aucune n'était appliquée dans l'ensemble de notre pays.

Avec l'approbation du ministre, j'ai réuni les meilleurs ingénieurs et architectes jordaniens et leur ai demandé quel genre de problèmes ils rencontraient et quelles mesures ils préconisaient pour uniformiser leurs pratiques. Ils reconnurent d'un commun accord que le gouvernement et le secteur privé devaient travailler ensemble à l'établissement de règles valables pour tous. Au cours des quelques années qui suivirent, l'Académie royale des sciences mit au point le premier code jordanien de normalisation des standards de construction. Cet épisode m'a fait comprendre le rôle que ma position me permettait de jouer : je pouvais servir de catalyseur, d'intermédiaire apte à obtenir un consensus, de moteur capable de déclencher des actions.

J'ai aussi participé à la création d'un comité de spécialistes, chargé de protéger notre héritage architectural et de superviser le style choisi pour les nouveaux bâtiments et les espaces publics. Cet organisme a remporté un succès partiel, car il a exercé une influence positive lors de la mise en œuvre d'un certain nombre de projets clés. Son efficacité a toutefois trop souvent dépendu du bon vouloir de divers membres des cabinets ministériels. À la lumière de cette expérience, j'ai compris la tâche difficile que le prince de Galles s'est assignée en Grande-Bretagne : en consolidant la culture nationale et en encourageant ses concitoyens à s'en enorgueillir, il s'efforce de faire comprendre l'importance des bâtiments publics et leur impact sur la société.

Il me semblait qu'une démarche de cette nature était particulièrement importante dans le cas d'Akaba. Faute de prévoir une planification pour ce site magnifique situé à l'extrême pointe de la mer Rouge, nous perpétuerions le chaos qui y régnait et laisserions passer l'occasion d'en faire une station balnéaire au caractère jordanien unique au monde. S'il devait attirer les touristes, ce lieu devait posséder une personnalité qui lui soit propre. Nous l'avons rendu un peu plus verdoyant en plantant des palmiers le long des routes et nous avons redessiné certains quartiers de la ville, mais ces quelques améliorations ne nous ont pas permis d'atteindre à l'harmonie de style qui, en Sardaigne et aux Canaries par exemple, reflète la fierté que leur héritage culturel inspire aux habitants de ces îles. Dans les périodes de bouleversement politique, lorsque les autres ports de la région étaient fermés, Akaba était le théâtre d'une activité commerciale bouillonnante, et l'expansion économique prenait le pas sur les projets d'urbanisme à long terme.

Malheureusement, la gestion des crises absorbait souvent une grande partie de mon énergie et de celle de mes collaborateurs. C'est ainsi qu'un jour, nous avons reçu la visite d'un membre du gouvernement qui, tout excité, a annoncé la mise en œuvre imminente d'un projet consistant à doter le site de Pétra d'un tramway surélevé, et à paver le *Siq*, l'antique et spectaculaire défilé qui y mène. Nous sommes restés sans voix. Avec beaucoup de tact, et après nous être assurés du soutien du roi, nous avons réussi à empêcher l'exécution de ce projet. Pour cette fois, la situation était sauvée, mais les occasions d'intervenir à la dernière minute pour remédier au manque de planification d'ensemble et de coordination prédominant dans le pays se renouvelaient sans cesse.

Je rencontrais régulièrement le maire d'Amman pour examiner avec lui la façon dont nous pourrions aménager des jardins publics et des espaces verts en plus grand nombre pour les enfants et les familles les plus pauvres. La masse des réfugiés et des personnes déplacées venus de Palestine, associée à la richesse apportée par le boom du pétrole dans la dernière moitié des années 1970, avait donné lieu à une activité désordonnée dans le domaine de la construction. Les endroits dégagés, dont la qualité de la vie dépend dans un environnement urbain, disparaissaient, remplacés par des logements inadéquats, des hôtels aux allures de gratte-ciel et des villas gigantesques au style extravagant. Au cours des quelques années que j'avais passées à Amman, j'avais vu les bergers se faire de plus en plus rares dans les rues, et des bâtiments s'élever en nombre croissant sur de précieuses terres cultivables.

Je discutais aussi avec le maire de la manière de refaçonner le cœur de la ville, délaissé par la plupart des habitants en faveur de faubourgs plus opulents. Dans nos efforts de restauration, nous devions prendre en compte l'existence de plusieurs sites uniques. Les palais royaux où nous vivions et travaillions en faisaient partie, ainsi que le *souk* traditionnel, le magnifique amphithéâtre édifié par les Romains, et l'antique citadelle perchée sur une colline, témoin des civilisations qui se sont succédé tout au long de l'histoire de la Jordanie : celles de l'âge de bronze et de l'âge de fer à partir de 4 500 avant J.-C., la romaine et la byzantine, suivies de l'islamique qui fleurit au VIIIe siècle sous les Omeyyades, époque où, avec sa mosquée, le palais de son gouverneur et ses bains publics, ce quartier était une ville à part entière.

On pouvait, comme certains le suggéraient, y construire un musée archéologique ultramoderne où abriter les objets de la plus haute antiquité exhumés un peu partout dans le pays et conservés dans un bâtiment peu digne du nom qu'il portait. Sans doute élégant au départ, cet édifice n'était véritablement plus qu'un grand entrepôt poussiéreux. Il aurait fallu, j'en étais persuadée, le remplacer par un autre, conçu pour exposer comme elles le méritaient les magnifiques collections d'objets découverts en Jordanie. Les difficultés rencontrées pour réunir les fonds nécessaires retardaient la date de la mise à exécution du projet. Les archéologues et les responsables des travaux rallongeaient encore les délais en se lançant dans d'interminables discussions au sujet des dommages susceptibles d'être causés aux précieux vestiges historiques que le site pouvait encore renfermer. Le trésor finit par être dispersé aux quatre coins du pays, que cette décentralisation dota d'une poussière de petits bijoux muséographiques, mais priva d'une institution nationale prestigieuse.

Au fil des années, à mesure que les fouilles entreprises à la citadelle progressaient, des concerts et des spectacles culturels furent organisés dans ce site tandis que d'autres avaient lieu dans le Philadelphie, l'ancien théâtre romain situé en contrebas, au fond de la vallée. Ces antiques monuments auxquels était rendu leur très ancien rôle de lieux consacrés à l'art soulignaient avec force la continuité de l'histoire de la Jordanie. En 1979, j'ai assisté à un concert donné par un chœur d'enfants dans le Philadelphie en compagnie de la reine Sophie, alors en visite officielle dans notre pays, et avec Abir, Haya et Ali. L'atmosphère était électrique. Les milliers de gens issus de toutes les couches sociales rassemblés pour participer aux festivités communiaient dans un incomparable sentiment d'appartenance à une même famille, à une même communauté, vibraient ensemble du sentiment de fierté que leur inspirait leur ville, leur nation. L'année suivante, nous avons inauguré le premier festival de Jérach qui disposait d'une cité romaine tout entière pour abriter spectacles et expositions.

Deux lieux d'exposition extraordinaires, qui ont contribué à redonner vie au cœur de la capitale, sont à mettre au crédit d'amies jordaniennes qui me sont devenues très chères – la princesse Widjan et Suha Shoman. La première réussit à récolter des fonds publics et privés suffisants pour créer la Galerie nationale jordanienne des beaux-arts. Ce lieu abrite une collection permanente, unique en son genre, d'œuvres d'artistes contemporains originaires de pays en voie de développement, et une place particulière y est réservée à l'art moderne du monde arabe et musulman.

C'est grâce à la seconde, Suha Shoman, et à son mari, Khalid, que Darat al-Funun (la Maison des arts) a été fondée. En 1993, le couple a fait l'acquisition de maisons construites au début du siècle au centre d'Amman et en a assuré la restauration. La bâtisse principale, qui abrite une collection d'art arabe contemporain, offre un exemple du style architectural répandu dans l'est de la Méditerranée et en honneur dans la capitale jordanienne dans les années 1920-1930 ; une bibliothèque est ouverte au public, et des ateliers sont mis gratuitement à la disposition d'artistes. En réanimant le quartier résidentiel le plus ancien d'Amman, cet ensemble a mis l'art à la portée des gens modestes qui habitent la partie la plus peuplée de la ville.

Malgré l'emploi du temps très chargé que m'imposaient les divers projets qui me tenaient à cœur, aucun incident n'a marqué ma deuxième grossesse. J'ai un peu réduit le volume de mes activités pendant les quatre premiers mois, pour les reprendre ensuite à temps complet. Je n'ai pas non plus négligé les devoirs qui m'incombaient en tant que reine. Mon mari me demandait souvent de recevoir en privé avec lui les dirigeants arabes avec lesquels il s'était entretenu. Saddam Hussein, qui n'était jamais venu en Jordanie, a été le premier personnage que j'ai rencontré de cette façon. Je n'ai pas eu le temps de porter un jugement sur lui, car je n'ai fait que lui serrer la main avant de vaquer à mes occupations. Il m'a fallu consacrer plus de temps et d'attention à un autre hôte d'honneur, car la visite – mémorable – qu'il faisait à notre pays avec son entourage avait un caractère officiel. Il s'agissait du président de la *Jamahiriya*, ou république de Libye, Muammar al-Kadhafi.

J'avais beaucoup entendu parler de cet homme original qui, en 1969, avait renversé la monarchie pro-occidentale au pouvoir en Libye et l'avait remplacée par une république islamique d'obédience strictement socialiste. Il avait « libyanisé » le pays, remplaçant par des mots arabes les vocables français et anglais utilisés sur les panneaux de signalisation et dans les menus des restaurants. Il avait aussi dépensé par milliards les revenus fournis par le pétrole pour doter son pays de coûteuses infrastructures dont le colossal projet de fleuve artificiel conçu par les Coréens du Sud. Cet ouvrage était censé transporter le contenu d'une nappe souterraine enfouie à une très grande profondeur sous la surface du Sahara jusqu'à la côte, quatre mille kilomètres plus loin. Par malheur, l'eau, conservée dans les réservoirs du système d'irrigation, s'était évaporée sous l'effet de l'air sec et chaud du désert, et les résultats escomptés ne s'étaient jamais matérialisés. Cette ambitieuse entreprise n'en était pas moins étonnante.

Nous sommes allés accueillir Kadhafi et sa femme Saffiyya à l'aéroport. Le dirigeant libyen est descendu d'avion entouré d'une escorte d'agents de sécurité aux cheveux bouclés et coupés comme les siens, vêtus comme lui d'une saharienne. Il y avait quelques femmes parmi ses gardes, ce qui fascina les Jordaniens car les forces armées jordaniennes n'en comptaient aucune. J'aurais, par parenthèse, trouvé leur recrutement souhaitable, et le Corps royal de femmes de l'armée britannique auquel j'avais rendu visite me semblait être un modèle à imiter. Un service militaire de deux ans était imposé aux hommes et je ne voyais pas pourquoi les femmes seraient exemptées d'un tel devoir envers leur pays. Il y avait des éléments féminins dans la police, mais, dans l'armée, seules les fonctions d'infirmières, de secrétaires et de spécialistes des communications leur furent accessibles jusqu'à la fin des années 1980. Cette année-là l'une des filles de mon mari, la princesse Aïcha, et deux de ses cousines furent envoyées à Sandhurst et revinrent en Jordanie leur brevet d'officier en poche.

Pour le banquet officiel donné en l'honneur des Kadhafi, deux repas avaient été organisés séparément, mon mari recevant les hommes et moi les femmes. Les gardes du corps féminins se trouvaient parmi les convives et, vêtues d'amples robes traditionnelles aux couleurs éclatantes, elles étaient ravissantes. Pour se préparer à la visite, les Jordaniens avaient tous lu le célèbre *Livre vert* de Kadhafi, un manifeste en trois volumes où la philosophie politique et sociale du dirigeant libyen est exposée. La plus gradée des militaires, qui était assise à côté de moi, m'en a récité de longs passages durant le repas, comme si elle espérait presque me convertir aux vues de son auteur.

Contrairement à la première soirée, qui s'était déroulée comme prévu, la seconde s'est révélée pleine de surprises. J'avais passé la journée avec Saffyya à visiter diverses institutions de la capitale, notamment un service ultramoderne de chirurgie du cœur. Elle m'avait en effet raconté qu'elle était infirmière dans un hôpital de Tripoli lorsqu'elle avait rencontré son mari, venu pour se faire opérer d'urgence de l'appendicite. Ils étaient tombés amoureux, il l'avait épousée en secondes noces et elle lui avait donné huit enfants. J'étais rentrée épuisée à Hashimya où mon mari m'attendait, fatigué lui aussi après un long programme militaire organisé pour Kadhafi. Tout s'était bien passé, même si ce dernier avait exprimé à maintes reprises son déplaisir à la vue des panneaux de signalisation et des enseignes de magasins rédigés en anglais en même temps qu'en arabe. Après cette interminable journée consacrée à des visites officielles, les Kadhafi étaient retournés au palais réservé aux hôtes d'honneur, et nous n'avions pas prévu de les revoir plus tard dans la soirée.

Pendant que nous prenions notre bain avant de nous mettre au lit, le service de sécurité nous a prévenus par téléphone que les

Kadhafi étaient en voiture, en route pour venir dîner à Hashimya. « Prenez un chemin long et pittoresque pour venir, un chemin très, très long, ai-je recommandé. Tâchez de gagner autant de temps que possible. » Je ne sais pas comment nous avons réussi à tout organiser, le dîner compris, mais, lorsque la voiture de nos hôtes s'est arrêtée devant le palais, nous les attendions sur le seuil, fin prêts. La soirée a été remarquablement agréable. Nous avons trouvé nos invités libyens charmants, et le naturel avec lequel ils se sont comportés, l'aisance de leurs manières ont conquis jusqu'à mon mari qui a trouvé l'atmosphère aussi chaleureuse que si nous avions été les plus vieux amis du monde.

L'impression a été passagère. Peu de temps après, à son retour en Libye, Kadhafi s'est mis à critiquer les rapports que mon mari entretenait avec l'Occident et, sans raison apparente, m'a aussi gratifiée d'une flèche assassine. On le prétendait imprévisible, il ne faisait pas mentir sa réputation. J'ai entendu dire, sans toutefois pouvoir le croire, qu'il avait offert des millions de dollars à la Syrie en 1982 pour que l'avion à bord duquel Hussein se trouvait lors d'une de nos visites à Akaba soit abattu par des missiles sol-air. Le président Hafez al-Assad est supposé avoir refusé, alléguant que, si la tentative d'assassinat réussissait, aucun dirigeant arabe ne se sentirait plus jamais en sécurité dans les airs. Cet épisode donne une idée du voisinage dans lequel nous vivions.

Mon mari n'en continuait pas moins à tenter inlassablement de rester en contact avec tous les dirigeants arabes, même avec Kadhafi, quel que soit l'état de ses relations avec eux. La foi et la tolérance dont il faisait montre, l'énergie qu'il déployait pour encourager une action arabe commune me paraissaient extraordinaires. Le onzième sommet arabe qui se tint à Amman en automne 1980 offrit un bon exemple de son attitude.

C'était la première fois que la capitale jordanienne servait de cadre à une telle réunion, et ses habitants se sentaient excités et fiers de recevoir dans leur pays, petit et relativement pauvre, les dirigeants de quinze pays arabes dont certains comme l'Arabie saoudite, le Koweït, l'Irak, les Émirats unis, Bahreïn, Oman et Qatar jouissaient d'abondants revenus grâce au pétrole. Le choix fait de la Jordanie comme lieu de réunion était la preuve de la place proéminente occupée par le roi Hussein dans le monde arabe, position qu'il devait à la force de son caractère et à sa personnalité plutôt qu'aux ressources dont son pays disposait. L'événement exigeait des préparatifs gigantesques, et réunir les fonds et les équipements nécessaires à une telle entreprise n'était pas une mince affaire pour un pays comme la Jordanie. Nous ne disposions que de modestes locaux pour loger les hôtes d'honneur, et il n'y avait qu'un nombre limité de chambres d'hôtel pour la nuée de collaborateurs et de membres des services de sécurité qui les accompagnaient. Nous nous sommes malgré tout débrouillés.

Le but du sommet était ostensiblement économique. Hussein insista sur les bénéfices que la région tirerait d'une action menée en commun dans le domaine du développement économique. Les pays arabes pourraient s'inspirer, pensait-il, de l'effort similaire fait en Europe à l'époque. Les participants approuvèrent tous cette idée et donnèrent leur accord à la stratégie conçue pour l'appliquer, mais, une fois de retour dans leur pays, ils semblèrent oublier ce qu'ils avaient décidé ensemble.

Malgré les efforts de Hussein, le monde arabe était plus divisé que jamais. L'Égypte, isolée depuis les accords de Camp David, n'avait pas participé au sommet, la Libye et l'Irak non plus. Presque tous les États arabes, la Jordanie comprise, soutenaient ce dernier pays dans sa guerre avec l'Iran, mais la Syrie, mue par une très ancienne rivalité, et la Libye, qui ne manquait jamais de se singulariser, étaient dans le camp adverse.

Hafez al-Assad, le président syrien, s'était opposé à la tenue du sommet arabe parce qu'il soupçonnait la Jordanie d'encourager les Frères musulmans à se rebeller contre son régime. Il massa des troupes à la frontière entre son pays et le nôtre. La guerre semblait imminente. Six mille réservistes jordaniens furent appelés sous les drapeaux et seize mille civils se portèrent volontaires. Je fus témoin moi-même de la vigueur de la réaction populaire lors d'une visite que je fis, pendant le sommet, aux troupes stationnées dans la zone frontalière. Face à la menace syrienne, les gens louaient des voitures et des autobus à leurs propres frais pour rejoindre leurs régiments respectifs. Assad finit par retirer ses troupes, mais la tension persista.

La situation semblait inextricable. Tant que des inimitiés passées et des humiliations présentes continueraient à diviser le monde arabe, les chances de voir une quelconque coopération y assurer la sécurité, y garantir la paix et y permettre le progrès étaient inexistantes. Comme je réfléchissais à la manière de sortir de ce cercle infernal, il m'est apparu, quelque temps après le sommet, que c'étaient peut-être chez les enfants qu'il fallait chercher le salut. Sans doute pourrions-nous jeter les bases d'une coopération fonctionnant plus efficacement à l'avenir si nous agissions sur eux. Ne pourrait-on pas rassembler des garçons et des filles arabes encore très jeunes, et leur faire prendre conscience de leur patrimoine commun ?

Plus tard cette année-là, nous avons organisé le premier Congrès des enfants. Il a lieu depuis annuellement : des jeunes originaires de toutes les parties du monde arabe sont réunis pendant deux semaines et des activités conçues pour promouvoir la compréhension, la tolérance et la solidarité leur sont proposées. Ils sont encouragés à discuter des problèmes contemporains auxquels les pays arabes sont confrontés, et à identifier les liens culturels et historiques qui les unissent. Ce colloque continue à attirer beaucoup de monde, et des amitiés durables se sont nouées entre les premiers délégués, devenus adultes aujourd'hui.

Je n'ai pas laissé ma grossesse m'empêcher de poursuivre mes activités et j'ai continué à beaucoup me déplacer en Jordanie, à la grande consternation de mon médecin. Je visitais des villages dans le cadre de la campagne de vaccination, je présidais des réunions d'urbanisme à Akaba, je me rendais dans des camps de réfugiés palestiniens pour y vérifier les conditions de vie. Je partais soit en avion soit en voiture. Dans le deuxième cas, je prenais une 4x4 parfaitement adaptée aux mauvaises routes et aux chemins de montagne abrupts que j'empruntais fréquemment. Je la conduisais moi-même pour me rendre dans les régions rurales où j'avais des communautés villageoises à rencontrer ou des projets à inspecter. J'adorais prendre le volant parce que c'était l'unique moment où j'étais seule. Au fil du temps, ma jeep est devenue mon espace privé. J'y écoutais de la musique – Fairouz, Bach, Beethoven, Bruce Springsteen et Fleetwood Mac –, je chantais et me parlais

probablement à moi-même, ce qui ne devait pas manquer d'inquié-
ter quelque peu les agents de la sécurité dont la voiture accompagnait toujours la mienne.

Au cours des tournées que je faisais dans les campagnes un peu
partout dans le pays, je constatais que le fossé entre les riches et
les pauvres s'élargissait. Les profits réalisés par la bourgeoisie
d'affaires étaient certes les bienvenus, mais ayant vécu en Iran et
pas mal voyagé dans le monde arabe, je ne pouvais pas ignorer les
effets déstabilisants qu'avait eus le boom du pétrole des années
1970. Sous leur forme extrême, la consommation de biens matériels et la transformation des modes de vie constituaient, nous en
avions conscience, Hussein et moi, une rupture avec les traditions
du pays.

À mon arrivée, la Jordanie était en passe de devenir le principal
centre de la région dans les domaines de la médecine et de l'éducation. Les praticiens et les hôpitaux jordaniens étaient souvent appelés à jouer le rôle de prestataires de services auprès des pays
arabes, même de ceux qui disposaient de ressources très importantes, mais manquaient d'équipements et de compétences. La
Jordanie fournissait ainsi depuis plus d'une génération le personnel
instruit et spécialisé dont les États du Golfe et ceux d'autres parties
du monde arabe avaient besoin pour se doter des infrastructures qui
leur faisaient défaut. Les sommes envoyées à leurs familles par les
Jordaniens travaillant à l'étranger en étaient venues à représenter
une part considérable des revenus du pays : elles atteignirent huit
cents millions de dollars en plein boom du pétrole, au milieu des
années 1970, époque où les médecins, les infirmières, les enseignants, les gestionnaires et les ingénieurs jordaniens devinrent soudain la source d'une prospérité nouvelle pour leur pays. Dans le
monde des affaires, les gens faisaient aussi des bénéfices rapides et
les dépensaient tout aussi vite. Nombreux étaient les individus qui,
ayant connu une existence satisfaisante mais simple, jouissaient
d'une richesse inconnue d'eux jusque-là, et transmettaient à leurs
enfants des valeurs diamétralement opposées à celles en honneur
dans leur jeunesse.

La prospérité de la Jordanie était réelle, mais elle reposait sur
une base économique fragile. Les nouveaux nantis vivaient sur le

même pied que les habitants des pays riches en pétrole – mais il n'y avait pas de pétrole chez eux. L'argent envoyé par les expatriés vivant dans les pays du Golfe coulait certes à flots, mais personne ne pouvait être sûr que la source n'en tarirait jamais. J'interrogeais longuement mon mari au sujet du climat d'incertitude par rapport à l'avenir qui prédominait dans le pays, et dont notre famille était elle-même affectée. Je savais que nous ne montrions pas toujours le bon exemple et je réfléchissais aux moyens d'adopter un mode de vie plus raisonnable. Avec le recul, je me rends compte que la frénésie de dépenses à laquelle la Jordanie était en proie venait du sentiment de précarité qui, ressenti dans la région tout entière, empêchait les gens d'envisager le long terme. C'était là une tendance fâcheuse.

Le chef de la cour royale, le chérif Abdoul Hamid Charaf, partageait mon inquiétude. Il savait que le boom n'allait pas durer et tenta d'encourager une attitude responsable sur le plan financier : une fois devenu Premier ministre, il insista pour que le budget du gouvernement soit réduit de dix pour cent et demanda instamment à la population de diminuer sa consommation d'électricité et d'eau et de mettre une partie de ses gains de côté. Ces recommandations déclenchèrent un tollé. Nombre de Jordaniens qui venaient d'accéder à la prospérité demandèrent pourquoi ils devraient épargner. « Nous devrions être libres de dépenser ce que nous voulons », clamèrent-ils.

L'indignation prit de telles proportions que le chérif Abdoul Hamid Charaf et sa femme, Leïla, furent les victimes d'une campagne de diffamation. Ils faisaient construire à Amman une modeste maison dont seuls étaient visibles une fosse creusée pour les fondations et quelques piliers de ciment pour les soutenir lorsque le bruit courut que cette demeure coûterait trois millions de dollars. Le pouvoir de la rumeur fut tel que les gens commencèrent à s'attrouper autour du site pour se repaître du spectacle du coûteux projet et, bien qu'il n'y eût pas grand-chose à voir, ils continuèrent à croire au caractère extravagant de la future construction. S'ils prêtaient si facilement l'oreille aux racontars, c'était parce qu'ils voulaient se persuader de l'hypocrisie du chérif Abdoul Hamid qui demandait aux gens de faire des économies alors qu'il dépensait lui-même une fortune.

Notre propre comportement était lui aussi troublant. Au lieu de faire tout ce que nous pouvions pour stimuler l'économie jordanienne, nous importions d'Europe toutes sortes de biens de consommation, de meubles et de produits de luxe. Ces articles n'étaient, il est vrai, pas disponibles en Jordanie et nous les faisions venir de l'étranger pour nos besoins personnels. Je n'en commençais pas moins à me demander ce qui pouvait être fait pour permettre aux Jordaniens de jouir du magnifique héritage arabe dont ils étaient dépositaires.

Sur les deux rives du Jourdain, les femmes avaient traditionnellement conçu et brodé elles-mêmes leur trousseau composé de neuf ou dix robes qu'elles portaient tout au long de leur vie, du jour de leur mariage jusque, parfois, à celui de leur mort car, pour certaines, la dernière faisait office de linceul. Des coussins superbement ornés de motifs généralement empruntés à la nature – arbres, feuilles, plumes – venaient s'ajouter à ces vêtements. Tous différents, ces objets aux couleurs vives dont chacun était embelli de points d'une grande finesse faisaient à juste titre la fierté de leurs créatrices. Mais ce qui avait autrefois fait partie du savoir-faire traditionnel des Jordaniennes et des Palestiniennes était en voie de disparition. Sans l'extraordinaire collection amassée au cours des années à Bethléem par mon amie Widal Kawar, je n'aurais eu qu'un faible aperçu de ces trésors.

Leïla Jiryes, une styliste particulièrement imaginative et talentueuse, mariait les broderies palestiniennes et jordaniennes à des textiles nouveaux comme la soie délavée, et je mettais un point d'honneur à porter ses ravissants cafetans aussi souvent que possible, en public et pour des réceptions officielles. Je n'obéissais d'ailleurs pas à des motifs uniquement publicitaires : ces tenues constituaient en effet d'excellentes robes de grossesse. Je soutenais aussi des initiatives comme celle du centre d'artisanat jordanien Al-Aydi qui exposait, près des hôtels fréquentés par les touristes, de magnifiques étoffes traditionnelles, des tapis tissés à la main, des coussins, des vêtements brodés et de la verrerie d'Hébron.

Par la suite, j'ai encouragé l'esprit d'entreprise de deux sœurs douées d'une grande créativité, Rula et Reem Attallah, qui fondèrent à Amman une fabrique – Silsal Ceramics – produisant des céramiques ornées de divers motifs empruntés aux civilisations anciennes du Moyen-Orient et à l'art de la calligraphie pratiqué sous les dynasties musulmanes. C'est avec une grande fierté que nous avons souvent offert, en guise de cadeaux officiels ou personnels, ces magnifiques pièces vernissées sur lesquelles figure souvent une ornementation imitée de celle d'antiques bas-reliefs. L'une de mes préférées était – et n'a pas cessé d'être – la coupe du « Bonheur et de la Bonne Fortune », décorée d'une inscription inspirée du superbe art graphique arabe et promettant la félicité à son propriétaire. Sur une autre, qui me plaît aussi beaucoup, on peut lire, tracé d'une écriture délicate, un proverbe en honneur à Samarkand au XIᵉ siècle : « Le savoir : au début il est amer, mais à la fin, il est plus doux que le miel. »

Les Arabes ont hérité d'un autre trésor culturel : leur langue. J'avais commencé à l'apprendre dès mon arrivée à Amman, comme je l'avais fait pour le farsi en Iran. J'ai redoublé d'efforts après nos fiançailles afin d'être en mesure de lire cette langue difficile et exigeante, et de la parler couramment. Le roi Hussein était connu et révéré dans le monde arabophone tout entier pour la virtuosité avec laquelle il la maniait. Les gens emploient pour la plupart des dialectes locaux, mais le roi s'exprimait dans un arabe classique d'une beauté et d'une éloquence telles que, dans toute la région, les Arabes allumaient leur poste de radio ou de télévision dans le seul but de l'écouter. La connaissance qu'il avait de la langue et sa manière de la prononcer d'une voix profonde et sonore lui valait un respect particulier.

Je ne m'étais pas rendu compte, avant d'aller en Jordanie, de la place centrale occupée par l'arabe dans l'identité de ceux qui le parlent. C'est la langue du Coran et tous les musulmans, qu'ils vivent au Moyen-Orient, en Extrême-Orient, en Europe ou aux États-Unis, doivent la connaître pour réciter leurs prières quotidiennes. La maîtrise que mon mari avait du vocabulaire et son sens des nuances étaient dus à l'étude du texte sacré qu'il poursuivit sa vie durant. Il en savait une grande partie par cœur, mais il continuait malgré tout à le lire et à le relire, et à chercher à en approfondir la signification.

J'avais commencé par prendre des leçons d'arabe parlé, étude que j'avais complétée plus tard en m'efforçant d'apprendre les formules classiques utilisées dans les discours. J'avais mis au point, avec un professeur, un emploi du temps hebdomadaire chargé. Faire des progrès en arabe était prioritaire à mes yeux, m'occuper de mon mari et de ma famille étant les seules choses auxquelles j'attachais plus d'importance. Mais Hussein interrompait souvent mes leçons, mû par une envie soudaine de faire une promenade en voiture, d'aller voir des membres de sa famille ou de faire une sortie avec les enfants. Lui refuser ces plaisirs était impossible, mais les moments que je consacrais à l'étude s'en trouvaient écourtés et je continuais tant bien que mal à m'instruire en lisant le Coran, la poésie arabe et les journaux, et en me débattant au milieu des impénétrables mystères de la grammaire.

Les moments où je sentais que mes progrès étaient les plus tangibles étaient ceux que je passais à aider mes beaux-enfants à faire leurs devoirs. J'y prenais un plaisir inattendu, et ma confiance en moi s'en trouvait renforcée. Abir et Haya venaient tour à tour se blottir avec moi sur mon lit à la fin de la journée, et nous lisions ensemble leurs premiers livres de classe. J'ai fini par en savoir assez et me sentir suffisamment sûre de moi pour converser en arabe et même pour parler en public, mais la route a été longue et difficile, et j'ai gardé la conscience douloureuse de mes lacunes. Quand diverses distractions ou obligations m'empêchaient de prendre mes leçons, je trouvais d'intelligentes et merveilleuses jeunes femmes avec lesquelles je pouvais à la fois travailler à mes projets et perfectionner ma connaissance de la langue. Je n'en ressentais pas moins une frustration constante devant mon incapacité à la maîtriser dans toute sa complexité.

Si, à cause de ma fausse couche, la peur d'une naissance prématurée avait dominé le début de ma grossesse, un souci opposé en a accompagné la fin. George Pinker, l'obstétricien britannique, avait prévu de passer ses vacances de printemps en Jordanie et s'était arrangé pour que son séjour coïncide avec la date de mon accouchement. Le bébé ne semblait cependant pas vouloir se laisser imposer un calendrier établi par autrui. On parla de provoquer le travail, mais je ne voulais pas contrarier le cours naturel des choses et le docteur Pinker s'en alla.

J'ai continué à me déplacer aux alentours de la capitale et à poursuivre mes activités sur le terrain, au grand désespoir de mon médecin, le docteur Arif Batayneh, qui m'accompagnait souvent. Il se plaignait de l'exercice qu'il était obligé de prendre lors de ces expéditions, plus vigoureux, prétendait-il, que sa gymnastique quotidienne. À notre retour, il faisait de nos sorties des récits humoristiques qui amusaient mon mari. Je soutenais pour ma part qu'à travers les âges, les femmes avaient mis leurs enfants au monde dans les champs sans presque s'arrêter de travailler. Il n'y avait pas de raison que leurs descendantes ne puissent pas en faire autant. (L'argument ne valait pas grand-chose, je le savais, étant donné le taux de mortalité des nouveau-nés et des femmes en couches, encore élevé aujourd'hui dans beaucoup de pays sous-développés.) Arif devait être quant à lui dans une forme éblouissante à l'issue des six années qui ont suivi, car c'est lui que j'ai chargé de superviser toutes mes grossesses ; nous sommes entre-temps devenus grands amis.

On me conseillait avec insistance, dans le cercle familial, de m'assurer les services d'une nanny sortie du collège de Norland. Cet établissement anglais, célèbre des émirats du Golfe à Beverly Hills, a la réputation d'être le meilleur du genre. Il forme l'élite des nounous auxquelles sont inculquées des connaissances variées allant des travaux manuels à la nutrition en passant par quelques notions de psychologie enfantine. Nous avons eu la chance de trouver une candidate parfaite, Dianne Smith, qui ne s'est pas laissé décourager, lors de son voyage initial, par le retard de cinq heures subi par son avion à Heathrow, cible d'une alerte à la bombe. Interrompant les explications qu'elle me donnait au sujet de son manque de ponctualité, mon mari s'est efforcé de la mettre à l'aise, puis il l'a prise à part et lui a demandé : « Êtes-vous prête à partir pour l'hôpital d'une minute à l'autre ? » Sur sa réponse affirmative, il l'a entraînée jusqu'à l'endroit où ses propres vêtements l'attendaient, préparés depuis longtemps.

Il avait rasé sa barbe, probablement en prévision de l'arrivée du bébé. Ses proches le suppliaient depuis longtemps de le faire, mais je lui trouvais pour ma part grande allure tel qu'il était. Je m'étais abstenue de tout commentaire, jugeant que c'était lui qu'une telle chose regardait, et de le voir pour la première fois le visage glabre a été un choc pour moi. J'étais entrée dans la salle de bains, notre refuge habituel, pour bavarder pendant qu'il prenait sa douche. La conversation allait bon train lorsque je me suis tout à coup rendu compte que l'individu que j'apercevais à travers la vapeur n'était pas celui que j'avais épousé un an plus tôt. Le rouge m'est monté aux joues et je me suis sentie terriblement embarrassée. Je n'ai cependant pas mis longtemps à m'habituer à ce nouvel homme auquel je trouvais autant d'attrait et de panache qu'à l'autre.

Hussein savait que l'enfant à naître était un garçon. Les premiers échographes venaient d'arriver en Jordanie et les progrès de la technologie permettaient d'être raisonnablement sûr du sexe du fœtus. Mon mari, dont la curiosité était insatiable, voulait être mis au courant. Je lui ai fait promettre, ainsi qu'au médecin, de ne rien me dire, comme ce devait être le cas par la suite pour nos autres enfants.

Le miracle que nous attendions refusait obstinément de se produire. La date prévue était passée et les jours continuaient à se succéder. Mes beaux-enfants s'impatientaient, surtout Abdallah et Faysal qui, sur le point de quitter la Jordanie pour retourner aux États-Unis où ils faisaient leurs études, désiraient beaucoup être présents au moment de la naissance. « Tapioca » était le nom de code que nous utilisions en famille pour parler de l'événement. Mon mari me faisait faire de longues promenades en hélicoptère et en motocyclette dans l'espoir de déclencher le travail, mais rien ne se passait, si ce n'est que nous nous amusions beaucoup. Pensant qu'un changement de pression atmosphérique aurait peut-être de l'effet, il m'a emmenée un jour en hélicoptère jusqu'au sommet de la plus haute montagne de Jordanie, puis est descendu en piqué jusqu'au rivage de la mer Morte, le point le plus bas de la terre. Toujours rien. Le corps médical a enfin décidé de provoquer le travail. Le 29 mars 1980, au bout de six heures de terribles souffrances, notre fils Hamzah a fini par daigner venir au monde, quelques heures à peine avant le départ de ses frères aînés.

Tout le monde était tellement excité dans la salle de travail que je ne me rappelle pas avoir fait la connaissance de mon enfant immédiatement. Il a d'abord été montré aux amis et aux membres de la famille accourus pour l'occasion, et a subi son premier examen médical. J'étais de retour dans ma chambre et tout à fait réveillée quand on me l'a amené. Lorsque mon mari est venu, beaucoup plus tard, il nous a trouvés, Hamzah et moi, engagés dans une conversation à laquelle, j'en suis persuadée, je n'étais pas, malgré les apparences, la seule à prendre part. Je ne pouvais pas m'arrêter de le contempler avec stupéfaction. Je n'avais pas pensé avoir la fibre maternelle, et l'intensité de l'amour que m'inspirait mon premier-né m'a ébahie. Je ne sais plus à quoi je m'étais attendue, mais son visage grand, rond et drôle, sa tête chauve et le regard sage et mûr de ses yeux expressifs m'ont laissée presque sans voix ; ce qui m'en restait m'a servi à lui parler toute la nuit.

Les gens venaient en foule à l'hôpital pour voir Hamzah. La population entière de la Jordanie semblait entrer dans ma chambre à un moment ou à un autre pour dire « *Mabrouk* », félicitations. Amis, représentants d'organisations non gouvernementales ou de celles avec lesquelles j'avais travaillé, personnalités des milieux religieux et politique, fonctionnaires, hommes d'affaires, chefs de tribus, diplomates, tous venaient s'entretenir un moment avec Hussein ou avec moi. Cette réaction reflétait l'esprit de famille dont la société jordanienne offre un exemple unique. Elle m'a profondément touchée, mais tant d'agitation était épuisant pour une jeune mère : j'apprenais tout juste à allaiter et je désirais me consacrer tout entière à ce nourrisson, lui donner tout mon amour.

Mon mari avait déjà huit enfants, mais une empathie extraordinaire a tout de suite existé entre lui et Hamzah, son neuvième ; des affinités ont créé entre le père et le fils des liens spéciaux que seule la mort a dénoués. Peut-être était-ce parce que Hamzah dormait rarement quand il était bébé. Il faisait de petits sommes, mais se montrait en général plein de vie et heureux de jour comme de nuit aussi longtemps que je l'ai nourri, tant et si bien que nous passions beaucoup de temps avec lui, surtout le soir, moment où il était toujours tout à fait éveillé. La nuit, les rares fois où il dormait à poings fermés, nous entrions dans sa chambre juste pour le contempler.

Après la naissance de son fils, Hussein a cessé une fois de plus de fumer.

Nous avons choisi le nom de Hamzah, mon mari et moi, en l'honneur d'un ancêtre hachémite qui était l'oncle favori du prophète Mahomet et qui occupe une place très importante dans l'histoire de l'islam. Né à La Mecque en 570, il avait le même âge que le Prophète et des liens d'amitié l'unirent à lui dès l'enfance. À l'âge adulte, il jouit d'une grande réputation due à ses talents de cavalier, mais aussi à sa force. Le surnom de « Lion du désert » lui fut donné lorsqu'il tua d'un seul jet de javelot une de ces bêtes féroces prête à bondir et qu'il en rapporta la peau en travers de sa selle. Quand il embrassa la foi monothéique prêchée par Mahomet, son renom rejaillit sur l'islam, et en renforça la crédibilité, ce qui lui valut d'être appelé « Lion de Dieu et de son Prophète ». La fidélité dont il fit preuve lui coûta la vie. Il mourut en effet en défendant son neveu au cours des guerres religieuses que celui-ci eut à mener. Il gagna ainsi une place sacrée dans l'islam et se vit attribuer le titre de « Maître de tous les martyrs » qui lui fut conféré par Mahomet lui-même.

Notre Hamzah – Hamzah bin al-Hussein (Hamzah, fils de al-Hussein) – a reçu officiellement son nom lors d'une cérémonie conduite par le cheikh religieux le plus révéré de Jordanie, selon un rituel propre à la lignée des Hachémites. La tradition veut qu'elle ait lieu en présence des membres mâles de la famille de l'enfant. Le père du bébé remet celui-ci à mon mari qui, agissant en vertu du rang qu'il occupe, le place à son tour entre les bras du cheikh. Ce dernier murmure alors l'appel à la prière dans chacune des oreilles du nouveau-né, afin que ces paroles soient les premières qu'il entende. Il chuchote ensuite de la même façon le nom choisi pour l'enfant qu'il rend enfin à son père. Les choses se sont passées un peu différemment dans le cas de notre fils. Hussein l'avait déjà nommé en privé dans notre chambre à coucher, comme il le fit par la suite pour nos autres enfants. Sa position à la tête de la famille et le rôle de guide spirituel des Hachémites qu'il jouait lui en donnaient le droit.

La naissance de Hamzah nous a valu de la part de dirigeants de la région et d'amis des félicitations inattendues et si nombreuses que mon mari en a été un peu surpris. Un flot de messages et de cadeaux nous est parvenu, émanant du monde arabe tout entier, certains venant même de chefs d'État avec lesquels Hussein entretenait des relations conflictuelles ou des rapports de rivalité. Le choix du nom de Hamzah a été accueilli avec un enthousiasme particulier. Les frères aînés du nouveau-né portaient ceux du grand-père et des grands-oncles de mon mari, comme le voulait la coutume. Le seul encore disponible était celui de Zeid, et tout le monde pensait que ce serait ainsi que notre enfant s'appellerait. Mais il y avait dans la famille élargie un Zeid Hussein qui avait la réputation d'être un original, et nous avons pensé qu'aucune influence extérieure ne devait planer sur les débuts de notre fils dans la vie.

J'ai parlé au premier abord uniquement arabe à Hamzah, avec le vocabulaire limité que je maîtrisais à l'époque. Je pensais que c'était ce qu'il convenait de faire, mais j'avais aussi été témoin des difficultés éprouvées par les autres enfants qui avaient commencé par apprendre l'anglais, beaucoup plus facile. J'ai donc décidé que Hamzah et moi nous initierions ensemble à la langue de son père et, pendant que je lui donnais le sein, je partageais avec lui les bribes de connaissances dont je venais de faire l'acquisition. Son premier mot a été *taa taa tayyara* – avion –, phénomène sans doute attribuable au bruit assourdissant des appareils qui survolaient constamment al-Nadwa.

Mon mari a été si étonné d'entendre son fils babiller en arabe qu'il a pris le relais. Hamzah a en conséquence fait plus de progrès que moi et a fini par parler une langue différente avec chacun de ses parents – arabe avec Hussein et anglais avec moi – ce qui est le cas de tous les enfants bilingues. J'ai dû abandonner mon projet initial, mais cela a permis à mon fils de parler couramment l'arabe, comme le font aussi mes autres enfants.

Nous avons emmené Hamzah partout où nous allions quand il était bébé, notamment aux États-Unis, à l'occasion de la première visite officielle que nous y avons faite après notre mariage. Il n'avait que deux mois et j'avais demandé au pédiatre si les voyages ne risquaient pas d'être mauvais pour lui. À mon grand soulagement, le médecin avait répondu qu'il n'en était rien et qu'il valait beaucoup mieux, pour les enfants âgés de moins de dix-huit mois, suivre leurs parents qu'être séparés d'eux. Les bébés supportent bien mieux les vols en jet et le décalage horaire que les adultes, avait-il ajouté pour me rassurer complètement. Mes enfants ont donc vu beaucoup plus de pays dans leurs jeunes années que la plupart des gens au cours de leur vie tout entière : ils ont en effet visité une grande partie de l'Europe, de l'Asie et du monde arabe, ainsi que le sous-continent indien, l'Union soviétique et, naturellement, les États-Unis.

Nous nous déplacions toujours à bord du Boeing 727 de l'escadrille royale dont mon mari prenait la plupart du temps lui-même les commandes. C'était un pilote hors pair et il adorait taquiner les plus peureux de ses passagers en pratiquant ce que j'appelais son « pilotage limite ». Il est par exemple un épisode que j'ai grand plaisir à évoquer : un jour où nous approchions de l'aérodrome d'Akaba, il est descendu si bas qu'il a pratiquement rasé les flots du golfe, passant entre deux pétroliers mouillés tout près de notre jetée et volant en dessous du niveau de leur superstructure. Assise derrière lui dans le cockpit, j'ai vu les tours des navires nous dominer, et la plage, puis notre maison approcher jusqu'à pouvoir les toucher. J'en ai eu le souffle coupé. Lorsque les membres de son entourage que voler rendait nerveux – fonctionnaires, amis, parents, gardes du corps – voyaient Hussein se diriger vers le cockpit les yeux brillants d'une lueur particulière, ils se hâtaient de consulter leur boussole pour déterminer la direction de La Mecque et se mettaient à prier.

Les enfants adoraient être pilotés par leur père, et moi aussi. Il se montrait particulièrement inventif quand il était aux commandes de son hélicoptère dans l'espace aérien jordanien, ce qui faisait mourir de peur ses gardes du corps. Hamzah a tout de suite beaucoup apprécié les acrobaties auxquelles son père se livrait dans le ciel. « Encore papa, encore », disait-il en riant, à la grande frayeur des gardes qui blêmissaient. Il dépassait même quelquefois les limites, comme cela lui est arrivé un jour à Akaba lorsque son fils n'était pas encore en âge de l'applaudir. Il était descendu si bas au-dessus de la plage ce jour-là que les parasols s'étaient envolés, les chaises longues avaient été projetées dans l'eau et un nuage de sable avait enveloppé le grand landau démodé dans lequel Hamzah était couché. Je m'étais amusée du désordre qu'il avait semé, mais Dianne, la nounou, lui avait fait la leçon et lui avait reproché d'avoir attenté au bien-être de son enfant. Le roi avait présenté des excuses appropriées, mais personne ne doutait qu'il recommencerait.

Quand Hamzah était petit, il nous fallait emporter un matériel considérable quand nous l'emmenions en voyage parce que nous ne savions jamais si nous trouverions sur place tout ce dont nous avions besoin – berceau, baignoire, stérilisateur, etc. Mon mari avait l'habitude de dire en plaisantant que les bagages de son fils étaient plus volumineux que les siens, et la nounou en vint finalement à les charger à l'avance dans l'avion pour éviter que le roi ne les voie au moment du départ.

La première fois que nous sommes allés aux États-Unis, le voyage a été très éprouvant. Après nous être arrêtés en Angleterre, nous nous sommes posés à Terre-Neuve, à l'aérodrome de Gander, pour nous réapprovisionner en carburant. C'était la nuit, l'aérogare était fermée et nous avons dû faire les cent pas sur le tarmac dans le froid glacial jusqu'à ce que quelqu'un vienne nous en ouvrir la porte. Hamzah a attrapé un rhume qui a duré pendant tout notre séjour. Dianne, privée de ce fait de sommeil, est tombée malade et a perdu connaissance à bord de l'avion qui nous ramenait à Heathrow. Cet accès de faiblesse lui valut par la suite des taquineries sans fin de la part de mon mari qui l'accusait en plaisantant de tant appréhender les voyages en avion qu'elle s'était évanouie de frayeur.

Je me suis étonnée de ne pas me sentir plus nerveuse lorsque l'appareil qui nous transportait a amorcé sa descente sur Washington. Nous étions en juin 1980, et je n'étais pas retournée en Amérique depuis notre mariage, deux ans plus tôt. Les relations entre les États-Unis et la Jordanie étaient si tendues depuis les accords de Camp David que, lorsque mon mari était allé à New York faire un discours aux Nations unies, il n'avait pas été invité à rencontrer le président Carter. Ce voyage était une première pour chacun de nous : la première visite que je faisais dans mon pays natal en tant qu'épouse du roi Hussein, la première fois que nous serions reçus ensemble à la Maison Blanche, le premier séjour de Hamzah à Washington.

CHAPITRE 10

L'Amérique avec de nouveaux yeux

J'étais de retour aux États-Unis. Depuis que je les avais quittés, deux ans plus tôt, je m'étais mariée et j'avais donné naissance à mon premier enfant. Je me sentais chez moi en Jordanie où je menais une vie active et toujours mouvementée, ce qui était inévitable vu les événements politiques qui se succédaient dans la région et la dynamique compliquée de la cour royale. J'avais en réalité à peine eu le temps de sentir que l'Amérique me manquait. Mon cœur s'est cependant mis à battre un peu plus vite lorsque, assise dans le cockpit derrière mon mari qui pilotait, j'ai vu approcher la base aérienne d'Andrews située près de Washington, la ville où j'étais née, la ville qu'habitaient des souvenirs émus de ma jeunesse. L'émotion m'a de nouveau gagnée lors de la cérémonie organisée pour nous accueillir sur la pelouse de la Maison Blanche, en entendant les hymnes nationaux américain et jordanien. Ils me touchaient l'un autant que l'autre ; je devais allégeance aux deux pays qu'ils symbolisaient.

Mais ce n'était pas un voyage sentimental que nous entreprenions. Nous n'avions, ni le roi ni moi, pas d'illusions sur la difficulté de la tâche qui nous attendait. À Londres, où nous nous étions arrêtés, nous avions parlé jusque tard dans la nuit de ce que nous aurions à accomplir. Nous avions passé en revue les sujets sur lesquels les États-Unis et la Jordanie s'opposaient, et nous nous étions demandé comment remédier à leur mésentente. Une chose était claire : le président Carter s'était totalement investi dans les accords de Camp David et ne pouvait pas supporter que mon mari les critique. Le roi Hussein avait de son côté ses convictions à défendre. Il avait la ferme volonté de soutenir toute initiative susceptible de faciliter l'instauration de la paix au Moyen-Orient, mais il était convaincu qu'on n'y parviendrait que si le droit à l'auto-détermination des Palestiniens était reconnu et si les territoires occupés leur étaient rendus. Il était difficile d'imaginer comment opérer un rapprochement entre des points de vue aussi divergents, et impossible de deviner ce que l'avenir réservait.

Nous sommes arrivés à Blair House, la résidence réservée aux hôtes d'honneur face à la Maison Blanche. Nous y avons reçu un accueil enthousiaste parce que le personnel affectionnait Hussein qu'il connaissait bien, et aussi parce que Hamzah était le premier bébé à y avoir jamais habité. On nous a accompagnés à notre appartement, nous avons mis notre fils au lit et nous étions en train de défaire nos valises lorsque nous avons soudain vu le président Sadate apparaître sur l'écran de la télévision. Il fulminait contre mon mari et l'accusait d'être un opportuniste, un obstacle à la paix, un renégat qui ne tenait pas ses promesses. J'écoutais bouche bée. Hussein, qui avait pourtant souvent été témoin de pareilles exhibitions, était lui-même ahuri. Sa réaction a été de se replacer dans le long terme. « Je sais où je me situe », a-t-il dit aux journalistes lorsque nous sommes arrivés à la Maison Blanche pour le dîner officiel donné en notre honneur. « Je me suis toujours préoccupé du sort des générations futures. Il compte plus à mes yeux que les désaccords actuels. » Mais on ne pouvait pas se tromper sur le moment choisi par Sadate pour lancer ses invectives. Il coïncidait avec notre arrivée à Washington, et c'était de toute évidence un effort délibéré fait pour saboter les entretiens que mon mari aurait avec l'administration américaine, et pour envenimer les relations entre la Jordanie et les États-Unis.

Les risques courus par la Jordanie étaient gros. Pour obliger le roi à abandonner ses objections contre les accords de Camp David, le Congrès avait résolu de priver le pays de toute aide militaire. Danger plus grave encore, la paix séparée signée par Sadate avec Israël avait déclenché de nouveaux troubles au Moyen-Orient. Après avoir réussi à neutraliser l'Égypte, Israël avait envahi le Liban en 1978 et occupé, dans le sud du pays, la zone située entre la frontière israélienne et le fleuve Litani. Plus près de la Jordanie,

Begin avait contourné les restrictions formulées d'une façon obs-
cure dans les accords de Camp David et autorisé la construction de
nouvelles colonies juives en Cisjordanie. En 1980, les Israéliens
s'étaient approprié un tiers environ du territoire de la Palestine tel
qu'il existait avant 1948. Il y avait plus de soixante-quatorze colonies et lotissements en Cisjordanie occupée, et, en moins de deux
ans, le nombre des habitants y était passé de cinq mille avant les
accords, à plus de douze mille. Nous voyions avec horreur le gouvernement israélien continuer à transformer la Cisjordanie en un
réseau de camps armés, reliés entre eux par de nouvelles routes tra-
cées de façon à isoler les villages palestiniens, ce qui constituait
une violation flagrante du droit international. On pouvait se demander en quoi une telle politique était moins odieuse que l'apartheid
pratiqué en Afrique du Sud et si sévèrement condamné par
l'Occident.

La politique menée par Israël avait aussi un effet désastreux sur
les ressources en eau de la région. Celles de la Cisjordanie étaient,
à la date de notre visite officielle à Washington, sous le contrôle des
Israéliens qui s'en étaient emparés soit en confisquant soit en ache-
tant les terres des Palestiniens. Les puits que ces derniers possédaient encore étaient en passe de devenir inutilisables : en en
creusant systématiquement de plus profonds, les Israéliens les assé-
chaient ou en rendaient l'eau saumâtre. Les insatiables besoins
d'Israël, dont la population d'immigrés était en augmentation croissante et dont il fallait soutenir le développement agricole et indus-
triel, s'étaient multipliés par quatre depuis 1948, sans qu'aucun
infléchissement de cette tendance fût prévisible.

Il s'agissait là de problèmes cruciaux. Mais les dirigeants arabes
comme mon mari qui les abordaient avec franchise étaient diabolisés en Occident où on les accusait de s'opposer à la paix. Les ana-
thèmes lancés par Sadate faisaient oublier que, quelques mois
seulement avant notre visite à Washington, les chefs d'État présents
au sommet de Bagdad avaient *tous* réaffirmé leur volonté de travailler à la recherche d'une paix juste. Hussein avait, pour sa part,
accordé son appui à toutes les initiatives prises dans ce sens par les
Nations unies et par les États-Unis durant les présidences de
Johnson, Nixon et Ford. Après avoir soutenu avec enthousiasme la

proposition faite par Carter, il avait cherché, en 1977, à remettre la conférence de Genève sur les rails en s'efforçant de persuader les pays arabes d'y participer. Il était sur le point de réussir quand l'administration Carter avait pris un chemin différent en compagnie de l'Égypte.

Le roi Hussein était si préoccupé par la détérioration de la situation dans la région qu'à l'automne 1979, il s'était, pour la première fois depuis la guerre de 1967, adressé à l'assemblée générale des Nations unies pour demander que le Conseil de sécurité participe à la recherche d'une solution permettant de remédier aux malheurs des Palestiniens. « En énonçant sa politique officielle, Israël n'a jamais donné aux Palestiniens le moindre espoir de se voir reconnus comme un peuple ayant droit à une existence libre, exempte de toute menace et fondée sur l'autodétermination, déclara-t-il. Il a au contraire sali avec persistance l'image des Arabes en prétendant que les Palestiniens n'étaient que des terroristes. »

Ces paroles valurent à mon mari d'être accusé par Carter d'avoir retourné sa veste. « Nous avons tous été pris de colère lorsque Hussein s'est fait le porte-parole des Arabes les plus radicaux », devait écrire l'ex-président dans ses mémoires. Vu l'hostilité ambiante, je ne savais pas à quoi m'attendre lorsque nous avons été reçus par les Carter le lendemain de notre arrivée à Washington. J'ai été tout de suite frappée par le climat de très grande simplicité que le couple présidentiel avait instauré à la Maison Blanche. J'avais beaucoup de respect pour la façon nouvelle dont Rosalynn Carter concevait le rôle de première dame des États-Unis, et pour le désir qu'elle manifestait de poursuivre une action personnelle. Le président et son épouse étaient certainement tous deux intelligents, et nous avions, à propos de nos pays respectifs, les mêmes préoccupations, si ce n'étaient les mêmes priorités.

Nous avons d'abord rencontré le couple présidentiel lors d'une cérémonie d'accueil organisée à la Maison Blanche dont le caractère très officiel ne permettait aucun contact personnel. Hussein et moi avions été rejoints par Abdallah et Faysal qui faisaient tous deux leurs études aux États-Unis à l'époque. Le président Carter et mon mari sont ensuite allés s'entretenir dans le bureau ovale, et les dames – Mme Carter et moi, Joan Mondale, la femme du vice-président, et diverses épouses de personnalités américaines et jordaniennes – se sont réunies dans un salon.

Converser avec Mme Carter ne s'est pas révélé facile. Elle semblait distante et froide, et son attitude envers moi était à l'opposé de celle, chaleureuse, que j'avais rencontrée dans des circonstances semblables dans d'autres pays. Je ne savais que penser. Bien que surprise par l'attitude de mon hôtesse, je pensais qu'elle était peut-être due à une timidité que j'imaginais même douloureuse. Je me souvenais du terrible embarras auquel j'avais été en proie enfant et je pouvais comprendre qu'une épouse de président souffre d'un problème semblable.

Je m'étais renseignée sur la personnalité de Mme Carter avant d'aller à la Maison Blanche et j'étais donc au courant de l'intérêt qu'elle portait aux problèmes rencontrés par les handicapés mentaux. Lorsque j'ai essayé de la faire parler de son action dans ce domaine, elle s'est un peu animée, sans que la glace soit véritablement rompue entre nous. Je ne savais pas si son attitude était due à une extrême réserve naturelle, ou au désir de souligner la tension créée par nos divergences de vue à propos du Moyen-Orient. La deuxième hypothèse était sans doute la bonne, du moins était-ce là ce que je soupçonnais. Qu'elle soutienne et protège son mari était tout à fait naturel, et j'en aurais fait autant à sa place. À la fin, c'est grâce à Hamzah que nous nous sommes un peu rapprochées. Nous avons passé un très agréable moment, le meilleur probablement de tout mon séjour, lorsque, après cette première rencontre, elle m'a raccompagnée à Blair House pour faire la connaissance de mon fils. Elle a semblé se détendre complètement tandis qu'elle lui faisait des risettes et, dans cet environnement douillet, nous avons parlé enfants et famille.

Hamzah avait également le don d'apaiser son père. Hussein revenait souvent à Blair House exaspéré et découragé. Il avait toujours prouvé qu'il était un ami fidèle des États-Unis, mais les dirigeants du moment étaient sourds à ses arguments. Ils avaient les yeux fixés sur le prix qu'ils convoitaient – les accords de Camp David – et désiraient avant tout que rien ne les empêche de l'obtenir. De retour à Blair House après de pénibles séances à la Maison Blanche, au Département d'État et au Sénat, mon mari demandait où était son fils. Il le prenait dans ses bras, lui faisait des grimaces et jouait avec lui en lui parlant dans un mélange d'arabe et d'anglais. S'occuper de Hamzah le ravissait et le revigorait. Le bébé nous rappelait pourquoi nous nous battions et nous faisait retrouver le sens des proportions.

À Washington, j'ai accepté de donner des interviews à la presse dans l'intention de dissiper les malentendus que la question de Camp David avait créés. J'avais la naïveté de me croire capable d'amener les journalistes à parler de sujets graves. Tout en comprenant l'attrait de la nouveauté que présentait ma personne – j'étais la reine la plus jeune au monde et la seule à être américaine de naissance –, j'espérais être prise au sérieux et jugée crédible quand je parlais de problèmes importants. Cela n'a malheureusement pas été le cas : me qualifiant d'« ancienne décoratrice » employée par la compagnie aérienne jordanienne, le magazine *People* a évoqué avec persistance mon « roman d'amour », tandis que le *Washington Post* consacrait un paragraphe tout entier à la description flatteuse de la toilette que je portais lors d'une visite à la National Gallery of Art.

Peut-être étais-je trop impressionnable, mais, devant toutes ces allusions à mon apparence physique, je me sentais quelque peu désorientée. C'était certainement par galanterie qu'en prenant la parole au dîner officiel donné en notre honneur, le président Carter a commencé par dire : « Beaucoup de gens m'ont accusé de n'avoir invité Vos Majestés à Washington que pour avoir le plaisir de recevoir la reine Noor à la Maison Blanche. » Il faisait ainsi probablement allusion à la phrase restée célèbre de Kennedy qui avait déclaré n'être venu à Paris que pour « accompagner Jackie ». Il voulait sans nul doute me faire un compliment – quelle femme ne serait pas flattée d'être comparée à Jackie Kennedy ? Je n'ai néanmoins pas pu m'empêcher d'avoir l'impression d'être un accessoire inutile. Ce n'est que le lendemain, à un déjeuner donné en mon honneur, que je me suis sentie de nouveau en possession de mes facultés intellectuelles. J'avais été invitée par Jane Muskie, l'épouse du ministre des Affaires étrangères, et j'ai prononcé quelques mots brefs mais lourds de sens sur l'importance des relations américano-jordaniennes. Leïla Charaf m'a dit ensuite que c'était la première fois que je démontrais mes compétences en matière de politique en public et elle m'a encouragée à le faire plus souvent. J'ai senti la confiance me revenir.

Tandis que mon mari et les membres de la délégation poursuivaient leurs entretiens avec leurs homologues américains, j'ai demandé de mon côté à rencontrer Jack Valenti, le président de la Motion Picture Association (l'Association cinématographique américaine). Mon but était d'essayer de convaincre Hollywood de l'injustice qu'il y avait à stigmatiser les musulmans et les Arabes et d'obtenir que l'on présente d'eux un portrait plus équilibré et plus proche de la réalité. Tout membre de l'industrie cinématographique qui manifestait une quelconque sympathie pour eux et pour leur civilisation courait le risque de devenir *persona non grata* dans les studios. Je me rappelle avoir été horrifiée en voyant à la télévision l'émeute déclenchée en 1978 par la présence de l'actrice britannique Vanessa Redgrave à la cérémonie des Oscars. Au moment où elle était récompensée pour son rôle dans le film *Julia* (elle y incarnait un membre de la résistance antifasciste contre l'Allemagne nazie), elle avait été insultée par des militants de la Ligue pour la défense des Juifs, la JDL (Jewish Defence League) parce qu'elle était l'auteur de *The Palestinians (Les Palestiniens)*, un documentaire qui dépeignait le siège subi en 1976 par un camp de réfugiés palestiniens au Liban. Les manifestants avaient même brûlé son portrait. Aucun d'eux n'avait sans doute vu le documentaire en question – pas une seule chaîne américaine, pas même celle du service public, n'avait osé le montrer – mais l'agitation antiarabe et anti-Redgrave avait été si violente devant le théâtre où la cérémonie avait lieu que les équipes d'élite de la police de Los Angeles avaient dû être appelées pour disperser la foule.

Vanessa Redgrave était, à mes yeux, une femme courageuse et sensible, assurément pas un ennemi public. J'ai appris plus tard que c'était à Paris, pendant le tournage de *Julia*, qu'ayant rencontré un couple de jeunes Palestiniens, elle avait appris le drame qui s'était déroulé à Tal al-Zaatar, un camp de réfugiés situé au Liban. Une milice de chrétiens libanais de droite formés par Israël y avait tué des milliers d'hommes, de femmes et d'enfants au cours d'un siège qui avait duré cinquante-trois jours. Vanessa Redgrave avait été tellement outrée qu'elle avait vendu les deux maisons qu'elle

possédait en Angleterre, et, avec l'argent qu'elle en avait tiré, elle
avait recruté une équipe technique et un réalisateur avec lesquels
elle était allée au Liban pour tourner le documentaire. C'était ainsi
qu'elle était devenue le porte-parole de la cause palestinienne.

Je n'oublierai jamais la manière dont elle avait bravé les manifestants en acceptant l'Oscar qui lui était décerné. Elle ne se laisse-
rait jamais intimider par « une petite bande de voyous sionistes
dont le comportement portait atteinte à la réputation des juifs dans
le monde », avait-elle déclaré. Il y avait eu des sifflets dans la salle,
et quelques applaudissements, mais à partir de cette date, elle avait
été dans la ligne de mire de la JDL.

Tenter d'obtenir que les malheurs des Palestiniens soient présentés avec un peu plus de compassion au cinéma et que les Arabes et
les musulmans cessent d'y être constamment caricaturés a compté
parmi les activités que j'ai poursuivies tout au long de ma vie de
femme mariée. Il est insupportable, lorsque l'on se détend en regardant un film comique, de recevoir un choc lorsqu'un personnage
arabe fait son apparition. Selon les stéréotypes utilisés par les
médias, les Arabes étaient – et sont encore – des terroristes, des
goinfres que le pétrole a enrichis, des fanatiques religieux ou des
individus primitifs. *Aladin*, un film de Walt Disney sorti en 1992
illustre parfaitement ce genre de parti pris. Dans la première scène,
on voit un petit bédouin chanter au milieu d'un désert de bande
dessinée : « Oh, je viens d'un pays... où on coupe les oreilles des
gens dont la figure ne vous revient pas. C'est barbare ! Mais qu'est-
ce que j'y peux, c'est comme ça chez moi ! » Représenter les
Arabes d'une manière aussi négative et déformée empêche tout dialogue rationnel de se nouer. L'image qu'on projetait ainsi d'eux
occultait celle des gens aimables, civilisés et hospitaliers que je fréquentais quotidiennement en Jordanie.

L'American Motion Picture Association avait un bureau à
Washington et un autre à Los Angeles. En plus de promouvoir
l'industrie cinématographique américaine dans le monde entier,
elle menait des activités de lobbying et participait au financement
des campagnes électorales de certains membres du Congrès opposés aux positions prises par mon mari. Les principaux studios que
représentait Valenti étaient pour beaucoup, il convient de l'ajouter,

dirigés par des juifs qui, bien que larges d'esprit, étaient dévoués à la cause d'Israël dont ils défendaient la politique vaille que vaille.

Jack Valenti s'est montré très aimable lors de l'entretien que nous avons eu, et il a écouté attentivement mes arguments tandis que nous discutions des moyens de parvenir à ce qu'une version plus équilibrée de la civilisation arabe soit présentée au public. Il m'a cependant fait comprendre que, tout louables que fussent mes objectifs, mon initiative serait plus provocatrice aux yeux de l'industrie du cinéma que je ne le soupçonnais. Pour arriver à un quelconque résultat, il faudrait, m'a-t-il expliqué, que je séjourne longuement en Californie pour tenter de convaincre les directions des studios une par une. Il avait probablement raison, mais la Californie était loin de la Jordanie, et c'était avant tout à mon mari et à ma famille que j'avais le devoir de me consacrer.

Quelques progrès encourageants ont malgré tout été accomplis. J'ai été ravie de voir des Arabes montrés sous des dehors plus humains dans *Les Rois du désert,* le film de David O. Russell sorti en 1999 avec George Clooney, Mark Wahlberg et Ice Cube. J'ai été également enchantée de la parution récente de *Real Bad Arabs : How Hollywood Vilifies a People* (Ces vilains Arabes : comment Hollywood noircit un peuple), un livre de Jack Shaheen qui a attiré l'attention de la presse sur le problème. Dans les entretiens que j'ai régulièrement depuis quelques années avec les directeurs des studios, les producteurs et les acteurs, ainsi que ceux que j'ai eus tout récemment avec les membres du conseil d'administration de l'Institut cinématographique américain (l'American Film Institute), j'ai constaté que mes interlocuteurs étaient très sensibles aux effets négatifs que risque d'avoir le recours à la caricature, non seulement aux États-Unis mais aussi à l'étranger. Dans le monde arabe et ailleurs, le public est en effet tenté de voir dans les films dont les auteurs sont fidèles à de telles pratiques la preuve que les Américains continuent à nourrir des préjugés défavorables à l'égard des pays en voie de développement. L'armée a acheté cent mille exemplaires vidéo du *Message,* film de Moustapha Akkad, afin de le montrer aux soldats en partance pour l'Afghanistan. Le réalisateur a porté la vie de Mahomet à l'écran en respectant l'interdit islamique qui frappe toute représentation du Prophète. Le seul personnage qui apparaisse sur l'écran est Hamzah, l'oncle de Mahomet, incarné par Anthony Quinn. Les diplomates envoyés au Moyen-Orient ont tous l'obligation de voir ce film, ainsi que *Le Lion du désert* où le même Akkad décrit la guerre menée en Afrique pendant vingt-deux ans par les Bédouins contre les colonisateurs italiens.

La délégation jordanienne quitta les États-Unis sans qu'aucun progrès n'eût été accompli dans le domaine crucial des relations bilatérales. L'administration Carter semblait cependant mieux comprendre les problèmes qui se posaient et être prête à examiner quelques-unes des propositions spécifiques qui lui seraient faites pour sortir de l'impasse consécutive aux accords de Camp David. Les relations américano-jordaniennes n'en étaient pas moins plus distendues qu'elles ne l'avaient jamais été. Cet état de choses était particulièrement douloureux pour moi et m'obligeait à voir le pays où j'étais née avec des yeux nouveaux. J'avais été habituée à le considérer comme le champion de la liberté, de la justice et des droits de l'homme, mais, en se conduisant comme il le faisait envers la Jordanie, une amie et une partenaire de longue date, le gouvernement américain trahissait ces principes fondamentaux. Une évidence s'imposa à moi : le soutien que les États-Unis apportaient à Israël était indéfectible et durable. Fallait-il toutefois pour autant qu'un tel appui prenne le pas sur la recherche de la paix au Moyen-Orient, sur l'application du principe des droits de l'homme aux Arabes, sur le respect de la loi internationale et des résolutions du Conseil de sécurité des Nations unies ?

Me heurter pour la première fois au pouvoir du lobby sioniste m'ouvrit les yeux. Un Comité arabo-américain contre la discrimination avait bien été créé à Washington, l'année de notre visite, dans le but d'encourager la poursuite par les États-Unis d'une politique plus équilibrée au Moyen-Orient et pour lutter contre la diffusion de clichés antiarabes. Il faisait néanmoins piètre figure comparé à d'autres organismes, notamment au Comité des affaires publiques américano-israéliennes, l'AIPAC (American Israel Public Affairs Committee) dont les membres étaient à la tête de grandes sociétés américaines, occupaient des fonctions importantes au sein des médias, de l'industrie du spectacle, des institutions financières, des

professions libérales et, en nombre croissant, des cercles gouvernementaux aux échelons les plus élevés. Les efforts de propagande
que ces hommes déployaient étaient bien connus. Un exemple qui
m'a été relaté à la fin des années 1980 les illustre : une chaîne de
télévision avait décidé de critiquer l'action d'Israël face à l'*Intifada*
(le soulèvement palestinien) dans son bulletin d'informations ; cette
intention ayant été ébruitée, la direction avait reçu, deux heures
avant la diffusion du programme, des centaines de télégrammes
protestant contre les « préjugés » anti-israéliens qu'elle nourrissait.

Je connaissais l'existence de cet état d'esprit, fréquemment évoqué par les journalistes américains que j'avais connus quand je
séjournais dans la région avant mon mariage. Je les avais souvent
entendus se plaindre que leurs dépêches, équitables à leurs yeux,
étaient fréquemment modifiées par leurs rédacteurs en chef dans un
sens pro-israélien ; les récits dans lesquels ils présentaient les
Arabes sous un jour favorable étaient par contre accueillis sans
grand enthousiasme.

Un tel phénomène n'était pas surprenant. Plus qu'aucun autre
pays au XXᵉ siècle, l'Amérique a accueilli des juifs venus du monde
entier. L'intégration et l'assimilation de ces immigrants ont été très
réussies, et ils se sont hissés jusque dans les plus hautes sphères
d'influence et de pouvoir. Qu'ils se situent politiquement à gauche,
à droite, ou au centre, ils ont un sentiment en commun : leur attachement à Israël. Le cas des trois millions d'Arabes vivant en
Amérique est très différent. Ils sont issus de pays différents, prati-
quent des religions différentes, appartiennent à des civilisations différentes. Les uns, qui représentent la majorité, se sont fondus dans
la société américaine et ne veulent pas se mêler de questions prêtant à la controverse ; les autres se considèrent comme des hôtes de
passage qui attendent le retour du calme dans leur pays d'origine.
Le militantisme politique n'est pas une attitude naturelle chez eux,
et leur manque de cohésion nuit malheureusement à la cause arabe.

Dans ces circonstances, il n'est donc pas surprenant que notre
première rencontre avec les Carter eût été si malaisée. Les relations
que nous devions entretenir par la suite avec eux, surtout quand
Carter aurait quitté la présidence, devaient être chaleureuses et
empreintes de respect. Un esprit généreux anime les deux époux.

Lors de notre première rencontre, Rosalynn Carter ne savait, pour sa part, probablement pas quelle attitude adopter envers moi, une Américaine mariée à un dirigeant arabe et vivant dans un monde hostile aux accords de Camp David. C'était dommage car nous avions beaucoup en commun. Le président Carter, quant à lui, trouvait sans doute difficile de comprendre les raisons que mon mari avait de s'opposer à sa politique. Il n'avait pas mis un instant en doute les assurances données par Anouar al-Sadate quand celui-ci s'était déclaré certain que les Arabes le suivraient. Ses collaborateurs n'avaient en conséquence pas prêté attention aux arguments de mon mari, ni à ceux d'autres dirigeants arabes modérés dont l'opinion aurait pu influer sur le cours des choses.

Je soupçonne le président américain d'avoir même été personnellement blessé par ce qu'il considérait comme une rébellion de la part du roi Hussein. C'était regrettable, car il existait entre les deux hommes des affinités qui auraient pu les rapprocher : idéalisme et spiritualité étaient pour l'un et l'autre des sources d'inspiration. À l'époque, trop de facteurs extérieurs brouillaient les cartes. Néanmoins, après avoir quitté la présidence, Carter a fait entendre au sujet de la recherche de la paix dans notre région une opinion qui compte parmi les mieux informées, les plus sensibles et les plus équilibrées. Le respect considérable dont il jouit au Moyen-Orient et dans le monde entier n'a cessé de croître, comme le fit l'admiration que lui portait mon mari – et la mienne. J'ai eu l'immense privilège de faire partie, aux côtés de Rosalynn Carter, de la Commission internationale pour la paix et l'alimentation, et de participer à une action relative à la santé mentale menée au niveau mondial.

Après notre retour des États-Unis, nous avons poursuivi la série de nos voyages officiels en partant immédiatement pour la France, avant d'aller en Autriche et, de nouveau, en Allemagne. Le personnel qui nous a accueillis au château de Gymnich, près de Bonn, s'est montré ravi de la présence de Hamzah, lequel pouvait prétendre au titre de plus jeune hôte d'honneur dans les pays européens. S'occuper de lui était, j'imagine, beaucoup plus amusant que de veiller au bien-être des VIP habituels. Il était le premier bébé à loger au château, comme cela serait également le cas en

1982 dans les résidences réservées aux invités en France et en Union soviétique.

Notre second fils, Hachim, est né en 1981, le 10 juin, date historique qui marque le début de la Grande Révolte arabe. Le nom que nous avons choisi pour lui est celui du chef du clan Hachim, la puissante tribu Quraych de La Mecque à laquelle le prophète Mahomet et mon mari appartiennent tous les deux (c'est elle qui est à l'origine de l'appellation ancestrale de Hachémite revendiquée par la famille). Comme ce mouvement avait été conduit par l'arrière-grand-père de mon mari, le chérif Hussein, donner ce nom glorieux à notre cadet nous a semblé approprié.

Sa venue au monde a, elle aussi, été mémorable en ce qu'elle a résulté d'une décision dont lui seul a été le maître. La naissance de tous nos autres enfants a dû être provoquée, mais Hachim a pris tout le monde de court. Hussein avait passé la journée à Akaba avec le sultan d'Oman, un de ses amis les plus proches. Celui-ci devait partir le lendemain et mon mari, qui avait réglé lui-même les moindres détails de la visite, s'était, à son habitude, beaucoup dépensé. Le sultan Qabus nous recevait toujours avec des égards et un raffinement exceptionnels et, ne voulant pas se montrer en reste, mon mari avait veillé presque jusqu'à l'aube pour lui tenir compagnie jusqu'au dernier moment. À son retour à Amman, il était donc épuisé.

Avant de se mettre au lit, Hussein a pris un antihistaminique pour la sinusite chronique dont il souffrait. Je faisais, de mon côté, une crise d'allergie coïncidant avec la fin de ma grossesse et j'avais donc, pour trouver plus facilement le sommeil, mis un humidificateur en marche. Le docteur, qui m'avait examinée le matin même, ayant dit que je n'accoucherais pas avant au moins dix jours, rien ne semblait presser. Nuha Fakhouri, la nounou jordanienne que j'avais prise à mon service pour m'aider à préparer la venue du bébé, était donc allée se coucher dans l'aile de la maison réservée aux enfants.

Sitôt la lumière éteinte, mon mari est tombé dans un profond sommeil. Quelques minutes plus tard, j'ai ressenti – pour la première et dernière fois de ma vie – les contractions annonçant le début du travail. Je pensais qu'avec l'expérience qu'il avait des naissances, Hussein saurait me dire si je ne me trompais pas. Il ne m'a pas été d'un grand secours : « Je ne sais pas, a-t-il grommelé, va demander à Nuha. »

J'ai traversé la maison à pas chancelants pour aller jusqu'à la chambre de la nounou. Quand j'y suis arrivée, les contractions se succédaient presque toutes les minutes et je me tordais de douleur. « Nuha, Nuha, ai-je appelé, je crois que j'ai perdu les eaux. » Tirée d'un sommeil profond et pensant que je parlais de l'humidificateur, elle a répondu d'une voix pâteuse : « Bon, je vais venir le remplir. » « Ce n'est pas de ça qu'il s'agit », ai-je insisté. Heureusement, elle a tout à coup compris ce qui arrivait et a appelé le médecin. De retour dans notre chambre, j'ai secoué mon mari et lui ai dit que j'avais besoin d'être conduite immédiatement à l'hôpital. Il semblait si engourdi que j'ai ajouté que j'irais sans lui. « Non, non, il n'en est pas question », a-t-il répondu. Il s'est péniblement levé, s'est rasé et habillé avec des gestes lents pendant que je me préparais tant bien que mal. Nous avons fini par arriver à l'hôpital un peu avant le médecin qui a pris la situation en main sans avoir eu le temps de passer sa blouse.

Nuha a participé aux premiers soins donnés au nouveau-né et a continué à s'occuper de lui quand je l'ai ramené à la maison. Faire venir une nounou anglaise ou européenne était une coutume fermement établie dans la famille, aussi ma décision d'engager une Jordanienne avait-elle provoqué quelques moues réprobatrices autour de moi. C'est pourtant grâce à Nuha, et aux jeunes compatriotes qui lui ont succédé, que nos enfants ont appris à parler couramment l'arabe.

Mon mari a passé l'été 1981 à se faire un terrible souci pour la région, comme cela lui arrivait souvent. Il a recommencé à fumer, habitude qu'il avait abandonnée pendant six mois, et il n'était pas difficile de comprendre pourquoi. Au cours de l'année qui venait de s'écouler, la guerre entre l'Iran et l'Irak, notre voisin, avait pris un caractère chaque jour plus meurtrier. Dispute frontalière au départ, elle était aussi pour Saddam Hussein un moyen d'empêcher le nouveau régime au pouvoir en Iran d'exporter ses idées révolutionnaires dans la région. Elle s'était transformée en un conflit sanglant qui devait durer huit ans, entraîner plus d'un million de morts et ruiner l'économie des deux belligérants. Quand elle prit fin, elle avait coûté plus d'argent que ce que le tiers-monde consacre à ses dépenses de santé en dix ans.

En Occident et dans le monde arabe, de nombreux dirigeants voyaient dans la guerre menée par Saddam le seul moyen d'empêcher la diffusion de la version révolutionnaire et politisée de l'islam prônée par Khomeyni, ce qui expliquait le large soutien dont le dirigeant irakien jouissait de la part de la communauté internationale. Le roi Hussein lui rendait souvent visite en compagnie d'Abou Chaker, le commandant en chef de l'armée jordanienne, surtout lorsqu'il avait subi des revers militaires.

Le drame absurde que constituait la guerre Iran-Irak était l'occasion pour l'hypocrisie qui caractérise souvent la politique internationale de se manifester. Alors même qu'ils punissaient la Jordanie en refusant de lui livrer des armes, les États-Unis faisaient souvent parvenir secrètement par son intermédiaire du matériel de guerre et des renseignements à l'Irak, hostile pourtant à Israël. Mon mari et Abou Chaker recevaient régulièrement des indications envoyées par les militaires américains concernant notamment l'emplacement des dépôts de munitions de l'armée iranienne, le positionnement de son artillerie sur le front et les mouvements de ses troupes. La Jordanie transmettait ces informations aux Irakiens qui en faisaient naturellement bon usage. Ayant découvert un jour que les États-Unis maintenaient aussi, depuis le début des hostilités, des contacts directs avec les Irakiens, Abou Chaker conclut que la Jordanie n'était pour eux qu'une couverture à utiliser en cas de besoin. Il pria les Américains de cesser ce petit jeu et de communiquer directement avec les Irakiens par l'intermédiaire de leurs propres attachés militaires. Ce fut probablement ce qu'ils firent.

Au Moyen-Orient, les apparences sont généralement trompeuses en politique, et la Jordanie, petit pays entouré de voisins en ébullition, se trouvait toujours prise entre deux feux. Au début des années 1980, un accord avec Israël semblait de plus en plus improbable. La victoire remportée aux élections par le Likoud, le parti conservateur de Menahem Begin, avait rendu inéluctable la poursuite par Israël d'une politique expansionniste aventureuse. Les États-Unis, son plus indéfectible allié, s'étaient eux-mêmes alarmés lorsque, en juin 1981, leur protégé avait violé l'espace aérien de son voisin pour aller bombarder le réacteur nucléaire irakien d'Osirak. Nous étions en route pour Akaba le jour où l'attaque s'était produite et mon mari avait remarqué la direction inhabituelle prise par les jets israéliens, mais lorsqu'il eut compris de quoi il retournait, il était trop tard pour intervenir. Israël bombarda aussi Beyrouth et pénétra en Syrie où il annexa le Golan, violant ainsi une fois de plus la résolution 242 des Nations unies. Menahem Begin continuait en même temps à autoriser la création d'un nombre croissant de colonies israéliennes en Cisjordanie occupée, et mon mari se demandait avec inquiétude si la campagne menée pour chasser la population palestinienne ne prolongerait pas la crise en provoquant une flambée d'extrémisme et en inondant la Jordanie d'une nouvelle vague déstabilisatrice de réfugiés.

Nous sommes retournés aux États-Unis en novembre pour y faire une seconde visite officielle. Reagan occupait cette fois la Maison Blanche. Le Moyen-Orient était en proie à de terribles turbulences. L'Iran et l'Irak étaient non seulement en guerre, mais Israël lançait des raids répétés contre des cibles palestiniennes au Liban, bombardant et mitraillant les villages côtiers. En outre, quelques semaines avant notre arrivée, Anouar al-Sadate avait été assassiné par des officiers islamistes appartenant à sa propre armée. Nous avons appris la nouvelle en écoutant la radio pendant que nous prenions un déjeuner tardif dans les environs d'Amman. Elle a terriblement choqué mon mari, et l'a aussi peiné en dépit des différends qui l'avaient opposé au dirigeant égyptien.

J'ai tout de suite eu une pensée pour Jehane, la femme de Sadate. Je ne l'avais jamais rencontrée à cause de l'isolement dans lequel le monde arabe avait tenu l'Égypte après les accords de Camp David, mais j'étais moi aussi l'épouse d'un chef d'État arabe en butte à de nombreuses menaces et terriblement vulnérable. La paix signée par Sadate avec Israël avait enflammé l'islamisme déjà en pleine expansion dans son pays, et les tenants de ce mouvement le traitaient de marionnette de l'Occident. L'économie égyptienne donnait en outre des signes de faiblesse, le chômage augmentait et les

services publics étaient souvent défaillants tandis que les extrémistes gagnaient en popularité en créant des dispensaires, des
écoles religieuses et des mosquées où leurs imams attaquaient le
gouvernement dans leurs prêches.

C'était l'Iran qui finançait les islamistes égyptiens, pensaient
certains observateurs, tandis que d'autres blâmaient la Libye. Quoi
qu'il en fût, leur influence ne pouvait manquer d'être la cause de
troubles civils. Ils avaient protesté avec véhémence lorsque Sadate
avait invité le chah d'Iran, détrôné depuis peu, à séjourner en
Égypte, et avait organisé des funérailles officielles après sa mort au
Caire, en 1980 ; ils avaient laissé leur fureur éclater lorsque le président était allé en voyage officiel aux États-Unis en août 1981.
À son retour, Sadate avait fini par sévir. Deux mois plus tard, il
était mort.

« Est-ce que je ne pourrais pas au moins téléphoner à Mme
Sadate pour lui exprimer ma sympathie ? » ai-je demandé à mon
mari le jour où nous avons appris l'assassinat. Vu les circonstances,
je savais que nous ne pourrions pas nous rendre en Égypte, mais je
voulais lui dire que je partageais sa peine. « Non, a répondu
Hussein, j'enverrai des condoléances de notre part à tous les deux.
Si tu téléphones, les médias égyptiens verront dans ton appel le
signe d'une normalisation imminente, et la chose pourrait se retourner contre nous. » Bien que je n'aie jamais pu le dire à Jehane
Sadate, je ressentais beaucoup de compassion pour elle. Comme
moi, elle avait vécu avec la peur constante que l'une des innombrables menaces pesant sur son mari ne se matérialise, et le cauchemar était devenu réalité.

Mon mari écrivit à Mme Sadate une lettre pleine de tact qu'elle
cite dans ses mémoires. C'est la seule qu'elle ait reçue d'un dirigeant arabe à l'occasion de son deuil. Les sentiments d'hostilité qui
règnent dans notre partie du monde sont si profondément enracinés
que les gens dansèrent dans les rues de Bagdad en entendant la nouvelle de l'assassinat de Sadate, et que l'Iran et la Libye appelèrent le
peuple égyptien à profiter de l'occasion pour renverser le gouvernement et faire de leur pays un État islamique. Les Palestiniens se
réjouirent eux aussi. Ils considéraient Sadate comme un traître parce
qu'il avait vendu leurs droits à Camp David. « Nous serrons la

main qui a appuyé sur la détente », dit un chef militaire de l'OLP au Liban.

Pendant la visite que nous avions faite aux États-Unis en novembre, j'avais accepté de m'adresser au club de discussion de l'université de Princeton, mon *alma mater*. Je n'avais encore jamais pris la parole en public en Amérique et j'avais passé des semaines à mettre mon exposé au point. Il n'y avait, à la cour, aucun professionnel chargé de rédiger les discours, et seuls quelques conseillers bien intentionnés fournissaient à Hussein des textes qui, écrits dans le langage fleuri utilisé par les Arabes dans ce genre de circonstance, étaient plus appréciés en Jordanie qu'en Occident. Au fil du temps, j'ai insisté pour que mon mari improvise ses allocutions, ce pour quoi il est doué. Pour ma part, je sentais le besoin d'une préparation plus minutieuse, surtout au début.

Durant le dîner qui a précédé mon intervention, j'ai été incapable de manger et j'ai dû sortir quelques instants pour tâcher de recouvrer mon calme. Me trouver face à un public d'étudiants et d'éminents professeurs appartenant à une institution dont je n'étais sortie diplômée que quelques années plus tôt me remplissait d'appréhension. J'ai essayé de dominer mon trac en me rappelant le but que je m'étais fixé : combler le fossé séparant les peuples arabes et américains.

Les questions posées quand j'ai fini de parler m'ont rassurée. Elles étaient pour beaucoup banales, touchaient à des questions personnelles ou dénotaient un esprit étroitement princetonien. « Votre mari est-il du genre Cottage Club ? » m'a par exemple demandé un étudiant. Cependant, comme la soirée tirait à sa fin, plusieurs auditeurs se sont lancés l'un après l'autre dans des harangues dans lesquelles les Arabes étaient diabolisés et l'histoire du conflit israélo-arabe déformée.

J'étais stupéfaite et désemparée. Le temps me manquait pour rétablir la vérité sur une période qui couvrait cinquante ans d'histoire, mais je ne pouvais pas laisser passer de telles contrevérités sans les réfuter. Je sentais mes idées se brouiller et la confiance m'abandonner tandis que je m'efforçais de répondre d'une façon crédible. J'appris plus tard que le texte de mes contradicteurs leur avait été fourni par un organisme new-yorkais pro-israélien.

Je n'ai eu à faire face à ce genre d'incident qu'à Princeton. La seconde fois où la chose s'est produite, plusieurs années plus tard, j'étais mieux armée pour réagir. Lorsque, après avoir lu sa déclaration, son auteur s'est immédiatement dirigé vers la porte, tout le monde a compris de quoi il retournait. « Vous restez ou vous partez ? » ai-je demandé du haut de l'estrade. « Vous ne voulez pas entendre ma réponse ? » Mon contradicteur avait été envoyé par un groupe de partisans d'Israël, la chose crevait les yeux, et mon auditoire, qui l'a compris, a éclaté de rire. Ces deux épisodes montrent les méthodes que les organismes de ce genre sont prêts à employer pour contrer tout point de vue différent du leur sur le Moyen-Orient.

Bien que très occupée quand nous allions aux États-Unis, j'ai toujours pris un grand plaisir aux visites que nous y faisions, surtout parce qu'elles me donnaient des occasions, malheureusement rares, de voir ma famille et mes amis. Ma mère ainsi que mon père et sa seconde femme, Allison, assistèrent au dîner officiel donné à la Maison Blanche à l'automne 1981 ; ma sœur Alexa, qui vivait à Dallas où elle suivait les cours de la faculté de droit de l'université méthodiste du Sud, y était aussi, ainsi que mon frère Christian qui était venu de Californie. Obéissant à sa passion pour la musique, il y avait créé une société pionnière qui produisait des logiciels utilisés par des artistes comme les Rolling Stones, Sting, U2 et Michael Jackson. Séparés par la distance et par nos activités respectives, nous nous étions éloignés, et j'étais particulièrement désireuse de le revoir.

J'ai fait inviter Marion Freeman, une ancienne camarade de Concord et de Princeton, à un déjeuner donné le lendemain en mon honneur par Barbara Bush à Blair House. À Los Angeles, où nous sommes allés plus tard, j'ai tenu à revoir Sarah Pillsbury. Devenue productrice de cinéma, elle avait gagné un Oscar pour son premier film, un court métrage intitulé *Board and Care* où figuraient deux acteurs atteints de mongolisme. Je voulais que mes amis fassent connaissance avec mon mari et comprennent pourquoi je l'avais épousé. Mes raisons ont tout de suite été évidentes pour Sarah. Nous l'avions invitée à déjeuner et, pensant qu'il s'agirait d'un repas officiel, elle s'était habillée en conséquence, ainsi que son mari qui l'accompagnait. Mais Hussein avait entendu parler d'un petit restaurant mexicain situé dans un quartier reculé. Sarah aimait raconter plus tard comment ils avaient été conduits dans une voiture environnée d'une nuée de véhicules de sécurité, de motards de la police et d'agents secrets, et avaient été déposés devant un bouiboui où le roi Hussein les avait accueillis à sa manière chaleureuse et avait serré la main au personnel de l'établissement. Tout le monde avait pris beaucoup de plaisir à la soirée, lui le premier.

Nous devions ensuite nous rendre au Canada où mon mari désirait conférer avec le Premier ministre, Pierre Trudeau. Le déjeuner auquel nous avions assisté à Houston avant notre départ avait duré plus longtemps que prévu, et le mauvais temps nous avait retardés en route. Nous n'étions néanmoins pas très inquiets car nous pensions que notre visite, la première dans ce pays, avait un caractère privé. Un malentendu s'était cependant produit, et les choses ont failli très mal tourner. Lors de notre atterrissage à Ottawa, nous avons été surpris d'entendre notre ambassadeur et le chef du protocole canadien venus nous chercher à la porte de l'avion nous apprendre qu'ils avaient dû retarder la cérémonie organisée pour nous accueillir. Nous ne nous attendions pas à de telles solennités et ne nous y étions pas préparés, mais, comme par chance, il faisait très froid, nous avons pu cacher nos tenues de voyage en boutonnant nos manteaux. Nous avons été ainsi dignes des honneurs militaires qui nous ont été rendus.

Une fois arrivés à la résidence réservée aux hôtes d'honneur, le gouverneur général nous a fait remarquer lui aussi que nous étions en retard et qu'il nous restait peu de temps pour nous habiller pour le banquet officiel donné le soir même. « Vous porterez votre diadème et vos décorations, n'est-ce pas ? » m'a demandé notre hôtesse en nous accompagnant jusqu'à nos appartements. Quand je lui ai expliqué que je ne les avais pas avec moi, elle s'est exclamée d'un air indigné : « Comment, vous n'emportez pas votre diadème et vos décorations en voyage ? — Non. Nous nous déplaçons rarement avec nos insignes royaux, nous ne nous en munissons que pour rendre visite à d'autres monarques », ai-je répondu, irritée. Elle a eu l'air horrifié et je me suis demandé comment les choses allaient tourner. Nous sommes parvenus à faire bonne figure au banquet officiel ce soir-là, mais, le lendemain, tous les journaux soulignaient notre grossier manque de ponctualité, et nous nous sommes sentis très gênés.

Deux jours plus tard, tandis que nous nous apprêtions à partir, je me suis encore une fois déshonorée. J'avais mis une paire de chaussures neuves et, en descendant l'escalier, j'ai perdu l'équilibre à mi-chemin. Après avoir glissé sur les genoux jusqu'au bas des marches, je me suis retrouvée aux pieds du gouverneur général qui, la mine sévère, s'y tenait avec sa femme, mon mari et l'aide de camp de celui-ci. J'ai lentement relevé la tête et j'ai souri comme si de telles acrobaties m'étaient habituelles. L'aide de camp m'a tendu la main pour m'aider à me relever, quelques rires ont fusé, puis tout le monde a fait comme si rien ne s'était passé.

Par bonheur, ce voyage est resté unique en son genre. Nous sommes retournés au Canada de nombreuses fois au fil des années et nous n'y avons plus jamais été en butte aux mêmes difficultés. En fait le Canada est, de tous les pays, celui pour lequel je ressens le plus d'affection et avec lequel j'ai le plus d'affinités. J'apprécie en effet l'esprit pionnier avec lequel il soutient les causes humanitaires qui me sont chères – la recherche de la paix mondiale, l'aide aux réfugiés et l'application de la convention d'Ottawa interdisant les mines terrestres.

Les Canadiens ont souvent fait preuve d'indulgence à notre égard. Ils y ont été obligés : pour des raisons qui nous sont restées obscures, nous les avons presque toujours fait attendre. Une de ces occasions est restée gravée dans ma mémoire. Mon mari avait voulu piloter lui-même afin d'être sûr que nous serions à l'heure ; quelqu'un dans notre entourage s'étant trompé dans le calcul des fuseaux horaires, nous sommes arrivés une fois de plus avec une heure de retard ; personne n'avait pensé à m'en avertir et je ne l'ai appris qu'au moment où j'étais sous la douche, en train de me laver les cheveux, que j'avais très longs ; pensant disposer d'une heure et demie pour me préparer, je me suis tout à coup aperçue que j'avais en réalité moins d'une demi-heure. Nous étions invariablement dans notre tort, et nous étions très penauds, mais les Canadiens nous ont toujours montré beaucoup de mansuétude une fois le premier manquement pardonné. Le plus mortifié de tous était mon mari. Perfectionniste dans l'âme, il tenait à ce que tout soit fait dans les règles, quelle que soit la nature du voyage, et nous n'avons jamais compris pourquoi la chose semblait toujours impossible dans le cas du Canada.

De retour en Jordanie, soulagée, j'ai attendu avec impatience que s'ouvre le festival de la culture et des arts qui devait se dérouler en octobre 1981 dans les ruines spectaculaires de l'antique cité de Jérach. Édifiée au IIᵉ siècle avant J.-C. par les soldats d'Alexandre le Grand, puis reconstruite par les Romains aux Iᵉʳ et IIᵉ siècles après J.-C., cette ville possède deux magnifiques théâtres romains exhumés dans un excellent état de conservation, un réseau de larges rues bordées d'arcades, des places entourées de colonnes ioniques et corinthiennes, des arches massives, des temples et des thermes. Je désirais vivement rendre ce lieu splendide à la vie et lui permettre de retrouver le rôle de centre culturel et commercial qu'il avait joué jadis. Plus tôt cette année-là, à l'occasion d'un spectacle qui s'était déroulé dans un modeste gymnase universitaire, j'avais fait remarquer que les superbes amphithéâtres de Jérach, d'Amman et de Pétra constitueraient des cadres plus appropriés pour de telles manifestations. Pourquoi ne pas les utiliser ? Nous avons formé un comité constitué d'Adnan Badran, le président visionnaire et dynamique de l'université de Yarmouk auquel se sont joints d'autres intellectuels jordaniens, et nous avons décidé d'organiser un premier festival où figureraient des artistes jordaniens susceptibles de plaire à un large public. L'occasion de faire connaissance avec le riche patrimoine architectural et culturel dont leur pays était dépositaire serait ainsi donnée à un vaste auditoire.

Les manifestations durèrent trois jours et l'accueil qui leur fut fait nous enchanta. Encouragés par ce premier succès, nous décidâmes d'en faire un événement annuel de dix jours qui devint au fil du temps un festival unique en son genre au Moyen-Orient et attira en Jordanie des artistes venus du monde entier.

J'avais retenu les leçons tirées du festival de Chiraz. On y avait donné des spectacles européens et américains avant-gardistes et, bien que dicté par des intentions excellentes, ce choix avait provoqué des critiques virulentes. J'espérais pouvoir mettre au point des programmes plus équilibrés où une place serait réservée aux traditions populaires arabes et musulmanes à côté d'éléments représentatifs de la culture contemporaine régionale et internationale.

Après des débuts prometteurs, le bouche-à-oreille fonctionna merveilleusement, et les gens vinrent par milliers de Jordanie, du monde arabe et d'ailleurs, pour assister au festival. Les années suivantes, la date en fut fixée en juillet pour la faire coïncider avec la saison touristique. Les antiques théâtres à ciel ouvert et les divers autres monuments servirent, au fil du temps, de cadre à des artistes jordaniens, mais aussi à des ensembles de musique arabes et européens, à des pièces de Shakespeare mises en scène par la British Actor's Theatre Company, à *Rigoletto* chanté, en 1998, par une troupe italienne (une première en Jordanie), à la troupe de danseurs libanais Caracalla, et à des gitans espagnols dansant le flamenco qui recueillirent les suffrages de mon mari. Au crédit du festival, il faut aussi inscrire l'honneur d'avoir lancé Majda el-Roumi, une chanteuse libanaise belle et talentueuse qui fit par la suite une magnifique carrière internationale et que nous sommes venus à beaucoup apprécier, Hussein et moi.

À la fin de l'année 1981, l'université de Georgetown m'a invitée à donner une conférence au Centre d'études arabes contemporaines. « Étant donné les circonstances et le prestige dont jouit cet institut, il conviendrait que j'aborde des sujets graves », ai-je fait remarquer à mon mari qui n'était pas allé aux États-Unis depuis plusieurs mois et que la détérioration de la situation au Moyen-Orient inquiétait terriblement. Après m'avoir encouragée à accepter, il a dit qu'il serait en effet bon que je donne à mon intervention un caractère plus politique que d'habitude. Nous la préparerions ensemble, a-t-il ajouté.

Le texte que nous avons mis au point avait la forme d'une lettre ouverte adressée par le roi Hussein aux États-Unis, accompagnée de commentaires représentant ma propre opinion sur la situation au Moyen-Orient. Que l'épouse d'un chef d'État – d'un État arabe qui plus est – délaisse les sujets habituels touchant aux enfants ou à la culture pour parler de politique ne manquerait pas de soulever la polémique. On accuserait Hussein de se servir de moi. Mais je n'étais pas une marionnette, je partageais ses frustrations, son désir de voir la paix et la stabilité régner dans la région. À travers mes paroles, ce serait mon cœur autant que le sien qui s'exprimerait.

C'était la première fois que j'allais aux États-Unis seule depuis que j'étais reine. À Washington, habitée par mes obsessions habituelles, j'ai réécrit ma conférence jusqu'à la dernière minute dans ma chambre d'hôtel, en pensant aux cinq cents personnes qui m'écouteraient – des diplomates, des professeurs, des étudiants, des journalistes. J'avais juste fini d'en peaufiner la vingtième version et j'étais habillée, prête à partir pour l'université, quand le téléphone a sonné : « Je viens de me rendre compte de ce que tu es sur le point de faire pour moi, et de la situation dans laquelle je t'ai mise, ai-je entendu mon mari dire. Je suis tellement nerveux que j'ai pris un Valium. — Merci, ai-je répondu en riant. C'est très réconfortant. »

Un peu plus tard, face à mon auditoire, il m'est apparu que je n'aurais qu'une seule occasion de présenter les arguments que je m'étais donné tant de mal à rassembler. Mieux valait prendre plaisir à ce que je faisais. Mon angoisse s'est évaporée. J'ai commencé à parler et j'ai notamment fait allusion à la croyance quasi mythique selon laquelle Israël était un modèle de démocratie. Me référant à des événements récents, j'ai dit : « Israël est une démocratie dans laquelle un jeune garçon qui jette une pierre à une patrouille de soldats mérite qu'on lui tire dessus, que lui et sa famille soient chassés de chez eux, que leur maison soit démolie et que tout ce qu'ils possèdent sur cette terre soit détruit. » On ne trouverait de solution au conflit arabo-israélien que si l'autodétermination des Palestiniens était reconnue, le droit international respecté, les réfugiés palestiniens rapatriés et dédommagés, ai-je répété.

Je savais que le moindre de mes mots, la moindre de mes phrases seraient analysés, et éventuellement critiqués. Tout faux pas de ma part serait utilisé pour présenter au monde arabe une image déformée de la position jordanienne et compliquer les relations de notre pays avec les États-Unis.

Le *Washington Post* avait envoyé un spécialiste de la mode pour couvrir l'événement et, une fois de plus, l'article qui parut dans ce journal insistait davantage sur la façon dont j'étais habillée que sur ce que j'avais dit. Mes paroles étaient cependant dans l'ensemble citées correctement, et j'ai compris qu'il me fallait accepter les inévitables allusions à mon apparence physique et à mon « roman d'amour ». Tant que mon message passait, je devais m'estimer satisfaite. À dater de ce jour, j'ai eu un rôle nouveau à jouer sur la scène publique.

J'étais, de mon propre aveu, une énigme en Occident, et pas seulement pour les journalistes. J'étais atypique, et donc difficile à classer. Née et élevée en Amérique, j'étais citoyenne jordanienne et on m'appelait « Majesté ». Mon horizon s'était suffisamment élargi pour me rendre capable de comprendre la mentalité arabe et musulmane, mais je n'en étais pas moins américaine, par l'allure, par la langue, par mes références culturelles. J'avais épousé un chef d'État dont la position à la tête de son pays était héréditaire. Son mandat ne se limitait pas à quatre ans, il durerait toute sa vie. Il en allait de même pour moi.

En automne 1982, mon mari se consacra tout entier à la mise en œuvre d'un programme pour la paix au Moyen-Orient – un de plus –, élaboré cette fois par l'administration Reagan. Il devait prendre diverses formes pendant les six années qui allaient suivre, soulever des espoirs et les détruire tour à tour. Avec le recul, je pense que cette période fut pour Hussein la plus frustrante de sa vie.

L'initiative de Reagan était née de la violence qui s'était déchaînée au Moyen-Orient au début des années 1980, et de l'expansionnisme débridé d'Israël. En juin 1982, deux mois avant la conférence que j'avais donnée à l'université de Georgetown, les forces israéliennes avaient envahi le Liban sous la conduite du ministre de la Défense, Ariel Sharon. Cette attaque avait été suivie par le bombardement prolongé de Beyrouth et par le massacre de sept cents Palestiniens, hommes, femmes et enfants, dans les camps de réfugiés de Sabra et de Chatila.

Nous fûmes atterrés, Hussein et moi, par la perte de vies humaines et angoissés à l'idée de ce que l'invasion du Liban par Israël laissait présager. Des événements de même nature s'étaient déjà produits en 1978, et les Arabes s'étaient révélés incapables de résister à une action qui avait forcé quelque deux cent vingt-cinq mille Libanais à fuir leurs villages. La vague des réfugiés chassés du Liban, associée à la poursuite de la politique de colonisation menée par Israël et aux déclarations provocatrices émanant de son gouvernement conservateur – « la Jordanie est la Palestine » affirmait-il – convainquit Hussein que la Cisjordanie était aussi vulnérable que la Palestine, qu'elle n'était pas à l'abri d'une agression israélienne qui déclencherait un flot de réfugiés. Il était plus urgent que jamais de trouver une solution politique, aussi Hussein approuva-t-il avec prudence le projet de Reagan que lui apporta Nick Veliotes, un ancien ambassadeur des États-Unis en Jordanie, envoyé secrètement par l'administration américaine. Il exprima cependant avec insistance l'espoir que les États-Unis en honoreraient les dispositions.

Les contacts qu'il avait déjà eus avec Reagan avaient beaucoup inquiété Hussein. Lyndon Johnson et ses successeurs avaient tous qualifié d'« illégales » les colonies israéliennes installées sur le territoire de la Palestine, ou les avaient tout au moins déclarées contraires au droit international. Le nouveau président avait rejeté le point de vue de ses prédécesseurs et modifié la politique américaine sur ce point. Il l'avait annoncé en 1981, deux mois après avoir pris ses fonctions. Indigné, mon mari avait immédiatement réagi : « Je suis stupéfait que vous ayez décidé que les colonies ne sont pas illégales », avait-il protesté.

Connu sous le nom de « Plan Reagan », le document que Veliotes soumit à Hussein demandait un gel des implantations juives dans les territoires occupés de Cisjordanie et le retour aux frontières d'avant la guerre de 1967 en échange de la paix. La création d'un État palestinien indépendant n'était pas mentionnée, mais l'association des territoires occupés de la Cisjordanie et de Gaza avec la Jordanie était suggérée, le statut définitif de la confédération formée par ces trois entités devant faire l'objet d'une négociation à laquelle participeraient Israël et une délégation jordano-palestinienne. Certain que les États-Unis tiendraient cette fois parole, mon mari donna son accord.

Menahem Begin refusa de faire de même. Il n'avait aucune intention de se conformer à la résolution 242 et rejeta immédiatement la proposition de Washington. Il nargua même l'administration américaine : la semaine de l'annonce du plan, son gouvernement alloua plus de dix-huit millions de dollars à la construction de trois nouvelles implantations en Cisjordanie et approuva celle de sept autres, ajoutant quelque cent camps armés et trente mille colons israéliens à ceux déjà établis illégalement dans cette région.

Reagan ne réagit qu'assez mollement. En omettant d'exiger l'application des dispositions du plan qui portait son nom, il trahissait les assurances qu'il avait données à mon mari. Se contentant de qualifier l'action de Begin de « malvenue », il dit que le gouvernement américain s'efforcerait de faire comprendre au dirigeant israélien et à ses collègues « à quel point les colonies mettaient la paix en danger ». Ces remarques ne ressemblaient en rien au désaveu prévu dans le document signé par mon mari, lequel préconisait « l'adoption immédiate par Israël d'un gel des implantations ».

Le roi Hussein n'en continua pas moins à se montrer optimiste tandis qu'il faisait la tournée des pays du Moyen-Orient pour essayer d'obtenir un consensus arabe au sujet du plan Reagan. Il fut néanmoins déçu, lors d'un sommet réuni à Fez une semaine après la publication dudit plan, d'entendre les dirigeants arabes refuser de confier le soin de négocier à une délégation jordano-palestinienne et affirmer une nouvelle fois que l'OLP était le seul représentant légitime du peuple palestinien. Il se savait considéré comme un partenaire fiable tant par Israël que par les États-Unis, ce qui n'était pas le cas des « terroristes » de l'OLP.

Le sommet de Fez n'eut toutefois pas que des aspects négatifs. Si tout le monde s'attendait à ce que les participants réclament le droit à l'autodétermination pour les Palestiniens et le démantèlement des colonies juives, il était plus surprenant de les voir reconnaître pour la première fois que le retrait des troupes israéliennes derrière les frontières d'avant 1967 constituait une condition de la paix. L'appel fait au Conseil de sécurité des Nations unies pour demander, sans nommer Israël, de garantir la paix « entre tous les pays de la région » n'était pas moins étonnant. Cette reconnaissance *de facto* d'Israël représentait une avancée importante. Tous les regards se tournèrent donc vers l'OLP.

Cette organisation n'avait jamais considéré la résolution 242 comme une base sur laquelle construire la paix. Pour les plus radicaux de ses membres, le mot de libération contenu dans le nom qu'elle s'était donné – Organisation pour la libération de la Palestine – devait s'appliquer à la Palestine d'avant 1948 *tout entière*, et pas seulement à ce qu'on appelait les « territoires occupés ». Les plus pragmatiques d'entre eux ne rejetaient toutefois ladite résolution que parce que les droits spécifiques des Palestiniens à l'autodétermination n'y étaient pas mentionnés. Le plan Reagan apparut au roi Hussein et à Adnan Abou Odeh, l'un de ses collaborateurs les plus proches, comme un moyen indirect de satisfaire le deuxième groupe, si ce n'était le premier. Dans le cadre de la confédération jordano-palestinienne éventuellement chargée de négocier avec Israël, les Palestiniens jouiraient d'une autodétermination *de facto*, et il deviendrait ainsi possible de discuter de cette question. Si mon mari parvenait à convertir Arafat à sa manière de voir, la paix serait à portée de main.

Hussein fut à deux doigts de réussir : en février 1983, le Congrès national palestinien accepta qu'Arafat le rencontre pour examiner la question. Le leader palestinien vint à Amman en avril, mois dont je garde un souvenir très clair car ma troisième grossesse touchait à sa fin. Le roi passa des heures avec son hôte dans le palais de Basman, à lui expliquer les mérites du plan Reagan et à tenter de le persuader d'accepter l'idée de la confédération qui y était proposée. Je me promenais avec Leïla aux alentours du palais au moment où Arafat est enfin parti. Quand il nous rejoignit, Hussein avait l'air épuisé mais, en dépit du miracle qu'il avait accompli – Arafat avait donné son accord ! – il ne semblait pas triomphant. Le dirigeant palestinien avait bien donné son accord, mais verbalement, pas par écrit, m'expliqua-t-il quand je l'interrogeai. Sauf à enfermer son interlocuteur à clé dans son bureau, il avait employé toutes les tactiques possibles, me dit-il, mais le chef de l'OLP s'était obstiné, alléguant qu'il lui fallait obtenir l'approbation des partisans qu'il avait au Koweït, dans les émirats du Golfe et ailleurs. Mon mari avait eu raison d'être pessimiste : malgré la promesse solennelle qu'il avait faite de revenir sous peu à Amman avec le document revêtu de sa signature, le chef de l'OLP mit plus d'un an à reparaître.

J'ai accouché trois semaines plus tard, le 24 avril 1983, pendant cette période angoissante. Ayant pensé avoir peut-être un dernier enfant dix ans plus tard, je n'avais pas désiré cette troisième grossesse et avais même eu un moment de découragement en découvrant que j'étais de nouveau enceinte. Trois garçons – Ali, Hamzah et Hachim – débordant de vitalité faisaient les quatre cents coups à la maison. Le dernier avait à peine plus d'un an et il n'était pas temps pour moi d'avoir un autre bébé. J'espérais cette fois avoir une fille et la fortune m'a souri. Nous avons rompu avec l'habitude de puiser des noms dans l'histoire de notre famille et avons choisi celui d'Iman, « foi » en arabe. Et c'était bien une foi simple qui nous soutenait au milieu des épreuves et des souffrances imposées à la population de la région.

Une foi plus puissante encore allait être nécessaire à Hussein pendant les cinq années qui suivirent son échec auprès d'Arafat. Les États-Unis allaient exercer sur lui une pression insoutenable pour l'amener à signer, à l'instar de Sadate, une paix séparée avec Israël, ou l'obliger tout au moins à rencontrer Begin à Washington. Il ne pouvait se plier ni à l'une ni à l'autre de ces exigences, bien sûr. Aucune négociation avec Israël au sujet des territoires occupés ne pouvait se dérouler hors de la présence des Palestiniens. Mais si ceux-ci ne souscrivaient pas à la résolution 242 et ne reconnaissaient pas à Israël le droit d'exister, les membres de l'administration Reagan et les Israéliens continueraient à refuser de rencontrer les représentants de l'OLP. Aucune des deux parties ne voulant faire de concessions, on était dans une impasse. Pendant ce temps, le Congrès déniait toujours à la Jordanie les armes et l'aide dont le pays avait besoin, sous prétexte que mon mari ne déployait pas assez d'énergie pour « faire démarrer le processus de paix », comme le disait le porte-parole de l'AIPAC.

Il est difficile aujourd'hui – comme cela l'était aussi alors – de mesurer la déception de Hussein et de comprendre le sentiment de trahison qui l'habitait. Il ne s'est malgré tout jamais départi de son optimisme foncier et a continué à faire confiance aux autres, à croire qu'en donnant le meilleur de lui-même, il amènerait autrui à agir de même, quelles que soient les circonstances. Il tablait sur la bonne foi des gens avec lesquels il négociait et pensait qu'en se montrant assez persévérant, il parviendrait, quoi qu'il arrive, à réconcilier les ennemis et à instaurer la paix. La quête dans laquelle il s'était ainsi engagé lui a souvent valu des coups assenés par des amis comme par des adversaires. Il l'a poursuivie envers et contre tout, sans jamais baisser les bras.

CHAPITRE 11

En famille et en voyage

Tout le monde a été soulagé quand, peu avant la naissance d'Iman, nous sommes enfin retournés habiter le palais d'Al-Nadwa. Pendant trois ans, nous avions vécu comme des romanichels et nous avions envie de nous installer pour de bon quelque part. En concevant la rénovation des bâtiments, j'avais fait aménager l'ancien grenier pour loger toute la famille qui s'était beaucoup agrandie : avec le bébé, elle comptait six jeunes enfants.

À Al-Nadwa, l'espace était occupé pour une moitié par des pièces d'habitation et pour l'autre par des bureaux. L'exercice physique ne manquait pas à tous ceux d'entre nous qui y vivions ou y travaillions : nous devions monter et descendre trois étages en ramassant en chemin vêtements et jouets abandonnés. Nous essayions tant bien que mal de nous conduire comme si nous vivions dans un endroit ordinaire. Le palais servait aussi de cadre aux réceptions officielles, mais je voulais que les enfants s'y sentent chez eux, qu'ils mènent une existence normale. Tricycles, bicyclettes et poussettes encombraient donc parfois le chemin d'hôtes aussi distingués que la reine Élisabeth ou le sultan de Brunei quand nous les raccompagnions jusqu'à la porte.

Al-Nadwa passait pour être une résidence modeste pour un roi. Il n'y avait ni piscine ni court de tennis, et les pièces étaient sans prétention. *Paris Match* n'avait probablement pas tort de choisir un titre mémorable – « Le roi des Kleenex vit mieux que le roi de Jordanie » – pour un article consacré à un riche homme d'affaires d'Amman somptueusement installé dans un nouveau faubourg de la capitale. Nous étions néanmoins très attachés au gracieux bâtiment de pierre de taille qui nous abritait. C'était pour nous une maison familiale où nous étions heureux. J'étais aussi contente que le palais se trouve au centre traditionnel de la capitale, environné d'une population très diverse. J'adorais sentir la vie de la ville, entendre l'appel à la prière, le son des voix animées dans les rues serpentant au flanc de la colline, et je n'étais pas gênée par le vacarme constant du trafic autour du palais, ni même par le vrombissement des avions qui décollaient ou atterrissaient sur les pistes de l'aéroport tout proche. Ce tumulte diminua après la construction d'un nouvel aéroport plus éloigné d'Amman, mais pendant les premières années que nous avons passées à Al-Nadwa, le vrombissement des jets était si puissant qu'au passage d'un de ces appareils, nous devions suspendre nos conversations, même lors de banquets officiels. Il n'est pas étonnant, dans ces conditions, que le premier mot prononcé par Hamzah ait été *tayyara*, avion.

Nous menions une existence aussi normale que possible étant donné les circonstances, mais ce n'était pas toujours facile. J'avais réduit le nombre de nos domestiques afin de nous ménager de plus fréquents moments d'intimité, mais les services d'un majordome, de valets de chambre, de cuisiniers, de femmes de chambre nous étaient tout de même nécessaires pour satisfaire les besoins des membres de notre famille et ceux de nos nombreux invités, hôtes officiels ou amis. Autant que je me souvienne, rares étaient les moments où mon mari et moi étions absolument seuls, hors de la présence de quelque membre de la famille, domestique servant à table, employé de bureau ou fonctionnaire venu apporter un message urgent. Nous nous efforcions malgré tout de consacrer autant de temps que possible aux enfants à la fin de la journée. Nous nous asseyions, Hussein et moi, à côté d'eux pendant qu'ils dînaient et prenions ensuite notre repas tout en les aidant à faire leurs devoirs ou en regardant une vidéo. Pour satisfaire notre gourmandise, nous faisions quelquefois venir des plats tout préparés – d'habitude des *falafel* – d'un restaurant du centre-ville.

Nous avions cependant à faire face à de très lourdes obligations car nous étions constamment appelés à résoudre les problèmes de notre grande famille jordanienne, souvent aux dépens de la nôtre à laquelle nous ne pouvions pas accorder suffisamment de temps ou d'attention. Même pendant la soirée, moment inviolable que nous consacrions à nos proches, des coups de téléphone, des réunions, des urgences de toutes sortes venaient sans cesse nous déranger. Les bureaux du roi se trouvaient à quelques mètres seulement d'Al-Nadwa, si près en fait que, de retour chez lui, il n'avait pas l'impression de les avoir quittés.

Je n'ai jamais rechigné devant ces responsabilités, mais je me suis souvent demandé si nous ne pouvions pas mieux nous organiser afin d'éviter que nos enfants ne souffrent de la situation. Nous avions en effet beaucoup de mal à coordonner nos emplois du temps de façon à pouvoir nous occuper d'eux, leur lire des histoires, assister à leurs repas ou même rester à leur chevet quand ils étaient malades. Nous faisions notre possible, et nous avions de l'aide. Car, malgré mon désir de ne pas confier l'éducation de mes enfants à des tiers, même à des personnes aimantes, je finissais toujours par être obligée de partager la tâche. Grandir dans un milieu où il était naturel que des objectifs purement personnels cèdent la place à des aspirations plus hautes a été un avantage pour eux, j'aime du moins à le penser.

Les innombrables animaux offerts à notre famille nous ont procuré beaucoup de plaisir. Grâce à la générosité des personnalités venues nous rendre visite, nous avions une véritable ménagerie en Jordanie. Le président algérien nous a fait don d'un magnifique étalon de Barbarie que j'aimais beaucoup monter. (Mon beau-frère, le prince Hassan, l'a malheureusement banni à la suite d'un coup de pied reçu un jour où il s'était trop approché de nous sur un poney de polo, au cours d'une promenade que nous faisions ensemble, lui, Hussein et moi.) Le petit zoo que nous avons aménagé dans les jardins d'Al-Nadwa a abrité des gazelles originaires du Yémen, ainsi que des lapins et des poulets. Il y avait aussi des chats partout, à Amman et à Akaba. Comme son grand-père, mon mari les adorait et il pensait perpétuer une tradition familiale en accueillant dans le jardin les bêtes abandonnées. Le plus surprenant de tous les cadeaux reçus par Hussein a sans doute été un lion, offert bien avant notre rencontre par Haïlé Sélassié, l'empereur d'Éthiopie. Hussein aimait à me raconter comment le félin s'était échappé de sa cage dans l'avion qui l'amenait à Amman, à la grande terreur du personnel navigant. Il avait ensuite coulé des jours heureux en Jordanie jusqu'au jour où il avait tué son gardien et avait dû être mis à mort.

Les animaux grouillaient aussi dans la maison où les hamsters et les gerboises s'échappaient constamment de leurs cages. Nous pouvions rattraper les cochons d'Inde qui se déplaçaient lentement, mais les hamsters couraient trop vite pour nous. Nous avons aussi eu un mainate qui a réussi un jour à sortir de la boîte dans laquelle nous le transportions en avion, et a mordu ma secrétaire qui lui avait donné la chasse dans la cabine. Il n'a jamais parlé, ce qui nous irritait et nous intriguait beaucoup. Après sa mort, une autopsie a révélé qu'il souffrait d'une amygdalite chronique.

Quelques-uns de nos pensionnaires étaient pour nous des sources d'interminables ennuis. À quatre ans, Raiyah, notre benjamine, avait reçu une chèvre donnée par des Bédouins auxquels nous avions rendu visite dans le désert. Elle en était tombée amoureuse et je n'avais pas pu faire autrement que de la ramener en voiture à Akaba où un enclos avait été aménagé pour elle. Pour taquiner leur petite sœur, les autres enfants appelaient sa chouchoute Mansaf, nom qui désigne le plat national jordanien que l'on prépare avec de la viande d'agneau ou de chèvre. Un jour, Mansaf s'est échappée et on a fini par la rattraper sur la plage, tout près de la frontière avec Israël qu'elle était sur le point de franchir. Jazz, un labrador noir offert par le grand-duc et la grande-duchesse du Luxembourg, nous a donné le même genre de souci. Il se jetait continuellement à l'eau et se dirigeait droit sur la frontière, risquant plusieurs fois de provoquer des incidents internationaux : des torpilleurs israéliens sortis pour l'arrêter se trouvaient en effet nez à nez avec mon mari qui, prenant un malin plaisir à attendre le tout dernier moment, fonçait dans son bateau à moteur pour le récupérer.

Un jour de 1980, en Allemagne, alors que nous nous préparions à partir pour l'aéroport à l'issue d'une visite officielle, j'ai trouvé, en ouvrant la porte de notre appartement, la femme de charge qui portait un panier contenant un petit berger allemand. Mon mari, qui m'a rejointe, avait l'air penaud. Il a prétendu que la veille, pendant le banquet donné en notre honneur, il avait confié fortuitement, l'admiration qu'il portait à cette race de chiens à Hans-Dietrich

Genscher, le ministre des Affaires étrangères. Nous avions discuté de la chose plusieurs fois pendant le voyage et j'avais dit que je ne voulais à aucun prix d'un autre chiot à Al-Nadwa. Vivre au quatrième étage d'une maison sans ascenseur, déjà épuisant pour les humains, le serait encore plus pour un petit chien, avais-je objecté. Nous avions déjà connu d'innombrables mésaventures, notamment avec trois labradors, un autre berger allemand, un saint-bernard et même une panthère offerte à Haya. Quand mes yeux ont croisé le regard du chiot, je me suis attendrie et, pendant les six mois qui ont suivi, je l'ai porté en montant et en descendant les escaliers. Nous l'avons appelé Battal, ce qui signifie quelque chose comme « héros » ou « gros dur » en arabe, et sa courte vie s'est terminée d'une manière plutôt tragique. Il était intelligent, mais avait une tendance à la violence. Malgré les efforts que nous avons faits pendant deux ans pour le dresser, et ceux d'un professionnel à qui nous avions fait appel, il montrait trop souvent les dents en jouant et grondait soudain d'une manière terrifiante. Il s'attaquait aux voitures qui pénétraient dans l'enceinte du palais, crevant parfois leurs pneus, et nous portions tous les marques de ses dents sur les bras après nous être amusés avec lui.

Nous pensions que c'était notre faute et que nous ne savions pas comment nous y prendre avec lui. En désespoir de cause, nous avions consulté le chenil allemand où il était né, et on nous avait conseillé de le renvoyer pour une période supplémentaire de dressage. Les maîtres-chiens auxquels il a été confié ont fini par conclure qu'il avait des qualités exceptionnelles, mais que c'était un mâle dominant d'une très grande agressivité et qu'il faisait partie des chiens très rares – il y en a un sur cent – qu'il est impossible de faire dresser. Il a dû être mis à mort parce qu'il n'obéissait à personne et risquait de se révéler dangereux.

Il a beaucoup manqué aux enfants et Iman nous a demandé de lui offrir un chien pour son anniversaire. Un peu plus tard, j'ai rapporté d'Angleterre une petite chienne de chasse à l'air docile qui a coulé des jours tranquilles, interrompus par un épisode pénible : j'ai failli l'écraser le jour où elle s'est précipitée sous les roues de ma voiture. J'étais au volant et j'ai senti ma roue arrière gauche heurter quelque chose de dur tandis qu'une voix criait son nom. Je

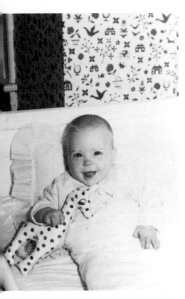

Moi, bébé.

Lors de l'inauguration de l'aéroport international de Los Angeles. Le président Kennedy venait de nommer mon père au poste d'administrateur de l'Aviation civile.

Au début de ma première année à Princeton, j'ai rejoint, sans enthousiasme, le groupe des « cheerleaders » (chargés d'encadrer les supporters), pendant quelques mois, quand il a été établi que les filles pouvaient être en pantalon et avaient le même rôle que leurs homologues masculins. Contrevenant également à la tradition, nous portions les brassards noirs en signe de protestation contre la guerre du Viêtnam.

En 1975, au nord du Queensland, répertoriant et observant les espèces rares d'oiseaux dans la forêt tropicale australienne.

En train de photographier
les magnifiques ruines de Pétra
lors de mon premier séjour
en Jordanie.

Nos fiançailles.

Exposée pour
la première fois à
la curiosité intense
des journalistes, lors
de la conférence de
presse tenue en mai
1978 pour annoncer
nos fiançailles.

Notre mariage,
au palais de Zahran,
en juin 1978.

Chez nous à Aqaba, dans notre
demeure de prédilection, avec
Abir, Haya et Ali, en 1978.

Aux écuries royales,
en 1978.

Ma photo préférée de Hussein
et de notre premier-né,
Hamzah, en 1980.

Avec notre fils Hachim, en 1981, juste après sa naissance.

Les gens se représentent en général
les rois et les reines de cette manière.
Nous préférons donner de nous
une image plus simple.

Rare photo où l'on nous voit
main dans la main, le roi
et moi. Jérach, 1984.

Hussein et moi avec Ali, Hamzah, Hachim, Iman et Raiyah, après la cérémonie durant laquelle cette dernière a reçu son prénom, 1986.

Première visite d'Iman à la Grande Muraille de Chine, en 1983.

Départ, avec Hussein et Raiyah, pour une promenade à bicyclette dans la campagne anglaise.

Ma belle-mère, la reine Zeine al-Charaf, entourée, comme à l'accoutumée, de toute la famille le jour de son anniversaire. De gauche à droite (premier rang) : le prince Rashid, le prince Hussein Mirza, Saad Kurdi, Zeine al-Charaf Kurdi, la reine Zeine-al Charaf, la princesse Raiyah, la princesse Iman, le prince Hachim, le prince Hamzah ; (deuxième rang) la princesse Muna, le prince Mohammed, la princesse Taghreed, Walid Kurdi, la princesse Basma, le roi Hussein, la reine Noor, le prince Hassan, la princesse Sarvath, la charifa Fatima ; (troisième rang) la princesse Alia al-Faysal, Abir Munhaisen, la princesse Haya, la princesse Aisha, la princesse Zeine, la princesse Alia, Farah Daghastani, la princesse Rahma, la princesse Sumaya, la princesse Badiya ; (dernier rang) Majdi al-Saleh, Ghazi Daghastani, le prince Ghazi, le prince Abdallah, le prince Faysal, le prince Ali et Muhammad al-Saleh, 1989.

Tous nos enfants. De gauche à droite (premier rang) Abir, la princesse Iman, la princesse Raiyah, la princesse Haya, le prince Ali ; (rang du milieu) la princesse Zeine, la reine Noor, le roi Hussein, la princesse Aisha, le prince Abdallah ; (dernier rang) le prince Hamzah, le prince Faysal, la princesse Alia et le prince Hachim, 1992.

Hussein à La Mecque
en 1990 avec les princes
Faysal, Hamzah et Talal,
pendant le pèlerinage
du 'umrah.

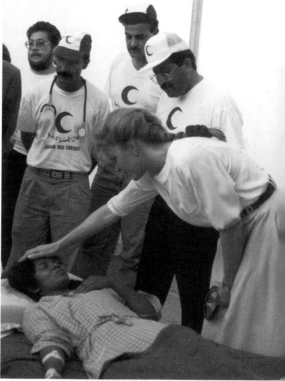

Moi-même à La Mecque, me préparant
à accomplir le pèlerinage du 'umrah avec
ma fidèle amie Basma Lozi.

Dans un camp de réfugiés près de la frontière avec l'Irak
pendant la crise du Golfe.

À Amman, à l'occasion du Congrès des enfants arabes organisé chaque année par le Centre artistique. Cet organisme, unique en son genre, a été créé par la Fondation Noor al-Hussein pour sensibiliser les jeunes, par le biais de l'art, aux questions liées à la démocratie, aux droits de l'homme, au civisme, à la résolution des conflits et à la santé.

Lors de l'inspection d'une zone minée en Bosnie, en compagnie de spécialistes du déminage et de fonctionnaires des Nations unies.

Une de nos talentueuses tisserandes démontre son savoir-faire lors du festival de Jérach.

Moment de liberté dans le Wadi Rum.

Avec le président Arafat,
en 1985.

Avec le président et Mme Clinton,
Yitzhak et Leah Rabin en 1994, après
la signature de la Déclaration
de Washington.

Après la signature d'Oslo II, de gauche à droite, la reine Noor, le roi Hussein, Leah Rabin,
le Premier ministre Rabin, Hillary Clinton, le président Clinton, le président Arafat,
Suha Arafat, le président Moubarak et Susan Moubarak.

Hussein et moi, le sultan Qabus
et le chérif Zeid bin Chaker
à Oman, 1986.

Avec le président Castro,
lors du cinquantième
anniversaire des Nations
unies, New York, 1995.

Avec le président Walter Scheel
et Mme Scheel, lors de notre
première visite officielle en
Allemagne, en 1978.

À la Maison Blanche, avec le président
Jimmy Carter et son épouse, Rosalynn
Carter, lors de notre première visite
d'État ensemble aux États-Unis.

Hamzah (à droite) et Hachim, sont, comme leur père, tous deux anciens élèves de l'Académie militaire royale de Sandhurst.

Avec la princesse Raiyah.

Avec le prince Abdallah, la princesse Rania et leur fils, le prince Hussein.

Le roi Hussein et moi entourés de nos enfants. De gauche à droite : (premier rang) la princesse Iman, la princesse Raiyah, la princesse Haya ; (deuxième rang) moi, le roi Hussein, Abir ; (troisième rang) le prince Hamzah, le prince Ali et le prince Hachim, 1997.

La famille réunie pour célébrer le soixante-troisième anniversaire du roi Hussein à la clinique Mayo, novembre 1998.

Mon mari pendant une brève rémission, priant lors de son retour en Jordanie, 19 janvier 1999.

Iman et moi, en prière devant la tombe de mon mari.

suis sortie du véhicule et je l'ai vue sur le sol, complètement apla-
tie. Convaincue qu'elle allait mourir, je me suis agenouillée près
d'elle et j'essayais de lui apporter un peu de réconfort quand, à
mon extrême surprise, je l'ai vue se regonfler lentement. Ça m'a
rappelé les dessins animés que je regardais, enfant, dans lesquels
Donald Duck, écrasé par un rouleau compresseur, reprenait tout à
coup sa forme. La chance a voulu que, protégée par son embon-
point, elle n'ait eu qu'une fracture à la hanche.

Ma sœur, qui avait à l'époque des chiens mais pas d'enfants, a été
furieuse quand elle a appris cette histoire. Elle nous pensait depuis
longtemps incapables de nous occuper d'animaux, et l'histoire que je
lui ai racontée l'a convaincue que la petite chienne ne survivrait pas
si elle restait chez nous une minute de plus. « Envoyez-la-moi immédiatement ! » a-t-elle ordonné. La chienne vit avec elle depuis, et ma
caninophobie me vaut des taquineries sans fin.

Heureusement, la taille des chiens qu'on nous a offerts par
la suite n'a fait que rapetisser. Le dernier en date, un cadeau de
l'ancien président du Mexique, a été un chihuahua de dix mois
auquel mon mari ne s'est jamais attaché. J'ai fini par le donner à
Liesa, notre intendante allemande qui avait un appartement en ville,
et ce minuscule animal a causé beaucoup d'émoi dans les rues
d'Amman. Les chiens sont beaucoup plus rares dans les pays
arabes qu'en Occident et, lorsque sa nouvelle maîtresse promenait
Senior Toki Ramirez, le chihuahua, les gens qu'elle rencontrait
avaient peur et prenaient parfois leurs jambes à leur cou ; les chauffeurs arrêtaient leurs véhicules pour crier : « Qu'est-ce que c'est
que ça ? »

Mon mari aimait partir à la recherche des animaux disparus et
adorait, d'une façon générale, le tohu-bohu de la vie familiale. Il
était extrêmement taquin et j'étais sa cible préférée. Il ne se lassait
par exemple jamais de raconter un épisode survenu au début de
notre mariage à Akaba où nous passions le week-end. J'avais
demandé à Manal Jazi, notre nounou jordanienne, d'aller chercher
mon appareil photo. M'ayant mal comprise, elle était restée un
long moment absente, avant de revenir avec un chameau. Mon
mari s'était esclaffé et les enfants, ravis, avaient passé le reste de
l'après-midi à se promener sur le dos de l'animal.

Hussein couvrait personnellement les dépenses de notre propre famille et celles de la famille royale élargie grâce à des fonds provenant du monde arabe et musulman. Le gouvernement lui versait une dotation dont le montant n'avait pas changé depuis son accession au trône, et personne parmi nous n'émargeait au budget de l'État. En cas de besoin, il vendait un de ses biens pour payer les sommes versées au nom de la cour, en général à des établissements scolaires ou hospitaliers et à des institutions nécessiteuses.

Certains dirigeants arabes et musulmans qui appréciaient son rôle stabilisateur dans la région lui accordaient des aides. Sans ces subsides, Hussein n'aurait pas pu s'acquitter de ses responsabilités envers son pays, ni continuer à jouer le rôle d'avocat de l'ensemble de la région. (La Jordanie s'acquittait de cette dette grâce au savoir-faire de ses citoyens dont la compétence dans des domaines variés – éducation, santé, recherche médicale, formation militaire, sécurité – était utile aux pays donateurs.) Hussein ne pouvait cependant pas compter sur l'appui de l'étranger comme sur un dû.

Mon mari gérait ses finances d'une manière généreuse et spontanée, inspirée par la foi qu'il avait dans la providence divine. Il était convaincu que s'il se conduisait en bon musulman, plus soucieux des besoins d'autrui que des siens propres, Dieu lui permettrait de continuer à faire le bien. Il n'agissait certes pas en gestionnaire avisé, mais le contexte, très différent de celui de l'Occident, ne s'y prêtait pas. Son approche éthique et humaine était parfaitement adaptée au milieu constamment fluctuant et incertain, souvent porté aux extrêmes, dans lequel il évoluait. Il était toujours prêt à venir en aide aux gens dans le besoin. Le matin, il écoutait souvent *Live Transmission*, une émission dans laquelle la parole était donnée aux auditeurs, et il lui arrivait d'être si touché par la détresse de certains d'entre eux qu'il leur offrait son assistance. Sa générosité semblait parfois arbitraire, mais, à l'instar des chefs traditionnels des tribus bédouines, il s'en servait souvent pour maintenir un équilibre politique compliqué. De toute façon, l'argent sortait aussi vite qu'il entrait, et, bon an mal an, le système fonctionnait.

Les services de sécurité auraient préféré nous voir vivre ailleurs qu'à Al-Nadwa, trop vulnérable à leurs yeux. En dépit des pressions exercées sur nous, ce n'est cependant qu'au bout de quinze ans que nous avons fini par déménager. Les sites qui nous plaisaient ne manquaient pas (c'était par exemple le cas d'un superbe terrain surplombant la mer Morte que le chérif Nasser nous avait offert pour nos fiançailles), mais ils présentaient toujours des problèmes insurmontables relatifs à la sécurité, au manque d'eau, etc. Nous jugions aussi parfois que le moment n'était pas venu pour nous d'engager des dépenses importantes. Mon mari estimait en effet qu'il devait établir les membres de sa famille avant de penser à ses propres besoins, et les ressources nous manquaient pour faire les deux en même temps. Un jour, au bout de dix années passées à établir des plans pour des constructions qui ne voyaient jamais le jour, je me suis exclamée, en plaisantant à demi : « Nous n'avons qu'à vivre sous la tente ! Nos ancêtres en étaient bien capables, pourquoi pas nous ? Nous respirerions de l'air frais et le soleil levant nous réveillerait le matin ! » Nous aurions au moins été libres de nous installer où bon nous semblait. (Avec le générateur que Hussein aurait absolument voulu installer comme chaque fois que nous campions, notre vie ne serait pas restée idyllique longtemps.)

Jusqu'à ce qu'ils soient scolarisés, nous emmenions aussi souvent que possible nos enfants en voyage. Iman avait à peine quatre mois et je la nourrissais encore quand elle a fait avec nous en Asie une tournée ambitieuse au cours de laquelle, après nous être arrêtés au Pakistan, nous avons visité la Chine, la Corée du Sud, le Japon et la Malaisie. Le roi voulait encourager les pays d'Extrême-Orient à continuer à soutenir son action en faveur de la paix au Moyen-Orient, et désirait développer la coopération politique, économique et culturelle avec cette partie du monde.

L'ambassadeur de Chine en Jordanie, qui participait à l'organisation de notre voyage, m'a demandé ce que je désirais surtout voir dans son pays. Je lui ai expliqué que j'étais occupée depuis quelque temps à dresser les plans d'un hôpital pour enfants en Jordanie. L'émirat du Qatar m'avait fourni son assistance pendant la phase préliminaire et, en 1981, j'avais obtenu de l'Irak la promesse de fonds, engagement que je n'avais pas cru devoir rappeler à ce pays quand la guerre qu'il menait contre l'Iran s'était prolongée. Victime lui aussi de l'instabilité dont la région souffrait, mon projet avait été mis temporairement de côté ; je continuais néanmoins à visiter les établissements pédiatriques partout où j'allais.

Le diplomate chinois s'est aussi enquis des besoins spécifiques que pourraient avoir les membres de notre délégation et dont son gouvernement devrait être informé. Mon mari, qui connaissait mon goût pour la nourriture chinoise, m'avait décrit, pour me taquiner, l'hospitalité légendaire des Chinois. Ceux-ci se faisaient un devoir, m'avait-il dit, de servir à leurs invités de marque de la cervelle de singe et d'autres mets exotiques délicats à leurs yeux. Pour ne pas courir le risque d'offenser nos hôtes, j'ai confié à l'ambassadeur que je suivais un régime essentiellement végétarien, ce qui m'a valu par la suite de la part de Hussein des allusions taquines à mon manque de courage gastronomique.

On ne nous a pas servi de cervelle de singe en Chine, pour autant que je l'aie su tout au moins. Il est cependant une tradition à laquelle nos hôtes se sont montrés fidèles, celle des extraordinaires banquets comportant un minimum de dix plats. Nous nous sommes émerveillés devant la manière raffinée dont les fruits et les légumes minutieusement découpés étaient présentés, et avons été stupéfaits devant les quantités d'un alcool limpide consommé en portant une série interminable de toasts, à l'instar des Russes quand ils boivent de la vodka. Lors de l'un de ces festins, l'interprète s'est, à ma demande, discrètement arrangé pour que la petite cruche en terre placée devant moi soit remplie d'eau, et j'ai vite acquis la réputation de tenir aussi bien les boissons fortes que les Chinois, de plus en plus exubérants à mesure que le repas se prolongeait.

La nourriture chinoise répugnait cependant à certains des membres de notre entourage auxquels elle n'était pas familière. Le lendemain de notre arrivée à Pékin, plusieurs d'entre eux, après nous avoir accompagnés comme à l'ordinaire jusqu'à notre appartement, y sont entrés, ce qui était tout à fait inhabituel. Ils avaient entendu dire que j'avais coutume de me munir de provisions de bouche quand je partais en voyage. Je l'ai compris au bout d'un moment, et j'ai sorti de mes bagages les gâteaux de dattes et les friandises apportés d'Amman. Nous avons passé cette soirée, et les suivantes, à bavarder longuement, partageant nos impressions sur le pays vaste et majestueux que nous visitions et sur les gens entreprenants et ingénieux qui le peuplent.

J'ai visité la Grande Muraille de Chine en portant Iman dans un kangourou sur mon dos, je l'ai emmenée voir les chevaux de terre cuite de Xian, et elle a descendu avec moi le Yang-tseu jusqu'à Kwelein. Lors de la visite organisée pour moi à l'hôpital pour enfants de Pékin, j'ai appris, fascinée, que l'acuponcture servait à anesthésier les opérés, même en cas de chirurgie lourde. La médecine traditionnelle à base de plantes existe en Jordanie et nous avions, Hussein et moi, déjà eu recours à de l'acuponcture, mais la voir utiliser si largement en Chine m'a ouvert des horizons. Je me suis demandé si nos propres médecins ne pourraient pas s'inspirer de l'exemple chinois. Notre voyage en Chine a été dans l'ensemble un grand succès : le roi Hussein a signé un accord de coopération commerciale et technologique ; il a également obtenu un prêt sans intérêt et le soutien du gouvernement chinois pour son action en faveur de la paix avec Israël.

Je me suis sentie plus mal à l'aise en Corée du Sud qu'en Chine communiste. Le militarisme ambiant et le centralisme rigoureux m'ont rappelé l'atmosphère qui régnait en Syrie et en Irak dans les années 1970, époque à laquelle, encore célibataire, j'avais visité ces pays. La présence de forces de sécurité massives se faisait sentir partout, surtout au cœur des villes et aux alentours des universités. Dans les conversations, les gens évitaient soigneusement tout propos relatif à la politique de leur gouvernement. En visitant une vente de charité, j'ai été frappée par la présentation impeccable des articles proposés. L'impression produite était plutôt celle d'une campagne de propagande destinée à vanter les vertus du régime que celle d'une fête de bienfaisance organisée pour contribuer au développement du pays.

Hussein était au contraire fasciné par les infrastructures militaires qu'on lui faisait visiter, et surtout par la zone démilitarisée où nous avons eu droit à des explications détaillées concernant l'état de préparation militaire de la Corée du Sud. Nos hôtes ont attiré notre attention sur les vastes espaces truffés de mines qui, affirmaient-ils, constituaient pour leur pays une indispensable ligne de défense. (Les États-Unis utilisent depuis longtemps les besoins de la Corée du Sud en matière de sécurité comme prétexte pour justifier leur refus de signer le traité d'Ottawa interdisant l'usage des mines terrestres.) À l'époque, on passait sous silence les tragédies humaines causées par la frontière strictement contrôlée tracée entre les deux Corées. Cependant, j'avais entendu de terribles histoires de proches parents séparés à jamais. Comme c'était le cas pour de nombreux Palestiniens dans notre région, les familles coréennes désiraient désespérément être réunies, mais la situation politique les en empêchait.

Nous sommes ensuite allés au Japon, qui, comme la Corée du Sud, achète soixante-dix pour cent du pétrole qu'il consomme au Moyen-Orient, et qui se montrait, lui aussi, disposé à soutenir l'action de Hussein. C'était la seconde fois en neuf mois qu'il se rendait dans ce pays où il avait déjà conduit une délégation venue expliquer le plan de paix proposé par la Ligue arabe. Nous y avons reçu un accueil chaleureux.

J'ai été particulièrement touchée lors de notre rencontre avec l'empereur Hirohito. Je n'ignorais pas la controverse entourant le rôle joué par le souverain lors de l'attaque de Pearl Harbor par son pays en 1941 : selon certains commentateurs, il n'avait pas pu l'empêcher, d'après d'autres il en avait été le maître d'œuvre. Quelle que soit la vérité, l'homme avec lequel je me suis entretenue quarante-deux ans plus tard était un aimable vieillard de quatre-vingt-deux ans à la santé chancelante. Mis au courant de la formation d'architecte et d'urbaniste que j'avais reçue, il a tenu, malgré son état, à me faire faire le tour de l'immense palais impérial situé au cœur de la ville de Tokyo. Il m'en a expliqué le plan d'ensemble et m'en a montré le magnifique décor et les trésors artistiques. J'ai été émue par les efforts faits par ce vieil homme qui avait du mal à marcher.

Son fils, le prince héritier Akihito, qui lui succéda en 1989 à sa mort, et l'épouse de celui-ci, la princesse Michiko, se sont eux aussi montrés tout à fait charmants et hospitaliers. En entrant dans le salon privé où ils nous ont reçus, j'ai été immédiatement frappée par la présence, dans une alcôve, d'un piano et de plusieurs pupitres à musique. Ayant appris que les membres de la famille pratiquaient chacun un instrument et qu'ils jouaient souvent ensemble, j'ai pensé qu'il serait merveilleux que nous puissions en faire autant. À notre retour, Hamzah et Hachim ont pris des leçons de violon au conservatoire national de musique d'Amman, mais, sans encouragements de la part de leur entourage, même pas de celle de leur père, ils ont perdu tout enthousiasme avant même d'avoir eu le temps de faire preuve du moindre talent.

Le prince héritier et sa femme formaient un couple aimable et aimant. La princesse, qui est l'auteur de plusieurs ouvrages dont certains de poésie, avait l'air douce et sereine. Le futur empereur, qui a hérité de son père la passion de la biologie marine, a eu une attention touchante pour Hachim, lors d'une autre visite que j'ai faite avec ce dernier quelques années plus tard au Japon pour inaugurer une exposition sur la Jordanie. Connaissant l'intérêt de mon fils pour sa spécialité, il lui a offert deux magnifiques ouvrages consacrés à son travail sur le terrain. Hachim les a conservés précieusement.

De retour en Jordanie, Hussein redoubla d'efforts pour faire redémarrer le processus de paix avant qu'il ne soit définitivement enlisé. Les colonies continuaient à proliférer en Cisjordanie occupée, et de nouvelles enclaves entourées de barbelés et « gardées » par des soldats apparaissaient, élargissant continuellement de fait l'espace militaire d'Israël. Pour le cas où nous aurions mis en doute les forces supérieures dont il disposait, notre voisin envoyait des avions de reconnaissance patrouiller chaque matin dans le ciel au-dessus de la partie de la vallée du Jourdain qui nous appartenait, passant, pour nous intimider, la barrière du son avec d'effrayantes détonations. Les appareils israéliens se livraient au-dessus de la campagne à de faux combats aériens si terrifiants que les animaux produisaient de moins en moins de lait et d'œufs. Ces manœuvres étaient si systématiques que les paysans disaient pouvoir régler leur montre sur elles, et si bruyantes qu'on les entendait à des kilomètres à la ronde, et jusque dans la capitale.

Pendant l'automne 1983, période de tensions croissantes, nous reçûmes une série de visites, les unes officielles, les autres privées, qui se sont succédé à un rythme rapide : celle de l'ancien président Carter et de son épouse, du chancelier allemand Helmut Kohl et de la sienne, Hannelore, du président français, Valéry Giscard d'Estaing et de sa femme, Anne-Aymone, et du président italien, Sandro Pertini. Étant donné les problèmes auxquels nous avions à faire face, il était difficile de présenter à nos hôtes des visages sereins et insouciants. Hussein y réussissait mieux que moi car il avait acquis la faculté d'avoir l'air attentif à ce qui l'entourait tout en réfléchissant à autre chose.

La visite du président Pertini prit un tour amusant. Cet homme d'un certain âge, charmant et accoutumé à flirter d'une manière extravagante, ignorait que les membres en majorité masculins et conservateurs de la cour n'avaient pas l'habitude de me voir entourée d'attentions, ou peut-être ne s'en souciait-il pas. Sa conduite n'avait rien d'outrageant, mais il me flattait en m'adressant toutes ses remarques. Mon mari, amusé, ne s'offusqua pas de ce badinage, mais il offensa certains dignitaires du Diwan, convaincus que c'était au roi d'occuper seul le devant de la scène.

En octobre 1983, le duc d'Édimbourg nous rendit visite en tant que président du Fonds mondial pour la nature. À la grande fierté de Hussein, et à la mienne, la Société royale pour la protection de la nature (la RSCN) était sur le point de réintroduire l'oryx dans la nature. Attendu depuis longtemps, ce moment était capital pour les défenseurs de l'environnement.

L'oryx, gazelle de taille moyenne, blanche avec des taches noires sur la face, des pattes sombres et de longues cornes recourbées, pullulait autrefois en Jordanie et dans d'autres régions semi-désertiques du Moyen-Orient. En 1962, il en restait moins de vingt, et un comité international avait été institué pour empêcher cette espèce menacée de disparaître. Un petit troupeau avait été élevé avec succès en captivité aux États-Unis, à Phoenix, capitale de l'Arizona et, en 1978, la Jordanie avait été le premier pays à se voir confier huit de ces animaux qui devaient être gardés dans une réserve située dans sa partie orientale.

Hussein et moi avions surveillé de très près leurs progrès et avions été ravis de les voir prospérer. Un petit nombre d'individus offerts par le Qatar était venu grossir leur modeste troupe, et le sultan Qabus d'Oman, lui aussi ardent défenseur de la nature, avait fait don de la clôture entourant la zone protégée où ils vivaient. Lorsque, grâce à cette collaboration, leur population atteignit le chiffre de trente et un, jugé suffisant pour qu'ils puissent être mis en liberté, mon mari et le prince Philippe ouvrirent eux-mêmes l'enclos duquel les gracieuses créatures émergèrent pour explorer leur nouvel habitat. L'événement figure dans le *Livre Guinness des records*. Plus de vingt ans plus tard, on compte plus de cent quarante oryx et le programme qui permit de les sauver a été appliqué à d'autres espèces menacées d'extinction, notamment aux autruches, aux onagres et aux bouquetins nubiens. Le sauvetage des oryx arabes constitua l'un des plus grands succès de la période en fait de protection de la nature, et la coopération qui la rendit possible servit de modèle aux pays arabes désireux de s'entraider et de profiter de l'assistance offerte par des associations internationales, notamment par le Fonds mondial pour la nature. Le prince Philippe m'invita plus tard à lui succéder à la tête de l'organisme, le plus important de ce genre à fonctionner avec des fonds privés et à se consacrer à la protection de la faune, de la flore sauvage et des terres non cultivées. Cette offre était un immense honneur pour moi, mais je n'étais pas en mesure à l'époque de me charger de telles responsabilités. C'est néanmoins avec fierté que je siégeai à son conseil d'administration.

Nos efforts dans le domaine de la protection de la nature ne furent pas sans rencontrer une assez forte opposition. Les défenseurs de l'environnement se heurtent partout à des gens incapables d'envisager le long terme et, en Jordanie, où la terre arable et l'eau sont rares, les affrontements étaient particulièrement violents. Celui qui se produisit avec un ministre en est un exemple classique : une réserve venait d'être créée dans l'est du pays sur décision gouvernementale à Wadi Mujib, un territoire splendide qui s'étend du sommet des montagnes jusqu'au point le plus bas de la terre. La loi y interdisait la poursuite de toute activité qui n'aurait pas reçu l'aval de la RSCN, responsable de sa gestion, mais le ministre en question, qui était originaire de la région, avait cédé à la pression exercée par la population locale et y avait autorisé le pâturage.

J'appris la nouvelle de la bouche du président de la RSCN, notre ami Anis Muasher, que le gardien de la réserve avait averti par téléphone de l'arrivée de deux bulldozers venus ouvrir des routes et mettre la terre en culture. Les hommes qui les conduisaient avaient affirmé obéir à des ordres venus d'en haut. Anis avait dit au garde de se placer devant les engins pour leur barrer la route, et avait fait remarquer au ministre que la décision de faire de Wadi Mujib une réserve naturelle avait été prise au sein même du cabinet qui seul était habilité à l'annuler. Le ministre avait réagi en faisant arrêter le gardien qu'il avait envoyé en prison.

Nous étions en train de dîner à Akaba, tard dans la soirée, avec le roi Juan Carlos, la reine Sophie et quelques autres amis parmi lesquels se trouvait Anis, lorsque la nouvelle de l'arrestation du gardien me fut communiquée. Je n'aurais normalement pas dérangé le roi à un pareil moment, mais je savais qu'il comprendrait l'urgence de la situation. Furieux, il jeta sa serviette et quitta la table après s'être excusé. Un quart d'heure plus tard, Anis fut appelé au téléphone : « Que se passe-t-il ? demanda une voix dans laquelle il reconnut celle du directeur de la Sécurité publique. Sa Majesté est très en colère. Elle nous a tirés du lit, le chef d'état-major des Armées et moi, et nous a dit de nous mettre en rapport avec vous. » Anis lui expliqua ce qui était arrivé et, quelques heures plus tard, les bulldozers avaient quitté le Wadi Mujib, et le gardien avait été remis en liberté. Nous étions intervenus à temps, mais il nous fallait rester sur nos gardes : la protection de l'environnement exige une vigilance de tous les instants.

Mon mari adorait la nature. Outre sa Jordanie bien-aimée, il nourrissait pour la campagne anglaise un amour particulier qui remontait, j'imagine, à la première vision qu'il en avait eue lorsque, jeune étudiant accoutumé au climat aride de son pays et à celui de l'Égypte, il avait débarqué en Grande-Bretagne. Je n'oublierai jamais sa réaction lors d'une brève visite que nous avons faite à Martha's Vineyard, une île au large du Massachussetts où mon père avait une maison de vacances. Nous venions d'assister à la cérémonie de remise de diplôme du prince Faysal à l'université Brown et, tandis que mon père nous faisait visiter fièrement son petit coin de paradis, Hussein regardait les arbustes et les pruniers maritimes en me faisant remarquer à voix basse le contraste pathétique existant entre cette maigre végétation et la grandeur du noble paysage anglais.

Les efforts faits par le roi en matière de protection de la nature portaient en premier lieu sur les forêts de la Jordanie. Elles ont doublé de taille pendant son règne grâce à un programme d'envergure nationale auquel nous avons participé dans l'espoir que l'exemple montré par la famille royale encouragerait la population. Planter des arbres est très agréable, mais notre souci de l'environnement nous obligeait à nous livrer souvent à des tâches beaucoup plus rebutantes. J'ai par exemple souvent emmené Haya, Ali et Hamzah ramasser avec moi les détritus jonchant les jardins publics d'Amman et j'ai toujours été fière de les voir s'acquitter de cette tâche sans rechigner. La RSCN organisait aussi pour les enfants des écoles des sorties dans les campagnes de la vallée du Jourdain dans le but de débarrasser les champs des débris qui y étaient jetés, en particulier des morceaux de plastique extrêmement dangereux pour le bétail.

La pollution était elle aussi inquiétante à Akaba. Une énorme quantité de poussière de phosphate volait dans l'air au moment où ce produit, dont la place dans nos exportations est importante, était déversé dans les conteneurs. Outre les pertes qu'elle occasionnait, cette façon de procéder entraînait un nombre important de cas de maladies respiratoires. Malgré les promesses répétées des armateurs, il fallut attendre plusieurs années pour que le problème soit réglé.

La loi interdisant aux navires de dégazer dans le port eut des effets beaucoup plus rapides. Le roi en assura l'application en confiant la surveillance du port à la RSCN à laquelle il fit don d'un bateau. La Jordanie acquit une réputation d'inflexibilité dans les milieux maritimes en infligeant d'importantes amendes aux pétroliers récalcitrants, mais ces navires s'abstinrent à l'avenir de polluer les eaux territoriales du pays.

Hussein adorait la mer. À Akaba, il enseignait lui-même le ski nautique à ses enfants dès qu'ils étaient assez âgés – ou suffisamment intrépides. Je me rappelle comment Ali, encore minuscule, avait tenu à faire ses débuts, et avait établi le record du skieur le plus jeune malgré l'écume qui l'avait aspergé tout au long de son parcours. Mon mari a même réussi à me faire chausser des skis malgré ma réticence due à une douloureuse expérience vécue dans mon enfance sur un lac du Michigan. Extrêmement salée, l'eau de la mer Rouge est très porteuse, et donc idéale pour les baigneurs qui hésitent à pratiquer les sports nautiques.

Hussein aimait passer des journées entières à pêcher le long de la côte, par-delà la frontière avec l'Arabie saoudite, en face de la ville israélienne d'Eilat et des rivages égyptiens, et plus loin dans le golfe d'Akaba, et c'était un immense plaisir pour ses proches de partager ce passe-temps. Il prenait le commandement du bateau et on ne rentrait qu'au crépuscule. Il allait parfois fumer sa pipe à l'avant, n'interrompant sa méditation que lorsque les cris des enfants signalaient une bonne prise, en général celle d'un thon. Les gens qui le connaissaient étaient habitués à ces moments de recueillement et se gardaient de le déranger. Son visage prenait alors une expression semblable à celle qu'il avait quand il priait, a remarqué un jour Ibrahim Izzedin.

Pendant la période troublée que nous vivions, Hussein avait du mal à trouver le calme intérieur qu'il recherchait. Je faisais de mon mieux pour l'aider et me rendais en particulier disponible quand il avait besoin de parler, mais il était rarement enclin à se confier. Incapable de découvrir le moyen de sortir de l'état de mi-paix mi-guerre duquel nous étions prisonniers, il perdait le sommeil. « Leurs souffrances deviennent intolérables », m'a-t-il dit une fois en parlant des Palestiniens. Les siennes le sont aussi, ai-je remarqué in petto. Il semblait la moitié du temps perdu dans ses pensées et fumait de nouveau beaucoup. Il a aussi eu une crise d'arythmie. Cette irrégularité cardiaque dont il souffrait depuis les années 1970 n'était pas dangereuse, mais l'anticoagulant qu'il prenait pour se soigner l'était.

Les médicaments ont failli causer sa mort en janvier 1984. J'étais à Akaba avec des invités officiels et attendais qu'il vienne nous rejoindre lorsqu'on m'a appelée au téléphone d'Amman pour me dire qu'il était gravement malade. J'ai immédiatement pris l'avion et ai découvert, à mon arrivée, qu'il avait perdu presque tout son sang. La chose était arrivée alors qu'il se rendait à pied du Diwan à Al-Nadwa avec son frère, le prince héritier Hassan. Il avait été pris d'un saignement de nez qui, sous l'effet de l'anticoagulant, s'était rapidement transformé en hémorragie. Il avait perdu connaissance et le médecin, venu pourtant très vite, avait constaté qu'il était livide et n'avait pas pu trouver son pouls. Il était comme mort.

Quand je suis arrivée, il était revenu à la vie grâce à plusieurs transfusions et il était dans un état stable. « Je n'ai ressenti ni douleur, ni peur, ni inquiétude. J'étais un esprit libre, flottant au-dessus de mon corps. C'était une sensation plutôt agréable », m'a-t-il expliqué plus tard en décrivant un état souvent appelé expérience de mort imminente. Comme tous ceux qui sont passés par là, il voyait une « lumière brillante », se sentait « détendu » et se rendait compte qu'il « s'en allait ». « Je dois revenir, je dois revenir », se répétait-il. Il y était parvenu grâce aux soins professionnels qu'il avait immédiatement reçus. Les médecins ont diminué les doses d'anticoagulant et rien de pareil ne s'est jamais reproduit.

Son organisme avait souffert du stress et des tensions auxquels il avait été exposé toute sa vie, la chose était indubitable. Peu après l'incident survenu à Amman, il s'est fait faire un bilan de santé très complet aux États-Unis, dans une clinique de Cleveland. Après lui avoir fait subir des examens approfondis et vérifié l'état de son cœur, les médecins lui ont déclaré sans ambages : « Vous avez dix ans de plus que votre âge, c'est une évidence à laquelle vous devez vous rendre. » À dater de ce jour, un sentiment plus aigu qu'auparavant de sa propre mortalité l'a accompagné.

Le check-up à la clinique de Cleveland une fois terminé, nous nous sommes rendus à Washington pour prendre part à un événement historique : le roi Hussein et le président Hosni Moubarak devaient se rencontrer pour la première fois depuis les accords de Camp David. Ce geste initial, annonciateur d'un rapprochement entre le monde arabe et l'Égypte, avait été organisé par le représentant de notre pays aux Nations unies et celui de l'Égypte. Les deux diplomates, qui étaient amis, auraient voulu que l'entrevue ait lieu lors d'un banquet public. Vu les années de silence qui venaient de s'écouler, Hussein et moi avons cependant préféré commencer par un dîner discret, pris en tête à tête avec le président Moubarak et son épouse.

Les relations entre l'Égypte et le monde arabe demeuraient très tendues, et l'initiative que Hussein prenait en décidant de mettre fin au boycott dont ce pays était l'objet était audacieuse, courageuse et même dangereuse. Il était cependant certain d'agir dans l'intérêt de la Jordanie et dans celui de chacun des pays de la région car il était convaincu que leur avenir à tous dépendait de leur capacité à s'unir et à coopérer. L'un au moins des leurs considérait qu'il était temps de mettre fin à l'isolement de l'Égypte, tel était le message que le roi Hussein voulait envoyer aux autres dirigeants arabes. La réconciliation entre les deux pays fut officiellement scellée en automne 1984, et mon mari passa les trois années suivantes à tenter de persuader les autres chefs d'État arabes de renouer avec l'Égypte.

Après notre première rencontre, les Moubarak sont souvent venus nous voir en Jordanie. En octobre 1984, au cours d'un dîner officiel que nous donnions en leur honneur à Amman, le président égyptien m'a longuement parlé de l'inquiétude que lui avait causée la place proéminente occupée par Mme Sadate lorsque son mari était à la tête du pays. D'après lui, un tel comportement était inapproprié et contre-productif, et il m'a expliqué que Suzanne, son épouse, se ferait, pour sa part, plus discrète. Il a mis à ses propos une telle insistance que je n'ai pas pu m'empêcher d'y voir une allusion à la façon dont je donnais de plus en plus ouvertement mon avis sur les relations arabo-occidentales et sur les problèmes intérieurs de la Jordanie. Ses propos révélaient une mentalité très conservatrice, mais nonobstant l'attitude de son mari, Suzanne s'est façonné au fil des années un rôle important en luttant notamment contre l'analphabétisme en Égypte et en développant le goût du public pour la lecture.

Pendant les années 1980, j'ai entrepris plusieurs grandes tournées de conférences en Amérique. Pendant ces marathons de deux semaines entièrement consacrés à des prises de parole en public et à des interviews, je passais de longues soirées à écrire et à réécrire ce que j'allais dire le lendemain. Il me fallait lutter contre mon propre perfectionnisme et me débattre avec la complexité politique souvent ahurissante de la région tandis que je m'efforçais de brosser des relations arabo-américaines un tableau optimiste et de faire une analyse positive de la conduite des divers protagonistes. Dans la région, beaucoup de gens me pensaient capable, du fait de mes origines, de présenter au public américain la situation sous un jour auquel il n'était pas habitué. Sans la confiance qu'ils plaçaient en moi, je n'aurais pas accepté de quitter Hussein et les enfants pendant de si longues périodes. Il m'arrivait d'ailleurs souvent d'emmener Iman, notre benjamine.

Je souris aujourd'hui en relisant mes premières conférences. J'étais terriblement consciente de ma jeunesse face à des auditeurs plus âgés que moi, ainsi que de la portée politique des problèmes que j'abordais, aussi mes exposés, fruits d'une collaboration avec des universitaires et des spécialistes jordaniens soucieux avant tout de l'exactitude de mes propos, étaient-ils passablement ardus. Seule l'expérience acquise au fil des années et la conscience de la crédibilité dont j'ai fini par bénéficier m'ont permis de m'exprimer d'une façon plus personnelle.

Je n'avais pas la naïveté de croire que ce que je disais modifierait le point de vue des dirigeants ou exercerait une influence décisive sur l'opinion publique, mais la réaction des gens venus m'écouter faisait beaucoup pour m'encourager et me motiver. Comme les médias américains se contentaient en général de présenter un seul point de vue sur le Moyen-Orient, celui d'Israël, il était difficile pour l'Américain moyen, et pour certains décideurs, de se forger une opinion. J'avais donc une mission à accomplir : combler cette lacune.

Mon activité de conférencière a été grandement facilitée lorsque, dans les années 1980, mon beau-fils, le prince Abdallah, m'a rapporté un ordinateur portable de Taïwan. Quoique touchée par une telle attention, j'étais persuadée que je ne trouverais jamais le temps d'apprendre à m'en servir. Je me rappelais les difficultés que j'avais eues, lycéenne, à maîtriser les impénétrables langages Basic et Fortran utilisés par l'appareil du MIT auquel nous étions connectés à la Concord Academy. Néanmoins, grâce aux patients efforts de ma secrétaire, je me suis vite habituée au maniement de mon outil. Il m'est devenu indispensable pour préparer mes exposés et pour stocker les renseignements dont j'avais besoin, et a joué pour moi le rôle de bureau ambulant. Il m'a accompagnée partout où j'allais jusqu'au jour où, après de longues années de service, il est tombé en panne pour de bon et a dû être remplacé.

Le 15 mars, alors que je me préparais à m'adresser au Commonwealth Club de San Francisco, le texte d'une interview donnée par mon mari au *New York Times* le matin même m'a été communiqué : « Les États-Unis ne sont libres d'agir que dans les limites fixées par l'AIPAC et déterminées par les sionistes et par l'État d'Israël », se plaignait le roi Hussein en énumérant la longue liste de ses soucis. Leïla Charaf, qui était avec moi, a gémi en lisant cette déclaration. Nous nous sommes d'abord demandé si je ne ferais pas bien d'adoucir le ton de ma conférence, pour décider ensuite de ne rien y changer. La séance des questions-réponses s'est déroulée sans anicroche, peut-être, avons-nous pensé, parce que mes auditeurs californiens n'avaient pas lu le *Times* du matin.

Il en est allé tout autrement à Washington où j'assistais à un meeting pour soutenir le Liban quelques jours plus tard. J'ai été frappée de stupeur quand j'ai vu arriver Robert McFarlane, le conseiller à la sécurité nationale du président Reagan. Il a demandé à me parler, et après avoir pris place à côté de moi, il s'est penché et a dit : « Est-ce que vous essayez de faire perdre les élections au président ? » J'étais ahurie. « Non, ai-je répondu, influer sur vos élections est la dernière chose que nous songerions à faire, mais nous voulons absolument que vous sachiez que des civils palestiniens et libanais meurent chaque jour. C'est là un fait sur lequel il nous est impossible de fermer les yeux pendant la durée de vos campagnes électorales. » Mon interlocuteur exprimait sans doute le point de vue des membres de l'équipe présidentielle qu'une seule chose préoccupait : la réélection de leur patron. Cette conversation met en lumière un danger que présente le système politique américain. Malgré ses immenses mérites et les grands principes sur lesquels il est fondé, il s'appuie sur un processus ininterrompu de campagnes électorales qui se prolonge année après année. La bataille qui fait ainsi continuellement rage dans l'arène politique occulte toute vision globale des causes complexes des souffrances humaines en général, de celles notamment des peuples du Moyen-Orient.

Au cours du long vol qui m'a ramenée en Jordanie en 1984, j'ai décidé de changer radicalement ma façon de voyager. Fidèle au point de vue traditionnel selon lequel statut social et luxe doivent aller de pair, la cour faisait toujours réserver pour moi des suites présidentielles dans les meilleurs hôtels et mettre d'énormes limousines à ma disposition. Je jugeais de tels arrangements inutiles et déplacés. À New York, j'avais eu par exemple un salon de la taille d'une salle de bal ! « Je pense que nous créons une mauvaise impression en dépensant tellement d'argent et cela me préoccupe », ai-je dit au chef du protocole. J'ai réduit le nombre des gens qui m'accompagnaient et j'ai insisté pour emprunter des vols commerciaux quand j'allais à l'étranger. Lors de ma première tournée de conférences en Amérique, j'avais voyagé à bord d'un appareil appartenant à notre compagnie commerciale où on avait aménagé une cabine pour dormir et dont on avait espacé les sièges. C'était merveilleusement confortable, mais, après avoir calculé le prix du carburant et les dépenses annexes, j'ai dit : « Plus jamais ! »

Je rentrai de ma tournée de conférences juste à temps pour recevoir la reine Élisabeth d'Angleterre et le prince Philippe venus passer cinq jours en Jordanie. Dans la perspective de cette visite, mon mari avait abandonné la résolution qu'il avait prise de cesser de fumer. C'était la première fois que la reine venait en Jordanie depuis qu'elle était montée sur le trône, la même année que Hussein, et son voyage faillit être annulé à la dernière minute à cause d'une explosion survenue dans un parking de l'hôtel Intercontinental d'Amman. Refusant courageusement d'écouter la presse anglaise qui lui demandait de renoncer à la visite, la souveraine arriva à Amman le 27 mars avec le prince Philippe. Comme elle ne pouvait voyager qu'à bord de son propre avion, Hussein conduisit lui-même ses invités en voiture d'Akaba à Pétra au lieu de leur faire faire le trajet en hélicoptère, comme c'était son habitude. Cette précaution les priva de l'extraordinaire spectacle de Wadi Rum et de Pétra vus du ciel.

Les visites des chefs d'État occidentaux et des souverains européens étaient certes nombreuses, mais mon mari entretenait des contacts beaucoup plus étroits et plus réguliers avec les dirigeants du monde arabe et des pays musulmans. Il s'était lié d'amitié avec nombre d'entre eux, notamment avec le sultan Hassan al-Bolkiah de Brunei que nous avons accueilli en 1984. Mon mari s'était découvert des affinités avec ce souverain à la voix douce et au naturel aimable. Les deux hommes, bons musulmans l'un et l'autre, nourrissaient les mêmes nobles aspirations pour leurs pays respectifs et avaient en outre une passion commune pour l'aviation. Brunei est situé dans une région côtière isolée au nord-ouest de l'île de Bornéo, et le sultan parcourait souvent de grandes distances en avion pour relier son pays au reste du monde. Hussein eut parfois l'occasion de lui donner des conseils en matière d'aviation.

Au moment de la visite officielle qu'il nous fit, Brunei, une ancienne colonie britannique, venait d'obtenir son indépendance, et mon mari se monta extrêmement coopératif pendant la période de transition. Des perspectives d'avenir brillantes s'ouvraient à ce petit royaume : grâce à ses réserves de pétrole et de gaz, sa population jouit du revenu par habitant le plus élevé du monde. Le sultan s'est toujours montré par la suite prêt à aider mon mari et devait même acheter la maison qu'il possédait à Londres au début des années 1990, ce qui permit à Hussein de faire restaurer et redorer le Dôme du Rocher à Jérusalem.

Nous avons rendu nous-mêmes visite au sultan dans son pays en 1986. Il a deux épouses, ce que l'islam autorise tant qu'elles sont traitées avec une parfaite égalité. Il a construit un palais pour chacune d'elles et pour les enfants nés de l'une et l'autre union ; l'un d'eux, l'Istana, qui est le siège du gouvernement, s'élève sur un terrain de cent vingt hectares magnifiquement paysagé surplombant la capitale, Bandar Seri Begawan. Les salles réservées aux réceptions officielles sont aussi vastes que des terrains de football et cinq mille personnes trouvent place dans celles où ont lieu les banquets, sous des rangées doubles de lustres d'or et de cristal.

Le sultan de Brunei venait aussi nous voir à Londres quand nous y séjournions et il a même fait sensation un jour en disparaissant. Je n'oublierai jamais l'expression consternée de ses gardes du corps qui le cherchaient désespérément, avec l'aide de nos propres agents de sécurité qui fouillaient eux aussi les lieux car mon mari était également introuvable. Le mystère n'a été éclairci qu'un peu plus tard : Richard Verrall, le pilote de Hussein en Angleterre, était arrivé à bord d'un hélicoptère que mon mari venait de recevoir en cadeau et, au cours de la démonstration qu'il en faisait aux deux souverains passionnés d'aviation, le sultan était monté à côté de lui, Hussein avait pris place derrière eux, et ils avaient décollé sans prévenir personne. Ils s'étaient ensuite posés dans un champ voisin et s'étaient exercés à faire du rase-mottes et à atterrir sur des terrains en pente et dans de petites clairières. Quand ils sont revenus, une heure plus tard, comme de vilains garnements, ils ont eu affaire à leurs gardes du corps. Mon mari s'est confondu en excuses, mais il était évident qu'il s'était bien amusé, et son complice aussi.

Une amitié particulièrement étroite liait, depuis le début des années 1970, Hussein au sultan Qabus d'Oman, un homme généreux, à l'esprit ouvert. Lors d'un voyage que nous avions fait dans son pays au début de notre mariage, nous avions été à même de constater les progrès extraordinaires qui y avaient été accomplis au cours des premières années de son règne. Son père, le sultan Said, avait veillé à ce qu'Oman demeure pratiquement coupé du monde. Malgré la découverte, durant son règne, d'abondants gisements de pétrole, ce souverain excentrique avait refusé de dépenser la plus minime partie de ses revenus pour doter son pays d'infrastructures ou pour améliorer les conditions de vie de son peuple.

Quand son fils, Qabus, était revenu à Oman à sa sortie de Sandhurst, son père l'avait assigné à résidence et l'y avait maintenu pendant les six années suivantes. Qabus avait attendu 1970 pour prendre le pouvoir après avoir renversé son père lors d'un coup d'État exempt de violence, et l'avoir exilé. Il avait immédiatement fait construire des routes, développé le système d'irrigation et fourni des logements et de l'électricité à la population. Il avait aussi engagé son pays sur la voie de la modernité en créant un système d'éducation primaire et secondaire gratuit, et surtout en fondant l'université du Sultan-Qabus, un établissement d'études supérieures d'un niveau impressionnant.

Extrêmement soucieux du bien-être de son peuple, le sultan Qabus s'intéresse de très près aux questions touchant à l'environnement, à la culture et aux arts, c'est pourquoi je lui voue une affection particulière. Le nom d'Oman évoque pour moi des souvenirs musicaux. Lors de notre première visite, le souverain venait de faire installer un orgue dans son palais et prenait des leçons avec un spécialiste. Il invitait ses hôtes à partager son amour de la musique en faisant donner par l'orchestre symphonique royal d'Oman des concerts qui duraient quelquefois jusqu'à l'aube.

Um Qabus, la mère du sultan, dont nous avions fait la connaissance à Londres pendant notre voyage de noces, était la preuve vivante du rôle considérable souvent joué par les femmes dans le monde arabe, en particulier dans les émirats du Golfe. Comme l'influence qu'elles exercent ne se manifeste pas en public, les étrangers ne se rendent pas compte de son importance. La mère du sultan apportait une aide précieuse à son fils en établissant un lien entre lui et diverses couches de la société de son royaume, et en maintenant le contact avec les familles royales du Golfe. Je l'aimais beaucoup et, quand j'allais la voir, je choisissais avec le plus grand soin les cadeaux que je lui destinais. Elle se montrait extrêmement généreuse envers nous ainsi que son fils qui était toujours disposé à prêter assistance à la Jordanie. Mon mari, auquel il ne ménageait pas son aide, avait une immense dette de gratitude envers lui. Il était même parfois gêné d'une munificence impossible pour lui à égaler.

Le roi et moi nous rendions occasionnellement ensemble dans certains pays du Golfe mais, d'une manière générale, les rencontres officielles se passaient entre hommes, les femmes n'étant invitées qu'à des fêtes plus personnelles, à des mariages par exemple. Dans de telles occasions, les célébrations duraient trois jours, et les hommes et les femmes y assistaient séparément. Elles commençaient tard le soir et se prolongeaient jusqu'au matin. Les vastes salles où elles avaient lieu étaient remplies de centaines de femmes de tous âges revêtues de superbes robes de grands couturiers. Les tout petits enfants eux-mêmes étaient couverts de bijoux étincelants.

Les choses ne se déroulaient pas toujours comme prévu. Je me rappelle un mariage au cours duquel, pendant un spectacle donné pour les femmes, une bande d'amis du marié avaient fait irruption sur la scène et, dans un geste traditionnel de joie, avaient brandi des armes semi-automatiques. Assise juste en face de la scène avec les épouses d'autres dirigeants et dignitaires arabes, je n'avais pu m'empêcher d'imaginer les manchettes des journaux du lendemain si des coups de feu étaient partis accidentellement. Les intrus avaient heureusement décidé de se retirer dans les coulisses et de quitter les lieux.

De toutes les festivités auxquelles j'ai assisté, celles qui accompagnèrent le mariage d'une des filles du roi Hassan II du Maroc ont compté parmi les plus pittoresques. L'union de quatre cents jeunes femmes était célébrée en même temps aux frais du souverain qui dirigeait en personne la cérémonie. Seul homme de l'assistance, vêtu d'un élégant costume blanc, il s'occupait des moindres détails, indiquant le moment de baisser les lumières, de jouer de la musique, de servir le festin. La ville de Marrakech était interdite à tout trafic, et les rues, le long desquelles s'alignaient de magnifiques étalons arabes montés par des cavaliers en costume berbère traditionnel, fourmillaient de gens venus apporter leurs vœux aux mariés et de bateleurs chargés de les distraire.

Une cérémonie d'un tout autre caractère a eu lieu en Jordanie en 1985 lorsque Damian Elwes, le fils de Tessa Kennedy, s'est marié sur le mont Nébo, dans l'église de Moïse. Ce bel édifice du IVe siècle que le pape choisit en 2000 pour commencer son pèlerinage en Terre sainte domine de très haut la mer Morte et, de son parvis, on a une époustouflante vue panoramique. Le monument à demi restauré et les ravissantes mosaïques du VIe siècle qui l'ornent sont imprégnés d'une profonde spiritualité. Hormis quelques tapis anciens jetés sur le sol et quelques chaises, l'église était nue. Le cadre se suffisait à lui-même. Au moment où la cérémonie tirait à sa fin, des colombes blanches ont été lâchées au-dessus du Jourdain. En arrivant en hélicoptère pour chercher les mariés et les emmener à Akaba où ils devaient passer leur nuit de noces à bord d'un bateau sur la mer Rouge, nous avons vu, Hussein et moi, des éclairs blancs traverser le ciel.

La journée était magnifique. En retournant un peu plus tard vers notre appareil posé au sommet du mont Nébo, j'ai aperçu des colombes blanches perchées sur les hélices. J'ai vu dans ce spectacle un heureux présage, un signe que mon mari était béni, lui et sa quête tenace de la paix.

CHAPITRE 12

Les femmes portent la moitié du ciel

En février 1985, au bout de plusieurs mois d'intenses tractations entre les Jordaniens et les membres de l'OLP, Yasser Arafat et ses collègues acceptèrent en secret que la résolution 242 et le retrait d'Israël derrière les frontières de 1967 servent de base à des négociations de paix ; ils reconnaissaient ainsi implicitement l'existence d'Israël. En contrepartie, le dirigeant palestinien réclamait l'application de la résolution 181 des Nations unies qui préconise la division de la Palestine anciennement sous mandat britannique en un État juif et un État arabe. Il demandait en outre la réunion d'une conférence internationale de tous les protagonistes sous les auspices du Conseil de sécurité des Nations unies.

Retourné avec moi en Amérique le mois suivant, Hussein mit Reagan au courant de ces développements. Le président américain se déclara enchanté des progrès obtenus et envisagea même pour la conférence une date qui fut fixée d'un commun accord au mois de novembre. Tout prometteur qu'il eût pu sembler, cet espoir se révéla vite illusoire.

Avant notre départ, Arafat avait confirmé à notre Premier ministre, Zeid Rifai, son acceptation de la résolution 242, mais à peine étions-nous rentrés qu'il mit à l'officialisation de sa décision un nombre croissant de conditions. Une indiscrétion commise par Washington vint bientôt augmenter l'irritation causée à mon mari par la mauvaise volonté du dirigeant palestinien. Ni les États-Unis ni Israël ne voulant parler à l'OLP, Arafat et lui avaient envoyé en Amérique une liste secrète de Palestiniens qui, jugés relativement modérés, pourraient éventuellement siéger à la conférence. L'équipe de Reagan avait immédiatement communiqué ce document à Israël qui le rendit public dès le lendemain. Les noms qui y figuraient furent rejetés par la Knesset et par Shimon Peres, alors Premier ministre. Les choses allèrent ensuite de mal en pis.

La tenue d'une conférence internationale apparut de moins en moins souhaitable aux yeux des États-Unis, tandis qu'au sein de l'OLP la promesse faite par Arafat rencontrait une réticence de plus en plus vive de la part des radicaux. Mon mari redoubla d'efforts et, en accord avec Arafat, envoya une délégation palestino-jordanienne rendre visite à chacun des cinq membres permanents du Conseil de sécurité, mais ni les États-Unis ni l'Union soviétique n'acceptèrent de la recevoir.

Sur ces entrefaites, je découvris que j'attendais notre quatrième enfant. Mon mari était ravi. Il avait souvent exprimé le désir de voir notre famille s'accroître et, dans cette période de stress, la nouvelle agit sur lui comme un tonique. J'étais moins enthousiaste que lui. J'avais déjà du mal à m'occuper des six petits que comptait notre maisonnée, et, raison non moins valable, la diminution du taux des naissances, élevé dans le pays, figurait parmi les buts poursuivis par la Jordanie. Dans ces conditions, quel exemple donnais-je en étant de nouveau enceinte ?

Pour apaiser ma conscience, je décidai de me consacrer à la consolidation des différents projets que j'avais mis en route. Ils étaient si nombreux et tellement éparpillés que l'existence d'un organisme commun destiné à les chapeauter me sembla souhaitable. Ce fut ainsi qu'en septembre 1985, la Fondation Noor al-Hussein fut créée par décret royal. Son nom – Lumière de Hussein – symbolisait la mission qui lui était assignée : donner corps à la vision d'espoir que le roi nourrissait pour son peuple, et concrétiser les chances de réussite qu'il rêvait de lui offrir. Nos problèmes les plus urgents, ceux concernant la pauvreté, le chômage, la santé, l'éducation, l'environnement, les droits des femmes et des enfants, étaient, je m'en rendais compte, étroitement liés entre eux. Ne privilégiant aucun domaine, je n'avais pas de territoire à défendre, et espérais donc être en mesure, par l'intermédiaire de la Fondation, de proposer des stratégies permettant de coordonner les efforts des ministères et des associations caritatives, habitués jusque-là à agir séparément.

Ce fut en élaborant plusieurs schémas d'action en faveur de la lutte contre la pauvreté que la Fondation contribua d'abord le plus utilement aux progrès faits en Jordanie et dans la région. Plutôt que d'avoir recours, comme c'est généralement le cas, à une approche caritative, nous avons mis au point des méthodes conçues pour encourager l'autonomie des individus et des groupes, et les inciter à participer aux prises de décisions, en insistant sur le rôle à réserver aux femmes. Avant de choisir une telle orientation, j'avais consulté des amis en qui j'avais confiance et des spécialistes du développement parmi lesquels Adnan Badran, le président de l'université de Yarmouk, In'am Mufti et Leïla Charaf. J'ai demandé à cette dernière, qui avait été la première femme ministre en Jordanie, d'accepter de prendre la direction de la Fondation. Ensemble, nous avons établi les grandes lignes d'un plan qui nous permettrait de compléter les initiatives prises dans les secteurs public et privé. Nous nous efforcerions de les soutenir en veillant à ne pas faire double emploi et en nous intéressant particulièrement aux populations rurales ainsi qu'à d'autres groupes délaissés.

Le Projet de développement de l'artisanat national a été le premier programme à se voir accorder le patronage de la Fondation. Mis en train au début de l'année, il avait pour but de protéger un aspect spécifique du patrimoine jordanien et de lui insuffler une vitalité nouvelle. Le Fonds pour la protection de l'enfance (Save the Children Fund) américain ayant pris contact avec moi, j'ai demandé que ses experts nous fassent partager leur expérience en travaillant avec nous dans une communauté rurale de Bédouins ainsi que dans une zone plus urbanisée habitée par des réfugiés à Jérach. En partenariat avec l'organisation, nous avons lancé deux projets de développement collectif concernant la manufacture de produits artisanaux dont l'un s'appelle Bani Hamida et l'autre le Centre artisanal de la vallée du Jourdain.

Des périodes de sécheresse successives survenues dans le sud du pays avaient forcé quelque quatre cents familles de Bédouins à abandonner la vie nomade et à s'installer aux alentours de Bani Hamida, un village de montagne situé à une heure environ d'Amman. Dominé par la forteresse d'Hérode où Salomon a dansé et Jean-Baptiste a été décapité, le site est spectaculaire. La tribu qui l'habitait était très pauvre. Les hommes avaient dû partir en grand nombre pour chercher des emplois non qualifiés, laissant leurs familles s'occuper des chèvres et survivre comme elles le pouvaient. Le gouvernement avait construit des routes et ouvert un dispensaire, mais la population était très démunie. Les femmes étaient pour beaucoup en mauvaise santé et avaient l'air plus vieilles que leur âge.

Un représentant de l'association américaine est venu de Cisjordanie pour une première évaluation de la situation. « Ce serait stupide de ne pas faire du tissage », a-t-il remarqué, debout sous un arbre, suivant du regard les moutons et les chèvres qui paissaient sur les flancs des montagnes. « Avec toute la matière première qui se promène alentour, la chose paraît évidente. » Sa conviction n'a fait que croître lorsque, étant entré dans les maisons éparpillées aux alentours, il a vu, soigneusement pliés et empilés dans le moindre recoin, les tapis dont les Bédouins nomades se servent pour couvrir leurs tentes et séparer les différents espaces de vie. « Des tapis, voilà ce que vous devez faire », a-t-il conclu.

Nous avons commencé par collectionner les motifs bédouins traditionnels. Rejetant les couleurs artificielles criardes en usage de nos jours, nous avons passé les teintures traditionnelles en revue et avons choisi celles qui ne risquaient pas de faner et semblaient faciles à assortir. Nous avons aussi demandé à des dessinateurs d'Amman de créer des motifs contemporains et nous avons institué des contrôles de qualité.

Les Bédouines se sont d'abord montrées méfiantes. Ce n'était guère surprenant : elles avaient été pauvres et impuissantes si longtemps que tout changement leur semblait inimaginable. Nous avons proposé à une jeune femme l'équivalent d'environ cent quatre-vingts dollars avec lesquels installer un atelier de teinture dans les deux pièces qu'elle occupait avec douze membres de sa famille. Elle subvenait à l'époque aux besoins des siens en vendant les crottes de chèvres qu'elle ramassait, et la somme que nous lui offrions lui paraissait exorbitante. Elle l'a refusée, disant qu'elle ne pourrait jamais rembourser ce « prêt » et que, de toute façon, elle ne serait pas capable de teindre tant de laine. Rebecca Salti, la première directrice du Projet de tissage féminin de Bani Hamida, a dû lui rendre visite à deux reprises pour la convaincre. Elle a fini par prendre l'argent en tremblant et s'est mise au travail. Ses efforts ont vite été couronnés de succès et elle est bientôt devenue assez riche pour s'acheter une maison et changer d'existence.

Assister au succès remporté par notre entreprise a été passionnant. Non seulement les premiers tapis étaient superbes, mais les tisserandes faisaient bon usage de leurs gains. Rebecca, qui se rendait régulièrement à Bani Hamida pour prodiguer des encouragements aux travailleuses et s'assurer que leur premier élan d'enthousiasme ne s'essoufflait pas, apprenait que, sitôt rémunérées, elles allaient « se faire soigner ». C'était là l'expression qu'elles utilisaient elles-mêmes, et que l'on entendit bientôt un peu partout dans la montagne. Ces femmes, dont les innombrables grossesses avaient ébranlé la santé, avaient enfin de quoi prendre l'autobus pour se rendre chez le médecin, s'acheter des médicaments à la pharmacie et rentrer ensuite chez elles. Elles avaient aussi les moyens d'acheter des fournitures scolaires pour leurs enfants. Certaines ont même fini par pouvoir les envoyer au collège.

La bonne nouvelle n'a pas tardé à se répandre et les Bédouines sont venues en nombre croissant demander du travail. Dans un village, on en a compté jusqu'à cent cinquante qui brodaient les motifs conçus par nos dessinateurs sur des coussins et des couvre-lits magnifiques tandis que d'autres tissaient tapis et tentures. Elles ont ainsi pu occuper une place nouvelle au sein de leurs communautés respectives, donnant raison à un de mes dictons préférés : « Les femmes portent la moitié du ciel. » Cet adage chinois exprime avec une merveilleuse concision l'universalité du rôle essentiel joué par les femmes dans l'édification de la société. Il était particulièrement gratifiant pour nous de voir ces ouvrières industrieuses gagner de l'argent sans quitter leur maison. Elles continuaient ainsi à jouer le rôle de pilier du foyer familial que la tradition leur assigne, tout en offrant à la communauté un filet de sécurité financier d'une importance capitale. En distinguant notre projet comme l'un des meilleurs du genre, l'UNICEF a rendu hommage à l'association réussie du travail et de la vie en famille.

Le projet de Bani Hamida, qui a servi de modèle dans d'autres pays en voie de développement, était le premier en Jordanie à privilégier une approche globale. Il permettait non seulement de stimuler l'économie par le biais de la fabrication de produits artisanaux, mais de toucher aussi à d'autres aspects de la vie de la communauté : un programme de planning familial y était intégré, assurant la diffusion de la notion islamique d'espacement des naissances conçue pour protéger la santé de la famille entière, puis fournissant à la population les médicaments et les services médicaux dont elle avait un besoin urgent.

Une fois la qualité du tissage stabilisée, nous nous sommes occupés de mettre en place une stratégie de marketing propre à assurer la durabilité de notre projet. Avec l'assistance de Aid to Artisans (Aide aux artisans), une association américaine sans but lucratif qui offre son assistance dans le monde entier aux artisans en quête de débouchés, nous sommes entrés en contact avec des entreprises spécialisées dans le commerce des tapis aux États-Unis, en Europe et ailleurs, et nous avons commencé à participer à des expositions internationales. L'ambassade de Jordanie à Washington a servi de cadre à notre première vente, et tous les articles que nous lui avons envoyés ont été achetés. Une de nos amies, Katharine Graham, la directrice du *Washington Post,* a grandement contribué à notre succès en publiant une photo la montrant dans son salon avec un tapis de Bani Hamida.

C'est paradoxalement en Jordanie que nous avons rencontré le moins de succès. Le penchant pour tout ce qui vient d'Europe y est si fermement enraciné dans les classes moyennes prospères qu'il est très difficile de lutter contre lui. Dans l'intention de montrer que la Jordanie tire sa richesse de son patrimoine culturel, j'ai exposé des coussins et des tapis provenant de Bani Hamida à mon bureau et j'en ai disposé dans les pièces du palais où nous recevions des monarques, des émirs, des sultans et d'autres hôtes de marque. En manifestant ouvertement son goût pour ces articles, le roi a envoyé un signal fort, et les attitudes ont commencé à changer. Aujourd'hui les représentants de la jeune génération s'offrent mutuellement nos produits en guise de cadeaux. Il est très gratifiant de voir les fruits de nos efforts appréciés de la sorte.

J'ai aussi tourné le dos aux conventions en portant des costumes traditionnels en public dans les occasions officielles, et même lors de banquets à l'étranger. Comme je suis très grande, j'ai d'abord eu du mal à trouver des vêtements à ma taille, mais deux de mes amies, Fatina et Abla Asfour, ont appris à des femmes de la campagne à créer, avec des motifs de broderie, des tissus et des couleurs hérités du passé, de magnifiques robes d'un style contemporain. J'ai toujours porté ces vêtements avec plaisir et fierté. La mode a fini par s'en répandre en Jordanie et jusque dans d'autres pays arabes où ils sont très recherchés. C'est cependant avant tout son impact sur la vie des femmes dans les régions pauvres qui fait l'importance de notre projet. Comme les Bédouines de Bani Hamida et les habitantes des villages où leur exemple s'est propagé jouissaient de revenus réguliers, les établissements de microcrédit ont été convaincus de leur solvabilité. Dans tous les pays du monde, les petits prêts consentis aux femmes servent de capitaux de départ, et ces investissements finissent par avoir des répercussions bénéfiques dans les domaines de l'éducation et de la santé, et par encourager la mise en place d'infrastructures. Cela a été le cas en Jordanie où nos tisserandes se sont trouvées en mesure de procurer des emplois à d'autres femmes, même parfois à leurs maris, et d'aider des amies à les imiter.

Les hommes avaient souvent du mal à comprendre les transformations subies par leurs familles. Témoin du succès professionnel de sa femme, un chômeur nous a demandé par exemple de lui trouver une seconde épouse aussi capable que la première. Sa requête a été ignorée. Les Bédouins, qui avaient accueilli notre projet avec scepticisme, en sont devenus les fervents partisans quand ils en ont constaté les bénéfices matériels et qu'ils ont vu le nom de leur tribu devenir le symbole d'un patrimoine dont la Jordanie s'enorgueillissait. Ils ont même fini par s'en faire les avocats au sein du Parlement.

Au vu du succès remporté par notre approche novatrice, l'Organisation mondiale de la santé nous a proposé de créer, pour le Moyen-Orient, un modèle de développement rural intégré employant des méthodes déjà utilisées en Thaïlande pour un programme qui s'était révélé très efficace. Nous avons donné le nom de « Qualité de la vie » à ce projet, et avons choisi, pour le roder, le village isolé et pauvre de Sweimah, situé au cœur de la vallée du Jourdain. Lors de ma première visite, j'ai été atterrée de voir que certaines familles n'avaient pas de toit et que seuls les arbres leur servaient d'abri ; les soins médicaux n'étaient accessibles à personne, il n'y avait pas d'école et même pas d'eau potable.

Les capitaux nécessaires à notre entreprise étaient disponibles, mais nous voulions que les habitants décident eux-mêmes de la manière de les utiliser. Nous savions en effet que la réussite dépendrait de leur participation. Nous les avons aidés à former un comité chargé de recenser les principaux besoins des familles et de trouver d'éventuelles manières d'y faire face. Nous avons pris part au travail de cette assemblée en lui fournissant des renseignements, des idées et des conseils, mais nous avons eu soin de lui laisser l'initiative des décisions. J'ai assisté à sa première réunion, et la présence de femmes en son sein m'a beaucoup encouragée. Le projet « Qualité de la vie » a été l'une des initiatives les plus gratifiantes de la Fondation. Il a été étendu, en Jordanie, à dix-sept communautés rurales isolées, et a offert suggestions et assistance en matière de formation à de nombreux pays du monde arabe et musulman allant de la Palestine à l'Afghanistan. Non seulement les méthodes choisies stimulaient le processus démocratique conduisant aux prises de décision, mais le rôle joué à chaque étape par le comité local garantissait l'exécution des opérations retenues. Celles-ci étaient pour la plupart autonomes du point de vue financier, et généraient des fonds utilisables dans d'autres branches d'activité.

Nous avons pu, avec la collaboration de la Société royale pour la protection de la nature, faire bénéficier l'écotourisme des leçons tirées de notre expérience en matière de développement intégré. Au milieu des années 1980, nous étions en mesure d'exploiter le succès que connaissait ce genre d'action, et de servir ainsi les intérêts écologiques et économiques de la Jordanie. L'opération la plus réussie de ce point de vue a été la création de la réserve naturelle de Dana, une zone située à tout juste deux heures d'Amman, au fond d'une vallée spectaculaire qui présente, entre sa partie haute et sa partie basse, un dénivelé de quelque mille trois cents mètres, et dans laquelle trois microclimats se chevauchent.

Le site est unique au monde. J'adorais m'y rendre, et j'avais une affection particulière pour le village abandonné dont il ne restait que des ruines. Des dons privés et l'aide accordée par divers ministères ont permis de restaurer petit à petit ses maisons croulantes. La reconstruction fournissant du travail, les anciens habitants sont revenus petit à petit et ont redonné vie au lieu. Le projet mis en œuvre à Dana a créé des emplois et enseigné à la population à tirer des revenus alternatifs des ressources naturelles sans les épuiser, et à dépendre moins étroitement du pâturage qui appauvrit la terre. En associant protection de l'environnement et développement socio-économique, il a fait figure de modèle. Le tourisme a offert de nouveaux débouchés aux divers produits locaux consistant essentiellement en fruits secs et en bijoux d'argent décorés de motifs empruntés à la nature. L'originalité de notre démarche a permis à la RSCN de faire appel à la générosité d'autres donateurs, notamment à celle du Service global d'environnement du programme des Nations unies pour le développement, et à celle de la Banque mondiale. Le président de cet établissement, Jim Wolfensohn, qui a visité Dana avec sa femme, Elaine, s'est déclaré « honoré » d'apporter son soutien à un tel projet dont il a dit vouloir généraliser l'application. Cet hommage a constitué une immense récompense pour le personnel responsable de sa conception et de sa mise en œuvre. L'essor de l'écotourisme à Dana a été également encourageant : à la fin des années 1990, quarante mille visiteurs s'y rendaient chaque année. Cet afflux a bénéficié à la région entière, en particulier aux femmes qui sont au cœur du projet.

Les programmes culturels me semblaient propres à multiplier les effets de telles opérations. L'art sous ses formes variées constituait, à mes yeux, un moyen de permettre à des gens issus de milieux socio-économiques et ethniques différents, venant d'horizons religieux ou politiques divers, d'oublier ce qui les divise et de participer ensemble à l'élaboration d'une culture jordanienne contemporaine commune. Une action soulignant l'importance du pluralisme et de la diversité tout en mettant en valeur les formes arabes traditionnelles d'expression artistique ne pouvait manquer de renforcer la stabilité politique du pays, et même sa sécurité. Plus on resserrerait, grâce à la littérature, au théâtre et aux autres arts, les liens entre des éléments souvent disparates et rivaux, plus grande serait la cohésion de la société.

Une visite du Children's Museum (musée des Enfants) organisée pour moi à Washington au milieu des années 1980, m'a inspiré l'idée de fonder un établissement similaire en Jordanie. Le Musée de la science et du patrimoine pour les enfants (Children's Heritage and Science Museum), créé à Amman, était le premier musée interactif à intentions pédagogiques et récréatives du monde arabe. Son « programme itinérant » à destination des familles rurales pauvres a bénéficié d'un cadeau inattendu pendant un de nos voyages en Allemagne : le directeur de Mercedes nous a dit, lors d'une visite au siège de l'entreprise, qu'il avait eu l'intention d'offrir un de ses derniers modèles de voiture à mon mari, lequel aurait été sans aucun doute enchanté. Ayant appris que j'étais à la recherche d'un véhicule pour notre musée, il avait cependant changé d'avis et m'a fait don d'un magnifique semi-remorque. Hussein n'a jamais cessé de me reprocher, en plaisantant, le sacrifice qu'il avait consenti, bien involontairement.

Le Children's Museum de Washington a été à l'origine d'une deuxième initiative qui compte elle aussi parmi mes favorites dans le domaine culturel. J'avais été invitée à assister à un programme musical très spécial organisé en son sein par Sheila Johnson. Cette femme remarquable dirigeait un orchestre composé d'enfants âgés de trois à dix-huit ans, le Young Strings in Action. Elle enseignait aussi le violon en s'inspirant de l'excellente méthode Rolland. Elle a fait une forte impression sur moi et, en 1984, je l'ai invitée à prendre part, avec ses jeunes musiciens, au festival de Jérach. Nous nous sommes tout de suite très bien entendues, et elle a contribué par la suite à la création du Conservatoire national de musique dont nous rêvions pour la Jordanie, dépensant sans compter son temps, son énergie, et même son argent.

Quand il a ouvert ses portes en 1986, cet établissement comptait trois professeurs jordaniens et quarante-cinq apprentis violonistes, mais on y a bientôt enseigné non seulement d'autres instruments occidentaux, mais aussi des instruments arabes, car je tenais à offrir aux petits Jordaniens la possibilité d'explorer leur patrimoine musical. Le chant choral, la théorie et l'histoire de la musique ont été peu après ajoutés aux disciplines existantes, et le premier orchestre d'enfants de Jordanie a bientôt vu le jour.

L'orchestre de Sheila a participé de nouveau au festival de Jérach en 1986 et s'y est produit avec le nôtre, ce qui a valu un grand succès aux deux ensembles. Mettant à profit l'élan donné par notre bienfaitrice, nous avons élaboré, au fil des années, un programme d'enseignement musical pour les collèges et lycées publics de Jordanie et créé, en collaboration avec l'École royale de musique anglaise, un cursus de trois ans débouchant sur un diplôme. Les enfants viennent du monde arabe tout entier participer aux stages d'été organisés par le Conservatoire, et nous avons la fierté de pouvoir compter parmi ses anciens élèves un pianiste jordanien de renom international, Zade Dirani, qui est également compositeur et allie, dans ses œuvres, les gammes orientales et arabes au système tonal de la musique classique occidentale.

Au moment où il entrait dans la vingt-cinquième année de son règne, Hussein a suggéré que les sommes publiques et privées destinées à l'organisation de célébrations seraient mieux utilisées si elles servaient à fonder un établissement d'enseignement reflétant l'importance qu'il attachait depuis toujours à l'éducation. Les fonds nécessaires n'ayant pas pu être réunis, le projet a été ajourné. Lorsqu'on m'a offert l'argent déjà recueilli pour contribuer à la création d'un hôpital pour enfants, j'ai refusé de voir le rêve de mon mari abandonné. En 1984, la Fondation Noor al-Hussein s'est chargée de le réaliser et, neuf ans plus tard, l'École du Jubilé, un établissement d'enseignement secondaire mixte, a ouvert ses portes aux élèves les plus doués du pays et de la région, surtout aux garçons et aux filles originaires des parties les moins développées de la Jordanie. L'école offre un enseignement unique en son genre privilégiant la créativité, le civisme, l'acquisition de compétences dans le domaine du leadership et de la résolution des conflits en même temps que les matières scientifiques et technologiques. Le Centre d'excellence de l'École du Jubilé concourt à l'élévation du niveau scolaire national et régional en élaborant des programmes novateurs, en organisant des formations et des ateliers pour les professeurs des écoles publiques et privées.

Le roi était très fier de l'École du Jubilé et de ses élèves dont il célébrait les succès et partageait l'enthousiasme. Cela a été du fond du cœur qu'il les a remerciés lorsqu'il a présidé la première cérémonie de distribution des diplômes de fin d'année : « C'est avec vous, jeunes gens et jeunes femmes, que j'ai passé les meilleurs moments de ma vie. Ce sera vous, je l'espère, qui veillerez au développement du pays », leur a-t-il dit.

Par l'intermédiaire de la Fondation du roi Hussein, créée en 1998, l'École du Jubilé développe, avec la coopération d'organismes nationaux et internationaux, un programme visant à utiliser les outils multimédias dans l'enseignement des mathématiques, des sciences et de la langue anglaise dispensé dans les établissements scolaires du pays. Un lien tangible est ainsi créé entre les rêves du roi Hussein et la priorité accordée par son fils, le roi Abdallah, à l'éducation et à la modernisation.

Le roi Hussein ne voyait pas dans l'action sociale et culturelle l'instrument d'un développement sophistiqué. Il voulait seulement que les bénéficiaires puissent avoir accès à la meilleure éducation possible, à l'emploi et aux services de santé afin qu'ils contribuent à leur tour à l'édification de la nation. Il incombait à son gouvernement, aux membres de sa famille, aux ONG et aux acteurs sociaux de s'efforcer de transformer cette intention en réalisations concrètes. Les ONG, agents apolitiques du changement, ont pris petit à petit une place de plus en plus importante dans le pays.

Sept ans s'étaient écoulés depuis que j'étais reine, et mon travail me procurait beaucoup de satisfaction. J'avais acquis une certaine expérience et savais à qui faire appel quand j'avais besoin de conseils professionnels. J'étais entourée de collaborateurs extrêmement motivés qui me servaient d'yeux et d'oreilles quand j'étais en voyage, et que je voyais quotidiennement lorsque je me trouvais à Amman pour discuter de nouvelles stratégies ou surmonter les inévitables obstacles qui surgissaient sur notre route. Il me fallait parfois faire preuve de tact et de patience, mais j'avais, d'une façon générale, l'impression de faire ce dont j'avais toujours rêvé : changer les choses. C'était peut-être parce que ma vie était si bien remplie et parce que j'avais le sentiment d'être utile que les attaques menées contre moi dans la presse londonienne à partir de 1985 m'ont désarçonnée.

J'en ai été informée par un coup de téléphone d'Elizabeth Corke, la filleule de mon mari qui lui servait d'assistante quand il était en Angleterre. Elle m'a lu un article de Nigel Dempster paru dans le *Daily Mail* et intitulé : « Nur en quête de pub » (ce journaliste semblait incapable d'épeler correctement mon nom). D'après lui, j'avais engagé à grands frais les services d'une agence publicitaire californienne, et l'avais chargée d'améliorer mon image et de me faire connaître. Il n'avait, à ma connaissance, pour preuve de ce qu'il avançait, qu'une conversation que j'avais eue, à Washington, avec un consultant employé par le parti démocrate. Je désirais à l'époque rencontrer quelqu'un qui accepte de nous aider à modifier la perception des Arabes répandue aux États-Unis, et je lui avais demandé s'il pouvait orienter mes recherches. Nos ressources étant très limitées, il ne pouvait pas être question pour nous de rivaliser avec les riches organisations sionistes américaines, mais il ne me semblait pas impossible de trouver une personne capable de comprendre l'avantage qu'il pouvait y avoir à présenter un tableau plus équilibré de la situation au Moyen-Orient. Notre entretien n'avait pas eu de suite et je l'avais complètement oublié jusqu'au jour où les allégations de Nigel Dempster me l'ont remis en mémoire : « Peut-être Nur est-elle en train de se forger une identité qui lui soit propre, plutôt que de se contenter de n'être qu'un appendice du mari auquel elle doit tout », écrivait ce journaliste qui disait citer un « ami du puissant monarque ».

Habitué à servir de cible aux journalistes, en particulier à Nigel Dempster, mon mari m'a conseillé d'ignorer la chose. Pensant, pour ma part, que l'échotier avait été induit en erreur et qu'il serait heureux d'apprendre la vérité, j'ai demandé par téléphone à Elizabeth de lui faire part de mes dénégations. J'avais à l'époque la naïveté de penser qu'un représentant de la presse respectable n'acceptait pas de voir son nom associé à un mensonge. Elizabeth, que sa connaissance des tabloïdes anglais rendait sceptique, a accédé cependant à mon désir, et m'a transmis ensuite la réponse des collaborateurs de Nigel Dempster : ils étaient certains de la fiabilité de leurs sources et avaient même indiqué le nom de l'agence que j'avais engagée. J'étais aux anges. Tout ce qui restait à faire au *Daily Mail* était de téléphoner à cette société. Le journal restant inactif, nous avons fait une enquête nous-mêmes et avons découvert que ladite agence n'existait pas. Nous n'avons cependant pas obtenu qu'un démenti soit publié. Après cette première passe d'armes, j'ai fini par m'endurcir, ce qui a été heureux car les attaques de Dempster se sont renouvelées pendant des années, les unes plus absurdes que les autres.

Paradoxalement, au moment même où j'étais victime des médias, je prônais la liberté de la presse en Jordanie. En effet, si je déplorais l'irresponsabilité de certains journalistes occidentaux, je défendais avec ferveur l'idée selon laquelle il fallait que toutes les opinions, même les plus divergentes, puissent s'exprimer dans notre pays. Dès les premières années de mon mariage, j'avais demandé instamment à mon mari et à ses principaux collaborateurs de modifier leur façon parfois restrictive d'envisager les libertés individuelles et institutionnelles. Bien qu'appartenant à des propriétaires privés, la presse était en réalité fermement contrôlée par le gouvernement, et le journalisme véritablement indépendant n'existait pas. Chez les plus conservateurs, la notion même de liberté d'expression apparaissait comme un danger, sans nul doute à cause de l'état d'urgence non pas occasionnel mais permanent qui régnait dans notre région troublée. Ils avaient peur de laisser les gens prendre connaissance d'opinions différentes de celles de leur gouvernement et redoutaient les conséquences déstabilisantes de la circulation de nouvelles erronées.

Le conflit dont la liberté d'expression était l'enjeu s'envenima au milieu des années 1980. Leïla Charaf, devenue ministre de l'Information, avait promis aux Jordaniens une amélioration dans ce sens. Le roi avait approuvé cette initiative, progrès indéniable à mes yeux. Un débat touchant à l'application de la décision prise en 1974 d'opérer une fusion entre les lois tribales et le code civil vint alors interrompre cette marche en avant. Il s'agissait d'une question sensible et les journaux profitèrent de l'occasion pour publier un certain nombre d'articles critiquant les traditions tribales.

Les chefs de tribu s'en plaignirent amèrement au roi et celui-ci, mis dans une situation délicate, envoya au Premier ministre une

lettre que la presse publia intégralement. Les journalistes avaient
« vilipendé nos institutions et attaqué les valeurs sur lesquelles
elles reposent », écrivait le souverain. Il craignait, ajoutait-il, que,
par leur manque de professionnalisme et de fiabilité, les médias jordaniens ne risquent de déstabiliser le pays.

Leïla démissionna abruptement. Malgré la fureur de mon mari,
elle s'entêta et expliqua les raisons de sa décision dans une lettre où
elle avertissait le gouvernement qu'un « certain degré de liberté de
pensée et d'expression » était indispensable au « développement
culturel et politique de la Jordanie ». Bâillonnés par le gouvernement, les journaux ne publièrent pas cette prise de position qui ne
pouvait pourtant pas passer pour véritablement révolutionnaire.
Empruntant des circuits privés, le message timidement progressiste
de l'ancien ministre connut une large circulation et eut un écho
considérable.

Je me trouvais face à un grave dilemme. Le pays était en ébullition et tout le monde prenait parti. J'étais écartelée. Mon mari
comptait sur ma loyauté et il en allait de même de Leïla. Je donnais
raison à cette dernière tout en reconnaissant que les inquiétudes du
roi étaient légitimes. En privé, je pressais mon mari de se déclarer
en faveur d'une plus grande liberté de la presse et lui fournissais
des arguments propres à le convaincre : il y aurait bien sûr des problèmes, mais il valait mieux y faire face et mettre en place une
législation susceptible d'encourager le sens de la responsabilité
chez les journalistes ; plus libre, la presse contribuerait à assurer la
sécurité du pays car, en montrant qu'il se fiait aux journalistes, le
gouvernement gagnerait leur confiance. Hussein m'écoutait, mais
continuait à juger nécessaire le maintien d'un équilibre strict.
Depuis que, des années plus tôt, il était monté, adolescent fragile,
sur le trône, il avait acquis un sens politique qui ne l'avait jamais
trompé. Pendant des décennies, il avait perçu l'humeur du pays
mieux que quiconque et, en cette occasion, il refusait d'aller à
l'encontre de son intuition.

Prendre ouvertement position contre le gouvernement aurait été
tout à fait inapproprié de ma part. Je me montrais néanmoins en
public avec Leïla, donnant ainsi la preuve du soutien que j'accor-
dais personnellement à ses idées. J'essayais par ailleurs d'opérer un

rapprochement entre mon mari et elle, et m'efforçais de faire comprendre à l'un les raisons de l'inquiétude de l'autre. Hussein s'adoucit graduellement, mais il fallut attendre cinq mois pour qu'une véritable réconciliation ait lieu. Des restrictions continuèrent à être imposées ponctuellement à la presse qui, dans l'ensemble, demeurait malgré tout beaucoup moins muselée en Jordanie que dans d'autres pays arabes.

En apportant un appui implicite à Leïla ainsi qu'à d'autres personnes professant des opinions d'un caractère libéral, je m'attirais des critiques à Amman. Une autre rupture avec la tradition dont je pris l'initiative les aviva. Tous les ans, la cour organisait, durant le mois du ramadan, une série de soirées appelées *iftar* au cours desquelles les convives rompent le jeûne ensemble. Les femmes y étaient rarement invitées, et je décidai de réunir moi-même autour de repas du même type des femmes actives et influentes, originaires de différentes parties du pays. Je pensais qu'elles pourraient ainsi échanger des idées et que le rituel auquel elles participeraient leur donnerait l'occasion d'établir des contacts, à l'instar des hommes.

L'idée déplut à la cour : la place des femmes était à la maison où elles préparaient les mets à servir à leur mari, me fit-on remarquer. Je trouvais cette objection absurde. Le ramadan ne dure qu'un mois, mes invitées ne pouvaient-elles pas demander à un membre de leur famille de les remplacer pour une fois à la cuisine ? Je voulais cependant éviter tout affrontement tant que je ne connaîtrais pas l'opinion des intéressées. La réaction de la plupart de celles que je consultai fut si enthousiaste que je décidai d'aller de l'avant. Mes détracteurs s'obstinèrent et exercèrent même une telle pression sur mon mari qu'il me pria de suspendre un temps mes réunions. À sa surprise, j'obtempérai car j'avais prévu ce qui arriverait : les annulations provoquèrent un tel tollé que, l'année suivante, j'organisai de nouveau des *iftars* pour les femmes. Au fil du temps, j'élargis la liste de mes invités, y faisant figurer des diplomates, des étudiantes, des orphelines et des personnalités appartenant à diverses organisations, et je finis même par y inclure des hommes. Dans les rares occasions où cela nous était possible, nous rompions le jeûne chez nous, ensemble, mon mari, les enfants et moi, ou au palais Zahran, avec la reine mère. J'adorais ces réunions de famille quotidiennes du mois de ramadan. Nous commencions par boire de l'eau et du jus de fruits, du *qamareddin* par exemple, un délicieux breuvage à base de pâte d'abricot que j'avais appris à aimer enfant. Une fois notre soif apaisée, nous grignotions des noix, des dattes et des aliments légers avant de dire la prière et de nous attabler tous ensemble devant un véritable repas. Mon mari était le plus soulagé de tous : il n'avait pas fumé de la journée et allumait une cigarette dès que possible.

L'islam, religion pratique et tolérante, permet aux femmes enceintes pendant le mois de ramadan de ne pas jeûner et de compenser ce manquement après leur accouchement. J'ai été heureuse de pouvoir profiter de ce sursis en 1985, période tendue à la maison pendant laquelle mon mari négociait avec Arafat, avec les États-Unis et, de plus en plus fréquemment, avec Margaret Thatcher, alors Premier ministre du gouvernement de Sa Majesté britannique.

Des incidents en chaîne se produisaient dans notre région, renforçant aux yeux du monde l'impression que les Arabes étaient tous des terroristes. En avril, l'OLP et Israël s'attaquèrent mutuellement, le second faisant sauter un bateau pour empêcher un débarquement organisé par le premier. Deux mois plus tard, des musulmans chiites, pris à tort en Occident pour des Palestiniens, détournèrent un avion de la TWA, en retinrent les passagers pendant dix-sept jours à Beyrouth, et tuèrent un plongeur de l'armée américaine. En septembre, l'OLP assassina, sur un yacht à Chypre, trois agents soupçonnés d'appartenir au Mossad, s'attirant ainsi des représailles démesurées de la part des Israéliens. Ces derniers bombardèrent le quartier général d'Arafat à Tunis et tuèrent soixante-dix personnes, provoquant une immense indignation dans le monde.

En septembre 1985, après s'être rendue dans le camp de réfugiés palestiniens de Baqa'a et avoir vu de ses propres yeux les terribles conditions qui y régnaient, Margaret Thatcher, se dissociant d'Israël et des États-Unis, invita une délégation jordano-palestinienne à Londres. En octobre, une semaine avant que les discussions ne commencent, quatre membres de l'OLP se saisirent d'un navire de croisière italien, l'*Achille-Lauro*, et tuèrent Leon Klinghoffer, un Juif américain handicapé, immobilisé sur un fauteuil roulant. Cette violence aveugle atterra le roi Hussein. Elle rendait plus impérative la nécessité de rechercher une solution diplomatique, tout en augmentant la difficulté qu'il y avait à convaincre quiconque de parler directement à l'OLP. À la veille des pourparlers de Londres, les membres palestiniens de la délégation refusèrent d'accepter les passages du texte de la résolution 242 des Nations unies constituant une reconnaissance implicite du droit d'Israël à exister. La conférence fut annulée ; mon mari se sentit trahi par Arafat – une fois de plus –, et extrêmement embarrassé devant Mme Thatcher, folle de rage.

Au septième mois de ma grossesse, j'allai en Angleterre sur le conseil du docteur Arif Batayneh. Les mesures échographiques l'inquiétaient et les appareils disponibles à l'époque en Jordanie ne lui permettaient pas de poser un diagnostic suffisamment précis. Par l'intermédiaire du docteur Pinker, mon obstétricien anglais, il avait obtenu pour moi un rendez-vous chez un spécialiste écossais, proche collaborateur de l'inventeur du sonar, le dispositif de détection mis au point pendant la Seconde Guerre mondiale.

La visite chez ce médecin fut fascinante. Il prit des mesures extrêmement détaillées et méticuleuses des membres et du squelette de l'enfant que je portais, se livrant à l'examen le plus approfondi d'un fœtus auquel il m'avait jamais été donné d'assister. Il n'exprima aucune inquiétude et, une fois sortie de chez lui, je ne pus pas m'empêcher, en reprenant mes occupations habituelles, de me poser des questions au sujet de mon obstétricien jordanien. Il y avait des moments où il semblait distrait, d'autres où il était embarrassé et ne répondait à mes questions qu'indirectement et d'une manière incohérente. Il avait présidé à mes accouchements précédents, m'avait suivie après ma fausse couche, mais cette fois il ne semblait pas être lui-même. Je me rappelle avoir fait remarquer à plusieurs reprises à mon mari que, bien qu'encore jeune, il avait l'air d'être devenu sénile.

Hussein se conduisait lui aussi d'une manière bizarre que j'attribuais à l'exaspération causée par le comportement de Yasser Arafat et de l'OLP. Il n'avait pas abandonné l'idée de réunir une conférence de paix internationale et avait reçu l'aval des Américains, ainsi que celui d'Israël, obtenu après une série de rencontres secrètes avec Shimon Peres, le ministre israélien des Affaires étrangères. Seul Arafat continuait à lui mettre des bâtons dans les roues en refusant de consentir aux conditions exigées par l'OLP pour être admise à participer aux négociations : l'acceptation de la résolution 242, la reconnaissance du droit d'Israël à exister, l'abandon de la violence.

En janvier 1986, quelques semaines à peine avant la date prévue pour mon accouchement, le dirigeant palestinien vint voir mon mari à Amman. On ne pouvait pas imaginer hommes plus différents que ces deux leaders réunis par le destin. Ignorant les avertissements de plusieurs de ses conseillers qui estimaient que, compte tenu du comportement passé d'Arafat, il valait mieux ne pas traiter avec lui, Hussein voulut tenter une dernière fois de le persuader de prendre part au processus de paix. Il avait quelque chose de nouveau à lui soumettre : une invitation écrite du gouvernement des États-Unis qui conviait l'OLP à la conférence, sous les mêmes conditions. Arafat se montra enchanté à la vue de ce document, mais déclara toute négociation impossible à moins que le droit à « l'autodétermination » ne soit garanti aux Palestiniens – en réalité le droit à un État. Cette question revint comme un leitmotiv pendant que les deux dirigeants rédigeaient la réponse à envoyer aux États-Unis dont ils firent trois brouillons successifs.

Tandis que l'exaspération de mon mari croissait, je sentais l'anxiété m'envahir à l'approche de mon accouchement. « Le Premier ministre Zeid Rifai veut absolument que le bébé attende le départ d'Arafat », lit-on dans mon journal. Tout le monde était à bout de nerfs. Les pourparlers entre les deux dirigeants se soldèrent par un échec le 26 janvier, et l'espoir d'une conférence de paix internationale que mon mari nourrissait depuis si longtemps s'évanouit. Je pensais que la naissance imminente de notre enfant atténuerait un peu sa déception, mais l'enthousiasme qu'il manifestait me semblait feint. Le docteur Batayneh se comportait lui aussi d'une manière de plus en plus étrange et, quand il déclara vouloir déclencher le travail, j'eus un réflexe de méfiance. L'arrivée soudaine de ma sœur Alexa m'étonna aussi. Bien que ravie de l'avoir à mes côtés, je ne comprenais pas qu'elle ait pu quitter le cabinet d'avocats où elle occupait des fonctions très prenantes.

À l'hôpital où je me rendis le 9 février pour un examen de routine, le docteur Batayneh annonça qu'il allait provoquer l'accouchement au cours de la journée. J'aurais préféré que la naissance ait lieu d'une manière naturelle, mais il s'obstina. Je tentai de l'empêcher d'employer une méthode agressive et je me souviens d'avoir été en train d'essayer de le calmer lorsque, d'une manière inexplicable, il donna l'ordre au personnel médical de tout préparer et de se tenir prêt à me faire une transfusion sanguine. « Rien ne presse », remarquai-je, mais, malgré mes protestations, on m'emmena dans la salle d'accouchement. Quatre heures plus tard, le bébé était né, une petite fille belle comme un ange. Notre rêve s'était réalisé, Iman avait une petite sœur. Ce ne fut qu'une fois de retour dans ma chambre d'hôpital que j'appris la raison de la conduite bizarre de mes proches. Les examens que j'avais subis en Angleterre avaient révélé que le bébé était anormal : sa tête était démesurément grosse par rapport à son corps, et l'accouchement risquait d'être dangereux pour moi. Mon mari avait appelé ma sœur à l'aide pour faire face à la tragédie qui s'annonçait.

Hussein et le docteur Batayneh avaient vécu deux mois dans la crainte de ce qui risquait d'arriver sans rien m'en dire. Bien qu'étonnée, je leur en fus reconnaissante car, malgré mon naturel robuste, j'étais heureuse de n'avoir pas eu à supporter l'angoisse de l'attente. Notre dernière-née s'est révélée, au demeurant, parfaitement normale : j'ai la tête plus grosse que la moyenne, mon mari et mes autres enfants aussi, elle était comme nous.

Nous avons décidé de l'appeler Raiyah al-Hussein, mot qui signifie « bannière » ou « drapeau » de Hussein. Ce nom nous plaisait à tous les deux, et nous aimions le symbole qu'il représentait. Nous l'avions trouvé dans les archives des Hachémites, et il n'avait pas été porté depuis le XVIIᵉ siècle. Il ne fut officiellement donné à notre fille que plusieurs semaines après sa naissance, car des événements imprévus, si fréquents dans notre vie, nous obligèrent à remettre plusieurs fois la cérémonie.

Les faux espoirs et les échecs répétés avaient en effet convaincu mon mari de rompre définitivement avec les dirigeants palestiniens. Ce n'était pas une décision facile après les six dernières années passées à tenter de former une alliance avec l'OLP dans le but de parvenir à une paix globale. Mais ses efforts avaient été vains, force lui était de le constater. S'adressant au pays le 19 février, dix jours après la naissance de Raiyah, il annonça qu'il ne collaborerait pas avec l'OLP à moins que ses dirigeants ne « se sentent liés par leur parole et que leur engagement, leur crédibilité et leur constance soient garantis ». Nombreux étaient les Palestiniens qui habitaient la rive est du Jourdain, et bien sûr la rive ouest occupée, et nous craignions la réaction que cette décision provoquerait. Elle rencontra une certaine opposition, ce qui était normal, mais valut aussi au roi un immense soutien dans toutes les couches de la population.

Après la période de stress que nous venions de traverser, nous nous sommes sentis presque soulagés de pouvoir cesser pour un temps de nous occuper de politique intérieure pour nous intéresser de nouveau aux relations internationales. Nous sommes partis pour Brunei, Oman et l'Indonésie en emmenant Raiyah, âgée seulement d'un mois. Elle était avec nous à Bali où nous avons passé des instants mémorables au sommet d'une montagne, tentant, dans l'obscurité la plus totale, d'apercevoir la comète de Haley. Notre seule crainte à ce moment-là était celle des singes qu'on entendait bavarder dans les arbres et les buissons. Les officiers de sécurité indonésiens nous avaient en effet avertis que ces animaux profiteraient du moindre moment d'inattention de notre part pour kidnapper notre bébé. J'ai donc tenu ma fille dans mes bras en la serrant plus fort qu'elle ne le sera jamais de toute sa vie.

Nous avons ramené Raiyah saine et sauve en Jordanie et, deux mois plus tard, elle nous a accompagnés aux États-Unis, en Égypte, au Royaume-Uni, au Luxembourg, en France et en Inde. Elle était malheureusement trop petite pour partager le plaisir que nous a donné la visite du Taj Mahal. Ce magnifique monument de marbre avait été interdit au public pour des raisons de sécurité et nous l'avons eu pour nous tout seuls au crépuscule. Notre séjour en Inde nous tenait particulièrement à cœur, car la date en avait été reportée de nombreuses fois. Deux ans plus tôt, nous avions été invités par

Indira Gandhi, peu de temps avant son assassinat. Son fils, Rajiv, qui lui avait succédé, avait réitéré l'invitation. Lors de notre arrivée, en octobre 1986, celui-ci avait miraculeusement échappé à un attentat perpétré quatre jours plus tôt. « Il a raté son coup », m'a-t-il dit lors de la cérémonie organisée pour nous accueillir, en parlant du tireur sikh, embusqué sur le toit d'une minuscule hutte, sur la route qu'il devait emprunter.

Les Gandhi nous ont tout de suite plu. Rajiv était un gentleman comme il y en a peu, un être noble, doux, prévenant, un hôte extrêmement attentif et, comme mon mari, un passionné d'aviation. Sonia, sa femme, m'a semblé plus réservée, ce qui n'était pas surprenant vu la série d'événements qui avaient bouleversé l'existence de son mari et la sienne : la mort de son beau-frère, tué dans un accident d'avion, celle de sa belle-mère, mortellement blessée et expirant dans ses bras, l'accession de son époux au pouvoir, qu'il avait accepté sans enthousiasme, et enfin les tentatives d'assassinat dont il avait été l'objet. Pour des raisons de sécurité, leurs enfants quittaient rarement le domicile familial, même pas pour aller à l'école.

La glace a fondu entre Sonia et moi pendant notre séjour en Inde et elle a pris l'habitude de venir me voir en Jordanie où je l'ai emmenée visiter Bani Hamida pour lui faire connaître notre programme artisanal. J'ai ressenti une peine immense pour elle et pour ses enfants lorsque, en 1991, Rajiv a été victime d'un attentat suicide commis par un Tamoul à Madras au cours d'une réunion électorale. Je me trouvais dans un hôtel, en Californie, lorsque j'ai appris la nouvelle et je me suis assise, la tête dans les mains, atterrée à l'idée qu'un homme si bon et si honnête ait trouvé la mort de cette façon. Sonia a supporté cette terrible épreuve avec une dignité et un courage admirables. La politique ne les avait jamais attirés, ni elle ni Rajiv. Seul leur sens du devoir les avait incités à y jouer un rôle. Je peux imaginer l'angoisse de Sonia lorsque le parti du Congrès l'a suppliée d'être candidate aux élections nationales.

Notre séjour en Inde s'est terminé à Goa, une ancienne colonie portugaise située sur la côte ouest. Raiyah y a fait connaissance avec la mer, et nous avons passé de merveilleux moments ensemble dans les vagues. « Allons ma fille, courage », lui répétais-je en riant tandis que les eaux turquoise de la mer d'Oman tourbillonnaient autour de nous.

CHAPITRE 13
Peines et joies

Raiyah avait tout juste trois mois lorsque, en juin 1986, elle nous a accompagnés, le roi et moi, à un bal donné au château de Windsor. Sa présence dans une petite pièce voisine de la salle où la fête avait lieu a procuré à quelques-uns des membres de la famille royale d'Angleterre une distraction inusitée compte tenu des circonstances. « Raiyah a eu beaucoup de visites, en particulier celle de Diana, d'Andrew et de Sarah. Elle a eu droit à beaucoup de sourires. Cela encouragera peut-être Andrew à fonder une famille, tout au moins je l'espère », peut-on lire dans mon journal.

Quelques jours plus tôt, nous avions pris des leçons de danse à Palace Green. Ne nous sentant plus tout à fait à la page, nous avions demandé à un professionnel de remédier à nos lacunes. L'espace dégagé du salon débarrassé de ses meubles nous a libérés de nos inhibitions, et nous nous en sommes donné à cœur joie. « Nous avons tournoyé dans notre salle de bal improvisée, ai-je noté ce jour-là dans mon journal. Je ne suis pas sûre de faire suffisamment de progrès pour ne pas me déshonorer chez la reine, mais je ne suis pas seule à n'avoir plus le pied léger après huit ans de mariage. Je n'en continue pas moins à adorer mon héros. »

Nous n'avons pas eu beaucoup de temps pour exhiber nos talents, car nous avons été obligés de quitter la fête très tôt. Hussein, Hachim et Iman devaient en effet se faire tous les trois opérer le lendemain, l'un de la sinusite et les autres des végétations et des amygdales. Il s'agissait d'interventions sans gravité et celles subies par mon mari et par notre fils se sont bien passées. Les adénoïdes d'Iman se sont révélées en revanche énormes. Elles étaient quatre fois plus grosses que la normale et le médecin nous a suggéré en plaisantant de les faire couler dans le bronze. Dans l'après-midi, une hémorragie s'est déclarée. Je me suis allongée à côté de ma fille sur son lit d'hôpital pour la réconforter, et on a fini par nous emmener dans la salle d'opération pour essayer d'arrêter le saignement. Tous les efforts ont été vains et nous avons passé les jours suivants à faire des allers-retours entre cette salle et le service de réanimation. L'expérience était traumatisante pour une enfant de trois ans, et déchirante pour nous tous. Même le personnel de la Special Branch chargé de notre sécurité avait les larmes aux yeux.

La malchance a semblé poursuivre Iman à notre retour en Jordanie. Cinq mois plus tard, elle s'est cassé la jambe en tombant de trois mètres de haut alors qu'elle s'amusait avec sa petite voiture. Par chance, elle a atterri sur un camion garé dans un parking en contrebas. Sa nounou ayant minimisé l'accident, je n'ai pas tout de suite compris qu'elle s'était fait vraiment mal. J'ai essayé de la mettre sur ses pieds et, comme elle refusait, j'ai pensé qu'elle voulait simplement que je la garde sur mes genoux. Je l'ai reposée par terre un peu plus tard, mais, comme elle avait l'air de beaucoup souffrir, nous l'avons emmenée à l'hôpital où on a découvert qu'elle avait une importante fracture à la jambe. J'ai eu l'impression de m'être comportée en tortionnaire en la forçant à se tenir debout, et elle me le reproche encore aujourd'hui pour me taquiner. N'écoutant que mon instinct de mère, je me suis ensuite occupée exclusivement d'elle, et mon mari a passé une semaine à grommeler que les responsables de l'accident méritaient d'être étranglés. Par bonheur, notre fille s'est vite remise, mais l'année avait été éprouvante pour elle.

Hussein mit plus de temps à guérir des blessures récentes infligées par les événements politiques. En 1986, il envisagea pour la première fois l'avenir de la région avec pessimisme. Son impuissance à instaurer un partenariat jordano-palestinien et sa rupture avec les dirigeants palestiniens l'avaient profondément affecté. Son incessante recherche d'une paix globale n'avait abouti à rien.

Son humeur s'assombrit encore lorsqu'il apprit que l'administration Reagan avait décidé de suspendre toute vente d'armes à la Jordanie jusqu'à une date indéterminée. Il fut en même temps averti que, pour obtenir la libération d'un groupe d'Américains retenus prisonniers à Beyrouth par des militants islamiques, les États-Unis cherchaient à conclure avec l'Iran un arrangement secret au terme duquel les otages seraient échangés contre des armes. Que l'Amérique fournisse de quoi se battre aux deux belligérants à la fois indigna mon mari. Plus troublante encore était la nouvelle selon laquelle Oliver North livrait également des renseignements à l'Iran, au moment où ce pays venait de remporter une victoire cruciale sur l'Irak dans la péninsule de Fao, en février 1986.

À la même époque, Hussein commença à s'interroger en ma présence sur le rôle qui lui incombait en tant que roi de Jordanie, et sur les responsabilités qui en découlaient. Comment, se demandait-il, pouvait-il tirer le meilleur parti de son expérience et du crédit inégalable que lui valait son statut d'homme d'État arabe et musulman chevronné ? De quelle façon pouvait-il, dans cette phase de son existence, se rendre le plus utile ? Il envisagea sérieusement de se faire remplacer sur le trône par un membre de sa famille, peut-être par son frère, afin de pouvoir, dans une position politiquement moins marquée, mettre sa voix au service d'une cause plus générale.

Je passais moi-même par une période difficile. Des islamistes radicaux avaient violemment critiqué le festival de Jérach qu'ils qualifiaient d'« anti-islamique ». J'avais en outre des ennuis d'une nature plus personnelle. D'innombrables tensions se font sentir dans une maison habitée par une bande d'adolescents, ce dont la crise de conscience qu'il traversait empêchait mon mari de se rendre compte. Si j'avais imaginé ma totale impuissance face à mes beaux-enfants, j'aurais sans doute hésité davantage à épouser leur père, pensais-je. « Il se serait sans doute passé d'une nouvelle épouse servant de tête de Turc à la famille », ai-je noté dans mon journal à la fin de ce qui avait dû être une journée particulièrement pénible.

À la maison, une hostilité palpable commençait à imprégner l'atmosphère, et je n'y trouvais pas la paix quand je rentrais après une longue journée de travail. Mes beaux-enfants communiquaient leur mal-être à leurs jeunes demi-frères et sœurs à mesure que ceux-ci grandissaient, ce qui n'améliorait pas les choses.

Les aînés en sont arrivés à établir une liste de cinquante-quatre griefs que l'un d'entre eux, désigné comme porte-parole, nous a présentée un jour. Cet inventaire, qui comprenait des plaintes tout à fait compréhensibles concernant certains aspects de la vie familiale, mais aussi des accusations d'une absurdité totale, nous a laissés sans voix, mon mari et moi. Si les malentendus avaient pu être clarifiés au cas par cas, au moment où ils se produisaient, la situation aurait été beaucoup plus simple. Mais les enfants avaient discuté de leurs récriminations entre eux, sans nous en faire part. Présentées toutes à la fois, elles avaient pris des proportions démesurées. Les interventions de divers membres de la famille élargie plus ou moins bien intentionnés n'ont fait que brouiller un peu plus les cartes. Mes efforts pour persuader tout le monde de communiquer plus directement et d'aller au fond des choses n'ont pas abouti. Il aurait fallu que nous nous fassions mutuellement confiance, ce qui n'était hélas pas le cas.

Je me sentais complètement impuissante, responsable et très seule. Pendant deux ou trois ans, j'ai connu des moments sombres durant lesquels je me suis crue incapable de supporter la situation beaucoup plus longtemps. Je me demandais si je n'étais pas plutôt un fardeau qu'un soutien. J'étais tellement tendue que j'avais l'impression de ne pas même pouvoir être une bonne mère pour les plus jeunes de nos enfants. Mes efforts continuels pour faire régner l'harmonie coûte que coûte m'épuisaient, et mes échecs répétés m'étaient si pénibles que je pensais n'avoir rien de positif à offrir à personne. Sachant mon mari lui-même désemparé, je gardais mon désarroi pour moi, mais il le sentait.

C'est en pensant aux épreuves endurées par Hussein que j'ai réussi à sortir de cette mauvaise passe. Je me représentais sans cesse les cruelles trahisons qu'il avait toutes pardonnées, les jalousies, les attaques et les malentendus qui ne lui avaient jamais fait perdre ni sa foi ni son humour. Mariée à un autre homme, je n'aurais sans doute pas trouvé en moi suffisamment de patience et de foi pour surmonter ma détresse. Mais, loin de se laisser obnubiler par ses propres problèmes, Hussein portait son regard sur une cause qui les transcendait, et je m'efforçais de suivre son exemple.

Cela ne m'empêchait pas de me tourmenter. Me confier à qui

que ce fût – amis intimes ou membres de ma famille – me semblait impossible : j'aurais commis une indiscrétion à l'égard de mon mari. J'ai été tentée de faire appel à une aide professionnelle. Tout optimiste et indépendante que j'étais, j'avais besoin qu'on m'aide à identifier les aspects de ma vie que je pouvais modifier et ceux auxquels je ne pouvais rien changer. J'ai fini par décider que, compte tenu de la situation politique, parler de nos affaires de famille était trop risqué.

Une chose était sûre : nous nous aimions, mon mari et moi. Hussein avait besoin de moi, il n'y avait aucun doute là-dessus. Le poids qui pesait sur ses épaules était trop lourd pour qu'il puisse le porter seul et, peut-être naïvement, je désirais former avec lui un couple modèle. Nous avions grandi lui et moi dans des circonstances difficiles, et je me disais que, si nous nous montrions capables de surmonter ensemble les obstacles qui se dressaient sur notre route et d'aller de l'avant côte à côte, nous donnerions à nos enfants un supplément de confiance, une force leur permettant d'affronter l'avenir.

Comme cela arrive dans la plupart des familles, la patience et la foi ont été récompensées au cours des années qui ont suivi, à mesure que les aînés de nos enfants développaient leurs talents et découvraient leurs propres centres d'intérêt, prenaient leur indépendance et fondaient enfin chacun leur propre foyer. Nous avons partagé leurs déceptions et leurs bonheurs et nous sommes réjouis des unions qu'ils ont contractées et des enfants qu'ils ont eus. Ces moments ont compté, dans ma vie, parmi ceux qui m'ont apporté le plus de félicité et d'espoir.

À cette époque, je n'avais pas souvent l'occasion de voir ma famille américaine. Ce n'est qu'en 1987, presque dix ans après mon mariage, que j'ai fait aux États-Unis un voyage entièrement privé. Il m'avait paru jusque-là impossible de quitter mon mari et mes enfants la conscience tranquille, et de délaisser les devoirs de plus en plus importants qui m'incombaient en tant que reine. C'est la mort de ma grand-mère, survenue quelques jours avant son centième anniversaire, qui m'a poussée à aller à Washington. Mon père avait prévu de réunir la famille chez lui pour célébrer l'occasion.

La fête s'est transformée en une cérémonie à la mémoire de l'aïeule disparue. Malgré la tristesse générale, elle a permis à mes enfants de revoir leurs cousins américains et, dans certains cas, de faire connaissance avec eux.

Ces quelques moments passés en Amérique en privé, loin de la politique, sans discours à prononcer ni interview à donner, m'ont montré à quel point ma famille et mes amis me manquaient. J'ai compris qu'il me fallait trouver du temps à leur consacrer sinon je perdrais le contact avec mes racines et avec tout ce qui avait contribué à faire de ma vie ce qu'elle était devenue. J'ai donc décidé de prolonger mon séjour de quelques jours afin d'assister au mariage de Julia Presto, l'une de mes anciennes camarades de Concord.

J'ai dû mener des négociations très serrées avec les services secrets américains pour obtenir d'eux que leur surveillance se fasse discrète. Je ne voulais à aucun prix que la présence de gardes du corps à mes côtés risque d'attirer l'attention des invités sur ma personne et de gâcher la fête. Ma venue n'a pas été annoncée à l'avance, et je suis arrivée et repartie sans me faire remarquer. Mieux encore, personne, mes amis intimes mis à part, ne savait qui j'étais. J'ai goûté ce moment d'anonymat, et, de me sentir moi-même, entourée de gens qui m'aimaient, m'a semblé merveilleux.

À dater de ce jour, j'ai fait un effort délibéré, quand j'étais en Amérique, pour inviter mes amis, à titre privé ou officiel. En Angleterre, j'ai appelé Carinthia West, ancienne élève comme moi de la National Cathedral School de Washington. Je ne l'avais pas vue depuis dix ans et elle a été quelque peu surprise d'entendre la personne qui avait pris la communication pour elle lui dire que la reine de Norvège voulait lui parler. Le malentendu une fois dissipé, je l'ai invitée en Jordanie. Au cours des années qui ont suivi, mes amies sont venues me voir et nous avons pris plaisir, mon mari et moi, à leur faire connaître le riche patrimoine historique et culturel du pays. Lors de mon quarantième anniversaire, nous avons campé à Wadi Rum, et Raiyah a partagé la tente de mon amie Julia dont la fille, qui avait à peu près le même âge que la mienne, n'avait pas pu venir.

Vers la fin des années 1980, la Jordanie était au bord de la récession. Le boom pétrolier tirait à sa fin et, voyant leur prospérité diminuer, les pays arabes auxquels il avait bénéficié pendant les années 1970 se montrèrent moins généreux envers la Jordanie. Le salaire des expatriés jordaniens cessa d'augmenter et fut même parfois réduit, et les sommes qu'ils envoyaient à leurs familles s'amenuisèrent. Le rythme de la création d'emplois se ralentit à l'étranger, et le chômage augmenta considérablement à l'intérieur du pays, frappant surtout les diplômés, très sollicités quand les temps étaient meilleurs. Le mécontentement s'amplifia dans le pays.

Au cours de l'automne 1987, Hussein et moi sommes allés en Finlande en voyage officiel. La population nous a réservé un accueil d'une étonnante chaleur, se massant le long des rues partout où nous allions et faisant preuve à notre égard d'une hospitalité extraordinaire. Peut-être cet enthousiasme était-il dû au fait qu'aucun chef d'État arabe n'avait visité le pays depuis dix ans ; peut-être s'expliquait-il aussi par le rôle de défenseur de la paix qu'Hussein jouait aux yeux des Finlandais dans une région où leurs soldats chargés de veiller sur cette même paix étaient stationnés depuis le début des années 1970.

Le président Mauno Koivisto réaffirma en termes très clairs la position de la Finlande en faveur d'un règlement du conflit arabo-israélien sur la base des résolutions de l'ONU, et appela l'Iran à accepter le plan de paix proposé par l'organisation internationale pour mettre fin au conflit sanglant qui l'opposait à l'Irak. La Jordanie obtint pour la première fois que le tourisme fasse l'objet d'un accord entre les deux pays : dorénavant, un avion de la compagnie royale jordanienne transporterait une fois par semaine des touristes scandinaves d'Helsinki à Akaba, ce qui devait donner à notre économie un coup d'accélérateur dont elle avait grand besoin. Il s'agissait là d'un phénomène que nous avions constaté auparavant : où que nous allions, les voyages que nous faisions déclenchaient immanquablement un flot de visiteurs originaires des pays qui nous avaient reçus.

À notre grande surprise, notre voyage nous valut des critiques acerbes en Jordanie. Le protocole étant extrêmement strict en Finlande, on nous avait demandé de porter tous nos insignes royaux, décorations comprises et, dans mon cas, diadème. Les photos parues dans la presse provoquèrent des commentaires sur notre indifférence aux réalités du pays. Cette réaction traduisait le mécontentement de la population et une désaffection dont l'importance croissait à mesure que la situation économique se détériorait. Nous n'avions pourtant fait que nous plier à des obligations inhérentes à une visite susceptible d'apporter à la Jordanie des avantages appréciables sur les plans politique et économique.

Pendant toute l'année 1987, le roi poursuivit ses efforts en faveur de la tenue d'une conférence internationale auprès de l'OLP et des cinq membres permanents du Conseil de sécurité. En juillet, il rencontra par ailleurs Yitzakh Shamir, le nouveau Premier ministre israélien qui appartenait à la droite, pour voir s'il y avait moyen de faire avancer les choses. L'entretien, qui eut lieu près de Londres, à Castlewood, fut peu concluant. Hussein me dit plus tard qu'il s'était déroulé dans une atmosphère très tendue. Les collaborateurs de Shamir s'étaient montrés si méfiants qu'ils avaient insisté pour fouiller les bagages du secrétaire du roi et passer les aliments qu'on leur servait au crible. Ils avaient même refusé de téléphoner de la maison où la réunion avait lieu et étaient sortis pour utiliser la cabine publique du village voisin.

George Shultz, le ministre des Affaires étrangères américain, relaya Shamir. Le 20 octobre, il vint voir mon mari à Palace Green, notre demeure londonienne. La position des États-Unis était, telle qu'il l'exposa, la même, presque mot pour mot, que celle d'Israël : ne pensez plus à une conférence internationale et négociez directement avec Shamir, en ignorant l'OLP et en ne faisant pas intervenir les membres permanents du Conseil de sécurité. Le roi répondit que c'était impossible. Tandis que nous remettions de l'ordre dans le salon après le départ de la délégation américaine, nous découvrîmes, sous un coussin du canapé, une liasse de notes écrites par un collaborateur de Shultz. Intitulées « Stratégies à utiliser avec Hussein », elles contenaient une liste détaillée des arguments à employer avec mon mari. Quelques minutes plus tard, un coup de sonnette fébrile nous annonça la visite d'un diplomate américain venu, expliqua-t-il, récupérer des papiers oubliés par un collègue. Il les retrouva sous le coussin où nous les avions remis après en avoir fait une copie.

Les États-Unis adhéraient si fidèlement à la ligne de conduite israélienne que les pays arabes ne disposaient d'aucune marge de manœuvre pour négocier. Ils étaient néanmoins unis comme ils ne l'avaient jamais été. Un sommet convoqué par la Jordanie à Amman en novembre 1987 eut même des conséquences inespérées. Huit mois plus tôt, le roi Hussein avait réussi à opérer une réconciliation entre deux ennemis jurés, Hafez al-Assad, le président syrien qui soutenait l'Iran dans la guerre contre l'Irak, et Saddam Hussein, le dirigeant irakien. Pendant le sommet, les deux hommes eurent des discussions qui durèrent treize heures le premier jour et sept le lendemain.

Sans devenir amis, les adversaires se mirent d'accord pour ne pas s'attaquer mutuellement en public. Hosni Moubarak, le président égyptien, absent des sommets arabes depuis les accords de Camp David, était là lui aussi. Mon mari voyait ses efforts inlassables pour persuader les pays du Moyen-Orient de s'unir commencer à porter leurs fruits. Il connut en fait une heure de gloire. Pour une fois les pays arabes parlèrent d'une seule voix, Hafez al-Assad acceptant même de se joindre aux autres participants lorsqu'ils se déclarèrent « solidaires de l'Irak ». Arafat reçut lui aussi un bon accueil, et les relations officielles entre la Jordanie et l'OLP furent renouées après le sommet.

Saddam Hussein, qui ne quittait pratiquement jamais son pays, craignait tellement pour sa vie qu'il avait refusé d'habiter, comme prévu, à l'ambassade d'Irak. Il nous avait fallu loger à la dernière minute six familles à l'hôtel afin de disposer de leurs maisons pour y installer le dirigeant irakien et sa nombreuse suite, composée en majeure partie de gardes du corps. Pendant tout le séjour qu'il fit à Amman, il n'accepta de manger que des mets préparés par ses propres gens.

Le sommet d'Amman eut des répercussions inattendues qui servirent de prélude à un événement charnière de l'histoire du Moyen-Orient. Les Palestiniens des territoires occupés organisèrent contre Israël une série de manifestations témoignant de l'existence d'une cohésion grandissante entre les dirigeants de l'extérieur et les populations de l'intérieur, et reflétant un désespoir croissant. Après avoir été ignorées pendant dix ans, leurs voix seraient-elles entendues ? Je ne pouvais m'empêcher de l'espérer. La réaction des Israéliens fut disproportionnée et, un mois après la réunion d'Amman, ils dépassèrent la mesure : des colons tuèrent une écolière palestinienne et les autorités israéliennes demandèrent aux parents de la victime de l'enterrer la nuit, sans véritables funérailles. Cet incident inexcusable, suivi d'un autre provoqué par un véhicule militaire israélien qui avait, intentionnellement semble-t-il, percuté une série de voitures et tué quatre Palestiniens, provoqua l'indignation à Gaza et en Cisjordanie. Deux jours plus tard, l'*Intifada* – le soulèvement – de 1987, éclatait.

Les représentants de la presse internationale déferlèrent sur Israël et sur les territoires occupés, et inondèrent le monde d'images de jeunes garçons en jean et en tee-shirt, jetant des pierres à des soldats israéliens en uniforme de combat qui répondaient par des grenades lacrymogènes, des tabassages et des coups de feu. Le parallèle avec David et Goliath s'imposait et, pour la première fois, la tragédie palestinienne fit la une des journaux et des actualités télévisées. Israël accusa la presse de partialité et d'antisémitisme, mais la brutalité des images était éloquente, comme l'était le nombre croissant de victimes, lequel atteindrait, au cours des quatre années suivantes, mille trois cents du côté palestinien et quatre-vingts du côté israélien. L'administration Reagan en fit elle-même la constatation, ce qui donna lieu, en 1988, à une conversation téléphonique curieuse entre mon mari et le président des États-Unis.

Le roi Hussein avait remarqué que, dans les entretiens qu'il avait avec lui, Reagan s'en tenait de plus en plus souvent à des généralités. Les conversations importantes se tenaient hors du bureau ovale, et avec des membres de l'équipe, notamment le secrétaire d'État, et non plus le Président. Reagan semblait ne plus avoir de voix à lui. Cet état de choses préoccupait beaucoup mon mari qui avait toujours eu des relations directes avec les présidents américains. Il était néanmoins évident à ses yeux que, pendant l'année en cours, la dernière de sa mandature, Reagan ne jouissait plus d'un état de santé lui permettant d'exercer pleinement ses fonctions.

Un appel téléphonique émanant de la Maison Blanche un mois environ après le début de l'*Intifada* ne fit qu'augmenter l'inquiétude du roi. Après l'échange habituel de politesses et de plaisanteries, Reagan avait immédiatement débité une liste de points litigieux et avait commencé à prendre congé sans plus attendre. Il avait semblé désarçonné lorsque Hussein l'avait interrompu pour lui poser une question, et la conversation avait pris fin d'une manière abrupte. Le président américain avait lu un texte rédigé à l'avance et il était incapable de soutenir la moindre discussion, cette conclusion s'imposait quand on écoutait l'enregistrement de l'entretien.

L'échange ne resta cependant pas sans effet. Philip Habib, l'ancien envoyé spécial de Reagan au Moyen-Orient, venu peu de temps après en Jordanie, nous apprit que les États-Unis encourageraient dorénavant « avec vigueur » la tenue d'une conférence internationale pour la paix. La nouvelle était excellente, mais la position américaine ainsi formulée était à l'exact opposé de celle indiquée trois mois plus tôt à mon mari par le secrétaire d'État américain.

L'*Intifada* avait peut-être réussi à empêcher l'image du peuple palestinien d'être confondue avec celle, honnie, de l'OLP, mais elle ne facilita pas la recherche d'une solution politique. Les États-Unis et Israël continuèrent à refuser de négocier avec l'organisation palestinienne, laquelle persista à ne pas vouloir autoriser mon mari à conduire une délégation commune. Les nouveaux dirigeants issus du soulèvement se montrèrent en outre aussi méfiants à l'égard de la Jordanie que les membres de l'OLP, et, au mois de mars 1988, ils publièrent un communiqué appelant les Palestiniens siégeant au parlement jordanien à démissionner et à « prendre le parti de leur peuple ».

Le roi fut piqué au vif. La Jordanie tenait la Cisjordanie à bout de bras depuis 1967, y payant, ainsi qu'à Gaza, les salaires des enseignants et des fonctionnaires, et assurant l'entretien des lieux saints à Jérusalem. Personne d'autre que lui n'avait défendu publiquement avec autant de vigueur et de force de conviction le droit des Palestiniens à une patrie et à l'autodétermination. Ce faisant, il s'était exposé à d'énormes pressions de la part des États-Unis, déterminés à le contraindre à signer une paix séparée avec Israël.

Le 31 juillet 1988, sept mois après le début de l'*Intifada*, le roi Hussein rompit les liens unissant la Jordanie et la Cisjordanie. Il considérait le moment venu pour les Palestiniens de prendre leurs propres affaires en main. Ses proches collaborateurs l'y avaient encouragé après mûre réflexion. « Qu'ils se débrouillent, dit le roi à Abou Chaker, alors commandant en chef de l'armée jordanienne. Qu'ils se chargent du fardeau. » Il indiqua cependant clairement qu'en se désengageant de la Cisjordanie, il n'abandonnait pas son rôle héréditaire de gardien des lieux saints à Jérusalem. Il considérait cette responsabilité non seulement comme une obligation spirituelle, mais aussi comme une nécessité politique : il n'y avait en effet aucune garantie que les Israéliens reconnaîtraient la souveraineté des Palestiniens sur ces sites disputés.

La guerre entre l'Iran et l'Irak se termina en août 1988 et, en novembre, Arafat persuada le Conseil national palestinien de proclamer l'instauration, dans les territoires occupés, de l'État de Palestine, et de désigner Jérusalem comme capitale. Tout alla ensuite très vite. Le problème de la représentation de la Cisjordanie au parlement jordanien ainsi évacué, l'assemblé fut dissoute et restructurée, après quoi le pays se prépara à tenir des élections générales, les premières depuis 1967.

Il nous avait été malgré tout possible, pendant cette période difficile, de partager en Angleterre avec les enfants de rares moments de paix à Buckhurst Park, un refuge que nous devions à la générosité d'un groupe d'amis de Hussein. Notre vie privée y était plus protégée qu'elle ne l'a jamais été ailleurs. Nous menions une existence presque normale, et tout le monde a commencé à voir dans cette demeure une seconde maison familiale. Comparée au palais d'Al-Nadwa, plein de bureaux, Buckhurst était un endroit tranquille, confortable et propice à la détente. Nous nous retrouvions dans le salon pour bavarder ou regarder la télévision. Nous faisions parfois cuire des châtaignes dans la cheminée, rituel familial que j'avais introduit en me souvenant des hivers new-yorkais de mon enfance. Mon mari adorait les châtaignes et les enfants les épluchaient pour lui, en rivalisant de vitesse et en se brûlant un peu les doigts.

Nous nous promenions librement dans les rues de la petite ville voisine de Windsor, nous flânions dans les librairies et chez les disquaires préférés de mon mari, et mangions à la Waterside Inn ou dans d'autres restaurants des environs. Hussein adorait les parties impromptues de *softball* qu'il jouait avec les enfants sur la pelouse

de Buckhurst et auxquelles tout le monde participait, du commandant de l'escadrille royale jusqu'aux jardiniers, en passant par le
chef du protocole.

Le 15 juin, jour anniversaire de notre mariage, j'ai trouvé sous
mon oreiller une lettre merveilleuse que Hussein y avait glissée.
« Ce moment est très spécial, ce mois est très spécial, cette année
est très spéciale, avait-il écrit. Nous avons dix ans de plus et nous
avons dix ans d'âge. Nous n'aurons plus jamais dix ans, mais avec
l'aide de Dieu, nous continuerons à grandir et à mûrir ensemble
pendant bien des années encore. Jusqu'à nos noces d'argent, d'or,
qui peut le dire ?

« Je remercie Dieu pour notre vie pleine d'amour et pour les
enfants que nous avons eus avec sa bénédiction. Je te remercie pour
toutes ces choses. J'aurais voulu avoir davantage à t'offrir, bien
davantage. Je me connais, je connais mes défauts, et je sais aussi quel
privilège c'est pour moi de t'avoir à mes côtés, aimante, attentive,
courageuse et pure. Dans la vie, les belles choses deviennent plus
précieuses à mesure qu'elles se développent et s'épanouissent.
J'espère que ce que l'avenir nous réserve sera meilleur que ce que le
passé nous a accordé, et je garde un souvenir précieux de tous les instants heureux de notre voyage à travers le temps. Car, si nous vivons
dans un monde changeant, s'il nous faut descendre une pente et en
remonter une autre, le bonheur, je le sens, l'a généralement emporté
sur le malheur tandis que nous gravissions côte à côte les années.

« Ceci est un moment spécial, un mois spécial, une année spéciale. Je suis très fier de toi, debout à mes côtés. Je demande à Dieu
de te bénir au cours des années à venir et de nous accorder force,
courage, bonheur, contentement et le réconfort de nous donner l'un
à l'autre le meilleur de nous-mêmes et de l'offrir ensemble aux
autres. Que Dieu protège notre famille. Je te remercie d'être ce que
tu es. Le Dieu unique m'a béni en nous permettant de nous rencontrer il y a dix ans, et d'être au cours de la vie que nous entamions
un mari aimant et une femme bien-aimée. Avec toi à mes côtés,
chaque jour est une fête. Heureux dixième anniversaire, qu'il soit,
avec l'aide de Dieu, suivi de beaucoup d'autres. Avec tout mon
amour, Hussein. »

En Angleterre, Hussein, poursuivant un vieux rêve, s'est occupé de constituer pour la Jordanie un patrimoine aéronautique en rassemblant un certain nombre de vieux avions destinés à former une escadrille historique au sein de l'armée de l'air. Le Dove dans lequel il avait appris à piloter – celui-là même que les MIG syriens avaient tenté de forcer à atterrir dans les années 1950 – en faisait partie, ainsi que plusieurs avions de chasse Hawker qui avaient pris part à la guerre de 1967. Ces appareils participèrent à des meetings aériens un peu partout en Grande-Bretagne, notamment au plus important de tous, le Royal International Air Tatoo dont Hussein était un des parrains.

Nous avons aussi passé de bons moments dans un hélicoptère que mon mari avait reçu en cadeau. Le règlement voulait que notre pilote, Richard Verrall, ne laisse pas Hussein prendre les commandes, mais nous n'en étions pas toujours très respectueux, et nous avons savouré quelques joies impromptues dans les airs. Mon mari adorait aussi piloter l'avion à ailes fixes qui lui servait de moyen de transport officiel, en particulier lors des décollages et des atterrissages. Il arrivait souvent aux commandes du TriStar à Brize Norton, une grande base de la RAF où Richard l'attendait pour l'amener en hélicoptère à Buckhurst, situé à vingt minutes de vol de là. Atterrir sur cet aérodrome était beaucoup plus aisé qu'à Heathrow, encombré par un trafic commercial trépidant, mais l'armée de l'air britannique ne plaisantait pas avec le règlement. Richard adore raconter une histoire à ce sujet : un jour où il se trouvait dans la tour de contrôle, un message émanant d'un pilote demandant la permission de faire un passage au-dessus du terrain avant de se poser y avait été reçu. L'autorisation avait été accordée, assortie du rappel de l'interdiction de voler au-dessous de quatre cents pieds. Richard Verrall, venu attendre le roi, se doutait qu'il s'agissait de lui. « En chenapan qu'il était, il n'avait qu'une envie, foncer sur la piste à grande allure en descendant aussi bas que possible », me raconta-t-il plus tard. Il ne fut donc pas surpris de voir le TriStar apparaître au-dessus de la haie, à une hauteur plus proche de quatre pieds que de quatre cents, rugir au-dessus du chemin de roulement et remonter à la verticale après un virage très serré.

Ayant fait demi-tour, mon mari avait effectué un atterrissage impeccable et était allé se garer.

Aucune remarque ne lui avait été faite sur le moment, mais deux semaines plus tard, alors qu'il arrivait à la base en hélicoptère en compagnie de Richard, celui-ci avait reçu un message du chef de station adjoint : « Voulez-vous prier Sa Majesté de venir. » Ayant obtempéré, Hussein avait été l'objet d'une réprimande royale, et la preuve irréfutable de son infraction lui avait été administrée sous la forme d'une photographie qui montrait le TriStar rasant la piste à la hauteur de la haie. Il était sans nul doute très fier de cette image, et à juste titre. Comme lui, la RAF comprenait sans doute que mon mari avait de temps en temps besoin de se défouler.

J'ai eu moi-même une aventure dans les airs en Angleterre. Au cours d'un dîner organisé pour collecter des fonds destinés à l'hôpital ophtalmologique Saint-John de Jérusalem, notre hôte, Robert Pooley, m'a persuadée de faire un tour en montgolfière. Revêtue de la robe du soir que j'avais mise pour l'occasion, j'ai réussi tant bien que mal à grimper dans la nacelle en compagnie de mon inséparable garde du corps, et nous nous sommes élevés au-dessus de la paisible campagne anglaise. Être assourdi par le rugissement des brûleurs qui réchauffaient le gaz nécessaire à l'ascension, pour goûter ensuite le silence qui régnait quand ils étaient éteints procurait une sensation extraordinaire. Je ne connaissais les montgolfières que par le film *Le Tour du monde en quatre-vingts jours*, et la balade m'a semblé magique. Nous nous sommes posés dans un champ attenant à une petite ferme, et nous avons prié ses propriétaires de nous laisser téléphoner pour demander qu'on nous envoie une voiture. Une telle pratique n'a rien d'inhabituel, car lorsqu'on part en ballon, on n'est jamais sûr de revenir à son point de départ. Les braves gens ont cependant dû être très surpris de voir deux hommes en tenue de soirée et la reine de Jordanie en robe de bal debout sur le seuil de leur maison.

J'ai conclu de cet épisode exaltant qu'à bord d'une montgolfière on devait avoir une vue inégalable des paysages romantiques de la Jordanie. Je me suis donc mise en rapport avec Richard Branson, le fondateur et président de la compagnie Virgin Atlantic Airways, un fervent adepte des voyages en ballon. Il est venu en Jordanie avec un engin géant appartenant à sa société et a étudié avec nous la possibilité d'organiser des excursions susceptibles d'attirer les touristes aventureux. Le Wadi Rum – que T.E. Lawrence a décrit comme un lieu « vaste, plein d'échos et à l'image de Dieu » – constituerait, à mon avis, un site idéal, mais quand Richard s'y est rendu pour vérifier si les conditions étaient favorables, les vents étaient faibles et irréguliers.

Après plusieurs tentatives infructueuses, notre expert a décidé de décoller de l'aérodrome d'Amman juste après le lever du soleil, et a invité les enfants à l'accompagner. Bien que n'aimant pas se lever tôt, mon mari, méfiant, est parti à l'aube avec eux. À son retour, il était conquis. Les montgolfières devinrent populaires en Jordanie et on en vit même flotter au-dessus du Wadi Rum où un meeting international eut lieu quelques années plus tard pour célébrer l'anniversaire de Hussein. C'était une chose extraordinaire que de voir tant de ballons de couleurs éclatantes venus de très nombreux pays décorer l'azur du ciel au-dessus du désert.

Un heureux hasard a bientôt permis à la Jordanie de jouir d'une gloire cinématographique. En juin 1988, mon mari, m'enlevant à mes occupations, m'a emmenée passer un week-end en Écosse, et nous sommes partis pour Gleneagles où nous n'étions pas retournés depuis notre lune de miel. Ce voyage romantique a, par chance, coïncidé avec une chasse organisée par notre ami Jackie Stewart, le légendaire coureur automobile de formule 1. Steven Spielberg et Harrison Ford qui tournaient *Indiana Jones et la dernière croisade* près de Londres, dans les studios Pinewood, se trouvaient parmi les invités. Je connaissais Harrison et sa femme, Melissa Mathison, qui étaient nos voisins dans le Wyoming où nous possédions une petite maison de vacances, ma sœur et moi, mais je n'avais jamais rencontré Steven. Ayant appris qu'il espérait tourner une partie de son film à Pétra, je lui ai offert mon aide pour faciliter les démarches administratives et les arrangements indispensables.

J'essayais depuis des années de persuader certaines personnalités du monde du cinéma, dont Arnold Schwarzenegger, marié à une de mes amies, Maria Shriver, de prendre la Jordanie pour cadre d'une de leurs productions. Outre les profits financiers qu'il en tirerait, le pays bénéficierait de la publicité qui en résulterait. Un film de George Lucas et Steven Spielberg tourné à Pétra ne constituerait-il pas la meilleure manière de faire connaître la Jordanie ?

Ali, Hamzah, Hachim et Iman, venus à Pétra avec moi pour assister au tournage d'*Indiana Jones,* sont tombés sous le charme de Harrison et de Sean Connery. J'ai été de mon côté ravie d'apprendre que la Jordanie avait surpris et impressionné les réalisateurs du film qui disaient n'avoir jamais travaillé dans de meilleures conditions.

L'intérêt que je portais à cette affaire fut à l'origine d'absurdes racontars colportés par la presse de caniveau britannique qui décrivit avec un grand luxe de détails une liaison passionnée que j'étais censée avoir avec Sean Connery, et raconta comment mon mari, furieux, avait ordonné à la garde royale de me ramener au palais, et comment j'avais refusé d'obtempérer. L'histoire était si incroyable que je n'ai pas pu m'empêcher d'en rire. Elle n'a cependant pas amusé mon mari. Lui qui m'avait toujours conseillé d'ignorer les attaques menées par ce type de publication m'a dit : « Prenons un avocat ! Nous ne pouvons pas laisser passer ça ! » Je n'ai pas protesté, car je savais que si, dans le monde arabe, on n'attache pas grande importance aux mensonges et aux calomnies, il n'en va pas de même des allusions aux infidélités d'une épouse qui constituent une atteinte à l'honneur du mari.

Ce déplaisant épisode mis à part, *Indiana Jones* se révéla un grand bienfait pour la Jordanie, et nous fûmes très heureux d'apprendre que Steven projetait de faire d'autres tournages dans le pays. Il me dit penser depuis longtemps à un film épique sur Alexandre le Grand, et peut-être à un autre sur les croisades, et évoqua la possibilité d'utiliser Wadi Rum pour les extérieurs. À la fin du tournage, je me suis arrangée pour que l'hélicoptère qui les ramenait, lui et ses collègues, à Akaba, fasse un léger détour et vole à proximité du paysage de montagne favori de Hussein. Il aurait ainsi un aperçu du panorama sublime qui lui servirait de décor s'il se décidait à réaliser son film sur Alexandre le Grand.

Steven et ses coéquipiers furent impressionnés, ce dont je ne fus pas surprise, car le site de Wadi Rum ne manque jamais d'émouvoir. J'y ai invité une fois les membres de notre famille et quelques amis intimes pour fêter l'anniversaire de Hussein. Notre camp avait été établi sur une esplanade de sable qu'encerclaient les flancs abrupts de montagnes calcaires couleur lavande et, tandis que les convives s'installaient, les Bédouins des environs se sont rassemblés spontanément pour honorer le roi. La clameur signalant de loin leur arrivée a grandi à mesure qu'ils émergeaient de la nuit noire d'encre du désert et qu'ils approchaient du feu que nous avions allumé. Mon mari s'est joint à eux, avec ses fils, pour danser la traditionnelle *debkah* qu'accompagne un chant guttural.

Pour une autre fête, très réussie elle aussi, j'avais demandé aux invités de venir en costume arabe traditionnel. Certains d'entre eux, habitués depuis longtemps à s'habiller à l'occidentale, avaient dû se donner beaucoup de mal pour se procurer une tenue appropriée, mais ils ne l'ont pas regretté. Le spectacle que présentaient ces hommes en longues robes et chèches, et ces femmes en amples caftans de couleurs vives, souvent richement brodés, était magnifique.

Mon propre anniversaire était en général célébré, à ma demande, d'une façon plus discrète. Il faisait terriblement chaud en août à Akaba, et l'été était souvent une période de crise dans cette partie du monde. En 1988, je me préparais donc à fêter tranquillement mes trente-sept ans avec mon mari et nos enfants lorsque j'ai été appelée au téléphone pendant le déjeuner. Une dame que je ne connaissais que vaguement voulait en savoir plus sur la fête qui serait donnée à cette occasion. Quelle fête ? ai-je demandé. Aucune n'avait, à ma connaissance, été projetée. Comme mon interlocutrice insistait, disant que plusieurs personnes lui en avaient parlé à Akaba, je l'ai interrompue en disant : « Vous savez bien que les gens racontent n'importe quoi ici. » Je suis retournée à table en maugréant, sans remarquer les regards que mon mari et plusieurs de mes beaux-enfants échangeaient.

Dans la soirée, Hussein m'a demandé si je voulais faire une promenade en bateau avec lui le long de la côte. L'idée m'a ravie, et nous sommes partis en direction de la frontière de l'Arabie saoudite. Soudain, sans explication, nous avons viré de bord et mis cap à l'ouest, sur la pittoresque île Pharoan située au large de la côte égyptienne, à l'extrême nord de la péninsule du Sinaï. Un vieux château fort la domine et une immense étendue de sable doré y entoure une baie magnifique. C'est un endroit superbe que nous fréquentions souvent depuis qu'il avait été rendu à l'Égypte après les accords de Camp David.

Tandis que nous en approchions, une immense lumière a tout à coup troué l'obscurité, et j'ai aperçu nos enfants et des douzaines d'autres personnes – membres de la famille et amis – qui nous faisaient de grands signes. Je suis restée sans voix. Malgré la situation politique, Hussein avait trouvé le moyen d'organiser cette merveilleuse surprise à mon insu. Je ne comprenais pas comment tant de monde avait pu arriver à Akaba et se rendre sur l'île sans que j'en sache rien.

La soirée a été enchanteresse. Avec la permission des Égyptiens, mon mari avait organisé un superbe buffet suivi de divertissements. La fête a eu lieu sur un promontoire rocheux au pied de la forteresse qui dominait majestueusement les lieux depuis l'époque où elle gardait les frontières de l'empire de Saladin. Entourée de tant de gens que j'aimais, je me suis sentie l'objet d'une bénédiction spéciale. Je conserve précieusement la mémoire de ce moment.

CHAPITRE 14

Un chemin cahoteux

Hussein et moi étions en visite officielle à Washington, en avril 1989, après l'investiture du président Bush, lorsque des manifestations antigouvernementales ébranlèrent la Jordanie. Nous avons été choqués par les nouvelles que nous recevions d'Amman et par les images télévisées des émeutes qui s'étaient déclenchées dans les villes de Ma'an, Tafila et Kerak. Dans les quatre jours suivants, les troubles atteignirent la ville de Salt, au nord.

Leur violence était extrême, mais le mécontentement de la population était compréhensible. Malgré les tentatives de redressement entreprises quelques années plus tôt, au début de 1989, la Jordanie était dans une situation économique plus critique que jamais. Une aide d'urgence avait dû être demandée au Fonds monétaire international qui avait insisté pour que des mesures d'austérité draconiennes soient prises. La veille de notre départ pour Washington, impossible à différer à cause de rendez-vous fixés à l'avance, le roi Hussein avait appris que, pour se plier à ces exigences, le gouvernement avait l'intention d'augmenter le prix du carburant au cours des jours suivants. Les réserves de la banque centrale étaient en outre presque réduites à néant, ce dont le Premier ministre avait omis de le prévenir. La population souffrait déjà de la dévaluation du dinar jordanien, d'un taux de chômage élevé, d'un abaissement du niveau de vie et d'une dégradation des services publics. Une hausse soudaine des prix du carburant et d'autres produits de consommation courante – cigarettes, téléphone, électricité, eau servant à l'irrigation – avait été la goutte qui avait fait déborder le vase.

J'avais supplié mon mari de s'adresser à la population à la télévision avant notre départ : « Expose les raisons de toutes ces augmentations pour que les gens comprennent pourquoi ils doivent se serrer la ceinture. Il faut qu'ils sachent que tu comprends ce que cela représente pour eux et que tu as la ferme intention de chercher par tous les moyens à améliorer leurs conditions de vie. »

Le roi, qui avait reçu un conseil contraire au mien, ne m'écouta pas, et il est impossible de dire ce qui se serait passé s'il s'était rangé à mon opinion. Nous sommes malgré tout partis pour les États-Unis où nous n'avions pas été reçus officiellement depuis trois ans. Quarante-huit heures plus tard, la fièvre s'emparait de différentes parties du pays.

Nous nous tenions au courant de ce qui se passait tandis que, le cœur lourd, Hussein poursuivait ses efforts pour obtenir une aide militaire et financière des États-Unis. George Bush, un vieil ami, comprenait notre position, mais le Congrès s'y refusait. Ses membres avaient jusque-là considéré le roi comme un facteur de stabilité, mais ils jugèrent qu'en jetant des pierres, et en brûlant des banques et des bâtiments publics, les Jordaniens démontraient leur volonté de participer à l'*Intifada* qui faisait rage dans les territoires occupés. Dès qu'Hussein put se libérer, nous repartîmes pour Amman.

Les émeutes furent vite réprimées. J'avais été choquée par leur violence, mais surtout indignée par le saccage des dispensaires. Que des immeubles abritant des services gouvernementaux puissent être la cible de manifestants en colère était à la rigueur explicable, mais que l'on s'attaque à des bâtiments indispensables au bien-être de la population me semblait aller à l'encontre du but recherché. Je savais, comme beaucoup de gens autour de moi, que les troubles provoqués par la montée des prix révélaient l'existence d'une crise nationale d'une plus grande ampleur. Au cours de mes diverses activités, j'avais perçu dans la population une colère et une frustration croissantes, attisées par le sentiment que ses difficultés économiques n'étaient pas suffisamment prises en compte. La politique autocratique menée par le gouvernement, en particulier les mesures relatives à la liberté d'expression, avait fini par donner lieu à une explosion. On parlait aussi de corruption généralisée. Mon mari n'avait pas compris l'étendue du malaise, et on lui reprochait d'être coupé de la réalité. Ce n'était pas entièrement faux. Absorbé par sa quête pour la paix et par sa recherche d'un soutien international pour son pays menacé par la pauvreté, il n'avait pas accordé assez d'attention à la manière dont le gouvernement gérait le pays au quotidien.

Le calme rétabli, le roi agit très rapidement. Le lendemain de notre retour en Jordanie, il accepta la démission du Premier ministre et de son cabinet, et le remplaça par un gouvernement intérimaire à la tête duquel il nomma le chérif Abou Chaker. Avec ce cousin aux idées progressistes qui avait toute sa confiance, il mit au point un programme de réformes démocratiques, accéléra les préparatifs menant à l'élection du Parlement – la première depuis vingt-deux ans –, abrogea la loi martiale et entama un processus de libéralisation du régime de la presse. Il annonça tous ces changements dans un discours à la nation prononcé avec vigueur et conviction.

Pendant notre séjour à Washington, un groupe d'opposants avait fait circuler un bruit selon lequel j'avais acheté des robes de grands couturiers et des bijoux pour des sommes extravagantes. Le prix d'une bague dont j'étais censée avoir fait l'acquisition était d'abord passé de cinq mille dollars à un million puis, la rumeur s'enflant encore, l'anneau s'était transformé en broche, en collier, et enfin en une parure d'une valeur de vingt millions de dollars. Une photocopie du chèque avec lequel j'étais supposée avoir réglé ces emplettes avait même été produite, ce qui autorisait les gens à dire « Nous avons vu le titre de paiement ». Aucune preuve de la véracité de cette histoire ne put naturellement jamais être fournie.

J'étais bouleversée. L'injustice dont j'étais victime me semblait criante. Moi qui, pendant des années, m'étais faite l'avocate de réformes démocratiques fondamentales – celles mêmes dont l'absence avait été la cause des troubles – je servais de paratonnerre au gouvernement menacé par la foudre. D'autres avaient connu un sort semblable ailleurs, j'avais pu le constater, et les calomnies dont j'étais l'objet ne s'adressaient pas à moi personnellement – elles avaient un caractère politique. Je n'étais cependant pas habituée à me trouver dans une situation que l'instabilité ambiante rendait particulièrement pénible. Les allégations se multipliaient, de plus en plus folles, et un journal américain prétendit même que mon mari avait un enfant illégitime, un nain qui vivait caché aux États-Unis. Hussein, qui les savait participer d'une campagne de dénigrement montée contre lui, n'en tenait aucun compte.

Je ne m'en sentais pas moins extrêmement mal à l'aise. J'ai gardé le souvenir très vif d'un jour où, étant partie en voiture passer le week-end à Akaba avec quelques-uns des enfants alors que les calomnies avaient atteint leur paroxysme, je n'osais sourire à personne tandis que nous traversions la ville. Que pensent les gens ? me demandais-je. Ont-ils entendu parler de l'histoire des bijoux ? La croient-ils ? Se peut-il que des médisances aient gâté nos relations, qu'elles aient rompu les liens dont je retire inspiration et motivation depuis tant d'années ?

J'avais l'estomac noué lorsque, quelques jours plus tard, j'ai voulu découvrir ce qu'il en était. Je me suis rendue dans un de nos villages, au volant de ma jeep comme à l'habitude. Des centaines de gens massés au bord de la route me faisaient de grands signes et m'acclamaient en m'appelant par mon nom. Une fois arrivée, j'ai été accueillie comme si rien ne s'était passé. En contemplant ces visages affables tournés vers moi, j'ai eu l'impression d'être soulagée d'un énorme poids. Les rumeurs se sont apaisées, comme cela arrive toujours dès qu'il devient évident qu'elles ne reposent sur rien.

Par la suite, nous nous sommes efforcés, Hussein et moi, de modifier notre emploi du temps officiel, et nous avons retardé ou annulé la plupart des voyages que nous projetions de faire à l'étranger. Nous savions que, pendant la période difficile qu'ils traversaient, les Jordaniens avaient besoin de sentir dans le pays la présence rassurante de leur roi.

Il était néanmoins plus important que jamais de développer les relations bilatérales que nous entretenions avec des pays étrangers sur les plans économique, social et culturel. Aussi avons-nous apprécié le geste du roi Carl Gustav de Suède qui maintint, malgré les circonstances, la visite officielle qu'il avait prévu de faire en Jordanie avec son épouse. En pareille occasion, le protocole exige des monarques qu'ils portent tous les insignes de la royauté, mais, les émeutes ne datant que de quelques mois, j'ai jugé un tel étalage inapproprié. J'ai donc téléphoné à la reine Silvia, une amie dont j'apprécie la sagesse et la délicatesse, et lui ai demandé si elle accepterait de contrevenir aux règles de l'étiquette suédoise en ne portant pas son diadème. Elle a très bien compris, et nous nous sommes mises d'accord pour ne porter dans nos cheveux que de simples ornements, satisfaisant ainsi aux exigences suédoises sans risquer d'offusquer les Jordaniens.

À la même époque, nous avons accueilli la cheikha Fatima, l'épouse du cheikh Zayed d'Abu Dhabi. Sa visite avait un caractère historique car c'était la première fois que l'épouse d'un monarque du Golfe venait en Jordanie. Cette personne remarquable s'est faite la championne de l'alphabétisation des adultes dans les Émirats arabes unis et y a défendu l'égalité professionnelle pour les femmes. Son mari et elle étaient aussi très impliqués dans la cause de la protection de l'environnement, et se sont montrés extrêmement généreux envers les organisations caritatives jordaniennes. La société d'Abu Dhabi est cependant extrêmement conservatrice, ce qui nous a posé des problèmes car la séparation des femmes et des hommes y était très strictement observée. La cheikha est arrivée entièrement voilée et entourée d'une escorte exclusivement féminine. Seules des femmes étaient admises en sa présence, règle qui s'appliqua aussi à notre personnel domestique ainsi qu'à la police et à l'armée. Heureusement, ces deux services comptaient des femmes dans leurs rangs et ont donc pu assurer la sécurité de notre hôte pendant son séjour.

Je me suis rendue en Irak au printemps 1989, à l'invitation de Sajida Hussein, l'épouse – et cousine – de Saddam Hussein. J'avais longtemps remis ce voyage malgré l'insistance de notre gouvernement à laquelle j'ai fini par céder juste avant notre départ pour les États-Unis. L'expérience s'est révélée fascinante.

L'Irak, berceau de la civilisation, a jadis été un foyer intellectuel auquel sont dues de multiples découvertes. En 4000 avant J.-C., à l'époque des Sumériens, le premier calendrier y a vu le jour et le premier alphabet y a été élaboré. Au XVIIIe siècle avant J.-C., à Babylone, quelque quatre-vingts kilomètres au sud de la capitale actuelle, le roi Hammourabi a fait graver ses célèbres lois sur une énorme stèle. Au Xᵉ siècle avant J.-C., Bagdad était un centre du savoir qui attirait une foule de savants, de poètes, de philosophes et d'intellectuels. Quelque quatre siècles plus tard, le roi Nabuchodonosor II fit construire les jardins suspendus de Babylone. Ce riche patrimoine occupait toujours une place importante dans la vie culturelle irakienne, mais la politique exerçait sur l'art contemporain une influence que j'ai trouvée profondément dérangeante. Les œuvres exposées à la Galerie nationale d'art que l'on m'a fait visiter étaient presque toutes consacrées à la gloire de Saddam Hussein. Le caractère unique de cette source d'inspiration était peut-être attribuable à la guerre avec l'Iran qui avait étouffé toute créativité, mais l'effet produit évoquait la propagande allemande d'avant la Seconde Guerre mondiale.

C'est néanmoins une visite à une école maternelle de Bagdad qui m'a le plus perturbée. Le lavage de cerveau qu'y subissaient de très jeunes enfants était extrêmement troublant. En Jordanie, le roi est certes l'objet d'une sorte de culte de la personnalité – notre région n'est d'ailleurs pas unique de ce point de vue –, mais c'était de tout autre chose qu'il s'agissait en Irak. Au lieu de développer dans la jeunesse un sentiment d'identité nationale, on lui inculquait, à la place de l'amour de son pays, celui d'un leader unique et tout-puissant.

J'ai été également surprise de la réaction de la population. Lors de la visite qu'on m'a fait faire d'un monument érigé à la mémoire des victimes de la guerre au centre de Bagdad, j'ai été accueillie avec effusion par le maire, comme d'ailleurs par toutes les personnalités auxquelles j'ai eu affaire. L'enthousiasme manifesté sur mon passage et les sentiments chaleureux exprimés par la foule dans tous les quartiers de la ville m'ont aussi causé beaucoup d'étonnement. Je savais que ma présence ne suffisait pas à expliquer un tel tribut, essentiellement dû à l'affection que le roi Hussein inspirait aux Irakiens. Je n'en étais pas moins profondément touchée.

De retour en Jordanie trois jours plus tard, j'ai décrit à mon mari ce dont j'avais été témoin, et lui ai en particulier parlé de l'obligation imposée aux Irakiens de concentrer tous leurs espoirs et tous leurs rêves sur une seule personne. Une telle dévotion me semblait dangereuse pour l'avenir. Saddam Hussein ne serait pas toujours à la tête de la nation, et il était important de développer chez les membres de la jeune génération un sentiment de loyauté envers leur pays et envers ses institutions, plutôt qu'envers un individu.

Avec l'arrivée de l'été, l'année scolaire a pris fin. J'avais l'habitude d'envoyer les enfants passer au moins une partie de leurs vacances chez ma sœur, dans le Wyoming, pour qu'ils vivent hors de ce que j'appelais le « cocon royal ». Je voulais qu'ils apprennent à connaître le monde réel, qu'ils s'habituent à se débrouiller sans gardes du corps, domestiques et serviteurs. J'espérais toujours pouvoir partir avec eux, mais ce ne semblait malheureusement jamais possible. Quand ils sont rentrés en août pour fêter mon anniversaire sur la plage à Akaba, ils avaient des quantités d'histoires à nous raconter, surtout Iman, devenue championne d'escalade. Elle s'était aussi distinguée à la pêche, ce que Hamzah et Hachim avaient, au premier abord, vu d'un mauvais œil. Ils adoraient tous deux ce sport et ne s'étaient pas attendus à ce que leur sœur se montre aussi douée. De retour à la maison, ils nous ont néanmoins fait avec fierté le récit de ses exploits.

Le pays était à la veille d'un événement historique : des élections – les premières depuis 1967 – auraient lieu le 8 novembre 1989. Les villes et les bourgades arboraient un air de fête tandis que les jeunes gens qui avaient jeté des pierres six mois plus tôt collaient affiches et placards sur les murs. Les candidats se présentaient en indépendants car, depuis les troubles qui avaient déstabilisé la région à la fin des années 1950, les partis politiques étaient interdits. Le seul groupe politique organisé et disposant de fonds importants était celui des Frères musulmans, enregistré en Jordanie en tant qu'association caritative.

C'était la première fois que les femmes exerçaient le droit de vote qui leur avait été accordé en 1974 à l'occasion d'élections nationales, et leur présence en grand nombre, le matin, à l'ouverture des bureaux, m'a semblé encourageante. Elles étaient relativement nombreuses à se présenter, mais aucune ne fut élue. La victoire revint surtout aux Frères musulmans et à leurs alliés qui remportèrent suffisamment de voix pour occuper environ un tiers des sièges du Parlement.

Un tel succès causa une grande inquiétude dans certains milieux. On prédit même à Amman, dans les cercles proches du pouvoir, que le roi dissoudrait l'assemblée parce que ni lui ni ses ministres n'accepteraient de voir s'exprimer des opinions contraires aux leurs. Hussein eut cependant la sagesse de comprendre les avantages que présentait l'élection d'islamistes : ils feraient dorénavant partie du gouvernement au lieu d'être dans l'opposition comme auparavant. « Ils ont vécu de slogans, me dit mon mari. Il leur faudra maintenant se montrer capables d'obtenir des résultats concrets. » Le roi se rendait aussi compte du rôle positif que les zélateurs d'une telle cause pouvaient jouer en Jordanie. En exposant clairement leur programme politique, dont le conservatisme effrayait la population des centres urbains, ils prenaient part au processus démocratique et donnaient à entendre un point de vue qui faisait partie intégrante de l'opinion publique. Au fil des années, ils ont adopté une attitude traditionaliste sur le plan social au Parlement, et ont servi d'alliés au gouvernement dans nombre de moments difficiles. Malgré d'occasionnels incidents de parcours, ils ont fourni un exemple frappant de l'intérêt que présente l'inclusion d'islamistes dans la vie politique.

L'importance des élections résidait, à mes yeux, dans le fait que la Jordanie était devenue assez confiante pour accepter les débats au lieu de les interdire. En organisant sur son territoire des élections démocratiques, libres et honnêtes, le pays montrait une fois encore l'exemple dans une région où la participation populaire au système politique était une nécessité vitale de plus en plus urgente. Cependant, tandis que nous nous rendions à l'inauguration du parlement jordanien, le 29 novembre, c'était moins aux islamistes que je pensais qu'aux femmes dont je saluais les progrès, tout modestes qu'ils fussent. « Les Frères musulmans peuvent bien se réjouir de la victoire qu'ils ont remportée aux élections ; à mes yeux c'est la présence de Leïla au Sénat qui fait date : elle est la première femme à siéger dans cette assemblée nommée par le Parlement », ai-je noté ce jour-là dans mon journal.

Le roi Hussein s'engagea ensuite avec détermination sur la voie d'une forme de gouvernement plus démocratique. Il abrogea la loi martiale, promit d'augmenter la liberté de la presse et reconnut publiquement l'existence dans la société de forces qui n'étaient pas nécessairement d'accord ni entre elles, ni avec lui. Il invita leurs représentants à discuter de l'état du pays et à élaborer ensemble une nouvelle charte nationale qui refléterait toutes les nuances de l'échiquier politique, et formerait une nouvelle base à partir de laquelle le pays pourrait aller de l'avant.

À la fin, tout le monde y participa. La Charte nationale étendit les droits des femmes, adopta de nouvelles mesures concernant la libre circulation des informations, définit la position de la Jordanie sur la question de la Palestine, et précisa les relations entre la monarchie et le Parlement démocratiquement élu. De voir la constitution réactivée et renforcée enthousiasma tellement les Jordaniens qu'ils se montrèrent presque tous prêts à faire des concessions, les plus conciliants appartenant aux milieux les plus conservateurs, c'est-à-dire à ceux les mieux représentés au Parlement.

Le but de mon mari fut dorénavant de consolider les institutions démocratiques de la Jordanie et de réduire, ce faisant, la tendance, répandue dans une société aussi traditionnelle, à dépendre de Sayidna, son seigneur. « Je ne veux pas que ce pays s'effondre quand je ne serai plus là, me disait-il souvent. Chaque fois qu'une difficulté surgit, les gens pensent "Sayidna la résoudra". Eh bien, Sayidna ne peut plus rien résoudre seul. Tout le monde doit mettre la main à la pâte. » Il faudrait naturellement du temps pour que de telles habitudes s'enracinent, et ce serait d'autant plus long que les liens entre la société et son roi étaient forts, mais les événements historiques de 1989 constituaient un début prometteur. « Nous sommes portés par une vague d'idéologie antiautocratique nouvelle, notai-je dans mon journal. Prions qu'elle nous dépose en toute sécurité au seuil d'une société neuve, dynamique et déterminée. » Je n'imaginais pas qu'il restait si peu de temps avant que la solidité de cette société ne soit mise à l'épreuve.

CHAPITRE 15

Prélude à la guerre

Quand j'essaie de me remémorer le contexte de la crise du Golfe de 1990-1991, il me semble, avec le recul, pouvoir discerner des signes annonciateurs remontant au moins à 1977. Cette année-là, je m'étais rendue pour la première fois en Irak, afin de réunir des renseignements sur les besoins de ce pays en matière d'infrastructure et de formation pour le projet d'école d'aviation panarabe. Saddam Hussein n'était pas encore au pouvoir (il ne le serait qu'à partir de 1979), mais un climat de peur déjà perceptible régnait à Bagdad. Seuls des sujets anodins étaient abordés dans les conversations. Les hommes d'affaires et les diplomates étrangers tâtaient le dessous des tables pour voir s'il y avait des micros ; pour les Irakiens, cela ne faisait pas de doute.

Les fonctionnaires venus m'accueillir à ma descente d'avion avaient refusé de me donner le moindre renseignement sur le trafic aérien commercial. Ils traitaient le nombre des vols effectués par leurs avions de ligne, consigné pourtant dans des registres internationaux, comme s'il s'était agi de secrets d'État.

Douze ans plus tard, au printemps 1989, Saddam Hussein tenait des propos qui nous semblaient très inquiétants. Il avait fait preuve d'une véhémence particulière un peu plus tôt dans l'année, à la réunion du Conseil de coopération arabe fondé l'année précédente par la Jordanie, l'Égypte, le Yémen et l'Irak. Il s'y était montré très belliqueux, appelant avec passion les participants à affronter Israël et les États-Unis, et proclamant qu'il n'y avait pas de place parmi les Arabes pour ceux qui se soumettaient aux volontés de l'Amérique, la superpuissance honnie.

Le Congrès américain réagit en interdisant la vente de blé à l'Irak. Au Moyen-Orient, on interprétait en général les propos incendiaires de Saddam Hussein comme une posture lui permettant de revendiquer le rôle de leader plutôt que comme l'expression de la volonté d'attaquer Tel-Aviv et Washington. Les Palestiniens considéraient pour leur part de plus en plus Saddam comme l'homme qui libérerait leur patrie et plaçaient en lui un espoir d'autant plus fervent que le nombre des colonies créées en Cisjordanie augmentait constamment.

Au début de l'année 1990, les juifs autorisés à quitter l'Union soviétique à la fin de la guerre froide commencèrent à arriver en masse en Israël. Leur nombre était colossal. Beaucoup d'entre eux avaient voulu se rendre aux États-Unis, mais en avaient été empêchés par le système des quotas pratiqué par ce pays, et leur afflux inquiétait beaucoup les dirigeants arabes, en particulier mon mari. Ils débarquaient au rythme de mille quatre cents par semaine et on les envoyait s'établir dans les territoires occupés, en violation de la Convention de Genève. En été 1991, il y avait plus de cent mille colons dans les territoires occupés, auxquels s'ajoutaient cent vingt-sept mille personnes à Jérusalem-est où l'équilibre entre les communautés était lui aussi gravement altéré.

Le roi Hussein assistait à cette évolution avec un sentiment de frustration grandissant. Il se sentait totalement impuissant à remettre le processus de paix en marche, et presque aussi incapable d'arrêter le déclin économique de la Jordanie. Il se rendit en Arabie saoudite à la mi-février pour discuter des sombres perspectives ouvertes à son pays et des inquiétudes que lui causait la situation politique de l'ensemble de la région, mais le roi Fahd se montra peu compréhensif.

Un incident vint augmenter la tension entre Saddam Hussein et l'Occident. Farzad Bazoft, un reporter de nationalité britannique envoyé en Irak par l'*Observer,* fut arrêté, accusé d'espionnage et condamné à mort. On pensait généralement dans la région que cet individu d'origine iranienne était un agent secret, mais le gouvernement britannique clama son innocence et demanda sa grâce.

Le roi Hussein téléphona à plusieurs reprises au président irakien pour tenter de le persuader de ne pas procéder à l'exécution. En se

montrant inflexible, il ferait le jeu de ceux qui cherchaient un prétexte pour l'attaquer, avertit-il. Mais Saddam n'était pas disposé à
céder aux exigences de l'Occident et, le 15 mars 1990, on nous
apprit que le condamné avait été pendu. Le tollé soulevé par ce
geste en Grande-Bretagne fut général et prolongé. À la Chambre
des communes, les parlementaires exprimèrent officiellement le
« dégoût total » inspiré par la « brutalité sans nom » de Saddam
dont l'acte fut qualifié de « violence calculée, perpétrée par une
dictature sanguinaire ». Margaret Thatcher, le Premier ministre de
l'époque, se sentit particulièrement offensée, car elle avait adressé
une requête personnelle à Saddam Hussein, et elle conçut une
méfiance croissante à son égard.

Le 22 mars, alors que la région était en proie à une agitation de
plus en plus vive, le Sénat américain passa, sans raison apparente,
une résolution insistant sur le caractère indivisible de Jérusalem.
Cette ville n'était pas explicitement désignée comme la capitale
d'Israël, mais la rue arabe considéra que l'intention était évidente
et crut à une provocation de plus de la part des États-Unis, déterminés à nier les droits des musulmans sur la ville sainte. Selon la juri-
diction internationale, Jérusalem, ayant été conquise par la force,
était – et est toujours – une ville occupée, située à l'intérieur des
territoires occupés. En conséquence, la résolution 242 du Conseil
de sécurité de l'ONU exigeant le retrait des forces d'occupation
devait lui être appliquée.

Réunis une semaine plus tard, les dirigeants arabes condamnè-
rent vigoureusement l'initiative du Sénat américain, et l'antiaméricanisme populaire se fit plus virulent. Le manque d'intérêt que les
États-Unis semblaient porter à la recherche d'une solution pacifique désespérait mon mari. « Rien ne change, me dit-il. Il n'y a
aucune ouverture. »

Hussein revint quelque peu réconforté du '*umrah* – le pèlerinage
à La Mecque – qu'il accomplit et de sa visite consécutive à Médine.
Comme c'était la coutume, il était parti avec plusieurs membres de sa
famille : ses fils, les princes Faysal et Hamzah, l'accompagnaient
notamment, ainsi que son neveu, le prince Talal, qui avait tenu
Hamzah serré contre lui pour l'empêcher d'être écrasé. Hamzah
avait dix ans et il était tellement petit que les pièces d'étoffe

uniques blanches qui composaient la tenue sans couture des pèlerins avaient dû être coupées à ses mesures. « Il avait l'air d'un petit ange », me dit Talal. Son premier *'umrah* fut une véritable aventure pour mon fils. Il alla prier avec ses compagnons devant la tombe du Prophète à Médine, puis devant celle de l'ancêtre dont il porte le nom. Pendant le banquet auquel le roi Fahd l'avait convié, il s'amusa, sembla-t-il, beaucoup, bavardant avec deux vieux princes saoudiens entre lesquels il était assis, et donnant même la réplique au monarque, lequel dit à mon mari : « Revenez avec lui, nous lui trouverons une épouse saoudienne. » La peur que Hamzah eut de devoir se marier sur-le-champ assombrit un moment le plaisir que lui procurait ce voyage avec son père.

Un immense malaise se manifestait dans la région tout entière, surtout en Jordanie. À moins d'un événement décisif, je craignais de nous voir entraînés dans un cycle de violence qui perpétuerait l'instabilité à laquelle cette partie du monde était en proie depuis des générations. Un conflit majeur éclatait au Moyen-Orient tous les dix ans environ, avaient constaté les observateurs, or il n'y avait pas eu de guerre pendant les onze années écoulées depuis mon mariage.

De graves incidents ponctuaient certes le calme fragile qui y régnait. En mai 1990, au sud de Tel-Aviv, un tireur israélien isolé avait fait feu sur des ouvriers palestiniens, en tuant sept et en blessant neuf. Je me trouvais à l'époque aux États-Unis où j'étais allée faire une conférence à l'école de médecine de Virginie orientale qui collaborait au programme jordanien de fécondation *in vitro*, et m'entretenir officieusement avec divers sénateurs à Washington. Ces meurtres déclenchèrent des manifestations si violentes en Jordanie que je demandai par téléphone à mon mari si je devais rentrer. Il me dit que ce n'était pas nécessaire et, au bout de quelques jours, l'agitation s'était calmée, mais on ne savait jamais quel épisode mettrait le feu aux poudres. Sur le chemin du retour, je me suis arrêtée au Koweït dont rien n'indiquait que, tout juste deux mois plus tard, il serait la cause de l'embrasement redouté. Rien de significatif ne marqua mon séjour. « Le Musée national du Koweït est magnifique, surtout la précieuse collection al-Sabah d'objets d'art préislamique », lit-on dans mon journal. Ce même musée serait bientôt pillé et incendié par les Irakiens.

À mon arrivée, mon mari m'a annoncé qu'il avait cédé à un coup de cœur : il avait fait l'acquisition d'une demeure où nous pourrions nous installer. Passant un jour en voiture devant une villa, il avait entendu dire qu'elle était à vendre et il l'avait achetée dans l'intention de m'en faire cadeau pour notre douzième anniversaire de mariage. Elle était située non loin des baraquements de la garde du palais de Hashimya, et il avait sans doute jugé cette proximité propre à satisfaire nos besoins en matière de sécurité. Quant à nos besoins personnels, ils n'étaient pas pris en compte : il n'y avait pas assez de place pour loger nos sept enfants et aménager les bureaux et les salles de réunion qui nous étaient nécessaires à l'un comme à l'autre. « Si nous travaillons un jour comme tout le monde, nous vivrons comme tout le monde », ai-je remarqué. Bien que touchée de la prévenance de mon mari et du souci qu'il avait de notre bien-être, je ne jugeais pas opportun pour nous de déménager. Compte tenu des graves crises qui ébranlaient la région, il valait mieux éviter de bouleverser notre vie de famille. Nous avons continué à habiter Al-Nadwa, et la nouvelle maison fut plus tard aménagée pour le fils aîné du roi, le prince Abdallah, et pour sa femme, la princesse Ramia, qui s'y installèrent après leur mariage.

Au début de l'été, mon mari alla faire une de ses visites habituelles à Saddam Hussein auquel le soutien financier et politique qu'il accordait à l'*Intifada* et l'hostilité irréductible qu'il manifestait à l'encontre d'Israël valaient une popularité croissante auprès des Jordaniens d'origine palestinienne. Ses plaintes au sujet de la surproduction de pétrole pratiquée par le Koweït au mépris des accords de l'OPEP lui attiraient aussi une certaine sympathie. La baisse consécutive du prix du pétrole entravait les efforts de l'Irak pour surmonter les difficultés financières résultant de sa guerre avec l'Iran. Les soupçons de Saddam, qui accusait son voisin de pomper latéralement dans la nappe de Rumaila située de part et d'autre de la frontière – frontière elle-même contestée – trouvaient également un écho favorable dans le public jordanien. Personne ne pensait cependant que ces frictions conduiraient à la guerre.

C'est dans cette atmosphère sombre que Ted Turner, le fondateur de CNN, fit une visite en Jordanie. Il avait l'esprit aussi vif que d'habitude et débordait d'énergie. Il laissa libre cours à son imagination en notre compagnie, en particulier un jour où nous l'avions emmené faire une promenade en bateau dans le golfe d'Akaba. Contemplant la côte désertique de l'Égypte, il décida soudain qu'il n'y avait pas de meilleur endroit où installer les Palestiniens. « Regardez tous ces terrains à bâtir en bord de mer, s'écria-t-il, très excité. Vous rendez-vous compte de leur valeur ? Faites-y venir tous les Palestiniens, ils seront largement dédommagés d'avoir dû abandonner la Palestine. » Mais ce n'était pas un lieu où s'établir dont les Palestiniens voulaient : ils voulaient que la terre d'où ils avaient été chassés leur soit rendue. Israël avait souvent suggéré de les répartir entre divers pays arabes où il leur serait facile de s'intégrer et ils l'avaient toujours refusé. Malgré le caractère simpliste des solutions préconisées par Ted, c'était amusant de voir fonctionner son esprit. Il ne se souciait pas d'étayer les mille et une idées qui lui venaient, mais c'était tout de même, comme il le faisait remarquer, de l'une d'entre elles que CNN était sorti. S'agissant du sort des Palestiniens, il n'eut malheureusement pas la main aussi heureuse.

Au cours de l'été 1990, des groupes islamistes profitèrent de la fébrilité ambiante pour s'attaquer au festival de Jérach. Ils exercèrent une très forte pression sur le gouvernement pour qu'il l'interdise, sous prétexte qu'il était anti-islamique. Le *Wall Street Journal* évoqua à son sujet le festival de Chiraz qui avait enflammé les sentiments religieux en Iran dix ans plus tôt. Mais rien ne justifiait une telle comparaison, et nous n'avions pas l'intention de céder aux exigences d'extrémistes, malgré le caractère inquiétant que le climat politique leur prêtait. « Menaces reçues, explosifs découverts, notai-je dans mon journal. Mais le Premier ministre a tenu bon. »

Au début de juillet 1990, les propos tenus par Saddam Hussein se firent de plus en plus virulents : « Nous devons nous défendre contre ceux qui s'avancent armés de poignards empoisonnés pour nous frapper dans le dos », clama-t-il dans un discours public. Pour apaiser les tensions, le roi Hussein se rendit en Irak et, de là, au Koweït où il s'entretint avec le cheikh Sa'ad, le prince héritier de l'émirat. Sans chercher à minimiser les sentiments de colère que Saddam Hussein nourrissait à l'égard de son voisin, il se déclara convaincu de l'absence de toute menace militaire. Saddam Hussein lui avait souvent promis que les éventuels différends de l'Irak avec d'autres pays arabes seraient toujours réglés d'une manière « fraternelle », et il avait répété cette assurance au roi Fahd d'Arabie saoudite et au président égyptien, Hosni Moubarak. Ce ne fut que lorsque le cheikh Sa'ad lui eut appris en personne que des troupes irakiennes étaient massées le long de sa frontière que Hussein commença à avoir des doutes sur les intentions réelles de Saddam.

Très inquiet à son retour en Jordanie, il téléphona au président Bush et à l'ambassadeur de Grande-Bretagne pour les avertir de l'imminence d'une crise majeure. « Il faut absolument encourager les Koweïtiens à s'asseoir autour d'une table avec les Irakiens et les Saoudiens pour discuter de toutes les questions litigieuses, problèmes de frontière, surproduction de pétrole et autres », leur dit-il avec insistance. Il savait que les problèmes soulevés par l'Irak n'étaient pas purement imaginaires : ils avaient des fondements légitimes et demandaient des solutions politiques. Curieusement, ses propos ne semblèrent intéresser ni le président américain ni le représentant du gouvernement britannique. Il est même possible que les États-Unis aient assuré Saddam Hussein, par l'intermédiaire de leur ambassadeur, April Glaspie, qu'ils n'interviendraient *pas* si les troupes irakiennes entraient au Koweït. Qu'une telle garantie eût été donnée fut nié plus tard. Si elle l'a été, c'était une faute grave.

Le 31 juillet, mon mari me dit qu'il espérait de bons résultats d'une réunion « cruciale » à laquelle l'Irak et le Koweït prenaient part le lendemain en Arabie saoudite, à Djedda, mais ce ne fut malheureusement pas le cas. « Pour la première fois, je me sens extrêmement inquiet », remarqua Hussein très tard ce soir-là, au moment de se coucher. Nous dormions depuis quelques heures seulement lorsque le roi Fahd nous annonça au téléphone que les troupes irakiennes étaient à une dizaine de kilomètres de Koweït City.

L'invasion coïncida avec l'anniversaire de ma belle-mère et, tandis que mon mari se rendait en Égypte pour conférer avec le président Hosni Moubarak, je pris part à une réunion de famille au palais Zahran. Presque personne autour de nous ne semblait avoir conscience des conséquences désastreuses que les événements en cours risquaient d'avoir pour la Jordanie et pour la région tout entière, mais la reine Zeine se montra assez lucide pour comprendre que l'heure était grave. Nous avions toujours gardé nos distances, mais ce jour-là, assises l'une près de l'autre, nous avons longuement parlé des dangers qui nous menaçaient. À mesure que la crise s'aggravait et que la pression subie par la Jordanie s'intensifiait, ma belle-mère m'exhorta – geste inhabituel de sa part – à rompre avec la tradition et à faire tout ce qui était en mon pouvoir, en particulier auprès des États-Unis, pour défendre la position prise par notre pays. Nous n'imaginions ni l'une ni l'autre l'ampleur de la crise à laquelle nous aurions à faire face.

De retour d'Alexandrie le soir même, Hussein me fit part d'une promesse que lui avait faite Hosni Moubarak : le président égyptien s'arrangerait pour que la Ligue arabe ne condamne pas Saddam et ne lui adresse aucune remontrance avant que mon mari ne se soit rendu lui-même à Bagdad pour demander le retrait des troupes irakiennes. Le temps pressait. Une réunion de la Ligue arabe était prévue au Caire, et les Koweïtiens, soutenus par les Saoudiens, ainsi que par Bush et Margaret Thatcher, faisaient pression sur les ministres des Affaires étrangères des pays participants pour qu'ils désavouent l'Irak. Le roi Hussein savait que si Saddam se sentait acculé, il serait impossible de lui faire entendre raison. « Accordez-moi quarante-huit heures », demanda-t-il à George Bush, au roi Fahd et à Moubarak. Ce dernier donna son assentiment et accorda même son assistance : « Prenez mon avion et allez tout de suite au Caire. De cette façon, vous serez sur place lorsque la réunion de la Ligue arabe commencera », dit-il à notre ministre des Affaires étrangères.

La rencontre du roi Hussein avec Saddam Hussein, qui eut lieu le lendemain matin, 3 août, fut un succès. Le dirigeant irakien se montra satisfait de la vigueur de la réaction des puissances occidentales, me dit plus tard mon mari, et se déclara sur le point de retirer ses troupes. Pour prouver sa bonne foi, il annonça le rappel immédiat d'une brigade, geste symbolique dont la presse irakienne se fit l'écho : « Si l'Irak et le Koweït ne sont l'objet d'aucune menace, le départ des troupes irakiennes commencera demain. Un plan pour le mener à bien a déjà été approuvé », y fut-il déclaré.

Mon mari appela Moubarak pour lui annoncer l'heureuse nouvelle, mais il fut étonné d'apprendre qu'à l'arrivée au Caire du ministre des Affaires étrangères jordanien, son homologue égyptien avait déjà pris la tête d'un groupe qui tentait par tous les moyens de persuader la Ligue de condamner l'Irak. Le sabotage de la mission dont le roi Hussein s'était chargé préluderait à l'arrivée de troupes occidentales dans la région et serait la cause lointaine des attentats que les islamistes radicaux mèneraient plus de dix ans après contre les États-Unis.

Toutes sortes d'hypothèses devaient être proposées pour expliquer pourquoi, tout en sachant parfaitement que les efforts du roi de Jordanie auprès de Saddam Hussein avaient été couronnés de succès, l'Égypte avait pris la décision de désavouer l'Irak, entraînant divers dirigeants arabes à sa suite. Les raisons évoquées étaient diverses : Moubarak avait simplement cédé à la pression américaine ; le Koweït soupçonnait le roi Hussein d'avoir été au courant des intentions de l'Irak à l'avance et de les avoir cachées ; l'Arabie saoudite, ayant appris par les États-Unis que des troupes irakiennes se massaient sur sa frontière, avait soupçonné mon mari d'être de connivence avec le dirigeant irakien et de vouloir joindre ses forces aux siennes afin de reconquérir le Hedjaz. Bref, la méfiance régnait.

Très vite, la presse égyptienne prit mon mari pour tête de Turc. C'était le monde à l'envers : n'était-ce pas l'Égypte qui, après avoir promis de ne pas condamner l'Irak avant que toutes les chances de médiation aient été épuisées, avait manqué à sa parole ? Les trahisons de ce genre n'étaient que trop familières à mon mari, mais cette fois il était profondément blessé : « Ce n'est pas un honneur d'être un chef d'État arabe », me dit-il.

À la réunion de la Ligue arabe, les participants finirent par prendre majoritairement parti contre l'Irak, à l'exception de la Jordanie, du Yémen et de l'OLP qui tentèrent de laisser la porte ouverte à des négociations avec Saddam Hussein. À la stupéfaction de mon mari, qui s'était clairement opposé à l'occupation du Koweït par les Irakiens, les États-Unis et la Grande-Bretagne jugèrent que son action en faveur de la paix par la négociation équivalait à une approbation de l'agression. Ainsi déformée, l'attitude du roi Hussein devait lui être reprochée avec acrimonie pendant des années.

Les Jordaniens pensaient dans leur majorité que les autres pays arabes étaient favorables à un affrontement avec l'Irak, mais qu'ils préféraient voir les Américains se battre à leur place. Avec son armée parfaitement organisée qu'encadraient des officiers très bien formés, l'Irak passait depuis toujours au Moyen-Orient pour une sorte de Prusse. Les petits pays arabes avaient peur de ses soldats et craignaient aussi son dirigeant, Saddam Hussein. Ce personnage imprévisible était un facteur impondérable dans l'équation régionale. Les États-Unis et la Grande-Bretagne partageaient ces appréhensions. Paradoxalement, leurs dirigeants ne voyaient pas d'un bon œil la puissance militaire irakienne pourtant créée par les Anglais un demi-siècle plus tôt.

Fait intéressant, ce fut Margaret Thatcher qui poussa George Bush à intervenir militairement. Les États-Unis se souciaient avant tout de protéger l'Arabie saoudite. Personne au Moyen-Orient ne pensait ce pays menacé par l'Irak, mais le Premier ministre britannique avait un avis différent sur la question. Le 2 août, jour de l'invasion, elle se trouvait au Colorado où elle assistait à une conférence à Aspen. Quand George Bush y arriva le lendemain, elle lui dit sans ambages que si les troupes occidentales n'arrêtaient pas Saddam Hussein, ses chars pénétreraient non seulement en Arabie saoudite mais à Bahreïn et à Dubaï, et qu'il finirait par contrôler jusqu'à soixante-cinq pour cent des ressources mondiales de pétrole.

Le roi Hussein téléphona à George Bush à Aspen et le supplia de donner ses chances à une solution arabe avant de songer à une intervention étrangère. Il pensait pouvoir persuader Saddam Hussein de se retirer du Koweït, en évoquant, au besoin, la perspective d'une pression militaire arabe. Il s'appuyait sur un précédent : en 1962, l'armée jordanienne avait, en collaboration avec les forces de la Ligue arabe, protégé le Koweït lorsque cette ancienne province irakienne avait proclamé son indépendance contre la volonté de Bagdad.

Quelques jours seulement après l'invasion irakienne, des troupes américaines et britanniques débarquaient dans la région et d'autres unités de combat se mettaient en route. Dick Cheney, le ministre américain de la Défense, venu au Moyen-Orient cinq jours plus tard, s'arrêta en Arabie saoudite et en Égypte, mais pas en Jordanie. Cette omission était d'autant plus notable que mon mari était le dernier dirigeant arabe à avoir été en contact avec Saddam Hussein, et qu'il était donc la personne la mieux placée pour tenter de régler la situation par la voie diplomatique. Un envoyé saoudien venu à Amman au même moment déclara que son gouvernement ne se fiait pas aux images transmises par les satellites américains dont plusieurs indiquaient la présence massive de troupes irakiennes à sa frontière. Les Irakiens n'inquiétaient pas les Saoudiens, affirma-t-il à mon mari.

Les États-Unis supprimèrent l'aide qu'ils accordaient à la Jordanie. Les pays arabes membres de la coalition firent de même, ce qui porta un rude coup à l'économie du pays, même si leurs contributions avaient déjà beaucoup diminué du fait de la récession affectant la région. Mon mari était si angoissé que le 8 août, six jours après l'invasion, il me parla une nouvelle fois d'abdiquer. Il pensait que, étant donné la virulence des critiques dont il était personnellement l'objet, la Jordanie souffrirait moins s'il confiait le pouvoir à un successeur. Sans les coups de téléphone l'assurant jour et nuit que le pays tout entier était derrière lui, il aurait très probablement renoncé au trône. Je lui prodiguais moi aussi des encouragements. S'effacer pendant cette crise ne servirait à rien, ne cessais-je de lui répéter. Les Jordaniens avaient plus que jamais besoin de lui, et il en allait de même de tous les gens qui, ailleurs dans le monde, comptaient sur sa modération pour empêcher la guerre d'embraser la région.

J'insistai auprès de Hussein pour qu'il aille aux États-Unis expliquer en personne sa position à George Bush. Notre neveu, le prince Talal, faisait partie de la petite délégation qui l'accompagna dans le Maine, à Kennebunkport, et il qualifia de « rude » l'accueil que les conseillers du président lui réservèrent. Bush lui-même se montra très courtois. Il comprenait certainement mieux que la plupart de ses collaborateurs la position difficile dans laquelle mon mari se trouvait, mais déclara d'emblée inacceptable l'idée de négociations avec Saddam Hussein. « Je ne permettrai pas à ce petit dictateur de contrôler vingt-cinq pour cent du pétrole du monde civilisé », dit-il. Cette remarque offusqua le chérif Zeid bin Chaker : « Comme s'il n'y avait pas d'autre civilisation que l'occidentale », grommela-t-il. Le roi quitta les États-Unis très démoralisé, et les entretiens qu'il eut ensuite avec divers dirigeants européens ne firent rien pour lui redonner courage. Il trouva en particulier Margaret Thatcher amère et inflexible.

Tous ces événements eurent pour la Jordanie des conséquences immédiates et dévastatrices. Une semaine après l'invasion du Koweït, l'ONU interdit tout commerce avec l'Irak, notre principal partenaire, et les relations avec ce pays furent complètement interrompues. Des commandes faites aux entreprises jordaniennes furent annulées. Le flot des touristes tarit. L'accès du port d'Akaba fut refusé aux navires transportant des marchandises destinées à notre voisin.

À la Fondation Al-Hussein, nous nous sommes mis à réfléchir à la façon de préparer les familles et les collectivités aux difficultés économiques et sociales auxquelles elles auraient à faire face. Les femmes qui, avec leurs familles, dépendaient de projets comme celui de Bani Hamida, étaient les éléments les plus fragiles. Le tourisme qui leur avait fourni un débouché était au point mort, mais Rebecca Salti trouva une manière ingénieuse de remédier à cette situation : quelque huit cents journalistes étant arrivés à Amman après l'invasion, elle organisa dans plusieurs hôtels où ils logeaient des expositions de tapis de Bani Hamida ; elle et ses coéquipières les visitaient tous les soirs à 11 heures pour vendre les produits de notre artisanat ; chaque fois qu'un groupe de reporters quittait le pays, valises bourrées de tapis, une nouvelle vague d'acheteurs potentiels le remplaçait.

La crise du Golfe eut pour la Jordanie une conséquence beaucoup plus grave encore : un flot de réfugiés dont le nombre ne cessait de croître se présenta à ses frontières, des Égyptiens fuyant l'Irak, des Marocains, des Somaliens, des Philippins, des Bangladais, des Pakistanais, des Népalais, des Afghans, des Thaïlandais, des Sri Lankais et une foule d'autres Asiatiques qui avaient tenu des emplois de domestiques au Koweït. Nous n'avions ni tentes ni couvertures à leur fournir, et il en arrivait dix mille par nuit. À la fin du conflit, trois millions de personnes environ étaient venus chercher asile en Jordanie, pays qui comptait alors moins de trois millions et demi d'habitants.

Pendant cette période, je passais tout mon temps à conférer avec notre ministre de l'Intérieur, avec la police et avec les ONG locales et internationales qui nous aidaient à recevoir les réfugiés. Certains de ces organismes s'activaient aux frontières, d'autres construisaient des abris à Amman. Les membres de notre famille donnaient aussi de leur personne : mon beau-frère, le prince héritier Hassan, prit la direction de l'Organisation hachémite de secours qui bâtit un énorme camp sur un champ de foire à l'intérieur de la ville tandis que ma belle-sœur, la princesse Basma, préparait un autre lieu d'accueil. Diverses organisations européennes, Médecins sans frontières et le Comité international de la Croix-Rouge notamment, s'efforçaient de prévenir les épidémies, se chargeaient des mesures sanitaires essentielles, et fournissaient des aliments, de l'eau et d'autres denrées de première nécessité.

L'aide humanitaire dont nous avions un besoin urgent ne se mettait cependant pas assez rapidement en place. L'Office des migrations internationales ne procédait que lentement au rapatriement des réfugiés. Il fallait agir, et vite, avant l'arrivée de l'hiver. Un soir, alors que je passais en revue les renseignements en provenance des camps, une idée me vint à l'esprit : Richard Branson, le président de la compagnie aérienne Virgin Atlantic, accepterait peut-être de mettre des avions à notre disposition. Il pourrait sans doute aussi apporter les couvertures et les tentes qui nous manquaient encore cruellement. Il se montra très coopératif lorsque je l'appelai au téléphone à Londres le lendemain, et promit de faire ce qu'il pourrait pour nous aider.

L'afflux des réfugiés avait été si soudain que nous n'avions eu le temps de dresser aucun plan d'accueil. M'étant rendue à la frontière le 4 septembre pour participer à l'établissement de nouveaux camps organisés par le Croissant-Rouge jordanien, je découvris que, dans la hâte, on avait omis d'étudier leur éventuel impact sur l'environnement. Il s'avéra qu'ils constitueraient un danger pour des sources d'eau vitales alimentant deux des plus grandes de nos villes, et on dut les déménager.

Sur ces entrefaites, Richard Branson arriva à bord d'un avion chargé de matériel de secours et promit, à ma grande joie, de continuer à nous aider. Il n'était pas seul : des journalistes anglais étaient venus avec lui pour témoigner des malheurs de milliers de gens brusquement privés de leur maison, de leurs biens et de leurs moyens de subsistance.

Le même jour, mon mari, tout juste de retour d'Amérique et d'Europe, partit immédiatement pour Bagdad afin d'essayer une fois de plus de persuader Saddam Hussein d'évacuer le Koweït. C'était la deuxième des trois visites qu'il devait faire dans la capitale irakienne pour éviter que la guerre n'éclate dans la région. Cette fois son message était clair : les dirigeants occidentaux et leurs alliés ne permettraient pas à Saddam Hussein de rester au Koweït. « Prenez une décision courageuse et retirez vos troupes, sinon vous y serez forcé », dit-il au dirigeant irakien, lequel ne se laissa cependant pas ébranler.

Il accepta néanmoins de libérer quelques-uns des otages européens retenus par centaines à Bagdad pour garantir l'Irak des attaques ennemies. Mon mari lui fit remettre une lettre écrite par Richard Branson et traduite en arabe. Ayant reçu une réponse favorable, ce dernier transporta soixante citoyens britanniques à bord d'avions de la Virgin Atlantic en sus des cent autres personnes autorisées à partir avec la compagnie d'aviation irakienne. L'opération menée à bon terme dans l'espace aérien irakien interdit à tout appareil occidental était « assez angoissante », nous confia notre ami.

Malgré toute l'aide que nous recevions, nous étions débordés. Les Jordaniens faisaient eux-mêmes d'immenses efforts, offrant abris, couvertures, nourriture. Les plus pauvres n'étaient pas en reste. Le peuple jordanien connut un moment de grâce extraordinaire. Secourir les réfugiés était l'affaire de tous, et les gens donnaient ce qu'ils avaient, et plus encore. Il ne pouvait pas y avoir de meilleur exemple de l'hospitalité traditionnelle en honneur chez les Arabes et chez les musulmans, pas de meilleure manifestation de philanthropie.

Bernard Kouchner, le ministre français de la Santé, vint à Amman pour évaluer la situation. « Il faut que vous emmeniez les journalistes voir les camps pour qu'ils témoignent de cette crise humanitaire, me dit-il en s'entretenant avec moi dans mon bureau, après avoir fait la tournée des lieux. Vous devez vous mettre en avant afin de capter l'attention de la communauté internationale. » Il insista tellement que, non sans une certaine gêne, j'invitai la presse à m'accompagner dans les camps. Ces visites contribuèrent à nous attirer le soutien dont nous avions un besoin désespéré, et complétèrent les appels éloquents lancés tout au long de la crise par le roi et par le prince héritier.

Nos cris de détresse furent entendus, et nous reçûmes bientôt le matériel nécessaire à l'accueil des réfugiés et les moyens de transport servant à les ramener dans leurs pays respectifs. Le gouvernement philippin s'étant trouvé à court d'avions, le roi Hussein mit dix-huit TriStar de la compagnie royale jordanienne à sa disposition. Les réfugiés somaliens préférèrent, quant à eux, rester sur place. Ils me décrivirent les terribles conditions de vie régnant dans leur pays, disant qu'ils ne seraient nulle part mieux que dans ces tentes plantées en plein désert. Les instants que j'ai passés assise à côté d'eux à les écouter sont restés gravés dans ma mémoire.

La campagne de calomnies dont mon mari était la cible se poursuivait en même temps sans relâche. À la mi-septembre, nous avons par exemple entendu une interview donnée à CNN par le sénateur Frank Lautenberg : le roi de Jordanie avait été soudoyé, il était au courant de l'intention de Saddam Hussein d'envahir le Koweït, il lui avait accordé son soutien et avait même pris part à l'opération, avait déclaré le parlementaire, citant le président Moubarak. Nous n'en croyions pas nos oreilles. Il devait y avoir un malentendu : soit le sénateur avait mal compris ou mal interprété ce que le président égyptien lui avait dit, soit ses propres propos avaient été sortis de leur contexte. Nous nous trompions. Lors d'un voyage qu'il fit au Maroc quelques jours plus tard, le roi Hussein apprit de la bouche du président algérien et de celle du roi Hassan que le dirigeant égyptien répétait les mêmes allégations aux chefs d'État arabes.

Hussein réagit en faisant parvenir une mise au point à CNN. Elle fut diffusée, comme il se devait, mais le mal était fait : deux jours après son retour en Jordanie, les Saoudiens cessèrent d'approvisionner le pays en pétrole et expulsèrent nos diplomates. J'étais sur le point de partir pour les États-Unis où je devais assister au Sommet mondial pour les enfants organisé par l'ONU et faire une conférence à l'Institut Brookings de Washington. À l'aéroport où ils m'avaient accompagnée, nos enfants m'offrirent un lion en peluche, symbole de mon signe astrologique, mais aussi du courage qu'il me faudrait pour affronter les détracteurs de mon mari.

Dissiper l'impression que nous approuvions l'invasion du Koweït et l'occupation irakienne était vital pour nous. Cette version des faits était en passe de devenir profondément ancrée dans les esprits aux États-Unis, en Grande-Bretagne et dans les émirats du Golfe. À la cérémonie d'inauguration du Sommet mondial pour les enfants à laquelle j'assistais, accompagnée de notre ambassadeur, la première personne que je rencontrai fut le ministre des Affaires étrangères saoudien, le prince Saud al-Faysal, un ami de longue date pour lequel nous avions le plus grand respect. Il s'approcha de moi, me salua chaleureusement et demanda au ministre des Affaires étrangères du Koweït de nous rejoindre.

Tandis que nous échangions des politesses, j'hésitais à demander au prince Saud de le voir en privé pour tirer au clair le malentendu qui gâchait les relations entre nos deux pays. Encline par nature à aborder les sujets litigieux avec franchise, je pense qu'une honnête discussion peut régler bien des problèmes. Tentée de suivre mon instinct, je retournai la question dans ma tête tout au long de la réception et je continuai à y réfléchir ensuite pendant quelque temps. Je finis cependant par décider d'observer une réserve en accord avec la tradition qui régit les relations entre les hommes et les femmes dans le monde musulman. Je savais qu'un entretien en tête à tête avec le ministre des Affaires étrangères saoudien risquait d'être mal interprété. Je ne voulais en outre pas qu'un quelconque de mes propos puisse être utilisé contre mon mari.

Ma rencontre avec Mme Moubarak s'est révélée beaucoup plus pénible. Elle est venue me trouver un jour comme si de rien n'était : « Comment allez-vous ? Comment va votre famille ? Comment va Sa Majesté ? » m'a-t-elle demandé gaiement. Ne sachant quelle attitude adopter, je me sentais très mal à l'aise, et elle aussi sans doute. « Il va bien, Suzanne, ai-je répondu. Et le Président, et les enfants, comment se portent-ils ? »

La conversation se prolongeant, j'avais de plus en plus de mal à sauvegarder les apparences. Je ne mettais pas les intentions de mon interlocutrice en doute et je ne la tenais pas pour responsable de ce qui se passait, mais j'ai fini par ne plus pouvoir me contenir : « Je suis désolée, Suzanne, mais il m'est très difficile de bavarder de choses et d'autres alors que la situation est si catastrophique en Jordanie, ai-je remarqué. Tant de choses blessantes pour nous ont été dites et faites ! – Oh, vous connaissez les Arabes et leur rhétorique », a-t-elle répondu d'un ton dégagé. J'ai alors pensé : « Mon Dieu, c'est de la rhétorique pour eux ! »

Je ne pouvais pas laisser passer une telle remarque. « Vous savez, Suzanne, l'honnêteté compte tellement dans les relations entre nos pays, ai-je dit. C'est une chose cruciale à un moment comme celui que nous vivons. » Elle a dû croire que c'était à elle que ce reproche s'adressait car notre conversation a pris abruptement fin.

Un peu plus tard dans l'après-midi, je me suis demandé si je ne devais pas prendre Mme Moubarak à part et lui raconter tout ce que je savais. Après tout, nous étions amies, et nous avions été, Hussein et moi, les premiers défenseurs de son mari auprès des autres Arabes. Nous avions passé des heures à nous interroger ensemble sur nos rôles respectifs et sur les difficiles problèmes auxquels nos deux pays étaient confrontés. Suzanne m'avait invitée en Égypte avec mes quatre enfants et ma sœur, et nous avions fait ensemble une merveilleuse croisière sur le Nil. Nous l'avions de notre côté souvent reçue chez nous avec son mari. Je pensais qu'en lui parlant, je pourrais peut-être dissiper le malentendu.

Je l'ai appelée à son hôtel, mais elle n'était pas disponible. Lorsque je me suis entretenue au téléphone avec mon mari plus tard dans la soirée, il m'a dit qu'il avait déjà reçu des Égyptiens un message relatif à ma conversation avec Suzanne. Il a ensuite ajouté en riant que je m'étais très bien tirée d'affaire, et qu'ils cherchaient à justifier leur attitude envers la Jordanie.

Dans cette atmosphère chargée d'agressivité, je pensais qu'il était particulièrement important de souligner l'impact de la guerre sur les enfants dans le discours que j'allais faire devant les représentants des pays participant au sommet. C'était après tout pour nous préoccuper de leur sort que nous étions réunis, et je n'ai pas hésité à insister sur le fait qu'ils sont la plupart du temps les premières victimes des conflits. Pendant les deux jours suivants, je n'ai pas cessé de répéter que les souffrances infligées par les guerres aux membres les plus vulnérables de la société devaient nous inciter à chercher une solution pacifique à la crise du Moyen-Orient.

George et Barbara Bush, qui étaient présents, m'ont témoigné beaucoup de froideur, ce qui n'avait rien de surprenant sur le plan de la politique, mais l'était beaucoup plus étant donné les relations personnelles que nous entretenions avec eux. Nous étions en effet amis depuis longtemps. Lorsque George Bush était vice-président, il était venu à Akaba et avait joué avec nos fils dans la piscine, et nous les avions rencontrés, lui et sa femme, en d'innombrables occasions. Mme Bush a accepté de prendre le thé avec moi à l'hôtel où elle était descendue, et nous avons eu une conversation très intéressante dont la crise que nous traversions était naturellement le sujet principal.

Elle m'a répété les histoires horribles que l'ambassade du Koweït faisait circuler, en particulier celle racontée lors d'une conférence de presse par la fille de l'ambassadeur : cette jeune personne avait dit avoir vu de ses propres yeux dans les hôpitaux des Irakiens arracher les nouveau-nés des couveuses, les jeter sur le sol et les y laisser mourir. Nous avions entendu parler de ces atrocités, mais des médecins présents à l'hôpital principal de Koweït City au moment des faits nous avaient affirmé que rien de tout cela n'était vrai. On devait apprendre plus tard que la fille de l'ambassadeur n'était pas sur place et n'avait donc rien pu voir. Le gouvernement du Koweït avait chargé Hill and Knowlton, une agence de relations publiques new-yorkaise, de répandre cette fable. La supercherie n'était cependant pas connue lors de mon entrevue avec Mme Bush, et je ne pouvais m'appuyer que sur les démentis des médecins pour lui répondre.

« La Jordanie s'est opposée à l'occupation du Koweït dès le début, fis-je remarquer à l'épouse du président américain, et elle a tout de suite demandé le retrait des troupes irakiennes. Les faits ont été déformés ou inventés de toutes pièces pour compliquer une situation déjà tragique. La volonté de présenter la position de la Jordanie sous un faux jour est évidente.» Tout en m'abstenant de mentionner le rôle spécifique de l'Égypte, je soulignai l'existence d'une campagne montée pour isoler la Jordanie et empêcher le roi Hussein de réussir à désamorcer la crise en évitant que le président irakien, cédant à son tempérament irascible, ne s'enferme plus avant dans son fatal isolement.

J'ajoutai que mon mari n'était pas un ennemi des États-Unis comme on voulait le faire croire, bien au contraire. Pour preuve de son refus de reconnaître l'occupation irakienne, il avait fermement réagi face à l'arrivée à la frontière de réfugiés dont les voitures portaient des plaques marquées «État d'Irak, province du Koweït». Cette mention, sans doute conforme à la réglementation irakienne selon laquelle la province d'origine du véhicule doit être indiquée sur les plaques minéralogiques, n'avait pas plus de légalité à ses yeux que l'annexion de l'émirat. Il avait ordonné qu'elles soient retirées à la frontière. Le souvenir des plaques temporaires noires arborées par un grand nombre de véhicules est resté gravé dans la mémoire de toutes les personnes qui ont vécu cette époque. Hussein avait décidé par ailleurs que les soldats koweïtiens en formation en Jordanie continueraient à s'entraîner et que l'ambassade du Koweït resterait ouverte.

Je parlai ensuite de l'inquiétude croissante causée dans le monde arabe par la perspective des victimes que la guerre ferait dans la population civile irakienne et des terribles épreuves qui lui seraient infligées. Mme Bush ne se laissa pas émouvoir. En femme de politicien qu'elle était, elle n'était prête à croire que ce qu'elle avait besoin de croire. Après cet entretien, je continuai, une fois la guerre commencée, à dénoncer les conséquences qu'elle aurait sur le plan humanitaire et à évoquer les souffrances du peuple irakien. Mme Bush, furieuse, me fit dire qu'elle me considérait comme une traîtresse. Elle espérait, j'imagine, pouvoir m'empêcher de soulever des questions embarrassantes pour les membres du gouvernement de son mari.

Je reçus un accueil plus chaleureux à Capitol Hill où la situation au Moyen-Orient était une source de préoccupations. J'y étais allée pour rencontrer des sénateurs dont certains étaient de vieux amis de mon mari ou de ma famille. Frank Lautenberg, avec lequel j'étais particulièrement désireuse de m'entretenir, était parmi eux. L'ayant pris à part, je lui dis : « Monsieur le sénateur, je voudrais que vous m'éclairiez sur un point. Nous avons vu, mon mari et moi, l'interview que vous avez donnée à CNN et nous avons eu l'impression que vos propos concernant les déclarations faites par le président Moubarak avaient été cités hors de leur contexte. Se pourrait-il qu'un malentendu ou une erreur de communication se soient produits ? — Non, me répondit-il, j'ai répété mot pour mot les paroles du président Moubarak. Il en a en réalité dit plus long, mais j'ai préféré m'arrêter là. » Mon interlocuteur détailla ensuite la liste des accusations outrageantes que le président égyptien avait formulées contre mon mari. « Est-ce vrai ? Êtes-vous sûr de ne pas vous tromper ? » insistai-je. Plusieurs sénateurs qui nous avaient rejoints ajoutèrent leur voix à la sienne. « Oui, affirmèrent-ils, il nous a dit la même chose. »

Je m'interrogeai sur les motivations du président égyptien. Il était évident qu'il subissait des pressions de la part des fondamentalistes et d'autres groupes opposés à une alliance avec des puissances étrangères venant combattre l'Irak. Dans la région, la coalition passait pour être antiarabe et anti-islam aux yeux de la majorité de la population. On dénonçait aussi l'hypocrisie des puissances occidentales, en particulier celle des États-Unis, prompts à exiger l'application immédiate de la résolution des Nations unies relative à l'occupation du Koweït par l'Irak, mais tolérant celle de la Palestine par Israël, condamnée d'une manière non moins impérative vingt-trois ans plus tôt. En promettant de régler son compte à Israël et de libérer la Palestine, Saddam Hussein avait attisé ces sentiments, et les affiches vantant les vertus du dirigeant irakien fleurissaient dans les rues d'Amman.

À mon retour des États-Unis, je trouvai mon mari très tendu. Nous étions tous les deux épuisés. Chaque soir, après une journée chargée, nous nous retrouvions au salon pour écouter les nouvelles. Nous étions particulièrement attentifs à celles émanant des États-Unis, et le décalage horaire nous forçait à rester debout une bonne partie de la nuit. Nous nous tenions également au courant de ce qui se passait en Jordanie et dans la région.

Tout en surveillant l'écran de la télévision du coin de l'œil, nous nous amusions avec deux Game Boys offerts par les enfants. Nous nous affrontions dans d'interminables parties de Tetris, empilant les briques les unes sur les autres. Nous gagnions en adresse et faisions preuve d'un esprit de compétition grandissant. Cette distraction était un exutoire à notre énergie nerveuse, une alternative saine au tabagisme pour mon mari, et une manière pour tous les deux de rester éveillés afin de ne pas manquer l'éventuelle annonce d'une nouvelle de dernière minute. Les membres de la famille venus de temps en temps voir ce que nous faisions étaient sans doute très étonnés de nous voir le regard fixé sur l'écran de télévision ou absorbés par nos jeux électroniques. Mais nous n'apprenions rien d'encourageant tandis que la guerre des mots augmentait en virulence et que les forces de la coalition se massaient sur le territoire de notre voisin, l'Arabie saoudite.

La bataille verbale prit un tour encore plus acrimonieux à la suite du discours prononcé par le roi le 17 novembre lors de la séance inaugurale du parlement jordanien. Le texte en avait été rédigé par le gouvernement, à l'instar de celui fait par la reine d'Angleterre dans des circonstances analogues. Mécontent de son ton rigide, Hussein me demanda ce que j'en pensais durant un week-end que nous passions à Akaba. Il me consultait toujours au sujet des allocutions de portée internationale, mais c'était la première fois depuis notre mariage que nous discutions ensemble de ce qu'il devait dire en s'adressant au pays. « Notre peuple s'attend à entendre ton point de vue personnel, ai-je remarqué. Si, en ce moment critique, le message préparé pour toi ne te convient pas, du point de la forme ou du fond, tu dois le modifier jusqu'à ce qu'il reflète ta pensée. » L'équilibre que Hussein s'efforçait de maintenir entre des forces très diverses était si délicat qu'il ne changea pas grand-chose au texte initial. Les conséquences de sa décision ne se firent pas attendre longtemps.

Il y avait quelque temps qu'il essayait en vain de s'entretenir au téléphone avec George Bush. Juste avant de s'adresser au Parlement, il avait réussi à obtenir de rencontrer le président américain à Paris.

Le jour suivant, il apprit que Brent Scowcroft, le conseiller pour la Sécurité nationale, voulait lui parler au téléphone. Il attendit l'appel quatre heures pour finir par s'entendre dire que le président avait annulé l'entrevue parce que les propos du roi lui avaient déplu. Hussein commença par se lancer dans des explications, mais, las des rebuffades, il dit : « N'en parlons plus », et raccrocha. Le 29 novembre, le Conseil de sécurité de l'ONU passa la résolution 678 autorisant l'usage de la force contre l'Irak si le pays n'avait pas retiré ses troupes du Koweït le 15 janvier. Ce jour-là, le fossé entre les États-Unis et la Jordanie s'élargit encore.

Nos relations avec l'Angleterre étaient devenues ambiguës. Mon mari avait avec la famille royale des liens très anciens. Il avait par exemple prêté Castlewood au prince Andrew et à la duchesse d'York le temps que les travaux soient finis dans leur propre demeure. Sous l'effet sans nul doute de pressions, le couple princier quitta abruptement notre maison, sans explication et sans nous prévenir personnellement. Ce geste rappela à mon mari la froideur que la famille royale britannique lui avait manifestée pendant la guerre de 1967. En fait, seul le prince de Galles maintint avec nous des relations normales pendant cette période difficile. Il se montra remarquablement sensible aux difficultés auxquelles la région avait à faire face, il les comprenait et apporta toujours un soutien personnel aux positions prises par le roi. Sans jamais rien dire que le gouvernement britannique puisse juger inapproprié, il nous donna des témoignages d'amitié que je n'oublierai jamais, recherchant des occasions de nous voir et exprimant souvent le souci sincère que lui inspirait le sort des Jordaniens et des Arabes.

Les histoires souvent ridicules colportées par la presse internationale sur mon mari et moi empêchaient peut-être certains gestes d'être faits dans notre direction. Selon l'une d'elles, qui nous fit rire aux larmes, Hussein avait acheté une flotte de bateaux de pêche et une quantité de scooters de mer qui nous permettraient de quitter rapidement Akaba en cas de besoin, sans que notre destination – ni nos motifs – ne soit d'ailleurs précisée. Moins amusante était la fable, rapportée par un tabloïde anglais, concernant une voiture d'une valeur de douze millions de dollars ayant appartenu à Hitler que Saddam Hussein était supposé avoir donnée au roi pour le convaincre de se ranger à ses côtés. Il n'y avait naturellement pas le moindre atome de vérité dans ces racontars, pas plus que dans les spéculations suscitées par la barbe que mon mari avait laissée pousser, preuve de son alliance avec les islamistes pour certains, avec Saddam Hussein pour d'autres ; la vérité était que, sous l'effet du stress, Hussein avait des problèmes de peau qui empiraient quand il se rasait.

Mon mari se rendit une dernière fois à Bagdad pour tenter de persuader Saddam Hussein de faire machine arrière. « Si vous ne vous décidez pas à quitter le Koweït, vous en serez chassé, lui dit-il. Vous avez le monde entier contre vous. » Le dirigeant irakien secoua la tête : « Oui, le monde entier est contre moi, mais Dieu est avec moi et je serai victorieux », répondit-il. Après un moment de silence, le roi remarqua : « Vous restez sur votre position, je le vois. Si vous décidez d'en changer, un coup de téléphone suffira, et je reviendrai vous aider. » Il n'y eut jamais de coup de téléphone.

Tandis que la date limite fixée par les Nations unies approchait, Hussein et moi sommes partis pour l'Europe au début de janvier 1991 pour tenter une dernière fois de mobiliser les énergies afin d'éviter la guerre. Depuis le début de la crise, les Européens s'étaient montrés beaucoup moins belliqueux que les Américains, et beaucoup plus enclins à penser, comme le roi Hussein, qu'un conflit armé serait une catastrophe pour le Moyen-Orient. On considère l'usage de la force sous un jour très différent sur les deux rives de l'Atlantique. En Europe, on voit essentiellement dans la guerre une source de destruction et de pertes, opinion que deux guerres mondiales et les pénibles efforts de reconstruction consécutifs ont sans doute contribué à forger ; les Américains, imités en cela par les Israéliens, estiment au contraire que les affrontements militaires sont, avec leur cortège de morts de civils et de dévastation, des maux nécessaires que la garantie de la sécurité nationale exige.

Mon mari espérait trouver une aide miraculeuse auprès des Français, des Allemands ou des Italiens, mais ces pays n'étaient pas en mesure de faire grand-chose. Ils savaient, comme lui, que l'issue de la crise dépendait de l'évolution des relations entre l'Irak et les Américains, lesquels semblaient vouloir refuser tout dialogue constructif. Hussein n'en fut pas moins extrêmement satisfait des entretiens qu'il eut en Allemagne, notamment avec le ministre des Affaires étrangères, Hans-Dietrich Genscher, et avec le chancelier Helmut Kohl. Je tirais pour ma part beaucoup de réconfort de mes contacts avec des organismes humanitaires prêts à aider la Jordanie à s'occuper des populations évacuées et des réfugiés.

Nous nous sommes ensuite rendus au Luxembourg où nous avons également trouvé beaucoup de compréhension. Tandis que mon mari s'entretenait avec le grand-duc et avec son ministre des Affaires étrangères, qui présidait alors l'Union européenne, je suis allée voir notre amie la grande-duchesse Joséphine-Charlotte, qui dirigeait la Croix-Rouge de son pays. Elle m'a reçue, entourée du personnel de son organisation qui s'est montré très coopératif, et a promis plus d'un million de dollars d'aide au développement. Les Italiens ont eux aussi été extrêmement généreux. J'ai rencontré Maria Pia Fanfani, une personnalité appartenant au milieu de l'aide humanitaire, ainsi que la dirigeante d'une ONG qui s'occupait essentiellement de programmes de développement destinés aux femmes. Toutes deux ont manifesté beaucoup de sympathie pour les réfugiés qui, ayant fui l'Irak et le Koweït, avaient décidé de rester en Jordanie et avaient désespérément besoin de gagner de quoi subvenir aux besoins de leurs proches. La princesse Irène de Grèce, la sœur de la reine d'Espagne, amie de longue date de la famille, est venue très souvent en Jordanie pendant cette période et a aidé le pays dans la mesure de ses moyens. World in Harmony (Le Monde en harmonie), la fondation qu'elle dirige et qui participe à des projets dans les pays en voie de développement, a accordé son aide aux familles les plus pauvres du pays par l'intermédiaire de la Fondation Noor al-Hussein.

Hussein eut aussi un entretien avec John Major, le nouveau Premier ministre britannique qu'il trouva remarquablement bien informé et plus réaliste que Margaret Thatcher. L'insistance avec laquelle il déclara que « l'Irak ne serait pas attaqué si Saddam Hussein se retirait du Koweït » encouragea beaucoup mon mari sans toutefois écarter le spectre de la guerre.

Le lendemain, Hussein alla à Castlewood pour rencontrer en secret Yitzhak Shamir, le Premier ministre israélien. Dans la perspective d'une guerre qui semblait inévitable, des troupes jordaniennes chargées de contenir toute invasion avaient été déployées le long des frontières avec l'Irak et Israël. Shamir confia à mon mari que ses généraux insistaient pour qu'il poste des soldats israéliens en face des unités jordaniennes, et qu'il avait refusé de le faire avant d'avoir eu un entretien d'homme à homme avec le roi de Jordanie. « Majesté, nous voulons savoir pourquoi vos troupes sont massées sur notre frontière et ce que vous feriez si les Irakiens pénétraient dans votre territoire et tentaient d'attaquer Israël. » Mon mari répondit : « Ma position est purement défensive. Quiconque, Irakien ou autre, franchit mes frontières ou pénètre dans mon espace aérien sera considéré comme un ennemi, et j'agirai en conséquence. Je ne permettrai à personne d'utiliser le territoire jordanien pour attaquer un pays tiers. » « Merci. C'est tout ce que je voulais vous entendre dire », remarqua Shamir.

Ehud Barak, le chef d'état-major de l'armée israélienne, demeurait cependant méfiant. Le caractère défensif, et non pas offensif, de la disposition des troupes jordaniennes souligné par le chérif Zeid bin Chaker, un militaire chevronné de trente-cinq ans d'expérience, n'était pas évident à ses yeux. Devant son insistance, Shamir finit par perdre patience : « Le roi Hussein m'a donné sa parole, cela me suffit », dit-il.

À la fin de notre tournée européenne, j'ai laissé mon mari rentrer en Jordanie, et je suis allée en Autriche avec les quatre plus jeunes de nos enfants, alors respectivement âgés de dix, huit, sept et quatre ans. J'avais l'intention de les confier à ma sœur pour qu'ils passent leurs vacances avec elle. J'avais le cœur lourd, mais je jugeais important de leur épargner autant que faire se pouvait les tensions qui régnaient dans notre pays. Je refusais encore de croire à l'inévitabilité de la guerre, mais si elle éclatait, ils seraient à l'abri du danger et nous aurions toute latitude pour nous consacrer à notre grande famille jordanienne.

Le temps que j'avais à passer avec les enfants était court, mais, depuis le début de la crise, quatre mois plus tôt, c'était la première fois que j'avais le loisir de me consacrer entièrement à eux. Le simple fait de leur lire une histoire avant de les mettre au lit me faisait monter les larmes aux yeux. Je m'efforçais d'écarter l'idée de notre séparation imminente sans toujours y parvenir.

J'avais eu l'intention de ne demeurer que deux jours en Autriche, mais, si bref qu'il fût, ce séjour suscita des critiques. J'avais craint que mon absence quelques jours avant la date butoir fixée par les Nations unies ne soit mal perçue en Jordanie mais, cédant aux instances de mon mari, j'étais restée avec les enfants. Mes appréhensions se sont révélées fondées : Hussein m'a appelée pour dire qu'en effet, les spéculations allaient bon train dans le pays. « Bien sûr, c'est normal. Je devrais être en Jordanie », ai-je répondu. Je suis partie le lendemain après avoir parlé avec ma sœur de ce qu'il adviendrait des enfants si nous disparaissions, leur père et moi.

Notre dernière journée ensemble a été chargée d'émotion. « Mon cœur se brise, notai-je dans mon journal. Nous devons être prêts à tout si la guerre éclate. » J'ai donné à chacun un souvenir porte-bonheur et leur ai promis que nous nous reverrions bientôt, mais, en mon for intérieur, je n'en étais pas du tout sûre.

CHAPITRE 16

Le feu au Golfe

À partir du 15 janvier, date fixée pour le retrait des troupes ira-kiennes, Amman vécut dans un état de tension indescriptible. Les médias américains ayant affirmé que les forces de la coalition avaient besoin d'un ciel clair pour attaquer, on ne parlait plus que du temps qu'il faisait. Le roi et moi écoutions sans cesse les nou-velles tandis qu'autour de nous, tout le monde avait les nerfs à fleur de peau. Des manifestations de plus en plus virulentes contre la guerre avaient lieu dans les villes du monde entier. Elles me rappe-laient celles de ma jeunesse contre la guerre du Viêtnam et je croyais revivre mon passé. « On a perdu tout contact avec la réalité, notai-je dans mon journal. Pourvu qu'on le retrouve vite et qu'on comprenne que le recours aux armes ne permet de résoudre aucun problème, économique, social ou politique. »

Nos amis nous apportèrent un immense soutien en nous téléphon-ant et en nous envoyant des messages. Ma famille, évidemment très inquiète, appelait des États-Unis, comme le faisaient aussi d'anciennes camarades de classe vivant en Amérique ou en Angleterre, ainsi que de nombreux dirigeants du monde entier. Le téléphone sonnait sans arrêt, mais ni George Bush ni Saddam Hussein n'étaient jamais au bout du fil.

Le 17 janvier, Bush téléphona, nous dit-on par la suite, au roi Fahd et au président Moubarak pour leur annoncer que les opéra-tions aériennes étaient imminentes, et James Baker se chargea de prévenir les Soviétiques. Ce n'est que plus tard que nous avons appris, Hussein et moi, par CNN, que la guerre avait commencé. Nous sommes restés accablés devant notre télévision en voyant les premières bombes tomber sur Bagdad. Le roi mesurait clairement les conséquences de cette attaque et la fureur qu'elle déchaînerait. Elle exacerberait les divisions entre les États arabes, et leurs gouvernements, accusés d'être les marionnettes de l'Occident, subiraient des pressions insoutenables de la part des extrémistes. Elle aurait des effets économiques très graves, surtout dans les pays pauvres. Les populations ressentiraient la présence, cautionnée par leurs dirigeants, de troupes étrangères sur le sol sacré de l'Arabie saoudite comme une humiliation d'autant plus cinglante que le souvenir du colonialisme n'avait pas cessé de susciter chez elles une vive émotion. Les sentiments antiaméricains atteindraient un niveau sans précédent en Jordanie et dans la région tout entière, attisés par les manipulateurs qui tenteraient de donner au conflit une couleur religieuse en présentant les bombardements de Bagdad comme une attaque menée par les forces chrétiennes et juives contre l'islam. Mon mari craignait qu'une fois déclenchée, la spirale de la violence ne devienne incontrôlable, et il était désespéré à l'idée de ne rien pouvoir faire pour l'arrêter.

Alexa m'a appelée dès qu'elle a connu la nouvelle et je lui ai demandé d'emmener Hamzah, Hachim, Iman et Raiyah à Londres et de les y garder jusqu'à la fin de leurs vacances. Ils supportaient très mal d'être loin d'Amman et nous ont bombardés de coups de téléphone et de lettres nous suppliant de les laisser rentrer. Nous n'avons pas cédé car nous les savions entre de bonnes mains. Comme ma sœur et ma mère me le dirent plus tard, ils essayaient de se glisser hors de leur lit la nuit pour regarder CNN en cachette ; jugeant le spectacle des bombes tombant sur Bagdad traumatisant pour eux, elles leur avaient en effet interdit d'allumer la télévision. J'étais très reconnaissante à ma famille d'être venue si promptement à mon secours et de se montrer si attentive aux besoins de mes enfants.

Les fils aînés de Hussein, Abdallah et Faysal, étaient officiers de réserve, ainsi que son neveu Talal, et leurs régiments respectifs furent mobilisés. Mon mari, à qui le chef d'état-major de l'Armée demanda ce qu'il voulait qu'on fasse des membres de la famille royale, répondit : « Absolument rien. Ils rejoindront leurs unités et seront traités comme les autres officiers. Si les soldats jordaniens

sont exposés au danger, les parents du roi doivent l'être aussi. »
C'était tout à fait normal à ses yeux. Les princes et les princesses
avaient tous été élevés dans l'idée qu'ils devaient servir leur pays,
et ils se seraient sentis déshonorés s'ils avaient bénéficié d'un traitement de faveur.

Les étrangers se sentaient de plus en plus vulnérables à Amman.
Je passai une partie du deuxième jour de la guerre à l'hôpital où se
trouvait un reporter italien, Eric Salerno, qu'un groupe de Jordaniens
avait battu. Son cas était exceptionnel car, malgré les tensions, les
journalistes étaient libres d'aller où bon leur semblait et n'étaient
que rarement en butte à l'hostilité de la population. J'étais toutefois inquiète et, en sortant de l'hôpital, je me rendis à l'hôtel
Intercontinental. Un grand nombre de représentants de la presse y
étaient logés, et je voulais me rendre compte de leurs besoins en
matière de sécurité et m'assurer qu'ils ne manquaient de rien.

Les Jordaniens d'origine étrangère prirent leurs propres précau-
tions. Majda, la femme du prince Raad, suédoise de naissance, ne
sortit que rarement de chez elle pendant un certain temps, comme
le firent aussi les épouses de diplomates accrédités dans le pays
dont beaucoup finirent par partir. Liesa Segovia, notre intendante
allemande installée à Amman depuis longtemps, constata avec tristesse l'apparition d'un changement d'attitude dans les boutiques et
sur les marchés qu'elle fréquentait pour approvisionner le palais.
Elle se sentait néanmoins suffisamment en sécurité et à son aise en
Jordanie pour y demeurer en attendant le retour du calme.

Mon mari passait sans arrêt de la salle des opérations du Diwan,
aux camps de réfugiés. Il se rendait aussi souvent sur les lieux où
l'armée était déployée, car il tenait à encourager les soldats personnellement. J'étais moi aussi constamment occupée : des cas de cho-
léra avaient été signalés ici et là et, les pluies d'hiver s'annonçant,
nous avions un besoin urgent de couvertures et de vêtements
chauds. Je me consacrais donc à la solution de ces problèmes.

Le soutien dont Saddam Hussein jouissait dans la population jordanienne augmentait d'heure en heure. Le premier Scud lancé sur
Israël fit de lui le héros des Arabes. Deux jours plus tard, trois missiles irakiens tombés sur Tel-Aviv déclenchèrent une véritable
liesse. La joie fut d'autant plus vive que les États-Unis venaient

d'annoncer que l'armée de Saddam Hussein était presque totalement neutralisée. Ces rodomontades renforçaient le mythe de l'invincibilité du dirigeant irakien.

Je continuais pour ma part à m'accrocher à un espoir : qu'on finisse par voir dans la guerre non pas une solution, mais une source de souffrances. Les « missions réussies » comme les appelaient la Maison Blanche et le ministère de la Défense américain, causaient la mort de civils irakiens connus de nous, ou amis de nos proches. Ces innocentes victimes étaient nos voisins.

À la fin du mois de janvier, l'incendie des puits de pétrole du Koweït par les Irakiens porta la folie ambiante à son paroxysme. Quel bénéfice y avait-il à tirer d'une destruction aussi dénuée de sens ? Mon mari, qui avait lancé des mises en garde passionnées contre le danger potentiel d'une catastrophe écologique, avait les larmes aux yeux en contemplant ce spectacle.

Les enfants arrivèrent de Londres où ils avaient passé leurs vacances d'hiver. Ils étaient aussi enchantés d'être de retour que nous de les avoir de nouveau auprès de nous malgré le danger persistant. Les Scuds continuaient à voler dans le ciel, comme leur disaient leurs camarades de classe qui, postés la nuit sur le toit de leurs maisons, en avaient vu passer au-dessus de leur tête. Dans les établissements scolaires, on apprenait dorénavant à distinguer les sirènes annonçant un incendie de celles prévenant d'un raid aérien, et les élèves s'initiaient à la procédure à suivre dans l'un et l'autre cas : fermer les fenêtres dans le premier pour réduire l'apport d'oxygène, les ouvrir dans le second pour limiter les dégâts causés par les bris de vitres. Si un bombardement avait lieu pendant que les écoliers rentraient chez eux en voiture, ils avaient pour consigne de quitter rapidement leur véhicule et de s'en écarter autant que possible, car les automobiles constituaient des cibles commodes pour les avions.

Tandis que la guerre aérienne se poursuivait, tout Scud irakien lancé contre Israël ou l'Arabie saoudite provoquait chez les Jordaniens la peur qu'il ne soit équipé d'une charge chimique ou biologique. Certains suspendaient du papier de tournesol dans leur maison pour détecter la présence d'agents chimiques dans l'air, d'autres calfeutraient leurs fenêtres. La demande de masques à gaz augmenta. J'appris que, poussés par la peur, les habitants de Tel-Aviv allaient s'installer en grand nombre à Jérusalem, supputant que Saddam Hussein ne prendrait pas le risque d'endommager la mosquée d'Al-Aqsa ou d'autres lieux saints musulmans.

Nous étions particulièrement exposés à Al-Nadwa. Le palais était proche de l'aéroport, cible toute désignée en cas d'escalade des hostilités. Les services chargés d'assurer notre protection insistaient pour que nous déménagions, mais nous avons décidé, le roi et moi, de rester sur place, comme le faisaient nos concitoyens.

La sécurité de la population préoccupait par-dessus tout Hussein. Les avions de la coalition bombardaient les routes reliant l'Irak et la Jordanie, et les camions-citernes transportant du pétrole en toute légalité leur servaient de cible. Le rationnement de l'essence avait déjà été instauré après la décision prise par les Saoudiens de ne plus nous fournir de pétrole, et un système de circulation alternée entre les voitures à numéros d'immatriculation pairs et impairs avait été organisé, mais la crise n'en prenait pas moins les proportions d'une catastrophe nationale. Le carnage était lui aussi terrible le long de la route menant de Bagdad à Amman : des véhicules de civils, des bus et des camions y subissaient les attaques continuelles des alliés, et le nombre des victimes jordaniennes ne cessait de croître.

Le roi sentait qu'il ne pouvait pas assister sans réagir à la dévastation du territoire de notre voisin irakien et aux répercussions que cela avait sur les Jordaniens. Le peuple bouillait de rage en assistant à la destruction de Bagdad, et des débordements étaient à craindre. Le silence du souverain ne serait pas compris : il le rompit le 6 février, après le bombardement d'un convoi qui fit quatorze morts et vingt-six blessés sur la route internationale de Bagdad à Amman. Dans un discours fervent à destination du peuple jordanien, il condamna l'attaque des alliés contre l'Irak et affirma une fois de plus que seuls des moyens diplomatiques pouvaient résoudre la crise. Il parla d'une façon émouvante du peuple irakien condamné à des conditions de vie primitives. Il exprima sa solidarité avec lui et avec les Jordaniens. « Quelles voix l'emporteront à la fin ? Celles de la raison, de la paix et de la justice, ou celles de la guerre, de la haine et de la folie ? »

L'allocution du roi eut un effet immédiat sur les Jordaniens dont le moral s'améliora et la colère s'apaisa. Le pays sembla pousser un soupir de soulagement quand il se rendit compte que son souverain comprenait ses inquiétudes et ses craintes, et qu'il les partageait. Le crédit dont mon mari jouissait en Arabie saoudite et en Occident chuta par contre d'une manière vertigineuse. Nos voisins déclarèrent avec colère qu'il « avait perdu sa place » au Moyen-Orient, et les Américains le vilipendèrent. Je reçus dès le lendemain une avalanche d'appels téléphoniques et de fax émanant de journalistes américains, de membres du Congrès et même de certains de mes amis me demandant pourquoi mon mari avait choisi le camp de Saddam Hussein.

Je répondis du mieux que je pus et expliquai que c'était au peuple irakien et non au régime que la sympathie du roi allait. Deux jours plus tard, nous apprîmes, en regardant CNN à la télévision, que le Congrès envisageait de suspendre l'aide financière destinée à la Jordanie. Mon mari se leva et éteignit le poste. « Le piège se referme », soupira-t-il.

Je fis tout ce qui était en mon pouvoir pour le réconforter. Je lui répétai que, même si la cause qu'il avait défendue semblait perdue, il demeurait une source d'espoir pour beaucoup de gens dans la région. Ses idées ne faisaient pas l'unanimité, c'était normal. Il n'en tenait pas moins un discours honnête, constant, prônant l'union et l'humanité, et non la division, parlant de l'avenir et pas seulement du présent.

La situation alla en empirant. L'allocution qui avait réconforté les Jordaniens déclencha une avalanche d'articles virulents dans la presse étrangère. D'après le *Jerusalem Post* israélien, la vie de mon mari avait été menacée par son propre peuple avant qu'il ne lui parle. S'il n'avait pas tenté d'apaiser les sympathisants jordaniens de Saddam, il aurait perdu « non seulement son trône mais aussi sa tête ». Le magazine *Spy* publia sur moi un article malveillant révélant des renseignements qu'il tenait « de bonne source » sur les activités de la « reine américaine de Jordanie – Mme Roi Hussein – durant la période précédant la guerre et préludant à l'exil ». Le

Washington Post lui-même y alla de son mensonge, repris par d'autres publications dans le monde entier. Pendant le second mois du conflit, j'étais censée m'être rendue en Floride et avoir fait, au plus fort de la crise, l'acquisition d'une propriété de trois hectares à Palm Beach (photo à l'appui) pour y vivre avec mon mari quand nous nous serions enfuis de Jordanie. Selon d'autres journaux, nous avions aménagé une magnifique demeure à Vienne où nous nous réfugierions quand nous serions en exil, ce qui était inévitable. Aux yeux de tous, la Jordanie était condamnée.

La vérité était, bien sûr, qu'aucun nouveau logis ne nous attendait nulle part. Nous n'avions pas pris de dispositions pour le cas où les choses tourneraient mal, et nous n'étions certainement pas sur le point de partir. Nous avions par contre en Amérique et en Angleterre des avocats chargés d'obtenir que les histoires abracadabrantes publiées sur notre compte soient démenties – pas toutes peut-être, mais certaines que nous ne pouvions pas laisser passer.

La campagne de dénigrement se poursuivit sans relâche : on nous accusa d'autoriser nos navires à violer les sanctions imposées à l'Irak et de permettre à notre voisin d'utiliser notre espace aérien pour lancer des missiles (les Scuds voyageaient en réalité dans la stratosphère et nous étions incapables de les intercepter). « Tant de feux à éteindre, notai-je dans mon journal. Et le découragement de Hussein me désespère. La lumière au bout du tunnel se fait de plus en plus lointaine. »

La guerre prit fin six semaines après avoir commencé, laissant le Koweït et l'Irak en ruine. Les missiles et les bombes américaines avaient détruit des centrales électriques, coupé des lignes téléphoniques, démoli des ponts, des routes, des usines, des barrages, des égouts, des hôpitaux et des écoles. Personne ne savait combien de civils avaient trouvé la mort, mais des centaines de femmes et d'enfants avaient certainement péri sous les bombes tombées le 13 février sur l'abri d'Amariyah. Quelque trente-huit mille tonnes de projectiles avaient été déversées sur l'Irak, c'est-à-dire l'équivalent de sept bombes atomiques et demi de la taille de celle lâchée sur Hiroshima. L'Irak était pratiquement réduit à un état préindustriel, comme mon mari l'avait prédit dans son discours de février.

Le Koweït et l'Irak mis à part, aucun pays ne souffrit plus de la crise du Golfe que la Jordanie. Prenant prétexte de la neutralité maintenue par mon mari pendant la guerre, les émirats du Golfe, le Koweït et l'Arabie saoudite supprimèrent l'assistance économique qu'ils offraient au pays. Les sanctions imposées à l'Irak par les Nations unies lui firent perdre l'équivalent de trois milliards de dollars de revenus que lui fournissait le commerce avec l'Irak, son partenaire principal. L'une de nos plus importantes sources de revenus, le tourisme, tarit, comme le firent aussi les investissements étrangers. Nos responsabilités augmentèrent en même temps d'une façon considérable. Plus de quatre cent mille expatriés revinrent, chassés du Koweït et d'Arabie saoudite – le « personnel revenu au pays » comme on l'appelait officiellement. (Par chance, le fils aîné de mon mari, le prince Abdallah, trouva une épouse au sein d'une de ces familles, les Al-Yasin). Du jour au lendemain, notre population augmenta de quinze pour cent et nous dûmes pourvoir à la scolarisation de plusieurs milliers d'élèves supplémentaires. Le taux de chômage atteignit plus de trente pour cent.

Les chefs d'État arabes, membres de la coalition, avaient beau être considérés comme des alliés par l'Occident, la guerre contre l'Irak était sans l'ombre d'un doute antiarabe aux yeux des couches populaires. Elle avait pour but de porter atteinte à l'indépendance de leurs pays et de mettre la main sur les ressources dont ils disposaient, en particulier sur le pétrole, les gens en étaient convaincus dans la région tout entière, en Jordanie comme ailleurs. Certains s'identifiaient en conséquence plus étroitement à Saddam Hussein, mais beaucoup aussi le critiquaient pour avoir envahi le Koweït. Tout le monde s'accordait toutefois à estimer que les souffrances infligées à la population irakienne étaient totalement injustifiables.

Le coût de la guerre sur le plan humain était désespérant. De grands progrès avaient été accomplis en Jordanie depuis dix ans. Les taux d'alphabétisme, de vaccination, de mortalité des nouveaunés et des femmes en couches avaient atteint des niveaux qui égalaient ceux constatés dans les pays beaucoup plus développés. Soudainement, la crise et la guerre avaient réduit ces efforts à néant. Les programmes de vaccination qu'on nous envoyait prirent du retard, et des cas de poliomyélite furent signalés dans certaines régions pauvres. Le surpeuplement affecta nos écoles qui, considérées dans la région comme des modèles, durent accueillir la vague des enfants revenus de l'étranger. Il fallut scinder les classes en groupes qui se succédaient dans les salles. Des signes de malnutrition apparurent à mesure que la pauvreté augmentait.

J'ai gardé le souvenir d'une remarque faite par mon mari un jour où nous nous trouvions au bord de la mer Morte, peu de temps après la fin de la guerre : « Nous sommes au point le plus bas de la terre. On ne peut que remonter quand on est ici », avait-il dit.

CHAPITRE 17

La foi à l'épreuve

Très lentement, à mesure que la Grande-Bretagne, les États-Unis et les autres membres de la coalition levaient les mesures qui isolaient la Jordanie, le nuage noir qui obscurcissait son ciel se dissipa. Malgré ce retour progressif à la normale, le prix à payer sur le plan politique continuait à être lourd. Lors de la tournée qu'il fit en mars 1991 dans la région afin d'obtenir des soutiens pour le processus de paix dont les États-Unis avaient pris l'initiative, James Baker ne s'arrêta pas en Jordanie. Ce geste blessant et contre-productif témoignait d'un grand aveuglement. De fausses accusations continuaient à circuler. Le *Daily Mail*, auquel d'autres organes de presse firent écho, prétendit par exemple qu'un agent de la CIA possédait des preuves irréfutables de l'aide secrète apportée par la Jordanie à l'Irak pendant la guerre du Golfe. Notre pays était supposé avoir fourni des munitions à Saddam Hussein ; des photographies prises sur une île irakienne et montrant des caisses portant la marque « Royaume hachémite de Jordanie » furent même publiées à l'appui de ces révélations. Ironiquement, lesdites caisses avaient effectivement contenu des armes, mais elles avaient été envoyées en guise d'assistance militaire par les États-Unis à l'Irak durant la guerre avec l'Iran, et acheminées par la Jordanie à la demande de Washington. La CIA et le gouvernement américain savaient évidemment ce qu'il en était.

Les accusations de ce type étaient graves car elles nourrissaient la campagne menée contre la Jordanie, nuisant à l'économie du pays et empêchant le roi de participer d'une manière utile au processus de paix. Très occupé par ailleurs, mon mari me demanda de me mettre en rapport avec le chef d'antenne de la CIA en Jordanie et de lui demander ce qu'il savait des allégations parues dans le journal anglais et des raisons qui empêchaient le gouvernement américain de les réfuter.

S'étant informé, mon interlocuteur confirma que l'article du *Daily Mail* ne contenait pas la moindre parcelle de vérité. La CIA n'avait jamais envoyé d'agent à l'endroit cité par le reporter et n'ajoutait pas foi à ces allégations. Je demandai que la vérité soit rétablie, tout en sachant à quel point il est difficile d'obtenir qu'un démenti soit publié dans la presse. Le roi tint cependant à poursuivre le quotidien anglais en mettant en œuvre tous les moyens juridiques dont il disposait, et il parvint à le forcer à se rétracter. Rien cependant ne pouvait réparer les dommages causés par la soi-disant preuve de la collusion de la Jordanie avec l'Irak.

Le conflit avait coûté des milliards à la Jordanie en fait de revenus non perçus et d'assistance interrompue. La compagnie aérienne jordanienne au développement de laquelle mon mari s'était consacré corps et âme était elle-même en crise. Sa situation financière était si précaire qu'elle n'était pas en mesure de payer les sommes dues pour la location d'appareils à Airbus. Privés de nos sources de revenus habituelles, nous avions du mal à faire face aux besoins de la population dans le domaine social, et à l'afflux sans cesse croissant des Palestiniens.

La situation avait des répercussions dramatiques sur les activités de la Fondation Noor al-Hussein, chose d'autant plus regrettable que la pérennité des projets en cours semblait en passe d'être assurée. Dans les conditions économiques désastreuses consécutives à la crise, les débouchés locaux pour les produits de l'artisanat s'étaient considérablement amenuisés, et la collecte de fonds était devenue très difficile. Le niveau de vie des Jordaniens baissait rapidement et les dépenses qu'ils consacraient au superflu diminuaient en conséquence. Les touristes qui avaient représenté jusque-là des acheteurs fiables ne revenaient qu'en très petit nombre dans le pays.

Au moment même où les femmes participant à ces projets venaient de réussir à transformer leur existence en gagnant pour la première fois leur vie et commençaient à avoir leur mot à dire dans les affaires de leur famille et de leur communauté, elles se trouvaient subitement privées de revenus. Ce manque d'argent avait des répercussions sur leur entourage auquel elles ne pouvaient plus assurer un régime alimentaire équilibré. L'éducation, domaine sur lequel la Jordanie avait fait porter ses principaux efforts, pâtissait également. Les parents, qui n'avaient pas les moyens d'acheter un uniforme pour chacun de leurs enfants, leur faisaient porter tour à tour la seule tenue disponible dans la famille, et ne les envoyaient donc à l'école qu'alternativement.

Pendant la difficile période de reconstruction, j'ai essayé de faire redémarrer l'industrie du tourisme en rencontrant à Amman des voyagistes, des guides et des auteurs de livres de voyage européens. Nous avons aussi envoyé à l'étranger des expositions itinérantes consacrées aux trésors archéologiques et culturels de la Jordanie. Par bonheur, nos programmes d'écotourisme commencèrent à attirer des amateurs dans les sites protégés d'une beauté spectaculaire que recèle le pays, et les habitants des zones rurales les plus pauvres bénéficièrent ainsi de quelques revenus.

Ma plus grande inquiétude venait des répercussions que la guerre avait sur notre propre famille. Un sentiment de désespoir et d'impuissance s'était emparé de Hussein lorsqu'il avait compris que la recherche d'une solution pacifique n'intéressait pas les chefs de la coalition ligués contre l'Irak. Ce sentiment s'était intensifié quand il avait été témoin de la dévastation causée à notre voisin et avait constaté les terribles conséquences de la guerre. Pendant les quarante années qu'avait duré son règne, il s'était suffisamment cuirassé contre les critiques accompagnant inévitablement ses moindres gestes pour ne plus en souffrir. Au fil du temps, il avait été traité tantôt de laquais de l'Occident, tantôt d'Arabe radical. Il avait accueilli avec un haussement d'épaules ces insultes qu'il considérait comme le prix à payer pour sa fidélité à ses convictions, mais les affronts petits et grands qu'il subit après la guerre du Golfe le blessèrent profondément.

Pour remédier à la détérioration de son image en Amérique, un conseiller lui suggéra de me tenir la main lorsqu'on nous filmait ou que l'on nous prenait en photo. Il rejeta cette idée car il avait toujours jugé de telles manifestations d'affection en public déplacées.

Nous savions tous les deux que, si de pareils gestes pouvaient avoir des retombées médiatiques bénéfiques pour les hommes politiques dans d'autres sociétés, ils ne cadraient ni avec nos personnalités ni avec notre environnement culturel.

Bien que sans grande portée, quelques-unes des humiliations qui lui furent infligées à cette époque le touchèrent au vif. Ce fut en particulier le cas du traitement que lui réserva l'Académie militaire de Sandhurst dont il était ancien élève, comme son père et quatre de ses cinq fils. (Deux de ses filles devaient y entrer, Aïcha d'abord et, plus tard, Iman, à l'automne 2002.) En plusieurs circonstances, il avait « passé les troupes en revue » en tant que représentant de la reine lors de la « prise d'armes de fin d'année », et avait maintenu des contacts étroits avec les cadres administratifs et le personnel de cette institution. Il me l'avait fait visiter pendant notre voyage de noces et nous y étions retournés de nombreuses fois au fil des années. Après la crise du Golfe on lui demanda discrètement de s'abstenir de paraître à la cérémonie qu'il avait auparavant présidée.

L'attitude de l'Arabie saoudite fut plus douloureuse encore pour lui. Il se rendait tous les ans à La Mecque et à Médine au moment du ramadan, mais, après la guerre du Golfe, on lui fit savoir très clairement qu'il n'y serait pas le bienvenu.

Malgré les relations très anciennes qu'il entretenait avec les États-Unis, la Maison Blanche lui manifesta elle aussi une grande froideur ; nous reçûmes cependant des Bush une carte de Noël représentant Kennebunkport sur laquelle on avait écrit à la main : « Vous serez toujours mon ami. »

Le renouveau d'intérêt manifesté pour le processus de paix contribua, plus que tout autre chose, au rétablissement de la situation. Les États-Unis reconnurent l'urgence qu'il y avait, après l'opération Tempête du désert, à reprendre les négociations destinées à instaurer la paix dans la région. Avec l'appui de l'Union soviétique, l'administration américaine appela à l'établissement d'un dialogue direct entre Israël et les États arabes lors d'une conférence régionale sur le Moyen-Orient. James Baker avait besoin de l'aide du roi Hussein pour organiser une telle réunion, ct il demanda à le voir. L'entretien eut lieu à Akaba, cadre tranquille où le roi et le secrétaire d'État américain pouvaient clarifier la situation et élaborer des plans. Les discussions se révélèrent fructueuses et Baker fit une bonne impression sur mon mari qui trouva en lui un homme honnête et direct.

En dépit de ces nouveaux défis constructifs qu'il se serait montré autrefois impatient de relever, Hussein restait d'humeur sombre. Je m'inquiétais de le voir se replier sur lui-même, comme s'il essayait de prendre ses distances avec tout ce qui lui rappelait le drame de la crise du Golfe. Il évitait de s'occuper de problèmes compliqués, ce qui n'était pas dans son caractère. Il répétait qu'il était trop fatigué, même quand il s'agissait de questions concernant ses propres enfants. Il ne se soustrayait pas vraiment à ses responsabilités, mais semblait se détacher de ce qui se passait autour de lui, sur le plan professionnel aussi bien que familial. Cette attitude était très inusitée chez un homme habitué à s'investir à cent pour cent dans tout ce qu'il faisait.

J'avais du mal à ne pas me sentir personnellement mise en cause. Le fait que, pendant la période d'angoisse et de frustration qu'avait vécue mon mari, j'avais été en mesure d'apporter une contribution sans doute plus visible que la sienne n'y était sans doute pas étranger. Hussein continuait à être la cible d'attaques injustes, tandis que j'avais les honneurs de la presse : en effet, grâce à la couverture accordée par les journalistes aux réfugiés pendant la guerre, l'action que j'avais menée sur le plan humanitaire avait été remarquée. Cette altération momentanée de l'équilibre de notre couple contribua peut-être à créer une distance entre nous, et à empêcher mon mari de se confier à moi. Je me sentais impuissante à l'aider, et les efforts que je faisais épuisaient les réserves d'énergie et d'optimisme dont j'avais besoin pour m'occuper des plus jeunes de nos enfants et de ceux de mon mari. Je fis part de mes soucis à Leïla qui me recommanda énergiquement de laisser s'écouler deux ans, et de revoir les choses ensuite. Ce conseil, discutable à mes yeux à l'époque, était empreint d'affection et se révéla très sage.

À cette époque, la santé de Hussein nous inquiéta de nouveau. Le 10 juin, à l'issue d'une fête familiale donnée à l'occasion de l'anniversaire de notre fils Hachim, il eut une crise d'arythmie. Ce n'était pas la première fois qu'il souffrait d'irrégularité cardiaque et cet épisode n'était pas plus grave que les autres. Il mettait en général un jour à se remettre, mais, par précaution, il fut transporté à l'hôpital et placé en observation. Préoccupés par son état général, les médecins voulaient le garder un mois et le forcer à se reposer, mais il refusa, comme il fallait s'y attendre. Je demeurai à ses côtés pendant le court séjour qu'il fit à l'hôpital, et son cœur se remit vite à battre normalement. Il accepta de prolonger son séjour d'une journée, et cette unique concession faite à ses médecins lui permit de passer un moment seul, un luxe inhabituel pour lui. Quand il voulait de la compagnie, j'étais disponible ainsi que d'autres membres de la famille ; le reste du temps, je me tenais dans une pièce voisine de sa chambre où je révisais le texte de discours à prononcer plus tard tout en filtrant les appels téléphoniques.

Cet accident mineur revêtit un caractère inusité en ce qu'un communiqué de presse fut publié pour informer le pays des raisons de l'hospitalisation du roi. Comme de bien entendu, la radio israélienne avait tout de suite annoncé que Hussein avait eu une crise cardiaque. Non sans mal, je persuadai mon mari et ses conseillers réticents que les Jordaniens avaient le droit de connaître la vérité sur la santé de leur souverain, et de savoir pourquoi il n'apparaissait pas en public quand il était censé le faire. Cette démarche fut systématiquement adoptée par la suite et, si elle n'empêcha pas entièrement les rumeurs et les théories du complot de circuler, elle se révéla certainement utile.

L'apathie de Hussein était cependant alarmante et je l'encourageai même à faire appel à un homéopathe anglais recommandé par des amis. La consultation fut plus amusante que fructueuse. L'homéopathe se présenta avec une boîte pleine de fioles et d'étranges machines servant à évaluer notre état de santé en examinant nos pieds. Le traitement fait de gouttes, de vitamines et d'enzymes naturelles était si compliqué que nous l'avons vite abandonné.

Plus tard, je réussis à entraîner mon mari chez Bob Jacobs, un spécialiste de médecine douce que j'avais consulté moi-même à Londres sur le conseil d'un ami. Il avait mis au point, pour renforcer le système immunitaire des cancéreux et des patients séropositifs ou atteints du sida, un traitement qui s'était révélé très utile à des personnes dans l'ensemble bien portantes mais exposées à des périodes de stress. Celui qu'il me prescrivit guérit les insomnies dont j'avais épisodiquement souffert toute ma vie. Il contribua, avec l'exercice que je prenais quotidiennement, à me doter d'une force psychique et émotionnelle sans laquelle je n'aurais pas supporté les tensions que notre vie nous imposait. Sans doute la foi fervente que ma grand-mère paternelle avait dans le pouvoir de guérir que possède l'esprit était-elle la source de ma propre conviction selon laquelle, jointe à une alimentation saine et à une activité physique régulière, une attitude mentale adéquate peut contribuer d'une manière spectaculaire au bien-être de tout individu et à sa longévité. Je regrette encore amèrement aujourd'hui de n'avoir pas pu convaincre mon mari de prendre des compléments alimentaires à titre d'essai. Il n'était pas assez patient pour se plier à une telle discipline et ne manquait jamais de se moquer du gros sac de vitamines que j'emportais en voyage.

La tenue d'une conférence de paix à Madrid en octobre paraissait de plus en plus certaine. Au lieu d'être occupés par des préparatifs concrets, les mois qui nous en séparaient furent assombris par de funestes préoccupations. Au cours de l'été, nos services de renseignements et ceux des États-Unis signalèrent la montée en flèche du nombre des menaces de mort pesant sur le roi Hussein. Lors de son séjour à Akaba, Baker lui avait montré les photographies du matériel trouvé sur des terroristes envoyés pour le tuer. On nous communiquait des rapports selon lesquels son avion serait pris pour cible, ou qu'un groupe de Palestiniens préparait un attentat suicide, à l'instar de celui dont avait été victime Rajiv Gandhi. L'acte serait perpétré par un assassin vêtu d'une veste bourrée d'explosifs. On me montra une horrible photographie sur laquelle on voyait un lot de vêtements d'enfants intercepté sur un bateau et contenant, eux aussi, des explosifs. Je me surpris parfois à cette époque à suivre du regard tout individu, petit ou grand, portant des vêtements d'une épaisseur suspecte.

Hussein était fataliste : il croyait que sa vie – et sa mort – était entre les mains de Dieu. Si son propre sort ne l'angoissait pas, il s'inquiéta autant que moi des menaces d'enlèvement visant les plus jeunes membres de notre famille. Ce n'était pas la première fois qu'un complot de cette sorte était porté à notre connaissance. Nous n'en avions jamais parlé à nos enfants parce que nous voulions qu'ils mènent une existence aussi normale que possible, et que nous les savions bien gardés. La presse locale et internationale ayant eu vent, en cette occasion, du danger qui les menaçait, tout le monde en fut informé. « Les gens sont choqués et furieux. Cela me préoccupe parce que les enfants ne manqueront pas d'être mis au courant », notai-je dans mon journal. Il y avait en effet de quoi les alarmer, mais ils ne se laissèrent pas émouvoir et vaquèrent à leurs occupations comme si de rien n'était.

Le 3 octobre, le Conseil national palestinien décida de prendre part à la conférence de paix pour le Moyen-Orient organisée sous l'égide des États-Unis. Il apportait ainsi au dernier moment un élément essentiel à la réussite de cette réunion dont l'ouverture devait avoir lieu trois semaines plus tard. La situation intérieure fragile absorbait cependant toute l'attention du roi. Le pessimisme de son Premier ministre, qui prédisait la démission de certains membres du gouvernement opposés à la participation de la Jordanie au processus de paix, le préoccupait aussi. Si la réunion de Madrid suscitait une fièvre comparable à celle qui s'était emparée des partisans de Saddam Hussein pendant la guerre du Golfe, le moindre incident déclencherait une agitation impossible à maîtriser. Pour détourner la menace, le roi réunit une assemblée nationale extraordinaire à laquelle il expliqua pourquoi il voulait être associé à cette conférence. Après avoir défendu son point de vue, il parvint, non sans mal, à le faire ratifier, et la Jordanie fut le premier pays à approuver publiquement cet événement. La voie menant à la paix était ouverte.

Le rôle joué par la Jordanie, crucial dans la préparation de la conférence de Madrid, fut tout aussi important après le 30 octobre 1991, quand il s'agit de veiller à son bon déroulement. Orchestrer les négociations préliminaires fut une tâche compliquée. Aucun habitant arabe de Jérusalem, aucun représentant de l'OLP, et aucun Palestinien vivant hors de la Cisjordanie et de Gaza ne fut autorisé à pénétrer dans les salles de délibération. Ce furent des négociateurs installés à l'extérieur et pratiquant ce qu'on appela la « diplomatie de couloir » qui discutèrent des moindres détails relatifs à la composition des délégations et aux heures de réunion. « On se serait cru à la conférence de paix sur le Viêtnam où même la forme de la table avait été débattue, me dit plus tard notre neveu, le prince Talal. De tels détails peuvent paraître futiles, mais ils sont très importants. »

Les Israéliens et les Palestiniens s'assirent pour la première fois ensemble – ces derniers sous le patronage des Jordaniens – et se mirent d'accord pour décider d'une période transitionnelle d'autonomie palestinienne de cinq ans. Des discussions relatives à des problèmes régionaux eurent lieu avec les Égyptiens, les Syriens et les Libanais. Des réunions bilatérales et multilatérales furent projetées pour traiter divers problèmes touchant à l'économie, aux ressources en eau, au contrôle des armes, à l'environnement, et aux réfugiés. Aux États-Unis, où je faisais une tournée de conférences pour exhorter divers organismes, notamment des associations arabo-américaines, à soutenir la nouvelle initiative de paix, j'attendais avec impatience les coups de téléphone de mon mari qui me tenait au courant de ce qui se passait.

À Londres où j'allai participer ensuite à la célébration du cent vingt-cinquième anniversaire de l'université américaine de Beyrouth que je parrainais, je m'adressai en ces termes aux personnalités réunies pour m'écouter : « Pour la première fois depuis cinquante ans, nous nous trouvons peut-être à la veille de l'instauration d'un ordre régional nouveau et rationnel. L'occasion nous est donnée de passer du règne de la guerre et de la désolation à celui de la justice, de la réconciliation et d'une paix fondée sur l'application du droit international et des résolutions des Nations unies. Si nous y parvenons, nous aurons détruit le plus grand de tous les obstacles qui entravent le développement politique, économique et culturel des Arabes depuis presque un demi-siècle. » C'était un espoir que j'exprimais là, et mes auditeurs y adhérèrent de tout leur cœur.

Au début de l'année suivante, tandis que Hussein continuait à se sentir fatigué, une tuméfaction fut découverte au creux d'un de ses genoux. Nos médecins pensèrent qu'il fallait l'enlever sans tarder et il entra à l'hôpital. Elle s'avéra bénigne mais, pendant la convalescence de mon mari, notre neveu Talal nous apprit qu'il avait au cou une grosseur dont on lui avait dit à Londres qu'elle était sans importance. J'avais moi aussi des problèmes de santé : un examen de contrôle avait révélé l'existence d'une tumeur mammaire, et les clichés avaient été envoyés pour une seconde opinion au Memorial Sloan-Ketting, l'hôpital de cancérologie bien connu de New York. Quelques jours après l'opération de mon mari et la nouvelle concernant Talal, cet établissement m'appela pour me conseiller de venir immédiatement me faire faire d'autres analyses.

J'emportai les radios de Talal et les résultats de ses tests pour demander l'opinion des médecins du Memorial Sloan-Ketting qui, à ma grande inquiétude, redoutèrent un problème très grave – une tumeur au cerveau peut-être. Avec autant de ménagements que possible, je suggérai à Talal de venir sans délai à New York, et je différai mes propres examens pour les accueillir, lui et Ghida, la jeune femme qu'il avait épousée trois mois plus tôt.

Les liens qui nous unissaient, mon mari et moi, à Talal, étaient particulièrement étroits depuis un accident très sérieux qu'il avait eu à l'âge de seize ans. En faisant du ski nautique à Akaba, il avait heurté la jetée. Nous l'avions emmené de toute urgence à l'hôpital, mais il souffrait de lésions internes si graves que les médecins nous avaient conseillé de le transporter à Amman où nous l'avions immédiatement emmené en avion. Il avait fini par se remettre complètement et, après des études à Harrow, à Sandhurst et à l'université de Georgetown, il était devenu le conseiller du roi pour la Sécurité nationale.

Les analyses subies par Talal montrèrent que sa tumeur au cerveau était bénigne, mais on lui conseilla une chirurgie exploratrice pour la grosseur qu'il avait au cou. Les médecins semblant satisfaits des résultats de l'intervention, je rentrai directement à Amman d'où j'avais été absente pendant deux semaines. Je devais y retrouver la reine Sophie qui y passerait quelques jours avant de partir avec moi pour la Suisse où nous participerions ensemble au Sommet de Genève sur la promotion économique des femmes en milieu rural. Alors que la conférence battait son plein, je reçus un appel téléphonique des médecins de Talal qui m'avertirent que notre neveu était atteint d'un lymphome non hodgkinien et qu'il devrait subir une chimiothérapie de six mois. J'appelai immédiatement Hussein pour lui apprendre la nouvelle, et il me dit de me rendre directement à New York à bord de notre avion au lieu de rentrer à Amman où il me serait impossible d'atterrir à cause d'une tempête de neige. Au moment de quitter Genève, bouleversée, je reçus un affectueux message de ma chère Sophie : « Si nous ne parvenons pas à nous voir avant de nous en aller, je tiens à vous dire que je suis de tout cœur avec vous dans la terrible épreuve que vous traversez. »

C'étaient naturellement surtout Talal et Ghida qui avaient besoin d'être soutenus. Je passai plusieurs semaines avec eux à New York tandis que notre courageux neveu subissait un traitement anticancéreux postopératoire. Ghida et moi passions un moment au gymnase tous les matins vers six heures avant de nous rendre à l'hôpital pour faire face aux difficultés que chaque journée apportait. « Je me sens écartelée entre mes enfants que j'ai laissés à la maison et ce jeune couple confronté au malheur, notai-je dans mon journal à la fin du mois de février 1992. Ils ont une force incroyable, Dieu merci ! » Les choses s'arrangèrent. Mon kyste se révéla bénin et Talal guérit complètement, ce pour quoi nous continuons à remercier le ciel.

En mon absence, des bruits concernant une supposée liaison entre Hussein et une jeune femme travaillant au Diwan avaient circulé à Amman. De telles rumeurs n'étaient pas rares. Comme, le cercle familial mis à part, nous n'avions parlé à personne de l'état de santé de Talal, mon absence inexpliquée prêtait un semblant de crédibilité à cette histoire. À mon retour, l'une de mes belles-filles m'appela, très agitée, pour me raconter par le menu tout ce qu'on disait : mon mari avait rencontré la famille de la femme en question ; il avait l'intention de divorcer et de l'épouser ; il lui avait déjà acheté une maison ; ils étaient déjà mariés en secret. « Il faut absolument faire quelque chose », répétait mon interlocutrice alors que j'essayais de la calmer.

Je n'avais aucune raison d'ajouter plus de foi à ces commérages qu'à la multitude de ceux dont nous avions été l'objet, mon mari et moi, mais la distance que j'avais sentie se creuser entre nous me donnait à réfléchir. Je m'inquiétais aussi à l'idée que les enfants risquent d'être blessés, car nous n'avions aucun contrôle sur ce qu'ils entendaient en classe ou au cours de leurs activités quotidiennes. Ils n'avaient aucune façon de savoir ce qu'il en était, et j'avais peur que, comme tous les enfants, ils hésitent à nous en parler.

L'idée que ces ragots contenaient une parcelle de vérité n'étant pas complètement à écarter, je décidai d'en parler à mon mari. L'estomac noué, j'allai le trouver et lui dis : « Je ne sais pas ce qu'il y a de vrai dans cette histoire, mais, vu son caractère compliqué et le luxe de détails qui l'accompagnent, toi seul peux apporter les éclaircissements qui empêcheront qu'elle ne cause plus d'anxiété à la famille et à toutes les personnes concernées. S'il y a quelque chose de vrai dans ce qu'on raconte, et que tu penses trouver le bonheur auprès de quelqu'un d'autre que moi, dis-le parce que je t'aime suffisamment pour te laisser partir. Rien ne m'importe plus que d'assurer le bien-être de notre famille et le tien, et de préserver ce pour quoi nous nous sommes battus ensemble. »

Ce n'était pas la première fois que je prononçais de telles paroles et elles étaient sincères. J'aimais profondément mon mari, mais j'avais assisté à la douloureuse désagrégation du mariage de mes parents et je ne voulais à aucun prix prolonger une relation qui n'était pas pour nous et notre famille une source de contentement et de bonheur. J'avais mené une vie indépendante avant notre mariage, et me croyais capable d'en reprendre le cours s'il le fallait.

Hussein me regarda avec stupéfaction et, l'air déconcerté, secoua la tête. « Non, dit-il, il n'y a rien de vrai là-dedans. Ce ne sont que des racontars. »

Il restait à faire taire les mauvaises langues. On pouvait demander à la jeune femme de quitter son poste, mais nous savions tous les deux que, vu le caractère conservateur de notre société, sa réputation en souffrirait : les gens imagineraient le pire. Nous avons donc décidé de laisser les commérages aller leur train et de dire aux enfants ce qu'il en était. La rumeur enfla tellement qu'à Washington notre ambassade dut publier un communiqué pour la démentir, et que le Diwan eut à en faire autant à Amman.

Mon mari continuait à s'enfoncer dans la dépression. La publicité faite à toute cette histoire et son impuissance à la contenir semblaient presque le paralyser. Son attitude me mettait en colère en même temps qu'elle m'inquiétait. Je lui en voulais de causer du chagrin à sa famille en laissant une situation déplaisante se prolonger au point de devenir publiquement embarrassante. Je savais que, comme toujours, ses ennemis seraient prompts à exploiter tout ce qui pourrait passer pour une faiblesse chez lui.

Aujourd'hui je me rends compte, avec le recul, que cette affaire coïncidait avec une phase très difficile de son existence. Il me parlait souvent, durant cette sombre période, du jour où il ne serait plus et de l'inquiétude qu'il ressentait au sujet de ses proches. On aurait dit qu'il pensait à la mort comme à un état où il serait débarrassé de ses soucis. « Tu dois envisager de nouveau le long terme, lui répétais-je pour tenter de le réconforter. Prends le temps de réfléchir à ce dont tu as réellement besoin et à ce que tu veux. »

Yasser Arafat, venu à Amman en juin, parut agité et en proie à une grande émotivité pendant le déjeuner auquel le roi l'invita, et il se plaignit de maux de tête. Pensant que l'état de son hôte était lié à l'accident d'avion dont il avait été victime tout juste deux mois plus tôt dans le désert libyen, mon mari s'arrangea pour qu'il subisse un examen médical le soir même. Il n'était pas tout à fait minuit lorsque nous apprîmes qu'un caillot de sang avait été découvert dans le cerveau d'Arafat et qu'il fallait l'opérer immédiatement. Abou Chaker, qui était alors le chef de la cour royale et avait donné un dîner en l'honneur du dirigeant palestinien plus tôt dans la soirée, annonça tout de suite la nouvelle au bureau de l'OLP.

Arafat faisait entièrement confiance au meilleur neurologue de Jordanie avec lequel il était ami. La chose était heureuse pour nous compte tenu des tensions existant depuis toujours entre lui et Hussein. Nous n'en étions pas moins inquiets : si le chef de l'OLP mourait sur la table d'opération, on risquerait d'accuser les dirigeants jordaniens de l'avoir assassiné. « Ne peut-on pas le faire transporter en avion quelque part hors du pays ? » interrogea Abou Chaker. Mais Hussein refusa. « Les médecins m'ont dit qu'il n'était pas en état de voyager et j'ai donné le feu vert pour l'opération », répondit-il.

L'anxiété me tint éveillée cette nuit-là. Hussein ne dormit pas lui non plus et resta en contact avec les médecins du Centre médical du roi Hussein où Arafat avait été admis. Quand, vers 2 heures du matin, il apprit que le patient avait bien supporté l'opération, il partit pour l'hôpital au volant de sa voiture. En chemin, à un feu rouge où il s'arrêta, il se trouva à côté d'un taxi dont le chauffeur le reconnut. « Majesté, vous ne devriez pas conduire la nuit seul, gronda cet homme. Où sont vos gardes ? — Ils sont juste derrière moi », répondit mon mari qui écornait un peu la vérité car il était sorti sans prévenir personne. « Eh bien, je vais les remplacer jusqu'à ce qu'ils arrivent », répondit le chauffeur de taxi qui suivit le roi jusqu'à l'hôpital et monta la garde près de sa voiture en attendant que les agents de sécurité prennent la relève.

Arafat se remit avec une rapidité quasi miraculeuse. Suha, sa femme, vint le rejoindre en Jordanie et nous installâmes le couple à Hashimya pour que le convalescent jouisse du plus grand confort possible. Nous leur faisions de fréquentes visites pour leur apporter le réconfort de notre présence. L'opération avait parfaitement réussi. Arafat devait la vie à la rapidité de l'intervention qu'il avait subie, on ne pouvait pas en douter.

Ce serait bientôt au tour de mon mari d'avoir des problèmes de santé. Ils domineraient notre existence et dureraient les années qui nous restaient à vivre ensemble.

CHAPITRE 18

Un jour comme aucun autre

Un jour de la mi-août 1992, j'étais allée à l'hôpital rendre visite à ma belle-mère qui se relevait d'une maladie grave quand j'ai vu arriver mon mari. Il présentait les symptômes d'une affection des voies urinaires, et les analyses qu'on lui fit révélèrent la présence de cellules suspectes nécessitant une analyse ultérieure. Ses médecins lui conseillèrent de partir immédiatement pour les États-Unis où un diagnostic plus complet pourrait être posé, et ils lui donnèrent le choix entre deux établissements dotés l'un et l'autre d'un service d'urologie réputé : la clinique Mayo située à Rochester, dans le Minnesota, et l'hôpital Johns Hopkins de Baltimore. Le Centre médical du roi Hussein de Jordanie était excellent, mais nos médecins craignaient que le personnel n'y manifeste un excès de nervosité et une grande émotivité, syndrome fréquent chez les personnes chargées de soigner les personnalités de marque. On nous recommandait donc souvent, dans les cas sérieux, d'aller à l'étranger, tout en continuant à nous faire suivre par le docteur Samir Farraj, le principal conseiller médical de Hussein qui nous traitait depuis longtemps. Après réflexion, nous avons décidé que c'était à la clinique Mayo, située dans une région relativement reculée, que nous serions le plus à l'abri des indiscrétions. Mon mari y bénéficierait de la compétence mondialement reconnue de cet hôpital spécialisé dans les bilans de santé. Vingt-quatre heures plus tard, nous étions dans le Minnesota.

Les premières analyses confirmèrent la présence chez Hussein d'une obstruction partielle de l'urètre exigeant une opération immédiate ; qu'il s'agisse d'un cancer n'était pas exclu. « Je suis atterrée, notai-je dans mon journal. Sidi est calme et brave, mais je sais qu'il doit être terrifié. Il parle avec fatalisme, et dit qu'il a déjà commencé à mettre de l'ordre dans ses affaires, ce dont il ressent le besoin depuis un certain temps. Je ne veux pas le perdre, et il a encore tellement de choses à faire. Tant de gens ont encore besoin de lui. » Son état semblait grave.

Après une nuit sans sommeil, j'ai accompagné Hussein à la clinique et j'ai attendu un temps interminable dans la salle de contrôle pendant qu'on lui faisait un scanner et qu'il subissait d'autres tests. Je ne pouvais pas m'empêcher d'entendre les commentaires des techniciens et d'en tirer toutes sortes de conclusions morbides. Je ne me suis sentie un peu rassurée que lorsque les médecins nous ont dit, un peu plus tard, avoir constaté que l'anomalie était localisée. Nous n'en étions pas moins extrêmement inquiets. Ma sœur était venue me rejoindre et sa présence m'était d'un grand réconfort, mais j'avais beaucoup de mal à me dominer.

Mon mari a cédé, lui aussi, à l'émotion au moment où on l'emmenait dans la salle d'opération et il m'a demandé de lui donner son Coran que nous emportions toujours dans nos bagages. Il m'a également réclamé la photographie d'une Mercedes de collection qu'il venait de faire remettre en état, et il me l'a offerte en guise de cadeau préliminaire pour mon anniversaire dont la date approchait. J'ai été surprise et touchée car je savais à quel point il tenait à cette voiture, mais qu'il se soit souvenu de la date de ma naissance dans de pareilles circonstances m'a encore plus impressionnée. Je n'y avais certainement pas pensé moi-même.

Je suis restée à la porte de la salle d'opération et je l'ai accompagné ensuite jusqu'à la salle de réanimation. Les médecins, venus nous rejoindre, nous ont annoncé la nouvelle que nous avions espérée : les quelques cellules précancéreuses qu'ils avaient trouvées dans l'uretère ne s'étaient pas disséminées ; le rein correspondant, dont ils avaient fait l'ablation par précaution, ne présentait pas de signe d'anomalie. Aucun traitement ultérieur n'était recommandé.

À son réveil dans la salle de réanimation, mon mari s'est conduit à sa manière inimitable : encore à moitié endormi, il a remercié toutes les personnes qui avaient pris part à l'opération, disant à quel point il leur était reconnaissant et quel privilège c'était pour lui d'avoir reçu leurs soins. Cette réaction était bien dans son caractère, lui qui réconfortait et complimentait les autres même dans des moments d'extrême vulnérabilité.

Les semaines qui ont suivi ont représenté un tournant dans sa vie. Je ne l'ai pas quitté pendant les quelque dix jours qu'il a passés à la clinique Mayo après l'opération. Les premiers jours, l'effet de l'anesthésie ne s'étant pas encore complètement dissipé, il lui arrivait de s'endormir au milieu d'une phrase, puis de se réveiller et de reprendre le fil de notre conversation. Je ne l'avais jamais vu aussi faible ni aussi fragile, et il était difficile de s'habituer à ces pertes de conscience chez cet homme si vigoureux, tellement habitué à endosser toutes les responsabilités. Le lien qui nous unissait s'est renforcé. Au cours des quelques années difficiles qui venaient de s'écouler, nous avions été très occupés l'un et l'autre, nous nous étions laissé absorber par notre travail. À l'hôpital, il a eu la preuve qu'il passait en premier pour moi, lui et personne d'autre. La peur provoquée par le cancer a dissipé sa dépression, et il est redevenu l'être enthousiaste et prêt à s'investir qu'il avait été avant la guerre du Golfe.

La nouvelle de l'opération de Hussein a fait le tour du monde, si bien que fleurs et témoignages sont arrivés en masse, entre autres celui particulièrement touchant d'un jeune Jordanien qui proposait d'offrir un de ses reins à son roi bien-aimé, l'homme que, à l'instar de tant de ses compatriotes, il considérait comme un père. En même temps l'usine à rumeurs ne cessait pas de tourner. Un article paru dans la presse israélienne annonça avec un cynisme particulier que le roi avait un cancer du cerveau et n'en avait plus que pour six mois à vivre. Les bulletins de santé que nous publiions devaient être rédigés avec précaution : ils devaient être véridiques sans être alarmistes. Le roi était touché par toutes les marques d'intérêt et d'affection venues du monde entier, du Vatican, du Moyen-Orient, d'Europe et des États-Unis. Le prince Bandar, l'ambassadeur d'Arabie saoudite, vint à la clinique apporter des messages de soutien envoyés par le roi Fahd, le prince héritier Abdallah et d'autres membres de la famille royale saoudienne, accompagnés de splendides bouquets de fleurs. « Hussein pense que nous sommes à un tournant », notai-je dans mon journal. L'officier du protocole chargé d'accompagner les Saoudiens à l'aéroport raconta que le prince Bandar, qui avait toujours considéré mon mari comme un mentor, avait les larmes aux yeux.

L'existence d'un lien entre le cancer des voies urinaires et le tabac était une hypothèse qu'on ne pouvait pas écarter, nous avaient expliqué les médecins après l'opération. Pourtant, le lendemain, en ouvrant la porte de sa chambre, j'ai trouvé Hussein assis sur une chaise, fumant une cigarette près d'une fenêtre entrouverte. J'ai senti mon cœur se serrer et je suis allée sans rien dire me réfugier dans un salon inoccupé où, contre mon habitude, j'ai éclaté en sanglots.

Le roi était encore extrêmement faible en quittant l'hôpital pour entamer sa convalescence à River House, la demeure que nous possédions près de Washington. Hussein l'avait achetée sans l'avoir vue dans les années 1980, à un moment où la construction de Blair House, la résidence des hôtes de marque du gouvernement américain, n'étant pas achevée, nous avions besoin d'un endroit plus sûr qu'un hôtel lorsque nous séjournions aux États-Unis. Je l'avais appris par une remarque qu'il avait faite un soir en passant : un ami qui habitait la capitale lui avait signalé une maison dont le prix était avantageux car elle était en vente depuis longtemps. Je n'étais pas sûre que nous ayons besoin d'une autre résidence, avais-je répondu, ajoutant que, s'il était vraiment décidé, nous devrions charger un architecte de faire une évaluation en règle. Il m'avait alors dit, comme si la chose lui revenait tout à coup à l'esprit, que le marché était conclu. « Tu ne peux pas être sérieux ! » m'étais-je écriée en me prenant la tête entre les mains.

Il avait fallu faire beaucoup de travaux à River House, notamment procéder à son désamiantage, mais, avec la vue magnifique qu'on y a sur le Potomac, elle a été pour nous une retraite paisible où nous nous sentions en sécurité, et pour moi un endroit idéal où mettre mes idées en ordre, en particulier lorsque, pendant la crise du Golfe, j'avais des réunions ou des discours difficiles à préparer. Mon mari s'y est trouvé à merveille pendant sa convalescence, dans une chambre aménagée au rez-de-chaussée parce qu'il était trop faible pour monter l'escalier.

Je me suis consacrée tout entière aux soins à lui donner. Me charger d'une telle responsabilité m'a rendue nerveuse au début, mais je m'y suis habituée très naturellement, sans aucune difficulté. Malgré la présence d'un médecin et d'une excellente infirmière, je m'efforçais de répondre moi-même à ses besoins personnels. En l'aidant à se baigner et à s'habiller, j'ai découvert en moi la capacité, inconnue jusque-là, de m'occuper, fût-ce en amateur, d'un malade que je chérissais. Habitué comme il l'était à ce que les autres comptent sur lui, il trouvait très pénible de dépendre d'autrui, mais il faisait preuve d'une affectueuse tolérance envers ma maladresse.

Une fois ses forces un peu revenues, nous avons accepté une invitation de la Maison Blanche où nous avons dîné dans l'intimité avec les Bush et les Baker. Malgré la popularité que la guerre du Golfe avait value au président américain, les sondages lui étaient de plus en plus défavorables à l'approche de l'élection, prévue pour la fin de l'année. Barbara Bush m'a confié qu'elle refusait de lire les journaux américains à cause des critiques adressées à son époux. Je ne la comprenais que trop bien. Nous les avons encouragés tous les deux à ne prêter attention ni à la presse ni aux enquêtes d'opinion et, plus tard, après la défaite de son mari, j'ai appelé Barbara pour lui souhaiter santé et bonheur dans la vie nouvelle qui s'ouvrait devant elle. Je lui ai dit que je lui enviais la liberté et l'intimité dont ils pourraient jouir dorénavant, et j'étais sincère.

À Mayo, on avait recommandé à mon mari de ne reprendre ses occupations que très lentement et, sur le chemin du retour en Jordanie, nous nous sommes arrêtés quelques jours en Angleterre pour nous reposer à Buckhurst Park. La reine Élisabeth nous ayant aimablement invités à déjeuner au château de Balmoral, nous sommes partis pour l'Écosse en hélicoptère. La demi-journée que nous aurions dû mettre sans nous presser pour y arriver s'est prolongée au-delà de nos intentions. Nous étions convenus de nous poser à Gleneagles pour faire le plein de carburant, et de repartir pour Balmoral, situé à soixante ou soixante-dix kilomètres de là. La première partie du trajet s'est déroulée comme prévu. Mon seul souci était d'empêcher Hussein d'attraper froid car il était encore faible, aussi l'avons-nous enveloppé dans la veste Barbour verte de notre pilote. Sitôt après le décollage, nous nous sommes trouvés au milieu d'un banc épais de nuages qui enveloppait les montagnes écossaises.

Hussein a suggéré au pilote de voler à très basse altitude, en suivant les vallées. Apercevoir à travers les hublots de notre appareil les lignes électriques qui défilaient à une allure vertigineuse, pratiquement au niveau de nos yeux, était terrifiant. Les nuées continuant à dévaler du sommet de pics hauts de mille mètres, nous avons décidé de prendre la direction de l'est, d'atterrir à Aberdeen et de continuer notre route en voiture. Lorsque nous sommes enfin arrivés à Balmoral, très penauds, nous avions une bonne heure de retard et nous étions affamés. Après un bref passage dans nos chambres, nous avons été conduits dans le cabinet de travail où la reine nous attendait, en compagnie du prince Philippe, du prince Charles, de la princesse Anne, ainsi que de divers membres de la famille royale et de quelques-uns des *corgis* bien-aimés de la souveraine. Nos hôtes nous ont posé quelques questions sur la santé de Hussein et sur notre voyage. Au bout d'un moment on nous a invités à passer dans un petit salon pour prendre le thé qu'accompagnaient des sandwiches minces comme du pain à cacheter. Mon mari, très poli, n'en a pris qu'un ou deux. Ayant compris qu'il n'y aurait pas de déjeuner, je me suis, quant à moi, servie généreusement chaque fois que le plat passait à ma portée.

Après cette collation, nous sommes retournés dans le cabinet de travail dont les fenêtres s'ouvraient sur un parc merveilleusement entretenu. Le prince Philippe m'ayant demandé si j'avais envie de voir le jardin consacré à la culture biologique, je me suis empressée d'accepter dans l'espoir de compléter par quelques légumes le repas que je venais de faire. Comme nous nous promenions dans les allées, le prince Charles et Hussein nous ont rejoints et ont remarqué d'un ton amusé qu'ils regrettaient de n'avoir pas eux aussi mangé de la salade. Peu après, convenablement restaurés, nous sommes repartis en voiture pour Gleneagles.

Mon inquiétude à l'idée de rentrer bientôt en Jordanie n'a cessé de croître. Notre absence avait duré cinq semaines et Hussein n'avait jamais passé autant de temps hors du pays. On nous annonçait que la population tout entière voulait venir lui souhaiter la bienvenue. Bien que réconfortant et stimulant, un tel accueil risquait d'épuiser Hussein, et je ne le croyais pas encore en état d'y faire face. « Je vous en prie, cela le fatiguera tellement, ne cessais-je de répéter aux responsables du protocole. Il va mieux, mais vous ne voudriez pas que les démonstrations d'affection le tuent.» Il était encore vulnérable aux infections et il fallait assurer la bonne marche du seul rein qui lui restait.

Vue du ciel, Amman présentait un spectacle extraordinaire. Le roi pilotait notre avion, comme d'habitude, et il fit un passage au-dessus de la ville en liesse. Il y avait plus d'un million de personnes dans les rues, estima-t-on plus tard, c'est-à-dire qu'un quart de la population de la Jordanie était venu à sa rencontre de toutes les parties du pays. J'avais espéré que seuls les membres de la famille et quelques personnalités triées sur le volet seraient à l'aéroport, mais le ban et l'arrière-ban du gouvernement s'y trouvaient. Le frère de mon mari, le prince héritier Hassan, avait prévu de conduire Hussein de l'aéroport situé au cœur de la ville jusqu'au palais de la reine mère. Je m'y suis rendue moi-même au volant de ma voiture avec la princesse Basma, au sein d'un cortège qui traversa une inimaginable marée humaine en délire.

Les gens riaient, pleuraient, agitaient des banderoles couvertes de signes peints à la main, brandissaient des portraits de Hussein et de nous deux, couraient, criaient, envoyaient des baisers et des fleurs et se jetaient même contre les voitures, tendant la main à travers la vitre de celle du roi pour essayer de le toucher. La foule était si dense que la police ne parvenait pas à la canaliser. Il nous a fallu au moins une heure pour parcourir les quelques kilomètres nous séparant de Zahran. Cette gigantesque démonstration d'affection – un cauchemar, sans aucun doute, pour les services de sécurité – a fait disparaître les derniers vestiges de la dépression du roi. Malgré les protestations de ses gardes du corps, il a fini par s'asseoir sur le toit de sa voiture pour recevoir les manifestations d'amour de son peuple.

Il était épuisé mais aux anges quand nous sommes enfin arrivés à Al-Nadwa. L'air était imprégné de l'odeur de son encens préféré et le personnel poussait des ululements de joie. « Je suis privilégié, me dit-il quand j'ai enfin réussi à le convaincre de se coucher. Il existe tant de cas tragiques de dirigeants qui perdent la confiance des gens qu'ils gouvernent. Que mes relations avec mon peuple se renforcent avec le temps est une véritable bénédiction. »

Malgré les efforts des médecins et les miens, il refusait de cesser de fumer. Quand, à Mayo, on lui avait parlé des rapports éventuels entre le tabac et certaines formes de cancer, notamment celui des voies urinaires, et qu'on l'avait averti des dangers qu'il faisait courir à son organisme, il avait répliqué qu'exposés à des pressions semblables à celles qu'il subissait, les donneurs de conseils fumeraient. Son obstination inquiétait aussi ses enfants. Malgré quelques efforts de sa part pour s'arrêter et de la nôtre pour le rationner, même à l'hôpital, il avait réussi à persuader ses gardes du corps, et jusqu'à mon propre aide de camp, d'ouvrir la fenêtre de sa chambre pour évacuer l'odeur des cigarettes qu'il fumait en cachette. Pendant notre séjour à Buckhurst, des rires étouffés derrière la porte de notre chambre à coucher avaient souvent indiqué qu'une tentative d'enfreindre l'interdit venait de réussir. Un jour, en passant devant la fenêtre ouverte de la penderie, Élisabeth, sa filleule, avait aperçu ses jambes qui pendaient dehors. Tout faible qu'il était – il avait encore besoin d'une canne – il avait réussi à grimper sur l'appui pour s'adonner à son vice dans cette position précaire.

Le face-à-face avec la mort avait donné à mon mari un nouveau but dans la vie, et une idée plus précise de l'héritage qu'il voulait laisser à la Jordanie. De le voir ainsi régénéré nous a beaucoup soulagés, ses enfants et moi. Il était plus déterminé que jamais à édifier pour la Jordanie une véritable démocratie monarchique afin que le pays puisse prospérer quand il aurait cessé de le diriger. Il fit un grand pas dans ce sens un mois après son opération en levant l'interdiction imposée aux partis politiques. Il envisagea aussi de modifier l'ordre successoral. Si les choses restaient en l'état, son frère Hassan lui succéderait. Il n'avait pas nécessairement l'intention de rien changer à cela, mais il voulait apporter des modifications applicables par la génération suivante en créant, peut-être, un conseil de famille. Il était un partisan fervent du consensus dans le processus décisionnaire, un vieux principe arabo-islamique, et considérait que la famille hachémite de Jordanie devait prendre part à un choix aussi décisif. L'unité de la famille s'en trouverait renforcée et il y aurait plus de chances, disait-il, « [que ses membres] non seulement fassent front ensemble et collaborent, mais aussi que la personne la plus apte à porter le poids des responsabilités et la plus *disposée* à le faire en soit chargée ». Un tel changement exigerait un amendement de la constitution qui désignait depuis 1965 le fils aîné ou un frère comme successeur du souverain défunt. Cette question continua à être pour Hussein le sujet de réflexions longues et approfondies.

La querelle qui continuait à opposer l'Amérique et l'Irak posait un problème plus immédiat. D'après nos services de renseignement, l'armement irakien, dont on ne savait pas véritablement dans quelles proportions il avait été détruit pendant la guerre du Golfe, causait une véritable inquiétude à Washington. La Commission spéciale des Nations unies ayant indiqué, au début de 1993, qu'elle soupçonnait Saddam Hussein de produire de l'uranium à usage nucléaire, une nouvelle série de bombardements américains semblait imminente.

Sur le point de se rendre à Oman pour mettre au point un programme de coopération économique avec cet émirat, le roi Hussein reçut un message des États-Unis lui conseillant d'annuler son voyage. Nous avions nous-mêmes déjà constaté une recrudescence d'activité aérienne dans la région. Nous fûmes ensuite avertis par Washington qu'une frappe contre l'Irak aurait lieu six heures plus tard. Tandis que Hussein tentait de garder son calme en fumant, je faisais de même, comme souvent, en examinant tous nos biens matériels et en éliminant ceux dont nous n'avions pas besoin. Mon mari aimait à dire que, compte tenu du nombre de crises par lesquelles nous étions passés, je n'aurais bientôt plus rien à jeter ou à réorganiser.

Les tensions ne s'apaisant pas et les bombardements continuant, l'éventualité d'une explosion nucléaire inquiétait particulièrement Hussein. Un spécialiste irakien du nucléaire avait été assassiné quelques semaines avant les frappes. On avait sans doute voulu l'empêcher de révéler les capacités irakiennes, c'était tout au moins l'avis des services secrets britanniques. Était-ce la raison de l'action américaine ?

En juin 1993, nous sommes allés aux États-Unis pour des examens médicaux de routine dont les résultats furent tout à fait satisfaisants. Notre séjour devait se poursuivre par une première visite officielle aux nouveaux hôtes de la Maison Blanche. Contrairement à ses prédécesseurs, Bush et Reagan, Bill Clinton, le huitième président américain que mon mari rencontrait, était relativement peu connu. Nous n'avions aucune idée préconçue au sujet des Clinton, et ils firent sur nous une impression très favorable. Ils s'exprimaient avec beaucoup d'aisance, s'intéressèrent aux vues de mon mari et se montrèrent désireux d'élargir autant que possible le champ de leurs connaissances. Hillary me confia qu'ils avaient été tous les deux très peu préparés à l'atmosphère régnant à Washington, en particulier aux constantes intrusions dans leur vie privée et aux commentaires des médias et de leurs adversaires politiques sur les moindres détails de leur existence.

Quelques jours après le début de notre visite, Warren Christopher, le nouveau secrétaire d'État, annonça à Hussein que les États-Unis avaient procédé à une nouvelle attaque de missiles, dirigée cette fois contre les bâtiments des services secrets irakiens à Bagdad. Il s'agissait de représailles consécutives à un supposé complot tramé pour assassiner l'ancien président Bush au Koweït en avril. En allumant la télévision, nous entendîmes Clinton déclarer à CNN qu'avant de lancer cette attaque, il en avait discuté avec les amis et les alliés que les États-Unis avaient dans la région, or personne – ni le président, ni aucun membre du gouvernement américain – n'en avait parlé à mon mari.

Hussein se trouvait dans une position délicate. Juste avant la frappe, il s'était rendu au Pentagone où il avait été reçu avec les honneurs militaires au vu et au su des photographes et des reporters couvrant l'événement pour le compte de tous les journaux du Moyen-Orient. Une fois au courant des bombardements, nous nous sommes demandé si nous n'avions pas été victimes d'une manipulation, et si la cérémonie au Pentagone n'avait pas été organisée pour faire croire que Hussein était complice du gouvernement américain, ou tout au moins qu'il approuvait son action.

La surprise suivante vint de l'OLP. Les négociations pour la paix avaient échoué à Washington pendant leur seconde phase, et un diplomate norvégien en avait assuré la reprise, si bien que les

Palestiniens et les Israéliens s'étaient rencontrés secrètement à Oslo. Soudain, en août, Washington annonça, sans que rien ne l'eût laissé prévoir, que l'OLP et Israël s'étaient entendus sur une déclaration de principe et sur un accord de paix intérimaire. Le roi était furieux. Yasser Arafat lui avait dit qu'il avait maintenu le contact avec Shimon Peres, or il s'avérait qu'il l'avait en réalité rencontré secrètement pendant des mois. Le Premier ministre israélien n'en avait lui non plus pas soufflé mot. « Pourquoi ne pas coordonner nos efforts ? demanda mon mari. Comment avancer de cette façon ? » Il surmonta cependant vite son indignation et, vingt-quatre heures plus tard, il souscrivit à l'accord d'Oslo. « C'est ce que les Palestiniens veulent, et je ne peux que leur apporter mon soutien », remarqua-t-il.

Hussein pensait cependant par-devers lui qu'Arafat avait cédé trop de terrain. Il avait lui-même toujours refusé de considérer comme négociables les droits des Palestiniens sur les territoires occupés depuis 1967, or le texte de l'accord d'Oslo était si vague à ce sujet que rien ne spécifiait les lieux devant être attribués aux Palestiniens. Chose plus grave encore aux yeux de Hussein, aucune allusion n'était faite aux problèmes véritablement importants – statut de Jérusalem, question des réfugiés, colonies, mesures de sécurité, frontières avec les pays voisins, relations et coopération entre eux. Les discussions portant sur ces points étaient différées jusqu'à de nouvelles négociations qui s'échelonneraient sur trois ans.

Il y avait cependant un aspect positif à la situation : l'annonce de l'accord intérimaire palestino-israélien donnait à Hussein la latitude de s'entendre lui-même avec Israël. Quelque erreur qu'il ait commise, Arafat avait fait le premier pas, ce qui permettait à mon mari de se sentir libre de ses mouvements.

Tandis que les discussions avec Israël commençaient, nous avons dû faire face, le cœur lourd, à un autre bouleversement, d'ordre familial celui-là : le départ de Hamzah pour l'Angleterre où il devait poursuivre ses études. Hamzah était inscrit à Harrow depuis sa naissance. Le directeur de la « maison » où son père avait été pensionnaire s'étant trouvé en Jordanie à l'époque, la place de notre fils était réservée depuis lors dans l'établissement pour l'année 1998. De le voir quitter la famille a été un grand déchirement, comme cela avait été aussi le cas pour Abir, Haya et Ali, mais il était temps pour lui d'apprendre à vivre hors du cocon royal. J'avais espéré qu'il irait aux États-Unis parce que je jugeais le système éducatif américain moins rigide que l'anglais, mais il voulait marcher dans les pas de son père. Harrow a fini par très bien lui convenir, même si, au premier abord, la séparation a été dure pour tout le monde, pour lui autant que pour nous.

Hamzah avait hérité de son père la passion du pilotage, et c'était lui qui était aux commandes de l'hélicoptère qui m'a emmenée au début de septembre à Londres, où nous avons retrouvé Hussein pour aller à Harrow. Avant de nous y rendre, nous nous sommes livrés à diverses occupations qui nous deviendraient habituelles avec le temps – une visite chez l'orthodontiste, une autre chez le coiffeur, le tout couronné par un déjeuner à l'hôtel Dorchester où Hussein s'est empressé de faire découvrir à son fils le plat dont il se délectait dans sa jeunesse – un steak haché surmonté d'un œuf sur le plat. Ils ne se sont laissés ni l'un ni l'autre émouvoir par mes mises en garde bien intentionnées contre le cholestérol, et Hamzah a adopté sur-le-champ le mets qui avait fait les délices de son père.

La ressemblance entre eux était si frappante que beaucoup de gens dans le pays imaginaient que le roi ferait de lui son héritier. Je m'élevais avec persistance contre de telles spéculations : je les jugeais oiseuses et elles mettaient Hamzah dans une situation embarrassante vis-à-vis des autres membres de la famille. La succession dépendait de la volonté de Dieu et du jugement de mon mari, en même temps que de la Constitution. Mon devoir, en tant que mère, épouse et reine, était d'encourager mes enfants à développer leurs talents personnels et à se préparer à servir leur pays dans la mesure de leurs capacités, avec humilité et dévotion. Un avenir fait de privilèges royaux était hors de question pour eux.

Quand nous l'avons quitté pour la première fois, après l'avoir déposé à Harrow, Hamzah nous a courageusement dit au revoir en agitant la main. C'est moi qui me suis effondrée dans la voiture qui nous emmenait, comme chaque fois que nous nous étions séparés de ses aînés. L'éloignement a beaucoup coûté à Hamzah au début. Il a fait de son mieux pour le cacher, sans toutefois empêcher son père de s'en apercevoir. Nous sommes retournés le voir avant la fin de la semaine, non sans nous être longuement demandé si notre visite ne lui ferait pas plus de mal que de bien. Père et fils ont recouvré un peu de bonne humeur au cours d'un nouveau déjeuner de steak haché surmonté d'un œuf, et m'ont beaucoup taquinée, preuve que le moral de Hamzah s'était beaucoup amélioré. Cette visite nous a fait beaucoup de bien à tous les trois. Mon mari écrivit ensuite à son fils une lettre affectueuse et ferme en lui expliquant son intention de constituer un conseil de famille chargé à l'avenir de choisir le successeur du souverain régnant ; il a insisté sur l'importance de l'éducation qui lui était donnée, lui demandant de comprendre qu'elle le préparait à jouer le rôle qui serait le sien, quel qu'il puisse être. C'était une missive privée d'un père à son fils, et les recommandations ne furent pas répétées par la suite. Hamzah s'habitua à Harrow et s'y montra bon élève.

Nous sommes rentrés en Jordanie le 13 septembre, jour que mon mari surnomma « super lundi » en l'honneur des accords d'Oslo signés par Arafat et Rabin à Washington. Notre propre processus de paix progressait lui aussi : vingt-quatre heures plus tard, les représentants de la Jordanie et d'Israël s'entendaient à leur tour, au département d'État américain, sur un calendrier menant à la paix. Les projecteurs étaient également braqués sur Suha, la femme d'Arafat qui n'était pas à Washington, mais que CNN interviewa longuement. Je lui ai envoyé un message de sympathie et elle m'a appelée peu de temps après pour me remercier, me demander conseil et me parler des difficultés auxquelles elle était en butte. « Elle est déjà l'objet des commérages et des rumeurs qui empoisonnent la vie de tous ceux qui se trouvent dans ce genre de position », notai-je dans mon journal. Les critiques dirigées contre elles étaient étonnamment cruelles. « J'ai entendu des histoires de ce genre racontées sur le compte de tant de gens, et même sur le nôtre, et je sais qu'elles n'ont pas le moindre fondement », ne cessais-je de répéter aux personnes qui me les rapportaient. « Donnez-lui donc une chance ! Pour une fois, laissez-lui le bénéfice du doute ! »

Forte d'une douzaine d'années d'expérience de la politique moyenne-orientale, je me sentais en mesure de donner à Suha quelques conseils de sagesse. « Consacrez-vous aux activités qui sont de votre compétence et ne vous occupez pas du reste, lui ai-je dit. Mettez-vous au travail et faites de votre mieux. Les cancans et les rumeurs n'ont aucune importance aussi longtemps que vous vous efforcez de servir votre peuple. »

Deux semaines après la signature de l'accord intérimaire entre les Israéliens et les Palestiniens, Rabin vint à Akaba s'entretenir en secret avec mon mari. Compte tenu du caractère très spécial de la rencontre, nous avions réduit notre personnel domestique au minimum, et je me suis occupée moi-même de tous les préparatifs avec l'aide de notre intendante. Je garde surtout des moments qui suivirent le souvenir de la voix profonde de Rabin résonnant pendant des heures. Lors de ce premier contact, les deux dirigeants commencèrent à apprendre à se connaître et à se faire, par-delà leurs différences, une confiance mutuelle qui devait permettre à un accord de paix d'être conclu avec Israël. La Jordanie avait soutenu tous les efforts constructifs faits pour établir la paix depuis 1967, mais nous avions souvent été déçus ou trahis, quelquefois les deux en même temps. Les troubles, les bouleversements politiques et notre impuissance à soulager les souffrances des Palestiniens dont des générations s'étaient succédé sous nos yeux nous avaient épuisés, sans parler du sentiment d'insécurité minant, et des obstacles qui avaient entravé le développement économique et la marche du progrès dans la région.

Hussein et Rabin décidèrent d'un commun accord de ne pas rendre publics les efforts qu'ils faisaient ensemble pour instaurer la paix, en grande partie parce que leurs positions étaient très éloignées et qu'ils préféraient attendre d'avoir quelque chose de concret à annoncer. Lentement, difficilement, ils examinèrent chaque problème afin d'identifier les domaines où des progrès pouvaient être accomplis.

Nos relations avec Israël frisaient parfois l'absurde. Aux conférences internationales auxquelles nous participions, nous devions veiller à n'avoir avec ses représentants aucun contact inapproprié et à ne jamais nous laisser photographier avec eux. Nous savions qu'ils pouvaient utiliser de telles images à des fins politiques, pour créer l'impression d'une normalisation de nos relations dans laquelle la rue arabe verrait la preuve d'une « fraternisation avec

l'ennemi ». Et il y avait toujours un Israélien posté sur notre chemin, appareil de photo en main.

C'est ainsi que je me suis trouvée dans une situation très embarrassante lors d'une conférence internationale réunissant les épouses
des chefs d'État à l'issue de laquelle une photographie de groupe
devait être prise. Dans de telles circonstances, les délégués sont
généralement alignés dans l'ordre alphabétique des pays qu'ils
représentent, ce qui ne posait aucun problème tant que la Jamaïque
ou le Japon séparaient la Jordanie d'Israël. À cette occasion, mes
voisines habituelles étaient absentes, et je me suis trouvée à côté de
Mme Weizmann, la femme du président israélien, qui n'a cessé de
me parler sur un ton animé pendant la séance de photo. Je me
suis tirée d'affaire en regardant droit devant moi, les yeux fixés sur
l'appareil, tout en lui répondant du coin de la bouche pour ne pas
paraître impolie.

Éviter les contacts médiatisés était absolument nécessaire au
point où nous en étions arrivés, bien que nous sachions le dialogue
essentiel et qu'il ne fût pas dans notre nature de nous y dérober. Les
Jeux en chaise roulante pour les militaires invalides dont le roi
Hussein présida l'ouverture en Angleterre en 1993 représentèrent
une exception. Nous y avons applaudi les équipes de Jordanie,
d'Israël, de Grande-Bretagne, d'Amérique du Sud et des États-Unis
quand elles ont défilé et, après les épreuves, nous avons brisé le
tabou en serrant la main aux Israéliens comme à tout le monde, et
nous nous sommes laissé prendre en photo avec eux. « N'est-il pas
absurde que, lorsqu'ils sont ennemis, les hommes doivent s'enrôler
dans une armée, se battre et être blessés avant de pouvoir établir
entre eux des rapports humains ? » s'est interrogé mon mari plus
tard.

L'instabilité était particulièrement manifeste au Moyen-Orient
à la fin de 1993 et au début de 1994. En novembre, je me trouvais
à New York où je faisais une conférence sur les femmes à l'université de Columbia, lorsqu'un incident vint encore exacerber les tensions. Le président Clinton eut un entretien avec Salman Rushdie à
la Maison Blanche, dans un couloir, il est vrai, et non dans le
bureau ovale. L'écrivain était sous le coup d'une condamnation
prononcée quelques années plus tôt par l'ayatollah Khomeyni au

sujet d'allusions blasphématoires au prophète Mahomet contenues dans son livre, *Les Versets sataniques*. Les musulmans du monde entier s'étaient associés à cette sanction, sans toutefois approuver unanimement la sentence de mort qui l'accompagnait. En Occident, divers groupes d'hommes de lettres, notamment le PEN club, avaient pris la défense de Rushdie, déclarant que toute censure imposée à son œuvre, et même toute critique dont elle était l'objet, enfreignaient le droit à la liberté d'expression garantie par la loi à tout citoyen. L'entrevue entre Clinton et Rushdie n'était évidemment pas due au hasard : à la Maison Blanche, on ne rencontre pas le président au détour d'un corridor. L'Iran protesta immédiatement, et des manifestations violentes eurent lieu dans le monde musulman, notamment au Bangladesh et au Pakistan. Le Département d'État lança une mise en garde aux citoyens américains qui vivaient ou voyageaient dans des pays musulmans, ce dont le tourisme ne pouvait pas manquer de se ressentir. Alors que les Américains considéraient le geste de Clinton sous l'angle constitutionnel, les musulmans y voyaient une insulte gratuite. Mon mari, lui-même très perturbé, m'appela au téléphone de Jordanie pour m'en parler. « Le Hamas et les extrémistes vont s'en servir, notai-je dans mon journal. Il nous faut veiller à ce que les gens qui risquent de profiter de cette histoire pour envenimer les relations entre les États-Unis et le monde arabo-musulman ne soient pas en mesure de l'exploiter. » J'ai informé Hillary Clinton de nos inquiétudes au téléphone, mais essayer de faire entendre sa voix à Washington était très difficile à l'époque.

Des scandales comme ceux de Lorena Bobbitt blessant son mari, de la patineuse sur glace Tonya Harding attaquant une rivale, d'O.J. Simpson jugé pour meurtre s'étalaient à la première page des journaux, et parler d'autre chose était quasiment impossible. L'intérêt obsessionnel de l'Amérique pour des faits divers sans grande importance était aussi incompréhensible que frustrant au moment où il était quotidiennement question de vie et de mort en Jordanie et au Moyen-Orient. Les négociations de paix menées par Arafat avec Israël étaient loin de faire l'unanimité parmi les Palestiniens, et ceux qui habitaient la Jordanie n'étaient pas favorables à l'adoption d'une démarche semblable par notre pays.

Profitant de la situation, les extrémistes islamiques perpétrèrent une série d'attentats à la bombe dans les cinémas ; le premier secrétaire de l'ambassade de Jordanie au Liban fut assassiné le 25 février. En retour, trente Palestiniens venus prier au tombeau des Patriarches furent assassinés par des colons juifs à Hébron.

Les négociations avec les Israéliens ne s'en poursuivaient pas moins. Depuis un an, le roi travaillait directement avec Rabin à l'élaboration d'un plan de paix viable et, à la mi-juillet 1994, les deux dirigeants touchaient presque au but. Les questions relatives à l'eau, à l'environnement et à l'énergie étaient en voie d'être réglées par des sous-comités jordano-israéliens. Les négociations bilatérales entre les deux pays concernant la sécurité et les frontières ainsi que d'autres problèmes territoriaux progressaient. Le roi Hussein et le Premier ministre Rabin devaient signer le 25 juillet une déclaration d'intention mettant officiellement fin à la guerre qui avait duré quarante-six ans entre les deux pays, et ouvrant la voie à la paix. Le lieu de la signature avait même été approuvé.

Le choix de Hussein s'était porté sur Wadi Araba situé sur la frontière jordano-israélienne. Que ce site serve de cadre à un événement constituant un pas en avant dans la recherche d'une solution pacifique pour la région tout entière soulignerait le caractère indépendant de notre démarche. Le roi avait écrit au président Clinton pour le mettre au courant de sa décision, encore très confidentielle. Tout était en place, du moins en étions-nous convaincus. Nous nous trompions.

Nous étions à Akaba le 15 juillet, et Hussein venait d'inspecter l'emplacement et le dispositif militaire lorsque Warren Christopher nous communiqua un désir exprès de son gouvernement : la rencontre entre les dirigeants jordaniens et israéliens devait avoir lieu non seulement à une date ultérieure, mais à Washington. Le roi tenait de son côté à ce qu'elle se déroule en Jordanie et non à la Maison Blanche, car il voulait éviter qu'elle passe pour une réédition, pour le bénéfice des médias, de celle entre Arafat et Rabin. « Fie-toi à ton instinct, lui dis-je. Ne laisse personne accaparer ce moment historique en échange d'un quelconque avantage politique. » Les États-Unis réagirent en faisant miroiter toutes sortes d'appâts financiers, notamment celui d'annuler la lourde dette de sept cents millions de dollars de la Jordanie. À la fin, le roi n'eut pas le choix. « C'est la première fois que j'accepte un compromis pour le bien de mon pays », remarqua-t-il. L'offre américaine me laissait sceptique. Il s'agissait d'une promesse qu'aucune garantie n'accompagnait, et nous étions en passe de perdre le contrôle de notre propre déclaration de paix avec Israël.

Hussein et moi étions en train de déjeuner le lendemain à Akaba lorsque nous avons appris que Clinton était sur le point de révéler l'existence des négociations et d'annoncer la rencontre qui aurait bientôt lieu à Washington. J'ai senti ma gorge se serrer et j'ai été incapable d'avaler une bouchée de plus. Nous n'avions ni l'un ni l'autre la moindre idée de ce que le président américain allait dire.

Entendre le président des États-Unis déclarer à la télévision que la Jordanie allait signer un accord mettant fin à l'état de guerre avec Israël alors que Hussein n'avait été ni consulté, ni informé de la manière dont les choses se passeraient nous a fait une impression étrange. C'est seulement un peu plus tard que nous avons appris comment l'événement auquel nous devions prendre part se déroulerait : il y aurait un banquet et une cérémonie à la Maison Blanche, après quoi le roi et Rabin seraient invités à s'adresser aux deux chambres américaines réunies. Cette dernière nouvelle était la bienvenue, car je multipliais les démarches depuis longtemps pour que l'occasion soit donnée à Hussein de présenter personnellement sa vision de la paix à des décideurs américains.

Le 18 juillet 1994 fit date dans l'histoire de la région. Après des mois de rencontres secrètes, Fayez Tarawneh, notre ambassadeur à Washington qui conduisait la délégation jordanienne, et Elyakim Rubinstein, qui était à la tête de la délégation israélienne, se retrouvèrent au Wadi Araba pour annoncer le début des négociations de paix entre nos deux pays. « Fayez et Eli Rubinstein en manches de chemise échangeant des plaisanteries, quel spectacle étonnant ! » notai-je dans mon journal.

L'ouverture du festival de Jérach coïncidait avec cet événement historique et Hussein trouva le temps de présider la cérémonie avec moi, geste remarquable étant donné les circonstances, qui électrisa l'assemblée. Pour le roi, il représentait, je pense, l'occasion de prendre le pouls de divers groupes de Jordaniens au moment où il engageait le pays dans une direction entièrement nouvelle.

Une délégation jordanienne nous devança à Washington pour préparer le terrain et résoudre les problèmes qui pourraient se poser. Talal, secrétaire militaire de mon mari depuis la guerre du Golfe, en faisait partie et se rendit au département d'*État* afin d'obtenir confirmation des promesses faites au roi. On lui dit qu'elles seraient toutes tenues, et que la Jordanie recevrait même l'escadrille de F-16 que le Congrès lui refusait depuis plusieurs années. Au Capitole, où il alla ensuite, Talal entendit un tout autre son de cloche. « Pas du tout, lui dit-on. Vous n'aurez rien à moins que vous ne signiez sur-le-champ avec Israël un traité en bonne et due forme, pas seulement un document mettant fin à l'état de guerre. C'est dans votre propre intérêt que vous vous préparez à faire la paix, pas dans le nôtre, vous n'avez donc aucune récompense à attendre de nous. »

Talal, qui venait d'envoyer au roi un télégramme optimiste répétant les assurances du Département d'État, dut en expédier immédiatement un second : « Ne tenez pas compte de mon message précédent. Le Congrès dit non. Qu'allons-nous faire ? » L'heure était grave. Si Hussein revenait de Washington les mains vides, ce serait un désastre pour la Jordanie, et les risques que le processus de paix déraille au dernier moment seraient grands. Le roi télégraphia sur-le-champ à Talal : « Je parlerai à Rabin. Prends contact de ton côté avec l'AIPAC (le Comité des affaires publiques américano-israéliennes). »

Talal, qui ne connaissait aucun membre de cet organisme, téléphona à son médecin qui, ayant beaucoup d'entregent, pourrait peut-être l'aider. « Oui, dit son interlocuteur, je connais Steve Grossman, le président de l'AIPAC, et je lui parlerai. » Quelques minutes plus tard, Talal recevait un coup de téléphone de Steve Grossman et lui expliquait le problème, ainsi que l'urgence qu'il y avait à le résoudre étant donné le délai de trois jours dont il disposait. « Ce serait très volontiers que je vous aiderais, mais il me faut l'autorisation des Israéliens », lui fut-il répondu.

Entre-temps, Hussein avait réussi à joindre Rabin, et Talal très soulagé d'entendre Steve Grossman lui dire, quand il rappela : « J'ai le feu vert des Israéliens. Rabin m'a dit lui-même de faire le nécessaire pour venir en aide aux Jordaniens, et je vous promets que le Congrès votera le décret vous concernant. Je ne peux pas dire combien de voix il obtiendra, mais il passera. » La suite des événements démontra l'extraordinaire pouvoir de l'AIPAC. La motion, attachée à une autre relative à des dépenses agricoles, fut examinée en catimini par le Sénat à une heure du matin, lorsque C-SPAN (le réseau de télévision et de radio public rapportant les activités des chambres et du gouvernement) était en sommeil. Patrick Griffen, le conseiller de Clinton pour les Affaires législatives, s'arrangea pour que la mesure soit appliquée en trois jours : la Jordanie reçut une escadrille de F-16 et sa dette de 700 millions de dollars fut effacée.

Quand nous sommes arrivés à Washington quelques jours avant la signature, nous avons été assiégés par les fonctionnaires du Département d'État qui insistaient pour que le texte de la déclaration de Washington – c'est ainsi qu'on commençait à appeler l'accord – leur soit soumis. Hussein ne voulait le montrer ni à eux, ni même à leur patron, Warren Christopher. Terrifié à l'idée qu'une fuite ne fasse tout échouer, il n'envoya le document à la Maison Blanche que la veille de la signature quand, tard dans la nuit, les journaux avaient tous bouclé leur édition du matin.

Le 25 juillet 1994, nous peaufinions encore le discours qu'Hussein devait prononcer devant les Chambres réunies dans la voiture qui nous emmenait à la Maison Blanche où, en compagnie de Rabin, nous entamerions un chapitre nouveau et extraordinaire de l'histoire de la Jordanie. Bill et Hillary Clinton nous ont conduits vers nos partenaires israéliens au milieu de l'inévitable bousculade des journalistes. « Mme Rabin est très agressive et coriace, ai-je noté dans mon journal. Nous avons gardé nos distances et n'avons échangé que des propos mondains. »

La journée était chaude, comme souvent en été dans la capitale, tandis que mon mari et le Premier ministre Rabin signaient la déclaration de Washington mettant fin à un état de guerre vieux de ᵔuarante-six ans. Les quelques mots que Hussein prononça ensuite ᵣ la pelouse de la Maison Blanche étaient très émouvants. C'est ᵔours quand il laisse parler son cœur qu'il est le plus éloquent, et ce moment était sans doute le plus beau de sa vie. « Depuis des années et des années, et avec chaque prière, j'ai demandé au Dieu Tout-Puissant qu'il me permette d'aider à forger la paix entre les enfants d'Abraham, dit-il. Ce rêve, que des générations avant moi ont nourri, je le vois se réaliser aujourd'hui sous mes yeux. » Dans la foule qui se pressait autour des trois chefs d'État après la cérémonie se trouvait un ancien ami du roi Abdallah, Avraham Daskal. Cet Israélien, invité à Amman cinquante-huit ans plus tôt pour célébrer la naissance de Hussein, n'avait pas revu l'enfant devenu à son tour roi.

Si aucune ombre ne ternissait la joie des Israéliens, une certaine inquiétude tempérait mon propre enthousiasme. En signant la déclaration, ils avaient atteint leur objectif : entamer un processus conduisant à la paix avec un voisin arabe. Nous n'avions pour notre part fait que franchir une étape sur la route rocailleuse menant à une paix qui s'étendrait à la région entière. Bien qu'heureuse pour mon mari, j'avais les yeux fixés sur ce but lointain, et lui aussi je le savais.

La déclaration de Washington établissait les cinq principes fondamentaux sur lesquels Hussein et Rabin s'étaient entendus. Le fait que les résolutions 242 et 338 des Nations unies devaient servir de base aux négociations y était notamment mentionné, ainsi que le droit de chaque État à vivre en paix à l'intérieur de frontières reconnues et sécurisées. Une question restait pendante, celle du « respect » du rôle « spécial » et « historique » de gardien des lieux saints musulmans de Jérusalem joué par la Jordanie, et l'obligation pour Israël de le reconnaître en attendant que les négociations concernant le statut permanent des Palestiniens aient abouti. Jérusalem-est faisait partie des territoires occupés et l'idée que les Hachémites puissent y avoir leur mot à dire mettait Arafat en rage, comme on nous l'apprit au banquet donné dans la soirée. Il tenait absolument à se voir confier le contrôle des lieux saints dans cette ville que les Palestiniens revendiquaient comme capitale de leur futur État. Aucune allusion à ce problème n'avait été faite dans les accords d'Oslo, et le roi Hussein estimait que, jusqu'à son règlement définitif, il importait que la protection jordanienne continue à s'étendre sur ces lieux où son arrière-grand-père était enterré, où son grand-père avait été assassiné et où tant de soldats jordaniens avaient trouvé la mort en défendant la ville en 1967. Comme il le dit en s'adressant au Congrès le lendemain, il était profondément convaincu que la souveraineté des lieux saints appartenait à Dieu seul, et devrait être partagée entre les enfants d'Abraham, qu'ils soient musulmans, juifs ou chrétiens.

Cette réserve mise à part, les dispositions contenues dans la déclaration auguraient bien dans l'ensemble de l'avenir des ultimes négociations. Des lignes téléphoniques directes relieraient pour la première fois Israël et la Jordanie, les réseaux électriques des deux pays seraient partagés afin d'éviter le gaspillage, un corridor aérien international faciliterait les échanges commerciaux et le tourisme, et deux nouveaux postes-frontières seraient ouverts, l'un à la pointe sud, reliant Akaba et Eilat, l'autre à un endroit qui restait à déterminer.

La session du Congrès fut spectaculaire. Le roi fut ovationné à plusieurs reprises. Rabin le fut aussi, et notre délégation, stupéfaite, fut témoin de la fascination quasi magique qu'Israël exerce sur l'âme américaine : les félicitations offertes au roi par les députés et les sénateurs furent certes chaleureuses et enthousiastes, mais le Premier ministre Rabin fut traité comme le plus ancien et le plus cher des amis.

À dater de ce jour cependant, le favoritisme dont jouissaient les Israéliens tourna à notre avantage. Ils soutinrent dorénavant activement les initiatives de paix jordaniennes. Les rapports de notre gouvernement avec les parlementaires américains devinrent beaucoup plus faciles et le restèrent jusqu'à la mort de Rabin. Celui-ci prônait avec constance l'aide à la Jordanie, car il reconnaissait qu'une paix durable ne pouvait être instaurée qu'entre partenaires bénéficiant de chances égales, principe que nous estimions devoir s'appliquer aussi aux Palestiniens. Il connaissait la Jordanie pour l'avoir combattue, et ses habitants pour avoir grandi de l'autre côté du Jourdain. Ce n'était pas le cas de la plupart des Israéliens. Contrairement aux membres de notre gouvernement qui étaient au courant des moindres détails de leur politique intérieure, connaissaient leurs ministres et leurs élus locaux, nos voisins ignoraient presque tout de nous. Pour eux, nous étions juste des « Arabes ».

Ils ne se souciaient ni des différences existant entre nous, ni de nos références culturelles, ni de nos préoccupations. Ils nous divisaient en deux catégories : les « bons » Arabes qui acceptaient de leur parler, et les « mauvais » qui s'y refusaient. Après la signature de la déclaration, cette vision simpliste cessa d'un jour à l'autre de nous être appliquée : nous ne pouvions rien faire de mal, même aux yeux des plus sévères de nos détracteurs.

En retournant en Jordanie, nous avons appris, après une brève escale en Angleterre, que les Israéliens nous avaient donné l'autorisation de survoler leur pays, ce qui nous permettrait de prendre la route la plus directe pour rentrer. L'espace aérien d'Israël nous avait toujours été interdit, comme d'ailleurs son territoire. Sans céder à l'inquiétude de ses conseillers les plus proches, Hussein a décidé de changer notre plan de vol. Nous n'avons mis personne au courant à bord du TriStar, ni le personnel navigant ni les autres passagers et, à la surprise générale, au moment où nous passions au-dessus du bras de mer séparant la Grèce de Chypre, deux F-15 israéliens sont venus nous rejoindre et nous ont servi d'escorte. Tout à coup, Tel-Aviv est apparue, et, spectacle inimaginable, la côte s'est étendue du nord au sud sous nos yeux. Nous apercevions les routes encombrées de voitures et les espaces bien entretenus des faubourgs prospères. Au moment où nous survolions la ville, Rabin et mon mari ont échangé quelques mots à la radio, et d'entendre le Premier ministre israélien dire que Jérusalem serait une ville de paix pour les générations à venir nous a fait chaud au cœur. « J'en conçois un peu d'espoir au milieu du tourbillon des événements. L'émotion qui habite Hussein a atteint un tel paroxysme que je prie pour que nous ne connaissions pas de déconvenue, que nous ne soyons pas de simples pions dans un jeu à l'issue duquel, ayant tout donné, nous n'aurions plus aucune valeur », ai-je écrit dans mon journal.

Tandis que nous poursuivions notre route au-dessus de montagnes et de vallées parsemées d'habitations, le dôme doré de la mosquée du Rocher a soudain surgi devant nous, étincelante, sous la lumière de l'après-midi. Incrédules, nous avons contemplé cette glorieuse vision, nouvelle pour moi et pourtant étonnamment familière. Ce moment, extraordinaire pour moi, l'était encore bien plus pour nos compagnons de voyage jordaniens qui n'avaient ni posé leur regard ni visité la mosquée depuis 1967. Certains pleuraient, d'autres priaient. « Quelle émotion doit étreindre Hussein qui, en vingt-sept ans, ne s'est pas trouvé aussi proche du dôme, notai-je dans mon journal. On n'aperçoit aucun des vilains bâtiments neufs entourant la vieille ville, ni même la maison de Hussein dont la construction, commencée avant 1967, n'a jamais été achevée. On ne voit que la mosquée comme éclairée de l'intérieur, avec sa cour et ses alentours paisibles. » Hussein a fait plusieurs fois le tour de l'édifice en volant de plus en plus bas jusqu'à ce que nous ne soyons plus qu'à mille pieds à peine au-dessus de sa coupole. La dimension spirituelle très spéciale du but que nous poursuivions m'est apparue avec plus de force que jamais. Un photographe dont le nom de code était Peace Fox (Renard de la paix) qui se trouvait à bord d'un des avions israéliens nous servant d'escorte a fixé ce moment incroyable sur la pellicule. Encore aujourd'hui, une immense émotion m'envahit lorsque je vois, sur cette image, le gigantesque TriStar se détacher sur le ciel d'Israël avec sa queue marquée de la couronne dorée des Hachémites et son fuselage gris, bleu et rouge.

Sitôt arrivée, je me suis rendue au festival de Jérach. Tant de choses s'étaient passées, si vite et si loin, que je voulais juger par moi-même de l'état d'esprit de la population. Hussein se laissait guider par son intuition, parfois par ses impulsions, et toujours par son cœur, c'était dans sa nature ; peut-être à cause des épreuves qui avaient ébranlé sa santé, je sentais le besoin de le protéger durant le processus de paix. Je connaissais les pressions contraires qui s'exerceraient une fois le traité signé, quand le moment serait venu d'instaurer véritablement la paix, et j'ai donc été soulagée de constater, à Jérach et ailleurs dans le pays, l'affection qu'on lui vouait toujours et le soutien dont il continuait à jouir. Il en aurait besoin, et de bien plus encore, pour guider le pays pendant les négociations qui restaient à mener avec Israël, et pour faire accepter les changements spectaculaires qui étaient déjà à l'œuvre.

Moins de deux semaines après la signature de la déclaration de Washington, nous sommes allés à Akaba préparer l'ouverture, prévue pour le 8 août, du premier poste-frontière entre la Jordanie et

Israël. Warren Christopher est venu y assister avec sa femme et plusieurs personnalités américaines. La délégation israélienne, dans laquelle figuraient Yitzhak Rabin, Shimon Peres, ainsi que des membres de l'armée et de la presse, était très importante. La maison a été envahie par une foule d'hommes politiques, de généraux et de journalistes. Une conférence de presse s'est tenue dehors, et les dimensions de l'assistance ainsi que sa composition hétéroclite ont inquiété nos fils que les problèmes de sécurité préoccupaient toujours. « Hamzah et Hachim n'ont pas quitté leur père des yeux, tandis que Mme Christopher et les autres dames observaient le spectacle d'une fenêtre du premier étage, comme à travers le moucharabich d'un harem », ai-je écrit dans mon journal. Les communications téléphoniques entre les deux pays venaient d'être établies et le premier entretien qui avait eu lieu le 6 août entre mon mari et Ezer Weizman, le président israélien, avait ouvert les vannes à un flot jusque-là refoulé d'échanges entre les familles habitant les deux rives du Jourdain.

Les négociations menant à une paix finale reprirent immédiatement entre les délégations jordaniennes et israéliennes. En dépit des progrès déjà accomplis, leur succès n'était pas garanti : l'amertume et la méfiance entretenues pendant des dizaines d'années restaient à surmonter, sans parler des effets de trois guerres dévastatrices. Nous étions optimistes, mon mari et moi, mais demeurions prudents. Les tentatives manquées pour instaurer une paix durable ne se comptaient plus et la presse ne s'était pas fait faute de s'en moquer. Un autre échec était inconcevable. Que les « domaines de coopération » identifiés dans la déclaration de Washington fussent exploités avec succès était d'une importance cruciale, non seulement dans l'intérêt du peuple jordanien, mais pour le bien de toute la région.

À la même époque, nous avons enfin trouvé un endroit où nous installer définitivement. Ayant établi ses frères et sœurs, ses neveux et les aînés de ses enfants, Hussein se sentait enfin libre de penser aux sept cadets et à nous deux. La demeure sur laquelle notre choix s'est d'abord porté se trouvait dans un quartier résidentiel réservé à la famille royale un peu en dehors d'Amman. Connue sous le nom de Darat al-Khair, maison des bénédictions, elle rappelait beaucoup de souvenirs heureux à mon mari ; de ses fenêtres, on avait en outre une vue magnifique sur les villes de Salt et de Jérach et, plus important que tout, elle était loin du Diwan.

J'ai élaboré, avec Rasem Badran, un architecte jordanien connu, un plan qui permettrait à notre famille de vivre sous le même toit sans rien changer d'essentiel au bâtiment originel. Notre idée, qui se serait traduite par un groupe de constructions ressemblant à un village jordanien traditionnel, aurait été trop longue à mettre en œuvre. Nous avons donc décidé d'installer Talal et sa femme Ghida à Darat al-Khair et de rénover pour nous une maison un peu plus grande dans laquelle nos neveux avaient été élevés.

Je n'en étais ni à mon premier site, ni à mon premier collaborateur, ni à mon premier plan d'architecte, mais cette ultime tentative ne ressembla à aucune des précédentes. Au lieu de concevoir une maison qui serait assez grande pour abriter tous les enfants mais qui, à la fin, ne conviendrait plus à une famille de moins en moins nombreuse au fil des années, j'ai décidé d'ajouter à la bâtisse existante une annexe qui permettrait aux aînés de jouir d'une relative indépendance. J'espérais satisfaire ainsi nos besoins dans l'immédiat et dans un avenir proche, et nous permettre de nous adapter aux changements inévitables qui se produiraient à mesure que les enfants grandiraient et nous quitteraient. J'ai aménagé les alentours de la maison de façon à fournir à mon mari l'espace naturel auquel il tenait par-dessus tout. J'ai apporté beaucoup de soin au dessin d'une rocaille encaissée qui, située devant son bureau, lui fournirait un endroit propice aux conversations privées et aux moments de solitude. Avant notre installation, Hussein a baptisé notre nouvelle demeure Bab al-Salam, porte de la paix, nom de l'un des portails de la Masjid al-Haram al-Charif, la grande mosquée de La Mecque.

Pendant que je m'occupais des plans de notre maison, le roi travaillait avec le Premier ministre israélien à mettre au point les derniers détails de l'accord de paix. Nous n'avions jamais été si proches du but et nous n'aurions jamais de meilleur partenaire que Rabin. Les rapports qu'il avait avec lui étaient directs et souvent abrupts, comme ceux de deux soldats, disait mon mari. Chacun était capable de se mettre à la place de l'autre. Une question ponctuait les négociations : « Si j'étais vous, pourrais-je supporter une telle chose ? » Ils savaient que ce ne sont pas les gouvernements qui font la paix mais les peuples, et que, pour être durable, l'accord conclu devait répondre aux besoins des populations. Ils ne voulaient ni l'un ni l'autre apposer leur signature sur une feuille de papier, se serrer la main et voir la paix s'effondrer sous leurs yeux. À la mi-octobre, le succès était à portée de main.

Le moment de finaliser l'accord est arrivé le 16 octobre au soir. J'ai embrassé mon mari quand il est parti retrouver Rabin à Hashimya, et lui ai souhaité bonne chance. La nuit m'a semblé longue. Lorsque le téléphone a sonné le lendemain matin, la voix épuisée mais jubilante de Hussein m'a enfin rassurée : « Tout va bien, nous y sommes arrivés ! » m'a-t-il dit. Il a ajouté que mes encouragements l'avaient aidé à aller jusqu'au bout et j'en ai été très touchée.

Le chemin parcouru avait été long. Après bien des hauts et des bas, nous avancions maintenant à un rythme accéléré. Les négociations compliquées et laborieuses ayant abouti à la déclaration de Washington étaient derrière nous ; après trois mois d'effort, le roi et Rabin avaient réglé chaque détail. Le traité de paix auquel Hussein avait consacré une si grande partie de sa vie était enfin prêt à être signé.

« Nous vivons un jour unique en termes d'espoir, de promesse et de détermination, déclara mon mari en annonçant la nouvelle. Le règne de la paix va s'ouvrir, celui du respect mutuel, de la tolérance et de l'effort accompli en commun par les peuples aujourd'hui, et par leurs descendants demain, pour bâtir ensemble un monde digne d'eux. » Les mots prononcés par Rabin furent eux aussi chargés d'émotion : « Quand l'aube s'est levée ce matin, annonçant le début d'un jour nouveau, une vie nouvelle a commencé dans le monde, a-t-il dit. Des enfants sont nés à Jérusalem. Des enfants sont nés à Amman. Mais ce matin, les choses sont différentes. Mères des nouveau-nés jordaniens, que ce moment soit béni pour vous. Mères des nouveau-nés israéliens, que ce moment soit béni pour vous. La paix décidée aujourd'hui nous donne l'espoir que les enfants nés en ce jour ne se feront jamais la guerre, que leurs mères ne connaîtront jamais le deuil. »

Bill Clinton vint assister à la signature de l'accord et fut ainsi le premier chef d'État américain à faire une visite d'État en Jordanie depuis 1974. La date choisie pour la cérémonie se trouva coïncider avec celle de l'anniversaire de Hillary. L'ayant appris le matin, nous nous sommes hâtés de commander un gâteau. Nous avons célébré les deux événements en déjeunant d'abord ensemble à Akaba et en nous rendant ensuite à Amman où le Président prononça un discours émouvant devant les deux Chambres du parlement jordanien réunies. Il souligna le double aspect du traité de paix, insistant autant sur ses avantages politiques et matériels – l'effacement de la dette de la Jordanie, le développement du fossé du Ghor, l'essor du commerce, l'afflux des investissements – que sur ses bénéfices spirituels. Faisant écho à une conviction souvent exprimée par mon mari, il rappela que ce que les peuples ont en commun importe plus que ce qui les sépare, et cita les paroles adressées par Moïse au peuple d'Israël sur le point de traverser le Jourdain : « C'est la vie et la mort que j'ai mise devant toi, c'est la bénédiction et la malédiction. Tu choisiras la vie pour que tu vives, toi et tes descendants. » Il emprunta ensuite au prophète Mahomet un message semblable de paix et de tolérance religieuse : « Il n'y a pas de divergences entre nous. En Dieu pour nous tous est le retour. »

L'ouverture symbolique des frontières représentait une immense avancée. La possibilité concrète de les franchir eut cependant des conséquences imprévues. Tout de suite après la signature du traité, une masse de touristes israéliens envahit Pétra, le trésor archéologique de la Jordanie. Hommes et chevaux encombrèrent le *Siq*, l'étroit défilé par lequel les Nabatéens pénétraient dans leur ville, et la foule était souvent trop nombreuse pour tenir dans l'étroit espace où s'élèvent les anciens monuments dont les fragiles pierres calcaires se détériorèrent à un rythme accéléré.

En 1985, l'UNESCO avait inscrit Pétra sur la liste des sites appartenant au patrimoine de l'humanité et, bien avant la signature du traité de paix avec Israël, j'avais demandé à Frederico Mayor, son directeur à l'époque, de nous aider à établir un plan pour l'ensemble de la région. Les hôtels de luxe avaient commencé à y proliférer : six nouveaux quatre et cinq étoiles y avaient été élevés en deux ans, et la construction d'un grand nombre d'autres était projetée. Ce développement anarchique dont l'impact sur l'environnement n'avait fait l'objet d'aucune évaluation était désastreux.

S'il était impératif de protéger les monuments, il était également nécessaire de réglementer les revenus que le site rapportait. Nous avons interdit aux Bédouins des environs d'entrer dans le *Siq* et, comme ils se plaignaient amèrement, nous leur avons permis, en guise de compensation, de fournir aux visiteurs des chevaux pour faire le trajet séparant le centre touristique de l'entrée du défilé. À la demande de l'UNESCO, nous avons augmenté le prix de l'accès à l'intérieur de la ville et nous l'avons porté à trente dollars, ce qui a provoqué la colère des hôteliers. (Nous avons suscité celle des touristes étrangers en décidant d'appliquer un tarif très inférieur aux Jordaniens.) Nous avons veillé, tâche encore plus difficile, au déblaiement de milliers de tonnes de pierres qui encombraient le sol du *Siq*, risquant d'accélérer l'érosion et de provoquer des inondations soudaines. En dépit de tous ces efforts, Pétra, inscrite en 1998 sur la liste des cent sites d'importance mondiale les plus menacés, continue à y figurer.

Au mois de novembre, à l'occasion de la ratification du traité de paix, mon mari se rendit en hélicoptère à la pointe sud du lac de Tibériade. C'était la première visite qu'il faisait en Israël et des écoliers israéliens extatiques l'accueillirent en criant « Hussein, Hussein ! » La chaîne de télévision CNN cita ce soir-là le commentaire d'un reporter israélien : s'il était candidat aux élections en Israël, le roi remporterait la victoire haut la main, avait dit ce journaliste. Si elle amusa mon mari, une telle remarque irrita certains milieux conservateurs en Jordanie et dans d'autres pays arabes.

Le succès des négociations de paix avait complètement transformé Hussein. Je m'en aperçus surtout en novembre 1994 lors de la visite d'État du roi Juan Carlos et de la reine Sophie. C'était la première du genre que nous recevions depuis la guerre du Golfe et mon mari me sembla beaucoup plus détendu que d'habitude en pareille circonstance. La venue des souverains espagnols correspondait avec son anniversaire, et ils lui offrirent une magnifiqu_ jument andalouse gravide. Les effets d'une terrible maladie _ s'était abattue quelques années plus tôt sur cette race s'éta_ suffisamment effacés pour que nos amis puissent nous offrir une femelle. Elle alla rejoindre l'étalon que nous avions déjà reçu d'eux, il y avait longtemps.

L'humeur de Hussein se fit encore plus joyeuse après le départ de nos hôtes. De retour à Akaba, il fut pris de l'envie de franchir la frontière israélienne et de s'approcher d'Eilat. Environné de dauphins et d'une flottille de petits bateaux locaux, il fut accueilli par une foule d'Israéliens qui lui envoyaient des baisers et qui l'acclamaient. « L'atmosphère est électrique et empreinte de bonhomie, ai-je noté dans mon journal. Avec sa nature spontanée, Hussein nous met sans cesse dans des situations amusantes. Le plaisir partagé qu'elles nous procurent est la récompense la plus merveilleuse qu'un mariage vieux de bien des années puisse offrir. »

Ce fut plus tard au tour de la reine Béatrice de Hollande de faire en Jordanie une visite officielle. Je connais peu de personnes aussi bonnes et chaleureuses et elle compte parmi nos amies les plus loyales. Elle a succédé à sa mère, la reine Juliana, quand celle-ci a abdiqué en 1980, et ils ont été, elle et son mari, le prince Claus, nos premiers hôtes royaux après notre mariage. Ils ont toujours fait preuve d'une grande compréhension à l'égard des problèmes politiques, économiques et humains que nous avons eu à affronter.

L'humeur de mon mari est demeurée au beau fixe en Angleterre où nous avons été rejoints par Hachim, arrivé pour les vacances de Thanksgiving des États-Unis où il faisait ses études, et par Hamzah venu de Harrow pour passer le week-end. Le prince Charles avait organisé une partie de chasse à Sandringham et je me rappelle avoir regardé de loin mon mari et mes deux fils parcourir la région vallonnée en culottes, gilets et bottes – la tenue de rigueur – et m'être sentie fière de mes trois superbes hommes.

En mai 1995, nous étions de retour en Angleterre pour le cinquantième anniversaire du jour de la Victoire. À notre arrivée au palais de Buckingham pour la cérémonie inaugurale, notre voiture s'est vu accorder la première place dans la file de véhicules alignés devant l'entrée : après tant d'années passées sur le trône, Hussein vait la préséance sur tous les souverains conviés pour l'occasion. ndis que nous attendions le moment de descendre de voiture, sein s'est souvenu, non sans un certain étonnement, que c'était à l'occasion de la mort du roi George VI, le père de la reine Élisabeth, qu'il était venu en Angleterre pour la première fois en tant que monarque. Il était alors le benjamin, et la dernière position lui avait été assignée. Quarante ans plus tard, après avoir traversé des crises et survécu à des conflits sans nombre, il était le doyen de tous les invités.

CHAPITRE 19
Au bord de l'abîme

Je me trouvais au Swaziland quand j'ai appris la nouvelle. Je venais de quitter Johannesburg, en Afrique du Sud, après avoir assisté à la réunion du Conseil international des United World Colleges présidée par Nelson Mandela. J'avais, à cette occasion, moi-même officiellement succédé au prince Charles à la tête du mouvement.

Nous étions ensuite partis pour le Swaziland afin d'y visiter le United World Colleges de Waterfor Kamhbala qui avait été un modèle sur le plan de l'égalité des chances en matière d'éducation pendant les années d'interdiction imposées par l'apartheid, et avait accueilli plusieurs générations d'élèves sud-africains et swazis, notamment les enfants et petits-enfants de Nelson Mandela. Le roi Mswati, le jeune et énergique souverain du Swaziland, avait visité l'établissement avec moi et avait ensuite donné un banquet pittoresque en notre honneur. De retour à mon hôtel, j'avais appris que mon mari avait téléphoné et voulait me parler de toute urgence. J'ai réussi à le joindre quelques minutes plus tard et il m'a dit qu'on venait de tirer sur Yitzhak Rabin ; on ne savait rien de plus. J'ai posé le combiné et suis restée assise, abasourdie, mais me raccrochant à l'espoir que Rabin survivrait. Peu après, Hussein m'a rappelée. Secoué par le chagrin, il m'a annoncé que Rabin était mort, assassiné par un Israélien. J'ai essayé de le réconforter et lui ai dit que je prenais immédiatement l'avion pour rentrer. Le roi Mswati s'est montré très compréhensif et a eu la bonté de faire ouvrir l'aéroport le lendemain à 6 heures du matin pour que je puisse partir, et de venir en personne me faire ses adieux.

Nous nous sommes rendus, le roi Hussein et moi, à Jérusalem pour les funérailles de Rabin. Mon mari n'y était pas allé depuis la guerre de 1967. Étant moi-même épouse et mère, je ressentais une sympathie profonde pour Leah Rabin. « C'est par la grâce de Dieu que je suis moi-même ici », n'ai-je pas pu m'empêcher de penser tandis que j'offrais mes condoléances à la veuve et à sa famille frappées par le deuil.

Les mots que le roi Hussein a prononcés ce jour-là firent vibrer le monde entier. « C'était un homme courageux, un visionnaire dévoué à la paix. Je jure devant vous ici, devant mon peuple en Jordanie, devant le monde, je me jure à moi-même que nous consacrerons toutes nos forces à la poursuite de la tâche entreprise afin d'être certains de laisser derrière nous un legs semblable à celui que nous recevons de lui. Nous n'avons ni honte, ni peur, nous n'avons que la détermination de nous montrer dignes de la cause pour laquelle mon ami est mort, comme mon grand-père avant lui, dans cette même ville, lorsque, jeune garçon, j'étais à ses côtés. »

On me reprocha plus tard ici et là dans la région, d'avoir manifesté du chagrin à la mort de Rabin, un Israélien, mais je n'étais en vérité pas la seule. Des gens de toutes les religions, autour de nous et ailleurs dans le monde, déplorèrent la disparition d'un homme d'État qui avait littéralement donné sa vie pour la paix. L'effet que le décès de Rabin aurait sur le processus de paix inspirait de sombres pressentiments à Hussein. De grands espoirs étaient fondés sur « les dividendes de la paix » comme on appelait de plus en plus communément les gains considérables que le nouvel état de choses permettrait d'obtenir non seulement sur le plan diplomatique, mais dans le domaine du développement national. Une chance de progresser était enfin offerte à notre société, prisonnière du conflit pendant tant d'années. Le relâchement des tensions encouragerait un afflux d'investissements et une participation plus large à l'édification du pays et au renforcement de ses institutions, estimions-nous, mon mari et moi. Je rentrai à Amman profondément ébranlée par la mort de Rabin et par la pensée de ses éventuelles conséquences, mais plus que jamais déterminée à m'efforcer de bâtir des ponts reliant les groupes humains et les civilisations.

Une paix véritable n'est pas issue de traités signés par les gouvernements, aimait à dire le roi Hussein, ce sont les peuples qui la construisent. Pour les inciter à collaborer, ne devrions-nous pas commencer par agir sur les enfants ? Favoriser, dans une atmosphère confiante et exempte de menaces, les rencontres et les échanges de points de vue francs et honnêtes entre les membres de la génération nouvelle permettrait sans doute de surmonter l'hostilité mutuelle ressentie par leurs aînés. Grâce à l'éducation et aux contacts, on pourrait faire comprendre à la jeunesse à quel point il est important de résoudre les conflits sans recourir à la violence, la former aux méthodes susceptibles d'y parvenir et lui offrir l'occasion d'exprimer son opinion sur les questions qui la concernent. Si on donnait à l'enseignement de la paix la priorité accordée jusqu'ici aux écoles militaires, peut-être jouirait-on d'une sécurité plus grande que celle assurée par la guerre.

Cet objectif était au premier plan de mes préoccupations lorsque, dans les années 1990, j'avais pris part à trois programmes visant à encourager la compréhension interculturelle et la résolution des conflits en réunissant des jeunes et des futurs décideurs venus de toutes les parties de notre région et du monde entier afin qu'ils apprennent à se connaître et à mettre leurs valeurs humaines communes au service de projets collectifs.

Depuis 1993, Seeds of Peace, un mouvement créé par John Wallach, rassemblait chaque été des enfants originaires du Moyen-Orient et d'autres régions dévastées par les conflits afin de leur donner l'occasion d'abattre les barrières des préjugés et d'apprendre le respect mutuel. On les incitait à comprendre que « l'ennemi a un visage », comme le disait son fondateur. Ainsi est né un important réseau de futurs dirigeants et de défenseurs de la paix, préférant le dialogue à l'affrontement. Asel Asleh, un jeune étudiant palestinien vêtu d'un tee-shirt portant l'inscription Seeds of Peace fut tué par une balle israélienne dans la rue en Cisjordanie. Les membres de sa famille refusèrent de laisser leur désespoir céder la place à la haine et de trahir ce en quoi leur fils croyait. Ils accueillirent les amis juifs du défunt chez eux et leur permirent d'assister à son enterrement et de le pleurer avec eux. D'autres étudiants membres de Seeds tentent de maintenir le contact quand la violence se déchaîne autour d'eux. Des centaines d'Israéliens et de Palestiniens utilisent le réseau de Seeds pour s'envoyer des mails ou se téléphoner, échangeant leurs opinions, se réconfortant par-dessus le bruit des coups de feu, et se rencontrent même au Centre pour la paix de l'association à Jérusalem, au péril de leur vie. Par leurs actes et leurs paroles, ils nous adjurent de ne pas céder au désespoir, de ne jamais cesser de lutter pour la paix. Je rencontrais souvent ces jeunes gens avec Hussein, et ils étaient une source inépuisable d'espérance pour lui, surtout pendant les phases les plus frustrantes et les plus douloureuses du processus de paix.

Les United World Colleges constituent quant à eux un réseau d'établissements secondaires débouchant sur un diplôme, et favorisant la compréhension interculturelle, la paix et la tolérance – idéaux encore plus pertinents aujourd'hui, dans notre monde déchiré par les conflits, qu'après la Seconde Guerre mondiale, époque de leur création. Sur chaque campus, des étudiants venus de différents pays du monde vivent ensemble, étudient et exécutent des travaux d'intérêt général. Ils abolissent ainsi les barrières entre les peuples et tissent des liens complexes de compréhension en échangeant leurs points de vue nationaux et régionaux. Comme me l'a dit un ancien étudiant : « En arrivant on a des certitudes. Ensuite toutes ses idées sont chamboulées. On commence à apprendre à rechercher la vérité, à la voir telle qu'elle apparaît aux autres. C'est de cette façon que le monde changera. » L'enthousiasme, l'engagement, la solidarité que je lis dans les yeux de cette jeunesse nourrissent la vision d'espoir et de paix qui me soutient.

Il y avait dix United World Colleges dans le monde, et nous rêvions qu'il y en ait un au Moyen-Orient pour accueillir des étudiants d'ici et d'ailleurs. Nous l'avons fondé à Akaba, sur un site magnifique, doté d'une grande valeur symbolique en raison de la vue qu'il offre sur la Jordanie, Israël, l'Arabie saoudite et l'Égypte ainsi que de sa proximité avec le territoire palestinien. Nous espérions que sa création contribuerait à la formation de la génération d'artisans de la paix dont nous nous efforcions d'encourager l'émergence.

Un centre d'apprentissage de ce type existait déjà à Amman, l'International Leadership Academy, officiellement inaugurée lors du cinquantième anniversaire des Nations unies. Cet établissement, le premier du genre, avait pour but de développer la coopération internationale par le dialogue et les échanges interculturels. Sa conception était due à Abdel Salam Majali, un ancien Premier ministre jordanien qui avait eu l'idée de fournir aux jeunes cadres un lieu de rencontre où ils pourraient confronter leurs idées, leurs expériences et leurs points de vue, et discuter avec des personnalités originaires du monde entier. Là, ces jeunes gens acquéraient des compétences, mais aussi, ce qui était plus important, l'ouverture d'esprit et la flexibilité, indispensables aux dirigeants de demain.

Les jeunes filles et les femmes jordaniennes participant à de tels programmes font souvent preuve de qualités remarquables, phénomène d'autant plus encourageant que, d'après mes propres constatations, là où les femmes sont à égalité avec les hommes, les progrès s'accélèrent et donnent lieu à un développement durable. Je m'étais beaucoup intéressée aux problèmes des femmes dès le début de mon mariage, et des projets patronnés par la Fondation Noor al-Hussein et associés à des programmes de microcrédit – Bani Hamida, le Développement de l'artisanat national, la Qualité de la vie ainsi que celui mis en œuvre par l'Institut pour la santé et le développement des enfants – ont considérablement élargi mon horizon. Nous avons, les membres de mon équipe et moi, travaillé en étroite liaison avec deux organismes nationaux : la Fédération générale des femmes jordaniennes (General Federation of Jordanian Women) qui s'occupe surtout du statut politique, économique et social des femmes, et le Club des femmes d'affaires et membres des professions libérales (Business and Professional Women's Club) qui s'intéresse à la place des femmes dans le monde du travail.

La condition féminine s'est considérablement améliorée au fil du temps. Le pourcentage des femmes au travail a doublé, et la législation est en passe de leur devenir plus favorable. Cependant, si elles bénéficient de la même éducation que les hommes, elles n'entrent dans le monde du travail qu'en nombre encore relativement modeste.

Les obstacles empêchant beaucoup de Jordaniennes de développer leur potentiel étaient une source d'insatisfaction pour nombre d'entre nous, en particulier pour le roi. Ce gâchis n'était pas, bien sûr, le fait de la seule Jordanie. Des années après les progrès accomplis par le mouvement féministe aux États-Unis, grande nation démocratique s'il en est, le nombre des femmes élues ou nommées à des postes importants était encore très limité. Et il avait fallu attendre les élections présidentielles de 1980 qui portèrent Ronald Reagan au pouvoir pour que l'existence du « fossé entre les sexes » soit reconnue publiquement.

En Jordanie, les femmes consacrent pour beaucoup leurs talents et leur énergie à l'exercice de leurs responsabilités domestiques. La cohésion de la cellule familiale qui en résulte crée une stabilité sociale que la plupart des pays occidentaux devraient juger enviable. Le nombre des crimes et actes de violence inexplicables est moins élevé au Moyen-Orient que dans le monde industrialisé, phénomène dû en grande partie au dévouement des femmes à leur foyer. Les Jordaniennes qui désirent embrasser une carrière sont néanmoins libres de le faire, et j'ai eu l'occasion de travailler, au sein de mon propre bureau ou ailleurs dans la région, avec un grand nombre de femmes hautement qualifiées et très remarquables.

Notre société n'est certes pas exempte d'injustices. La bienveillance scandaleuse dont y jouissent les « crimes d'honneur » en est un exemple flagrant. Un homme qui tue son épouse, sa sœur ou une de ses filles sous prétexte qu'elle a eu des relations sexuelles illicites profite d'une quasi-impunité. Malgré tous les progrès faits dans le pays en matière de démocratie et de droits de l'homme, l'article 340 selon lequel « quiconque tue ou blesse sa femme ou une de ses parentes qu'il a découverte commettant l'adultère est exempté de toute peine » demeure inscrit dans le code pénal. Notre impuissance à faire réviser cet article de loi nous causait beaucoup de souci.

Environ vingt-cinq meurtres de ce type étaient commis chaque année en Jordanie, chiffre moins élevé que celui souvent enregistré ailleurs. Mais les crimes passionnels sont punis dans beaucoup de pays, et il nous semblait de notre devoir de nous efforcer d'obtenir une modification de la législation jordanienne sur ce point. Le roi Hussein condamna les violences faites aux femmes dans le discours inaugural qu'il prononça devant le Parlement en 1997, mais, malgré tous nos efforts, les députés votèrent à plusieurs reprises le maintien de l'article en question. Bien que la Constitution et la charia, la loi religieuse, soient l'une et l'autre opposées aux crimes d'honneur et interdisent aux individus de se faire justice eux-mêmes, la volonté politique manquait pour opérer le changement.

La journaliste jordanienne Rana Husseini se chargea presque à elle seule d'attirer l'attention du public sur le problème en écrivant une série d'articles dont la publication s'échelonna sur une période de neuf ans. Ses écrits, et les motifs auxquels elle obéissait, lui attirèrent de nombreuses critiques, et elle reçut même des messages haineux et des lettres de menace. Elle n'en persista pas moins. « J'ai tenu bon parce que je savais que j'avais raison et que mes idées ne contredisaient ni la charia ni les droits de l'homme », me dit-elle. En 1998, le prix Reebook vint récompenser ses efforts.

Les atteintes aux droits de l'homme et à ceux de la femme commises dans d'autres parties du monde me préoccupaient elles aussi, et j'étais particulièrement sensible aux souffrances de la population féminine de la Bosnie. La Jordanie avait accueilli près de cent familles de réfugiés originaires de cette région depuis que la guerre y avait éclaté en 1993. La communauté internationale manifestait cependant un manque d'intérêt choquant pour le sort des réfugiés musulmans que la politique de « nettoyage ethnique » menée par le gouvernement serbe forçait à quitter leur pays en un flot continu. Le président français Jacques Chirac, à qui cette indifférence causait une grande indignation, m'avait entreprise sur ce sujet lors d'une visite officielle que nous faisions dans son pays, et m'avait demandé ce qui pourrait, à mon avis, être fait pour attirer l'attention sur le problème.

Je me suis mise en rapport avec d'autres épouses de chefs d'État et avec leurs maris pour les convaincre de la nécessité qu'il y avait à mener une action collective et à augmenter le volume de l'assistance apportée à la Bosnie. La Jordanie envoya pour sa part des avions chargés de nourriture, de couvertures, de médicaments et de matériaux nécessaires à la reconstruction et, en juillet 1996, je me suis rendue à Tuzla où j'ai retrouvé Swanee Hunt, fondatrice du mouvement international Women Waging Peace et ambassadrice des États-Unis en Autriche, et Emma Bonino, commissaire européen de nationalité italienne, coprésidentes avec moi du Projet pour les femmes de Srebrenica. Trente mille survivants des massacres dont cette ville a été le théâtre vivaient là dans des camps temporaires mal équipés, en majorité des femmes musulmanes qui avaient perdu la trace de leurs maris et de leurs fils. Nous sommes allées à leur rencontre dans un immense gymnase où elles étaient réunies. Beaucoup suppliaient qu'on leur apprenne le sort des hommes et des jeunes garçons dont elles étaient sans nouvelles et demandaient que les responsables du carnage soient livrés à la justice. Une hystérie croissante s'est emparée de l'assemblée composée en grande partie de veuves éplorées. Tandis que leurs cris de douleur s'élevaient en un terrible crescendo, je suis montée sur une estrade et j'ai réussi à rétablir un peu de calme en récitant des versets du Coran. Que pouvait-on dire face à de pareilles souffrances, de pareils crimes contre l'humanité ? Les malheureuses avaient suspendu aux murs et aux agrès de la vaste salle des morceaux de tissus sur lesquels étaient brodés les noms de sept mille disparus. Les organisatrices de cette première commémoration de la chute de Srebrenica avaient invité des femmes serbes et croates, elles aussi endeuillées. « Nous sommes toutes mères », avaient-elles expliqué.

Après la cérémonie, elles partirent en tournée en emportant la bannière rappelant l'événement et récoltèrent des centaines de milliers de dollars destinés à aider les femmes de Srebrenica à reconstruire leur vie.

De retour en Bosnie cinq ans plus tard en tant que membre de la Commission internationale pour les personnes disparues créée en 1996 lors du sommet du G7 réuni à Lyon, j'ai rencontré beaucoup de ces femmes. Elles étaient toujours sans nouvelles des êtres chers à leur cœur, ne pouvaient refaire leur vie sans savoir ce qui leur était arrivé, et sans être sûres que les massacres seraient officiellement reconnus. Même si les techniques de pointe utilisant l'ADN ont permis d'accélérer l'identification des restes trouvés dans les fosses communes éparpillées dans les Balkans (celles-là mêmes employées à New York sur le site du World Trade Center après l'attentat du 11 septembre 2001) et si le travail accompli avec les associations familiales ont apporté un espoir nouveau à ces femmes, force est d'admettre que les blessures infligées par le conflit dans les Balkans seront malheureusement longues à guérir, et que la réconciliation demandera de nombreuses années.

En 1996, les femmes continuaient elles aussi à souffrir des conséquences de la guerre et du chaos en Jordanie, en Palestine et au Liban, en particulier les Palestiniennes qui, comme leurs sœurs de Srebrenica, attendaient impatiemment de pouvoir retourner chez elles. Cette année-là, une telle éventualité apparaissait malheureusement de plus en plus lointaine.

La paix entre la Jordanie et Israël s'était beaucoup fragilisée depuis l'élection de Benjamin Netanyahou au poste de Premier ministre. Deux mois à peine après avoir pris ses fonctions, il annonça qu'il abandonnait le gel imposé quatre ans plus tôt par les accords d'Oslo à l'expansion des colonies juives en Cisjordanie. À notre grande horreur, il approuva la construction de deux mille habitations nouvelles dans la vallée du Jourdain sous occupation, geste incendiaire qui fut condamné par la Ligue arabe et provoqua de la part de mon mari un avertissement sévère concernant notre propre traité de paix. Ces protestations furent sans effet, et Netanyahou ralentit considérablement le rythme du retrait des troupes israéliennes stationnées sur le territoire palestinien, y compris de celles occupant Hébron, ville habitée par cent trente mille Palestiniens et seulement cinq cents Juifs. La tension, perceptible pour tout le monde, laissait insensibles les partisans d'une ligne dure qui entouraient Netanyahou. Le Premier ministre israélien était au pouvoir depuis tout juste trois mois lorsqu'il mit le feu aux poudres en creusant, sous la mosquée sacrée d'Al-Aqsa, un nouvel accès à un tunnel menant à Jérusalem-est, la partie arabe de la ville.

Le roi Hussein était furieux. Les Israéliens ne l'avaient pas prévenu malgré la visite que lui avait faite, vingt-quatre heures plus tôt, un important émissaire de Netanyahou. Ce geste, qui symbolisait la revendication par Israël de sa souveraineté sur la ville de Jérusalem tout entière, remettait en question le rôle spécifié dans le traité de paix de gardien des lieux saints que mon mari jouait en tant que représentant des Hachémites. Cinquante-quatre Palestiniens trouvèrent la mort pendant les quatre jours de violence qui s'ensuivirent à Jérusalem, et le traité se trouva menacé. Trente-huit groupes jordaniens, notamment des partis politiques et des organisations professionnelles, signèrent une déclaration condamnant la normalisation des relations du pays avec Israël.

Les espoirs suscités par le traité dans toutes les couches de la société jordanienne s'évanouissaient rapidement. Israël n'avait pas tenu les promesses contenues dans les accords commerciaux conclus pendant la période préliminaire des négociations, et les dividendes de la paix tant attendus ne s'étaient pas concrétisés. D'après un sondage effectué au début de 1996, quarante-sept pour cent de la population jugeaient que l'économie s'était détériorée au cours des deux années qui avaient suivi la signature du traité. La dette publique était si importante que le Fonds monétaire international exigea du gouvernement qu'il cesse de soutenir le prix du pain, mesure qui provoqua des émeutes pendant l'été 1996. Une telle évolution était prévisible, et si facile à éviter. « Pour construire la paix, les peuples ne doivent pas avoir une cause pour laquelle se battre, mais une cause pour laquelle cesser de se battre », dis-je aux États-Unis lors de la remise de la médaille Eleanor Roosevelt Val-Kill qui nous fut attribuée, à Leah Rabin et à moi-même, pour récompenser notre action en faveur de la paix.

Le processus de paix était si mal en point que le président Clinton invita le roi Hussein, Yasser Arafat et Benjamin Netanyahou à participer à une réunion d'urgence à la Maison Blanche, le 2 octobre. Face à Netanyahou, Hussein ne mâcha pas ses mots et dressa des transgressions israéliennes une liste qui, tombée entre les mains de Thomas Friedman, un journaliste du *New York Times*, fut publiée. Y figuraient les expropriations de terres palestiniennes attribuées à des colonies juives, les couvre-feux imposés aux Palestiniens, l'absence de calendrier concernant le retrait des troupes israéliennes occupant Hébron et la négociation d'un statut définitif, le tunnel creusé sous la mosquée, la pernicieuse mentalité d'assiégé qui continuait à être celle d'Israël alors que seul le respect mutuel aurait véritablement assuré sa sécurité. « Je parle en mon nom, et en celui d'Yitzakh Rabin, un homme dont je suis fier d'avoir pu me dire l'ami, et au nom de ceux à qui la paix bénéficie, dit le roi Hussein à Netanyahou. La bonne volonté accumulée jusqu'ici est en train de disparaître. Nous sommes au bord d'un abîme, et en dépit de tous nos efforts, il se pourrait que nous nous y tombions – tous tant que nous sommes. »

Voir tout ce que nous avions contribué à construire se désintégrer si rapidement sous nos yeux nous désespérait, mais mon mari se sentait impuissant, car l'homme qu'il avait en face de lui s'appuyait sur une idéologie, non seulement inflexible, mais souvent déconnectée de la réalité. Nous étions de passage à Londres, après une visite aux États-Unis durant laquelle un grand nombre de personnalités américaines d'origine juive s'étaient déclarées consternées par l'attitude du Premier ministre israélien, quand celui-ci a téléphoné pour dire qu'il voulait voir Hussein dès que possible. Il abrégerait, a-t-il indiqué, son séjour aux États-Unis et viendrait retrouver le roi en Angleterre. Les Juifs américains qui soutenaient Israël avaient de toute évidence insisté pour qu'un rapprochement ait lieu entre les deux dirigeants.

Lorsque Netanyahou est arrivé le lendemain soir, j'étais sous la douche. Les services du protocole des deux pays avaient décidé d'un commun accord qu'il viendrait seul, et j'ai donc été surprise d'apprendre que son épouse était elle aussi là. Je suis descendue au salon les cheveux encore humides, décidée à me montrer aimable et à éviter de parler politique. Malgré mes bonnes intentions, j'ai pourtant, à ma façon inimitable, mis sans le faire exprès le pied sur une mine. J'étais en train d'évoquer les effets positifs qu'avaient eus sur nos deux sociétés les contacts qui se multipliaient depuis quelque temps dans les cercles gouvernementaux, le milieu des affaires et au niveau individuel. Dans le cadre du processus de paix, ai-je remarqué, nous trouvions très encourageant de voir que les universitaires israéliens et palestiniens procédaient à une révision des manuels scolaires et des livres d'histoire afin d'en supprimer toute propagande. J'ai vu mon interlocutrice se hérisser.

« Que voulez-vous dire par propagande ? » a-t-elle demandé. Comme exemple des idées fausses qui avaient dressé nos peuples l'un contre l'autre j'ai cité la façon dont, dans les années 1940, la Palestine était qualifiée de « terre sans peuple pour un peuple sans terre », alors que les Palestiniens y vivaient en réalité depuis des milliers d'années. Ma visiteuse a de nouveau sorti ses griffes.

« Comment ça ? a-t-elle interrogé. Lorsque les Juifs sont arrivés dans la région, il n'y avait pas d'Arabes. Ils sont venus pour trouver du travail quand nous avons commencé à bâtir des villes. Il n'y avait rien ici avant.

— Beaucoup de vos propres historiens seraient prêts, j'en suis sûre, à reconnaître l'inexactitude de vos propos », ai-je répondu.

Cette conversation m'a semblé très révélatrice. Je connaissais la réputation de rigidité de Netanyahou, mais entendre sa femme énoncer d'une manière si catégorique une version aussi erronée de l'histoire était extrêmement inquiétant. Les Israéliens croyaient-ils vraiment à un tel mythe ? Si oui, quelles autres fables pourraient-elles nous empêcher de collaborer avec eux à l'instauration de la paix ?

De retour à Amman, nous nous sommes installés dans notre nouvelle demeure, Bab al-Salam. C'était pour Hussein un refuge où il se sentait à l'abri des turbulences du monde extérieur. Il adorait la manière dont, au rez-de-chaussée, les pièces, la cuisine familiale en particulier, s'ouvraient sur une terrasse prolongée par une pelouse, ce qui les rendait lumineuses et leur prêtait une ambiance naturelle. Il aimait également le petit salon douillet avec sa haute cheminée décorée d'une belle mosaïque commandée à notre école des beaux-arts de Madaba, et aussi la bibliothèque conçue sur deux étages, donnant sur une terrasse. Dans le hall d'entrée et dans la salle à manger, j'avais suspendu des portraits de lui et de certains membres de sa famille, en particulier de son père, le roi Talal, de son grand-père, le roi Abdallah et de son arrière-grand-père, le chérif Hussein bin Ali.

Les travaux n'étant pas entièrement terminés, notamment dans mon bureau et dans l'annexe prévue pour les aînés des enfants, nous nous sommes tous entassés dans la partie achevée, chose qui a beaucoup plu à Hussein, car il préférait se sentir entouré par sa famille plutôt que séparé d'elle par plusieurs étages, comme cela avait été le cas pendant des années à Al-Nadwa.

Mon mari regardait avec ravissement le jardin prendre forme. Il adorait les jasmins, les orangers et les autres plantes odoriférantes dont je l'avais rempli, et souscrivait au choix que j'avais fait d'espèces faciles à entretenir et ne craignant pas la sécheresse. J'avais moi-même un faible pour les palmiers et les bougainvillées que j'avais appris à aimer à Santa Monica dans mon enfance, et j'en avais mis partout où je pouvais. Dans le potager où était pratiquée la culture biologique, le fumier de mouton servait d'engrais, et des plants de lavande et d'aubergine éloignaient tant bien que mal les insectes. Hussein approuvait avec un enthousiasme particulier l'usage fait de traverses de l'ancienne voie de chemin de fer du Hedjaz pour encadrer les plates-bandes, et il était curieux de toutes les étapes du processus permettant de paysager les alentours de la maison. « Qu'est-ce que vous êtes en train de faire ? » a-t-il demandé un jour aux jardiniers en rentrant à la maison. Ayant appris qu'ils débarrassaient la pelouse des pierres qui s'y trouvaient, il s'est mis au travail avec eux. En dessinant le jardin, j'avais voulu ménager un espace aussi dégagé que possible afin que nos enfants, et nos petits-enfants – déjà au nombre de onze –, puissent s'y retrouver et pratiquer ensemble les jeux et les sports qui leur plaisaient.

Nous étions heureux à Bab al-Salam, mais la paix était loin de régner au-dehors. Netanyahou et son gouvernement finirent par retirer les troupes israéliennes d'Hébron, mais ils déclenchèrent immédiatement une nouvelle crise en autorisant la construction de six mille cinq cents habitations israéliennes sur un terrain de cent soixante-dix hectares dont les propriétaires palestiniens avaient été expulsés, une provocation brutale dont l'intention était transparente. Cette zone située entre Jérusalem et Bethléem, sur une colline appelée Jabal Abu Ghoneim, montagne verte, par les Palestiniens, et rebaptisée en hébreu Har Homa, montagne du mur, par les Israéliens, devait faire partie d'une ceinture de végétation s'étendant entre les deux villes. Elle devenait en fait l'ultime maillon de la chaîne de colonies juives encerclant Jésuralem-est. Le dernier corridor reliant la partie arabe de la ville à la Cisjordanie occupée disparaissait ainsi, et la présence d'un vaste espace occupé par des quartiers commerciaux et résidentiels aux allures de forteresse renforcerait les revendications d'Israël sur la partie disputée de la ville au moment des négociations de paix – si elles avaient jamais lieu.

Des manifestations d'une violence croissante accueillirent l'annonce du projet Har Homa. « On ne peut pas humilier continuellement un peuple sans qu'il réagisse », avertit mon mari. Israël fut condamné par toute la communauté internationale, à l'exception des États-Unis qui se contentèrent d'exprimer « le désir » de l'administration Clinton de voir Israël s'abstenir de construire la colonie en question. En mars 1997, des bulldozers israéliens ne s'en mirent pas moins au travail, sous la protection d'hélicoptères et de soldats. Ce geste déclencha une telle colère que l'Assemblée générale des Nations unies se réunit à trois reprises en session d'urgence : elle accusa la première fois Israël de violer la Convention de Genève qui interdit la destruction de biens mobiliers sur une grande échelle ; elle passa ensuite deux résolutions successives aux termes desquelles la colonie fut déclarée « illégale » et condamnée comme « obstacle majeur à la paix ». Deux pays s'y opposèrent, les États-Unis et Israël. La question fut également évoquée au Conseil de sécurité, non pas une fois mais deux au cours du mois de mars, avec le même résultat : sur les quinze membres, quatorze approuvèrent la motion condamnant Israël et un seul, les États-Unis, la rejeta.

Alors qu'on semblait avoir touché le fond, un grave incident se produisit. Le 13 mai, à Madrid où nous nous trouvions, mon mari et moi, en visite officielle, nous apprîmes qu'un soldat jordanien avait tué sept écolières israéliennes et en avait blessé six autres au poste-frontière de Naharayim, dans un endroit appelé « Île de la paix ». Certaines des petites victimes furent transportées à l'hôpital voisin de Shuna, dans la vallée du Jourdain, où des paysans firent la queue pour donner leur sang. L'une d'entre elles put être sauvée, mais rien ne pouvait apaiser l'angoisse de mon mari qui annula le reste de notre programme pour rentrer immédiatement en Jordanie. « Les mots me manquent pour dire la part que je prends à la douleur des mères, des pères, des frères et sœurs des enfants tombées aujourd'hui, et pour exprimer mon chagrin personnel », dit-il à son arrivée.

Dans un geste sans précédent, il se rendit trois jours plus tard au village israélien de Beit Shemesh pour offrir ses condoléances à chacune des familles en deuil. Il insista pour que ses visites soient toutes montrées à la télévision jordanienne, sans se soucier de la fureur qu'elles ne manqueraient pas de provoquer dans les milieux extrémistes. Il voulait que personne ne puisse ignorer le coût de la violence. Le voir consoler les mères était très émouvant. « S'il est un but qui m'importe dans la vie, c'est de m'assurer que nos enfants n'aient pas à endurer les mêmes souffrances que celles subies par notre génération », dit-il à l'une des familles des victimes.

Mais la violence ne connut aucun répit. Les bulldozers, toujours en action à Har Homa, provoquèrent des heurts de plus en plus nombreux entre les Palestiniens qui jetaient des pierres et les soldats israéliens qui tiraient des balles en caoutchouc. Les troubles s'étendirent à toute la Cisjordanie et tournèrent à l'émeute à Ramallah. Les chars israéliens firent leur apparition et encerclèrent des villages. En réponse, les attentats suicides à la bombe se multiplièrent pendant l'été, causant d'autres morts dépourvues de sens.

L'optimisme de mon mari était mis à rude épreuve. Le mien était au plus bas. Nous avions tous les deux du mal à dormir. La myopie de Netanyahou et l'obstination de l'équipe gouvernementale israélienne contraignaient le roi à freiner le processus de paix. Tout s'effondrait autour de lui, les efforts d'une vie entière, les relations fondées sur la confiance et le respect mutuels nouées à grand mal, les rêves de paix et de prospérité nourris pour les enfants de la Jordanie. Que pourrait-il supporter de plus ?

CHAPITRE 20

L'oiseau blanc

Vers la fin de l'année 1997, mon mari commença à avoir des accès de fièvre occasionnels la nuit. Nos médecins jordaniens lui firent subir une série d'analyses sans pouvoir en déterminer la cause. Les antibiotiques les faisaient disparaître mais, comme ils réapparaissaient au bout d'un certain temps, on les attribua à un mystérieux virus auquel je donnais, en plaisantant, le nom de Bibi. Je faisais ainsi allusion à un bizarre épisode de bioterrorisme survenu cet automne-là.

Au cours de l'année, des agents du Mossad, le service de renseignements israélien, étaient entrés en Jordanie avec de faux passeports canadiens et avaient tenté d'assassiner Khalid Mash'al, le chef du bureau politique du Hamas, le principal mouvement palestinien de résistance dans les territoires occupés fondé en 1987, au début de la première *Intifada*. Un produit chimique mortel lui avait été injecté en plein jour dans une rue d'Amman. Qu'un acte de terrorisme commandité par le gouvernement israélien soit commis sur le sol jordanien si peu de temps après la signature du traité de paix offensa gravement mon mari. Le gouvernement de Netanyahou attisa sa colère en refusant de révéler le nom de la drogue utilisée alors que la victime était sur le point de mourir dans un hôpital d'Amman. Clinton dut intervenir pour qu'Israël accepte de dire qu'il s'agissait de fantanyl, un opiacé synthétique, et indique le contrepoison à employer. On l'administra à Mash'al qui survécut. Le roi était sur le point de dénoncer le traité de paix lorsque Netanyahou (surnommé Bibi) arriva en Jordanie au milieu de la nuit pour tenter une réconciliation. Hussein était tellement furieux qu'il refusa de le voir et demanda au prince héritier Hassan de le recevoir à sa place.

J'avais beau rire du virus Bibi, on ne pouvait pas s'empêcher de se poser des questions. Mon mari jouissait d'une grande popularité auprès des Israéliens dont beaucoup nous disaient qu'ils échangeraient volontiers Bibi contre Hussein. Se pouvait-il que Netanyahou veuille empêcher une voix arabe modérée de se faire entendre dans la région où la radicalisation était de plus en plus manifeste dans les deux camps ? Hussein a continué à avoir des poussées de fièvre pendant l'hiver. Les médecins de la clinique Mayo où il s'est rendu en mai 1998 pour un bilan de santé ont fait d'obscures allusions à des virus mal connus, mais n'ont décelé aucune anomalie dans son organisme. Nous sommes ensuite allés à Washington où Hussein a discuté avec le président Clinton et le secrétaire d'État, Madeleine Albright, de la manière de réactiver le processus de paix. Nous avons ensuite passé une semaine en Angleterre où nous avons fêté nos vingt années de mariage à Buckhurst Park.

Nous avions déjà réuni nos proches en Jordanie au mois de novembre et comme, d'après le calendrier islamique, la date de cet événement coïncidait exactement avec celle des soixante-deux ans de Hussein, nous avions célébré les deux anniversaires à la fois. Nous avons décidé de recommencer en Angleterre en invitant ceux de nos parents et amis qui n'avaient pas pu nous présenter leurs vœux en Jordanie. Pendant quelques jours, la fièvre a semblé avoir quitté Hussein qui s'est montré joyeux et détendu. Le temps était superbe et la soirée a semblé le revigorer. Sur la série de photographies prises à cette occasion, il a l'air bien portant et heureux, entouré de ses enfants. Plus tard, à notre retour en Jordanie, la fièvre est revenue, plus violente et plus débilitante. Les analyses ayant révélé cette fois certains symptômes nécessitant des examens plus approfondis, nous avons décidé de retourner à la clinique Mayo.

Je n'oublierai jamais le moment où j'ai appris que mon mari avait un cancer. Je me trouvais, avec les enfants, dans un salon privé mis à notre disposition pendant que Hussein subissait une intervention chirurgicale exploratoire. Au bout de plusieurs heures d'attente, nous avons vu une silhouette familière entrer dans la pièce. C'était le docteur David Barrett qui avait opéré mon mari en 1992. Il nous a annoncé que l'opération s'était bien passée et que Hussein avait été transporté dans la salle de réanimation. Les enfants se sont sentis un peu soulagés alors que je suivais le médecin dans le couloir où il m'a dit que des cellules anormales avaient été découvertes dans plusieurs endroits. Il soupçonnait un lymphome non hodgkinien, a-t-il ajouté. J'étais incapable de comprendre ce que j'entendais. Je me rappelle avoir regardé les lèvres de mon interlocuteur bouger, et avoir vaguement perçu sa voix, tandis que mon esprit tournait à plein régime pour essayer de traiter l'information que je venais de recevoir d'une manière qui ne soit ni terrifiante ni désespérante. La réaction du docteur Barrett m'a fait revenir à la réalité. Des larmes coulaient sur son visage tandis qu'il tentait de surmonter son désarroi. C'est moi qui ai fini par le consoler et, ce faisant, j'ai compris la gravité de ce qu'il venait de me dire. La présence de cellules anormales disséminées dans le corps de Hussein pouvait-elle signifier que sa maladie était très avancée ? Qu'il ne lui restait que quelques mois, quelques semaines, quelques jours même à vivre ? J'ai soudain eu l'impression de manquer d'air.

Une fois le médecin parti, une tempête d'émotions s'est abattue sur moi. Je me suis dirigée vers une grande baie vitrée qui s'ouvrait dans le couloir et je me suis tenue là un moment pour tenter de me ressaisir avant d'aller rejoindre les enfants. Leur père avait très bien supporté les analyses, leur ai-je dit. Je leur parlerais des résultats plus tard, mais il me fallait d'abord aller le retrouver dans la salle de réanimation afin d'être près de lui quand il se réveillerait.

J'ai aussi essayé de dissimuler mes sentiments devant nos gardes du corps et notre personnel, et ensuite devant mon mari pendant qu'il reprenait lentement conscience. Comme à l'accoutumée, il a remercié tout le monde : à peine réveillé, il voulait s'assurer du bien-être de ceux qui l'entouraient et leur faire savoir à quel point il appréciait les soins qui lui étaient prodigués. Ne lui ayant jamais menti, je ne savais pas comment me comporter lorsqu'il a eu les idées assez claires pour demander : « Qu'a-t-on trouvé ? » J'ai murmuré : « L'intervention s'est bien passée, Sidi », en m'efforçant d'empêcher mes lèvres de trembler et les larmes de me remplir les yeux. « Les médecins vont discuter entre eux, ensuite ils nous expliqueront tout », ai-je ajouté en essayant de gagner du temps.

L'anesthésiste, Jeff Welna, était assis au pied du lit et, lorsque Hussein s'est aperçu de sa présence, il lui a demandé : « Qu'est-ce que vous avez découvert ? » « Majesté, nous pensons que c'est une lymphogranulomatose. » Mon mari a eu un bref battement de paupières. Il était de toute évidence choqué. J'aurais bien voulu qu'on lui laisse le temps de sortir de sa torpeur avant de lui apprendre ce qu'il en était, ai-je pensé à part moi. Mais il s'est ressaisi, plus vite que moi. Tandis que nous nous enlacions brièvement, il pensait déjà à l'avenir : « O.K. Qu'est-ce qui va se passer ensuite ? » a-t-il demandé.

On l'a ramené dans sa chambre et, pendant qu'on l'y installait, j'ai demandé aux enfants de me rejoindre et je leur ai appris ce que je savais. Je voulais qu'ils commencent à s'habituer à la terrible nouvelle et qu'ils s'organisent en fonction de leurs diverses obligations. Je me faisais un souci particulier pour Ali et Haya, qui avaient déjà perdu leur mère, et pour qui leur père était le centre du monde. Je m'efforçais de leur faire part du diagnostic d'une manière honnête tout en leur laissant de l'espoir, et ce n'était pas facile. Ils avaient droit à la vérité. Je me rappelle Haya, encore traumatisée comme ses frères et sœurs, me disant : « Ne nous dore pas la pilule. »

Ce n'est qu'une fois seule dans ma chambre cette nuit-là que j'ai pu me laisser aller. La pensée de perdre mon mari, mon meilleur ami, l'être qui m'était le plus cher, la source de mon inspiration m'a remplie d'une telle terreur, d'une angoisse si indicible que j'étais presque paralysée. Pendant vingt ans nous avions été mari et femme, père et mère, partenaires inséparables à travers crises internationales et problèmes domestiques. Je m'étais consacrée corps et âme à la quête qu'il menait pour la paix dans la région, et avais partagé tous ses succès et tous ses échecs. Par-dessus tout, nous vouions un même amour à la Jordanie, et cherchions ensemble à assurer la prospérité de notre peuple bien-aimé. Que cet être disparaisse serait une catastrophe totale. Il ne pouvait tout simplement pas mourir.

Inch'Allah, si Dieu le veut, dit-on en arabe. Mon mari croyait, comme tous les musulmans, que toute chose, bonne ou mauvaise, vient de Dieu, et qu'Il nous pourvoit d'épaules assez solides pour porter notre fardeau. J'avais fait mienne cette conviction, et croyais en conséquence que le destin du roi Hussein n'était pas de mourir du cancer. Cette pensée m'a permis de surmonter la panique qui m'avait envahie en apprenant le diagnostic. Dieu avait voulu qu'il ait à lutter contre ce fléau, nous combattrions ensemble. Je consacrerais toutes mes forces à sa guérison ; je le protégerais afin qu'il puisse avoir l'énergie de se battre lui aussi. « Dieu Tout-Puissant, permets je t'en supplie qu'il guérisse, qu'il ne souffre pas, donne-lui, je t'en supplie, force, courage et paix », ai-je imploré cette nuit-là, comme je devais le faire encore, pendant les jours et les mois qui allaient suivre.

Ma prière sembla avoir été entendue. Le lendemain, les médecins dirent ne pas être absolument certains que Hussein ait un cancer des ganglions lymphatiques et que, même si c'était le cas, comme ils le soupçonnaient, ses chances de guérison étaient bonnes.

C'est ainsi que nous avons entamé un voyage vers un avenir incertain, soutenus par tout ce que la médecine avait de mieux à offrir, par les encouragements de milliers de personnes qui téléphonaient, faxaient ou envoyaient cartes et lettres, et par notre propre foi qui s'approfondissait et qui nous conforterait pendant les mois à venir. Nous étions littéralement chez nous à la clinique Mayo où une suite pour VIP comportant une cuisine, une salle à manger et une petite chambre pour moi à côté de celle de mon mari venait d'être aménagée. Le reste de la famille et notre entourage vivaient dans un hôtel situé non loin et relié à l'hôpital par un tunnel. Nos enfants et nos proches y faisaient de fréquents séjours, et Hamzah, qui bénéficiait par bonheur d'un moment de liberté entre Harrow qu'il venait de quitter et Sandhurst qu'il allait intégrer, resta presque sans arrêt auprès de son père.

Les meilleurs moments pour Hussein étaient ceux qu'il passait avec ses enfants. Il riait en taquinant ses filles, Alia, l'aînée, Zeine et Aïcha les jumelles, et Haya. Elles ne nous auraient pas quittés si elles n'avaient pas eu à s'occuper de leurs propres familles et, dans le cas de Haya, à poursuivre une belle carrière équestre. Elles réussirent à faire face à leurs obligations tout en soutenant le moral de leur père, comme le firent aussi Ali, Hachim, Iman et Raiyah qui nous rejoignaient chaque fois qu'ils étaient en vacances, à la grande joie de Hussein. Abdallah, sa femme, Rania, et leurs deux enfants vinrent aussi le voir, comme le firent également son jeune frère Faysal et sa femme Alia, quand les responsabilités militaires des deux hommes ne les retenaient pas à Amman.

Entre les cycles de chimiothérapie, nous partions passer quelques jours à River House, notre maison près de Washington, ou nous allions explorer le Minnesota dans la petite Volkswagen gris métallisé que j'avais achetée peu de temps après notre arrivée. Le traitement de Hussein comportait une série de six chimiothérapies s'échelonnant sur cinq mois, suivie d'une transplantation de moelle épinière. Pendant tout ce temps, l'optimisme de mon mari est resté intact. Les médecins avaient recommandé qu'il se repose afin de conserver son énergie, ce qui me mettait souvent dans une situation difficile : sachant à quel point le traitement l'épuisait, je m'efforçais de limiter les moments qu'il consacrait à ses visiteurs et jouais littéralement le rôle de portier.

Pendant ces mois d'agonie, nous savourions, Hussein et moi, tous les instants passés à marcher, à parler, à regarder passer les oies du Canada à travers la grande baie vitrée de sa chambre, à goûter les petites joies de la vie. À Mayo, observer les oiseaux devint une passion pour Hussein. Il n'avait jamais eu assez de temps à y consacrer en Jordanie. Situé sur l'une des grandes routes migratoires du monde, le pays voit pourtant passer plus de trois cents espèces d'oiseaux qui survolent les gorges rocheuses de Dana, Mujib, Pétra et l'oasis d'Asraq. Mais ce fut au Minnesota que Hussein eut le loisir de découvrir les plaisirs de l'ornithologie.

Lors d'une de nos expéditions parmi les plus mémorables, nous sommes partis à la recherche d'aiglons dont on nous avait signalé la présence au milieu d'un lac. Après de vaines tentatives pour les apercevoir, nous avons rencontré deux amateurs passionnés qui nous ont conduits jusqu'à un meilleur poste d'observation. Là, sur le bas-côté d'une autoroute, nous avons pointé nos jumelles sur une petite île au milieu de l'étendue d'eau et nous avons vu un nid rempli d'oisillons. Avec les masques qui nous protégeaient contre les infections, et les jumelles que nous dirigions vers un endroit ne présentant, à ce qu'il semblait, aucun intérêt particulier, nous devions offrir un spectacle étrange aux gens qui passaient. Peu importait à Hussein qui s'est beaucoup amusé.

Au cours de nos promenades en Coccinelle, nous allions aussi visiter diverses communautés Amish du Minnesota. Nous avions un faible pour la ville de Harmony, perchée sur une colline du Wisconsin. Nous y admirions de magnifiques couvre-lits en patchwork faits à la main. Nous nous arrêtions souvent pour déjeuner, et Hussein serrait la main de quiconque s'approchait de lui, ce qui m'inquiétait beaucoup à cause des risques d'infection. Il aimait tant conduire notre « insecte d'amour » que lorsque, avant de quitter l'hôpital, j'ai proposé de l'offrir à une organisation philanthropique pour qu'elle la vende aux enchères, il s'y est opposé, ce qui n'était pas dans son caractère. « C'est une voiture très spéciale et nous la rapportons avec nous », a-t-il déclaré. Elle est encore en ma possession aujourd'hui.

Pendant une de ces excursions, mon téléphone portable a sonné et nous avons reçu une nouvelle merveilleuse, attendue depuis longtemps : le 17 septembre, la nation africaine du Burkina Faso était devenue le quarantième membre des Nations unies à ratifier la convention d'Ottawa prohibant l'usage des mines terrestres. L'interdiction devenait automatiquement applicable. Nos cris de joie ont sans doute troublé le calme de la campagne du Minnesota. Le traité en question – le premier accord international comportant des obligations envers les victimes d'un certain type d'armes – avait vu le jour en un temps record grâce à l'action sans précédent menée en commun par quelques gouvernements, des ONG et des individus. Les signataires s'engageaient à réhabiliter les terres rendues inutilisables, à s'acquitter de leurs devoirs humanitaires envers les survivants et à éradiquer ces engins qui sont autant d'obstacles insidieux à la paix et à la reconstruction.

La veille de notre départ pour Mayo, j'avais été particulièrement fière d'inaugurer la première conférence sur les mines terrestres à se tenir au Moyen-Orient et d'annoncer publiquement la décision de la Jordanie de signer le traité et de le ratifier, de détruire son stock de mines et d'accélérer les efforts commencés en 1993 pour nettoyer les abords de ses frontières. L'adhésion du Burkina Faso représentait une avancée supplémentaire.

Pendant les intervalles entre les chimiothérapies, nous passions aussi, Sidi et moi, autant de temps que possible avec les enfants, en général à River House. Iman était en pension non loin de Washington. À la dernière minute, nous avons retardé la rentrée scolaire de Raiyah à Amman, et nous l'avons fait venir dans la capitale américaine pour la mettre à l'école Maret où Hachim terminait ses études. Ce changement soudain a été pénible pour notre fille qui, âgée de douze ans à l'époque, entrait en cinquième, mais le personnel de l'établissement fit de son mieux pour l'aider à s'adapter, ce dont je lui serai toujours reconnaissante. Pendant notre séjour à Mayo, le frère et la sœur vivaient à Washington chez leur tante Alexa, et venaient avec elle nous rejoindre à River House quand nous y étions.

Il était pénible pour les enfants de voir leur père si affaibli et sujet à des nausées. Un jour, Iman nous a dit au téléphone qu'elle ne pourrait pas passer le week-end tout entier à River House parce qu'elle devait participer à une manifestation organisée par la Coalition nationale de lutte contre le cancer (National Coalition for Cancer Survival). Après un moment de réflexion, je me suis mise en rapport avec les organisateurs de ce mouvement pour discuter avec eux de la manière dont nous pourrions contribuer à leur action. Il me semblait que, par sa personnalité, Hussein serait en mesure d'aider à dissiper les tabous et l'ignorance entourant cette maladie. L'exemple de son cas personnel et de son courage ne pouvait pas manquer d'avoir un impact. Mes interlocuteurs se montrèrent enthousiastes. Le jour dit, Hussein s'est senti particulièrement faible et nauséeux au réveil, mais il n'a rien voulu changer à notre programme. Par malheur, une fois sur place, nous avons été conduits sous une tente où il faisait très chaud et où il y avait foule. Nous y avons été rejoints par d'autres participants de marque – le vice-président Al Gore et sa femme, Tipper, le général Norman Schwarzkopf, divers membres du Congrès et Cindy Crawford – qui attendaient comme nous de prendre la parole. Comme Hussein se sentait de plus en plus faible, je lui ai dit, pour le taquiner, que je pensais son état dû à la présence de l'actrice. Le temps passant et la chaleur augmentant, il a dû se résoudre à quitter les lieux en me demandant de parler en nos deux noms, ce que j'ai continué à faire tous les ans depuis.

Il y avait des périodes où mon mari se sentait très bien. Pendant l'une d'entre elles, nous avons passé une agréable soirée à la Maison Blanche en compagnie des Clinton avec lesquels nous avons mangé des hamburgers sur le Balcon Truman. Hussein s'entendait admirablement avec le président sur le plan du travail. Comme celui-ci partageait, ainsi que sa femme, notre passion pour les Harley-Davidson, nous lui avons envoyé une photo prise par Annie Leibovitz nous représentant dévalant le Wadi Rum sur notre engin. Nous voulions lui montrer comment il pourrait occuper son temps une fois qu'il aurait quitté ses fonctions. Ce n'est pourtant pas de motos que nous avons parlé ce soir-là, mais de guerre biologique. Hussein venait de lire avec grand intérêt *Sur ordre*, roman dans lequel Tom Clancy décrit une attaque de ce type menée contre les États-Unis. Nous découvrions que, dans les milieux du renseignement et de la sécurité nationale, on se demandait fréquemment non pas *si* une telle action terroriste aurait lieu, mais *quand* elle se produirait. Après avoir parlé du réalisme dont l'écrivain faisait preuve, mon mari a abordé le sujet des mines terrestres afin de me donner l'occasion d'évoquer la convention d'Ottawa. Lors de la manifestation pour la lutte contre le cancer, le général Norman Schwarzkopf avait offert de soutenir notre action, comme l'ont fait aussi beaucoup d'autres officiers supérieurs américains à la retraite. Cent quarante-trois pays ont aujourd'hui signé le traité qui interdit l'usage des mines terrestres, mais le gouvernement américain s'y refuse. Les membres de l'OTAN ont tous condamné le recours à ce type d'armes, et les États-Unis sont le seul pays occidental, mis à part Cuba, à ne pas vouloir en faire autant.

Les périodes de répit passées à River House avaient un effet tonique sur mon mari. Il avait meilleur appétit et notre cuisinier lui fournissait des hamburgers, des biftecks et des sandwichs *falafel* à gogo. Il recevait les visites de parents et de membres du gouvernement jordanien venus parler avec lui de problèmes nationaux et régionaux, celles de personnalités américaines ainsi que d'autres, plus spéciales, comme celle du prince héritier d'Arabie saoudite, Abdallah bin Abdel Aziz, qui arriva accompagné de son ministre des Affaires étrangères, le prince Saud al-Faysal.

Le dignitaire arabe avait apporté de La Mecque de l'eau venant du puits sacré de Zemzem qui ne s'est pas tari depuis que Dieu l'a créé pour empêcher Ismaël et Agar de mourir de soif. Il s'était aussi muni de safran, censé avoir des vertus curatives. Un cheikh a récité des versets du Coran sur ces offrandes, et le prince a tenu à mélanger lui-même les deux ingrédients. Ayant mis deux cuillerées à café de safran dans un verre d'eau de Zemzem, il a fait boire cette potion à mon mari jusqu'à la dernière goutte, sans le quitter des yeux et sans pouvoir cacher son émotion. Cette manifestation d'affection a profondément touché Hussein qui s'est plus tard confondu en remerciements dans une lettre écrite d'une plume reconnaissante.

Pendant ses séjours à Mayo, Hussein n'avait aucun appétit et la nausée l'empêchait de manger. Le cheikh Zayed, souverain d'un des Émirats arabes unis, et son épouse la cheikha Fatima, nous gâtaient à ces moments-là en prélevant d'énormes quantités de pâtisseries arabes sur les provisions qu'ils faisaient parvenir régulièrement à un parent traité lui aussi à la clinique. Ils prenaient de nos nouvelles, comme le faisaient aussi le sultan Qabus d'Oman et sa sœur, Umaymah Bint Said, qui avait repris le rôle de sa mère, décédée depuis peu, et se montrait aussi attentionnée et généreuse qu'elle. Nous étions donc les destinataires privilégiés d'une abondance de nos mets arabes favoris, ainsi que de dattes, de chocolats Godiva et d'autres gourmandises dont nous faisions souvent don au service des maladies infantiles.

Comme le risque d'infection empêchait mon mari de rendre visite aux autres patients, je le représentais aussi souvent que possible auprès des petits malades. Halloween m'a laissé un souvenir particulièrement vif. Me rappelant avoir, par mon apparence banale, fréquemment déçu des enfants qui s'attendaient à voir une « reine », je me suis planté dans les cheveux un grand peigne espagnol en forme de couronne, tout décoré de filigranes d'or et de turquoises, et me suis vêtue d'un long caftan flottant pour me rendre à la fête organisée à cette occasion. Burdett Rooney, notre infirmière, qui m'accompagnait, couverte de bandages de la tête aux pieds, prétendait être la momie de la souveraine.

Plus que pour les courageux petits patients, ces visites étaient sans doute bénéfiques pour leurs familles. Je savais d'expérience qu'une manifestation de sympathie et un geste affectueux constituent parfois le meilleur des soutiens pour les gens qui voient un être cher lutter contre le cancer.

Les médecins de la clinique Mayo avaient discuté du cas de Hussein avec le docteur Richard Klausner, un cancérologue de renom. Ce spécialiste dirigeait l'Institut national de cancérologie (le NCI) et j'ai presque tout de suite envisagé avec lui l'instauration de relations entre cet établissement et le Centre de cancérologie Al-Amal, fondé peu de temps auparavant à Amman. (Après le premier accident de santé de mon mari, en 1992, nous avions reçu des milliers de dons de la Jordanie et de la région entière, qui nous avaient permis de lancer le projet.) D'énormes problèmes d'organisation et de financement empêchaient l'hôpital d'Amman de devenir un centre régional, comme il en avait la capacité. Nous avons réussi, le docteur Klausner et moi, à convaincre un oncologue chargé de recherches au NCI et à l'Institut national de la santé de nous aider à organiser entre Al-Amal et son homologue américain des échanges de compétences et de personnel médical, et à améliorer son infrastructure. Une fois doté de moyens techniques adéquats, il serait en mesure d'établir un véritable partenariat avec l'Institut de cancérologie américain et de pratiquer notamment la télémédecine.

Mon mari n'a jamais cessé de travailler pendant les séjours qu'il faisait à Mayo. D'interminables files de membres du gouvernement jordanien attendaient qu'il soit disponible, et il passait de longs moments au téléphone. Un certain nombre d'entreprises publiques étaient sur le point d'être privatisées en Jordanie, le réseau de télécommunications entre autres, ce qui suscitait de féroces rivalités. Beaucoup de gens tentaient d'entrer en contact avec le roi et finissaient souvent par essayer de passer par moi. J'entendais mon portable sonner jusque sur les pistes où je faisais du roller aux environs de Rochester, et quelqu'un au bout du fil me demandait avec insistance de transmettre un message au roi.

Je ne m'intéressais pour ma part qu'à la santé de Hussein et à l'énergie qui lui était nécessaire pour combattre la maladie, mais le monde extérieur ne cessait de faire intrusion. Les scandales qui secouaient Washington occupaient une place démesurée dans la presse. « Le journal télévisé ne risque pas de le guérir, mais il n'y a pas grand-chose d'autre à voir, notai-je dans mon journal. Il y a de quoi nous rendre malades alors que nous nous battons pour que Hussein se remette. »

Les rumeurs colportées par la presse internationale au sujet de la santé de Hussein étaient encore plus pénibles. En octobre, notre fille Iman nous a téléphoné un jour en larmes : elle avait lu dans le magazine *Time* un article parlant de son père comme s'il était déjà mort. Je n'en ai pas pris connaissance, pas plus que d'autres du même acabit, car le bien-être de mon mari était tout ce qui comptait pour moi. Nous n'avions pas besoin de nous encombrer l'esprit de spéculations sans fondement et de supposées intrigues suscitées par le problème de la succession au trône. Mon mari était bien vivant, et les médecins ne cessaient de nous assurer que ses chances de gagner la bataille contre le cancer étaient bonnes.

Je quittais rarement Hussein, sauf lorsqu'il m'y incitait. Il insista par exemple pour que j'aille à New York en octobre annoncer aux Nations unies la ratification de la convention d'Ottawa par un quarantième pays. J'eus ainsi l'occasion de passer un moment avec l'un de nos amis les plus chers, le secrétaire général Kofi Annan. Il est resté en contact étroit avec mon mari pendant toute la durée de son hospitalisation et se montra, à cette occasion, aussi chaleureux et plein de sagesse qu'à l'accoutumée.

Sidi voulut aussi absolument que je subisse l'opération ophtalmologique au laser projetée en Jordanie avant notre départ. La date en avait été fixée, mais je l'avais annulée et, à Mayo, on me recommanda un spécialiste d'Atlanta, le docteur George Waring, qui procéda à l'intervention en présence de mon médecin, Khalid Sharif, un brillant ophtalmologue jordanien, parfaitement au fait des techniques de pointe. Le chirurgien américain dut s'y prendre à deux fois, et je n'ai jamais réussi à jouir d'une vue parfaite. Elle s'est cependant considérablement améliorée et j'ai pu dorénavant me passer la plupart du temps de verres correcteurs. La technologie toute récente du laser fascinait mon mari qui prit beaucoup de plaisir à participer par vidéo interposée à toutes les étapes de l'intervention – ce dont je fus incapable moi-même.

Hussein, qui n'était pourtant pas un patient exigeant, acceptait difficilement que sa faiblesse l'oblige à dépendre des autres. Il s'excusait sans cesse du mal qu'il nous donnait, et nous lui répétions, les enfants et moi, que lui prêter assistance était pour nous le plus grand des plaisirs. Nous essayions constamment de lui faire comprendre qu'être avec lui, qu'il soit malade ou bien portant, était un privilège immense, et nous étions absolument sincères.

Lui que j'avais toujours entendu dire ne vouloir peser sur personne en vieillissant trouvait très pénible, à l'âge encore relativement jeune de soixante-deux ans, d'avoir l'impression d'être un fardeau pour son entourage. Mais il se trompait : il était en réalité une source constante de force et de vitalité pour tous les membres de sa famille, pour ses amis et même pour le personnel de la clinique Mayo.

Peu après notre arrivée à Mayo, j'avais offert à mon mari pour son anniversaire des boutons de manchettes et de chemise de soirée en rubis, choisis pour les propriétés curatives attribuées à cette pierre. Nous avons commencé, les enfants et moi, à pratiquer une sorte de rituel consistant à nous aligner autour de son lit et à frotter légèrement sa peau avec les rubis. Nous étions prêts à tenter n'importe quoi. Je possédais une magnifique bague en rubis qu'il m'avait offerte et qui nous avait soutenu le moral en 1992, lorsqu'on lui avait enlevé un rein. Cette fois, je la portais constamment, ne la retirant ni pour dormir, ni pour prendre ma douche, ni pour me laver les cheveux. Cela le rassurait de la voir à mon doigt.

Dans nos conversations, nous n'évoquions jamais l'éventualité d'une défaite. Nous menions un combat positif, nous nous battions pour la vie, et non contre la mort. C'étaient les aspects essentiels de nos existences et de notre travail qui nous occupaient l'esprit, ainsi que le simple miracle d'être sur terre et d'avoir l'occasion d'apporter une quelconque contribution au monde qui nous entoure. Nous passions beaucoup de temps à parler des objectifs qui restaient à atteindre : une paix arabo-israélienne globale et la

stabilité économique de la Jordanie. Nous discutions aussi de problèmes intéressant la planète entière, ceux relatifs à l'environnement et aux armes de destruction massive en particulier. Les tâches
inachevées préoccupaient beaucoup Hussein. Je m'efforçais de le
rassurer en lui disant que, sans avoir réalisé toutes ses ambitions, il
avait accompli quelque chose de beaucoup plus important qu'un
traité de paix en faisant tomber les barrières érigées par les préjugés
et les haines ancestrales. Avec son intégrité, sa compassion, sa
mansuétude, il avait incarné l'esprit le plus noble de l'islam et avait
donné de la civilisation arabe la plus belle de toutes les images. En
servant d'exemple à un grand nombre de gens, en leur donnant des
raisons d'espérer, il s'était véritablement montré digne de l'héritage
hachémite dont il était le dépositaire.

À la mi-octobre, alors que nous étions dans la suite réservée aux
VIP dans l'hôpital St. Mary, un établissement dépendant de la clinique Mayo, pendant que le personnel préparait les chambres que
mon mari occuperait après la transplantation de moelle épinière
qu'il devait subir, le téléphone sonna. C'était Bill Clinton. J'étais
assise à côté de Hussein pendant qu'il parlait alternativement au
président et à Madeleine Albright. « Écoutez, si je peux être utile,
quoi que les docteurs disent, je viendrai », l'ai-je entendu déclarer.
Il venait d'accepter de se rendre à la plantation de Wye où les négociations entre Netanyahou et Arafat étaient dans une impasse.

Les médecins estimèrent que le roi était assez bien portant pour
quitter la clinique. C'était une chance car le problème était sérieux :
les Israéliens menaçaient de s'en aller, les Américains étaient frus-
trés et le temps pressait. Un certain nombre de questions étaient
restées en suspens après les accords négociés à Oslo, et il semblait
vain d'espérer que l'échéance du 4 mai, fixée pour les régler, soit
respectée. Rien n'avait notamment été décidé au sujet du statut de
Jérusalem, du retour des réfugiés et de la création d'un État palestinien. Le processus de paix était menacé.

Nous avons quitté la clinique pour Washington le 18 octobre,
sans savoir si nous irions directement à Wye ou si nous passerions
par River House. Nous avons finalement pu nous arrêter chez nous,
ce qui a donné à mon mari le temps de se reposer et de voir ses
enfants. Nous sommes repartis le lendemain pour Wye Mill à bord

de *Marine I*, l'hélicoptère présidentiel. À notre arrivée, nous avons été conduits à Houghton House, une charmante maison située dans la plantation et dominant le fleuve Wye. Les négociateurs américains sont venus les premiers mettre mon mari au courant, suivis par les Palestiniens. « Clinton a l'air complètement épuisé et semble en avoir assez, notai-je dans mon journal. Les Palestiniens, qui n'ont pas vu Hussein depuis sa maladie, ont été choqués, certains pleuraient. » Continuellement en mouvement pour raison de sécurité, Arafat et ses conseillers, semblaient apprécier les rares occasions de demeurer immobiles que leurs entretiens avec Hussein leur offraient. « Arafat conduisant une voiturette de golf comme un fou et essayant de monter à bicyclette », notai-je encore.

Dans le camp américain, l'humeur était par contraste au découragement et à la résignation. « Les Américains estiment avoir investi suffisamment de temps et d'énergie, notai-je. Les Israéliens leur en ont fait voir de toutes les couleurs, et ils en sont stupéfiés. Selon eux, ils s'attendaient à avoir les coudées franches face à un président affaibli par le scandale. Il est en réalité encore très haut dans les sondages [...] Personne ne semble sûr des intentions d'Israël, on s'accorde seulement à dire que le Premier ministre n'a pas l'étoffe d'un homme d'État, qu'il n'a ni vision, ni conseillers capables de lui recommander une ligne de conduite sage et cohérente. » Leur ouverture d'esprit valait au contraire des éloges aux Palestiniens.

Je m'efforçais tout au long d'obtenir de mon mari qu'il se repose entre les réunions, lui promettant, en échange, de ne pas le laisser manquer de *jellybeans*, ces bonbons étant l'un des rares « aliments » qu'il consommait avec plaisir. Nous restions assis dehors sur deux transats à contempler le coucher de soleil, enveloppés dans des couvertures et coiffés de chapeaux en peau de mouton. Nous buvions du bouillon de bœuf en regardant les troupeaux d'oies s'installer pour la nuit et les chevreuils passer de temps en temps, tandis que les assistants de Hussein nous tenaient au courant, minute par minute, du déroulement des négociations. Le crépuscule était magnifique et nous vivions un merveilleux moment de paix et d'espoir. Les oies du Canada avaient une valeur symbolique pour nous. Elles avaient occupé une grande place dans notre vie à la clinique Mayo et nous les retrouvions à Wye. Elles forment des couples unis pour la vie et le spectacle de leur élégante beauté n'est pas seulement romantique, il élève aussi l'esprit.

Ce soir-là, le roi se joignit au président Clinton pour un entretien avec Netanyahou et les Israéliens. Ariel Sharon, le ministre des Affaires étrangères, se trouvait parmi eux et Hussein espérait que cet ancien soldat serait capable de comprendre les arguments pratiques auxquels s'était finalement rallié Rabin, convaincu par son passé militaire : seuls le respect mutuel, la justice et le dialogue permettent d'assurer la sécurité. Les relations de Hussein et de Netanyahou n'avaient pas été très prometteuses jusque-là, et le Premier ministre israélien, conséquent avec lui-même, n'aborda à Wye aucun sujet important avec mon mari. Il serait, alléguait-il, difficile de faire accepter l'accord au peuple israélien. Cet argument n'était qu'un prétexte aux yeux du roi Hussein.

Nous avons quitté Wye pour River House plus tard ce soir-là, malgré mon désir de prolonger notre séjour : « Ne rentrons pas tout de suite, priai-je. Restons ici jusqu'à ce que tout soit fini. » Si j'insistais, c'était parce que la situation me paraissait précaire et que la présence encourageante de Hussein et l'expérience dont il avait fait profiter les négociateurs m'avaient semblé bénéfiques. Je n'ai pas eu gain de cause. River House n'était pas très loin et Burdett, l'infirmière qui nous avait accompagnés, pensait que son patient dormirait mieux dans son propre lit, opinion que mon mari partageait. Sitôt rentrés nous avons reçu des messages rassurants de Sharon et du ministre de la Défense, Yitzhak Mordechai nous disant qu'ils veilleraient à ce que l'accord soit conclu d'une manière satisfaisante.

À River House, nous avons attendu anxieusement les nouvelles. Elles sont arrivées sous la forme d'une succession de mises à jour décourageantes : Sharon avait quitté Wye ; Netanyahou avait ordonné que son avion soit prêt à décoller ; la délégation israélienne se préparait elle aussi à partir. Mon mari s'entretint avec Clinton, qui était retourné à la Maison Blanche, et le persuada de ne faire aucune tentative de dernière minute pour obtenir que Netanyahou change d'avis. Il lui promit de rester à ses côtés si le Premier ministre israélien mettait sa menace à exécution. Pour ne pas le laisser porter seul la responsabilité de l'échec, il en expliquerait lui-même les causes. Nous nous sommes couchés ce soir-là l'esprit plein de doutes, mais il s'avéra que Netanyahou bluffait. « Le conseil donné par Hussein à Clinton était le bon. Les Israéliens sont encore là, mais on n'en a pas fini avec les revirements, notai-je dans mon journal. On nous demande d'être de nouveau à Wye jeudi pour un autre dépannage. »

Nous sommes retournés à Wye. « Il faut absolument que vous réussissiez, dit le roi aux deux dirigeants moyen-orientaux et à leurs conseillers. Vous le devez à vos peuples, à vos enfants, aux générations futures. » Les deux camps travaillèrent toute la journée et toute la nuit et, enfin, vendredi, à l'aube, ils arrivèrent à un accord. Il était modeste : Israël acceptait de rendre aux Palestiniens treize pour cent des territoires occupés de Cisjordanie et de libérer quelques prisonniers. C'était peu, mais c'était mieux que rien. Le processus de paix était encore sur les rails, et mon mari accepta l'invitation que lui fit Clinton de participer à la signature du Mémorandum de Wye à la Maison Blanche le 23 octobre.

En regardant Hussein s'avancer ce jour-là sur le tapis rouge de l'East Room avec les quatre autres dirigeants, je ne vis en lui que sa foi inébranlable et son courage, la grâce et la vitalité que sa présence apportait dans nos vies. J'appris plus tard que son apparence avait choqué beaucoup de gens un peu partout dans le monde, mais, habituée que j'étais à le voir chauve et amaigri, je ne fus frappée que par l'impression de force qui se dégageait de sa personne, et par la puissance des mots avec lesquels il demanda que la paix règne enfin entre de très anciens ennemis : « Nous nous querellons, nous nous mettons d'accord. Nous sommes amis, nous nous brouillons, dit-il. Mais nous n'avons pas le droit de décider de l'avenir de nos enfants et des enfants de nos enfants par irresponsabilité ou par étroitesse d'esprit. Il y a eu assez de destructions. Assez de morts. Assez de gaspillage. Il est temps pour nous d'occuper ensemble un lieu qui nous transcende, nous et nos peuples, un lieu digne d'eux sous le soleil, digne des descendants des enfants d'Abraham. »

En 1998, Hussein fut inscrit sur la liste des nobélisables en raison de son action en faveur de la paix au Moyen-Orient. Ses efforts, qui avaient duré de longues années, avaient culminé lorsque, malade, il s'était rendu à Wye pour aider à obtenir la signature d'un accord entre les Palestiniens et les Israéliens. Le prix alla aux dirigeants politiques de l'Irlande du Nord, mais le roi se sentit honoré que son nom ait figuré parmi les lauréats envisageables. Que son dévouement de longue date à la cause de la paix et de la réconciliation entre les pays du Moyen-Orient eût été reconnu après Wye lui importait plus que tout.

De retour à Mayo, mon mari a subi une ponction de moelle épinière. C'était la cinquième ou la sixième, mais j'ai trouvé particulièrement pénible d'y assister. Il était sous anesthésie générale et ne sentait rien, mais de voir le médecin imprimer des torsions violentes à son corps et finir par transpercer violemment l'os était si difficile à supporter qu'une infirmière novice s'est évanouie. Ébranlée moi-même par les manipulations brutales dont j'étais témoin, j'ai ressenti beaucoup de sympathie pour elle.

La sœur de Hussein, Basma, et son frère Mohammed, les seuls membres de la famille dont les cellules étaient compatibles avec les siennes, étaient venus de Jordanie pour donner leur moelle. Je leur ai rendu visite pendant tout le processus dans les chambres voisines qu'ils occupaient à l'hôpital tandis qu'ils supportaient bravement les tubes et les piqûres intraveineuses. Hussein leur était profondément reconnaissant du sacrifice fraternel auquel ils consentaient. J'ai eu du mal à retenir mes larmes quand, au moment de partir, Basma m'a offert une magnifique broche en or représentant un couple d'oies du Canada.

Pour garder mon équilibre, je prenais régulièrement de l'exercice, surtout en plein air. Un matin, alors que nous étions sorties, Burdett Rooney et moi, faire du roller par une chaleur inhabituelle pour la saison, un troupeau d'oies a pris son envol au moment où nous franchissions un pont. Comme il passait au-dessus de nos têtes, j'ai levé les yeux et mon regard s'est posé sur un oiseau blanc, le seul du groupe. Était-ce un signe, un présage ? L'oiseau est monté de plus en plus haut dans le ciel. Envahie par une émotion inattendue, je l'ai regardé s'élever jusqu'à ce qu'il soit hors de vue.

Pendant que nous attendions tous impatiemment les résultats des dernières analyses de Sidi, je passai une nouvelle nuit en prière, suppliant Dieu de donner à Hussein réconfort, confiance et guérison. Les analyses n'indiquèrent la présence d'aucune cellule cancéreuse dans son organisme.

Une semaine après le sommet de Wye, le *New York Times* publia un article intitulé « Le roi Hussein est malade. Son frère attend. » On y lisait une description de mon mari « réduit à l'état de spectre par la chimiothérapie », spectacle qui avait permis pour la première fois à beaucoup de gens de constater « à quel point le cancer l'avait durement frappé ». Des propos tenus par le prince héritier – mon mari était « un symbole pour le peuple » et il était lui-même « plus près de la cuisine » – y étaient aussi cités, ainsi qu'une remarque du gendre de Hassan, le ministre de l'Information, disant que son beau-père « se préparait à l'emploi depuis trente-trois ans ». C'était le genre de commentaire dont il valait mieux éviter que Hussein ait connaissance, et je fis de mon mieux pour que le journal ne tombe pas entre ses mains. Par malheur, quelqu'un le lui apporta et il fut bouleversé. Préoccupé par le choc déjà subi par l'économie et par la bourse, il décida de s'adresser directement au peuple jordanien.

Dans une interview accordée à la télévision nationale le 13 novembre, le roi annonça que les dernières analyses indiquaient l'absence de toute trace de lymphome. « Par la grâce de Dieu, le traitement a fait de l'effet, dit-il. S'Il le veut, la phase actuelle sera la dernière, après quoi je rentrerai au pays. » La clinique Mayo cautionna les déclarations du roi en affirmant de son côté : « La rémission de Sa Majesté est complète. » Les médecins ajoutèrent qu'on ferait au patient une transplantation de ses propres cellules souches, un procédé standard qui assure la pérennité de la rémission.

Le moment le plus heureux de notre séjour à Mayo a été celui où, avec presque tous les enfants, nous avons fêté le soixante-troisième anniversaire de Hussein. Abdallah m'avait appelée au téléphone d'Amman pour dire que des raisons officielles le retenaient en Jordanie et pour demander si son père ne lui en voudrait pas. Je l'ai assuré que, plus que quiconque, il comprendrait, et que son fils aîné et sa famille seraient avec nous par l'esprit. Abir, qui était à l'école, n'a pas pu se libérer, mais Alia, Faysal et sa femme, Alia,

Zeine et Aïcha, Haya, Hamzah, Hachim, Iman et Raiyah ont entouré Hussein de leur affection et lui ont apporté de la joie. Le gâteau commandé en secret nous représentait tous les deux assis sur nos transats à Wye, contemplant le crépuscule. En fait de cadeau, j'avais pensé qu'une visite de notre très chère amie anglaise, Jo Malone, spécialiste des traitements dermatologiques, et créatrice de parfums, d'huiles et de produits pour la peau, était ce qui ferait le plus plaisir à mon mari. Elle accepta de venir de New York pour faire bénéficier Hussein de ses soins merveilleusement apaisants.

Je quittai brièvement mon mari pour assister, à Paris, au cinquantième anniversaire de la fondation du Congrès sur la protection de la nature et pour aller en Espagne célébrer avec la famille royale les soixante ans de la reine Sophie. Je découvris, à cette occasion, que les rumeurs concernant la santé de mon mari et les calomnies à mon sujet couraient dans toute l'Europe. On disait que j'étais juive, et plus ou moins apparentée à Rabin, et on prétendait que, soutenue par les sionistes américains, je menais incessamment campagne pour obtenir que Hamzah remplace le frère de mon mari et devienne prince héritier. On racontait aussi que des photographies de Hassan étaient affichées dans les rues d'Amman à la place de celles de Hussein, et que Sarvath, son épouse, avait entrepris de redécorer le bureau de mon mari au Diwan. Les commérages en provenance de la Jordanie nous démoralisaient Hussein et moi. Décourageantes pour tous, les tentatives faites pour semer la zizanie et pour exploiter la maladie de mon mari étaient particulièrement pénibles pour les enfants.

Nous avons tous passé les fêtes de Noël à l'hôpital. Raiyah avait dépensé tout son argent de poche en cadeaux destinés aux membres de notre famille élargie de médecins, d'infirmières et d'autres membres du personnel, et nous nous sommes efforcés de n'oublier personne. Comme c'était le mois du ramadan, nous jeûnions et n'avons donc pas fait de repas de fête, mais nous nous sommes sentis très reconnaissants d'être ensemble.

Notre séjour à Mayo est enfin arrivé à son terme. « En faisant nos bagages après les cinq mois et demi passés ici, je suis remplie à la fois d'espoirs et de craintes sans causes précises, écrivis-je dans mon journal. La prière et le renouvellement de ma foi doivent être mon soutien. » Avant de quitter l'hôpital, nous avons fait une autre déclaration à la presse dans laquelle nous avons dit que Hussein était guéri, mais que la rémission ne pourrait être jugée complète qu'au bout de cinq ans. Comme nous pensions, mon mari et moi, qu'il était très important pour notre peuple que le communiqué soit véridique et exact sur le plan médical, nous l'avions fait lire à nos médecins avant de le publier. Notre départ s'est déroulé d'une manière joyeuse et festive. Le personnel de l'hôpital tout entier est sorti pour dire au revoir à l'un de ses patients préférés, et nous sommes partis dans la Coccinelle, escortés par les membres de notre famille et de notre entourage jordanien, par nos gardes du corps et par notre fidèle médecin, Samir Farraj.

Nous avons fêté le nouvel an 1998 à River House avec Abir, Haya, Ali, Hamzah, Hachim, Iman et Raiyah et, à la fin des vacances, nous avons dit au revoir à Hamzah qui entrait à Sandhurst. Une semaine plus tard, mon mari était prêt à partir lui-même pour l'Angleterre où il devait poursuivre sa convalescence avant de retourner en Jordanie. Encore très faible, il ne faisait que de rares promenades dans le jardin avec Iman et moi, casquette de chasse anglaise sur la tête pour se protéger du froid et masque sur le visage pour éviter les infections. Il avait recommencé à se servir d'une canne, en partie parce qu'il en avait besoin, et en partie parce qu'il adorait ce genre d'objet dont il faisait collection. Il m'a aussi avoué, en se confondant en excuses, qu'il avait recommencé à fumer. En somme, il semblait être en train de redevenir lui-même.

Nous avons fait une courte escapade pour rendre visite à Hamzah à Sandhurst et, peu après notre retour, nous avons eu la surprise de voir arriver le prince héritier Hassan. Les responsabilités qui le retenaient en Jordanie l'avaient empêché de rendre visite à son frère à Mayo, et sa venue soudaine suscita naturellement de nou-velles spéculations. Le problème de la succession occupait l'esprit de mon mari, la chose était certaine. L'une des tâches les plus diffi-ciles qu'il s'était assignées consistait en effet à assurer un avenir serein à sa famille et à son pays. Il réfléchissait depuis des années à la manière d'y parvenir, et ce problème avait naturellement été un sujet de préoccupation majeure pour lui à l'hôpital. Il désirait confier le choix de son successeur à un conseil de famille qui désignerait le membre le plus méritant, et il aurait voulu que son frère, le prince héritier Hassan, approuve cette idée. Un tel changement aurait nécessité un amendement de la Constitution selon laquelle, dans l'état actuel des choses, le fils aîné ou, depuis 1965, un frère, monterait sur le trône à la mort du roi.

Quelques jours avant notre départ pour la Jordanie, Hussein a enregistré sur une cassette une allocution télévisée dans laquelle il annonçait son arrivée imminente. « Maintenant que, par la grâce de Dieu, je suis entièrement guéri, je serai bientôt parmi vous », disait-il. Le lendemain il s'est senti un peu fiévreux, et le docteur Gastineau, qui nous accompagnait avec d'autres médecins, a recommandé que, lors de la visite prévue à l'hôpital londonien de St. Bartholomew, il reçoive non seulement la transfusion sanguine habituelle, mais subisse aussi une ponction de moelle qui permettrait de déterminer les raisons de son état. Cette suggestion nous a glacés. « L'humeur de Hussein s'est assombrie et son comportement a changé, notai-je dans mon journal. Il semble s'être renfermé sur lui-même, sous l'effet de la peur sans doute. L'annonce publique qu'il a faite de notre arrivée augmente son désarroi. »

Richard Verrall nous a emmenés en hélicoptère jusqu'à l'héliport de Kensington d'où nous nous sommes rendus à l'hôpital. Les résultats ne devant être connus qu'au bout de quarante-huit heures, nous avons décidé de ne pas retarder notre départ. Hussein était très impatient de rentrer en Jordanie tant qu'il était en rémission afin de mettre ses affaires en ordre. Hachim et Raiyah sont arrivés, suivis un peu plus tard de Haya et d'Iman qui nous accompagneraient et recevraient avec nous un accueil dont nous savions qu'il serait chargé d'émotion. Hamzah ne s'est pas joint à nous car son père jugeait qu'un aller-retour entre la Jordanie et l'Angleterre serait épuisant pour lui. Il a accepté cette décision que j'approuvais moi aussi. Il valait d'ailleurs mieux que les spéculations concernant la succession lui soient épargnées ; son frère Hachim s'est montré tout à fait capable d'escorter son père.

Nous nous sommes rendus une dernière fois à l'hôpital londonien où Hussein a reçu une ultime transfusion et où Jo Malone lui a administré ses soins. La veille de notre départ, Hussein a signé pendant des heures des lettres pour une collecte de dons organisée par l'armée de l'air jordanienne. De mon côté, j'ai passé une nuit sans sommeil à implorer Dieu et à espérer que tout se passerait bien, qu'il aurait la force de descendre lui-même de l'avion, de dire une prière en posant le pied sur le sol, de saluer les gens venus l'accueillir et de monter en voiture.

CHAPITRE 21

Le ciel pleurait

Nous avons quitté l'Angleterre le matin du 19 janvier 1999, à 7 h 55, à bord d'un Gulfstream 4 jordanien. Nous avons été immédiatement rejoints par une escorte de chasse du deuxième groupe de la RAF, auxquels des avions français, puis italiens, se sont substitués à mesure que nous poursuivions notre voyage ; des appareils israéliens ont pris le relais dans l'espace aérien de notre voisin et ont cédé la place à des avions de combat jordaniens pour la dernière étape. En dépit de son immense fatigue, Hussein a piloté tout le long du trajet, sauf pendant une brève pause-déjeuner. La garde d'honneur aérienne qui lui était fournie était le plus grand de tous les hommages pour mon aviateur de mari. Voir les avions qui la composaient s'approcher tout près du nôtre fascinait les enfants. On pouvait presque lire la plaque d'identification sur la poitrine des pilotes.

Il pleuvait quand nous sommes arrivés au-dessus d'Amman. Dans cette partie du monde, les gens considèrent ces averses glaciales comme un immense bienfait. La pluie n'était pas tombée de tout l'hiver : qu'elle arrive à ce moment fut largement attribué à la faveur dont le roi jouissait auprès du Tout-Puissant. Hussein a fait un passage au-dessus de la capitale pour exprimer sa joie d'être de retour après une si longue absence, et nous nous sommes préparés à atterrir et à recevoir un accueil qui promettait d'être tumultueux. Dans l'avion, nous avons tous entouré Hussein, nos filles et Hachim aidant à arranger son écharpe et son keffieh. Tout frêle qu'il était, il est descendu d'avion avec beaucoup de dignité et, en posant le pied sur le sol jordanien, il s'est agenouillé pour prier.

Debout à côté de lui, j'ai récité une *Fatiha* pour remercier Dieu d'avoir permis que Hussein revienne dans son pays. Nous avons salué les parents, les courtisans et les personnalités arabes assemblés sur le tarmac, et nous nous sommes rendus ensuite dans un hangar où nous attendaient les membres du gouvernement, la presse et un groupe d'invités spéciaux.

Comme d'habitude quand Hussein était le centre de l'attention, je me suis tenue à l'arrière-plan, mais cette fois il m'a attirée près de lui et, en parlant à la presse, il a fait de fréquentes et généreuses allusions à ma personne, ce dont j'ai été d'autant plus surprise et embarrassée que nous ne parlions presque jamais l'un de l'autre en public.

Le trajet de l'aéroport à Bab al-Salam a été épuisant mais euphorique. Hussein a fait ouvrir le toit de la voiture et, malgré la pluie et le vent incessants, il s'est tenu debout tout au long pour saluer la foule massée dans les rues. J'ai essayé de l'en dissuader sans y parvenir : si les gens venus pour l'accueillir étaient capables de supporter la pluie glaciale, lui aussi. J'ai entouré ses jambes de mes bras dans la voiture pour lui procurer un appui. Quel autre leader au monde avait un tel rapport avec son peuple ? me suis-je demandé. Quel peuple était-il capable de telles preuves d'amour ? La fête a continué jusqu'à ce que nous soyons arrivés à destination, trempés mais exultants. Le personnel du palais au grand complet nous attendait sur le perron. Hanna Farraj, le cameraman de la télévision jordanienne, nous a suivis à l'intérieur et m'a filmée au moment où je disais d'un ton autoritaire à mon mari mouillé jusqu'aux os : « Yella, Hamaam ! » Au bain !, mots qui figurèrent dans les nouvelles du soir.

Le lendemain nous avons appris que le résultat des analyses faites en Angleterre était négatif. Nous exultions. Nous avions cependant connu tant de hauts et de bas pendant les six mois passés à Mayo que j'avais appris à être prudente. « Comme si souvent depuis quelque temps, je suis écartelée entre le désir de me réjouir et la nécessité d'être prête à tout », ai-je noté dans mon journal ce soir-là.

Le lendemain, Hussein donna une interview méditative à Christiane Amanpour qui avait demandé à couvrir son retour en Jordanie pour

CNN. Il parla des menaces pesant sur notre sécurité commune. « Le terrorisme est l'un des facteurs les plus effrayants aujourd'hui... On n'a jamais exercé moins de contrôle sur le danger potentiel que représentent les armes de destruction massive. » Avant de répondre à la question de savoir quels étaient à ses yeux les moments dont il était le plus fier, il réfléchit un moment. Il y en a eu beaucoup, finit-il par dire, mais il avoua regretter de ne pas avoir été capable, en dépit de ses efforts, d'éviter certaines crises qu'il avait pourtant prévues. Interrogé au sujet du prince héritier Hassan, il fit l'éloge de la contribution apportée par son frère au fil des années. Comme la journaliste évoquait le problème de la succession, il remarqua : « Je n'ai que des pensées, des idées à ce sujet. J'ai toujours eu à prendre les décisions finales et, bien que cela ait parfois été contesté, ma responsabilité est engagée, et je trancherai quand le moment sera venu. »

Les réactions ne se firent pas attendre. Tard dans la nuit, Hassan s'entretint avec certains membres du gouvernement, de l'armée et des services de renseignements, tous inquiets de ce que l'avenir réservait. La princesse Basma arriva le lendemain à Bab al-Salam, très agitée, et préoccupée par l'importance que le problème avait si rapidement pris. Mon mari ne put pas la voir, et il m'était difficile de parler à sa place car nous n'avions pas eu le temps de discuter de la question. J'essayai de rassurer ma belle-sœur en lui disant que Hussein s'efforcerait de régler la situation d'une manière humaine, digne et fraternelle.

Il s'entretint avec Hassan le 21 janvier, deux jours après notre retour. Rien de ce qu'ils se dirent ne transpira. La dramatisation dont le problème de la succession était l'objet à Amman m'incitait à ressentir de la sympathie pour Hassan. Hussein, qui avait fait, au fil des années, allusion à toute une gamme de solutions, décida de nommer Abdallah, prince héritier. C'était un choix naturel qui préparait l'émergence de la jeune génération. Abdallah, qui avait trente-sept ans, était diplômé de l'Académie diplomatique de Georgetown et de l'université d'Oxford. Comme son père, il sortait de Sandhurst et avait le rang de général de division dans le corps d'élite des Forces spéciales jordaniennes, ce qui lui assurerait l'indispensable soutien de l'armée.

« Je veux que Hamzah fasse toutes les études que je n'ai pas pu faire moi-même, et qu'il devienne le partenaire essentiel d'Abdallah », me dit mon mari. Cette décision avait mon approbation pleine et entière. Contrairement à ce que la presse racontait – j'avais, disait-on, fait pression sur mon mari pour qu'il désigne Hamzah comme son successeur –, j'avais toujours insisté pour que la possibilité soit laissée à notre fils d'aller à l'université et de développer ses goûts intellectuels et ses talents.

Mon mari fit part de sa volonté à Abdallah qui demanda ensuite à me voir. Il avait été pris par surprise, me dit-il. Hassan était prince héritier depuis 1965 et il avait lui-même pensé que son père désignerait Hamzah. Il avait été tout à fait prêt à accepter ce choix et ne s'était jamais attendu à monter sur le trône. Je lui répondis que je souscrivais à la décision de son père et que j'avais la plus totale confiance en lui, il était important à mes yeux qu'il le sache. « Je serai à tes côtés et j'honorerai les désirs de mon père au sujet de Hamzah », me dit-il. Je l'assurai de mon soutien sans réserve et lui promis de faire tout ce que je pourrais pour veiller à ce que le roi et lui disposent d'autant de temps que possible pour travailler ensemble. Je le serrai dans mes bras lorsqu'il me quitta, encore éberlué, pour aller annoncer la nouvelle à Rania, sa femme. « Je prie pour Abdallah et espère qu'il aura assez de temps à passer avec son père », notai-je dans mon journal.

Au milieu de ce drame familial déchirant, mon mari fut pris de hoquets qui augmentèrent en fréquence et devinrent incessants. Nos médecins firent de leur mieux pour guérir ces troubles nouveaux et douloureux, et finirent par donner un anesthésique à leur patient pour lui permettre de dormir la nuit.

Notre infirmière jordanienne, la dévouée Sahar, pénétrait fréquemment dans notre chambre la nuit pour voir comment Hussein allait. Il avait aussi besoin presque tous les jours de transfusions de sang et de plasma. Mais son état ne s'améliorant pas, nos médecins décidèrent de faire un scanner et une énième ponction de moelle pendant laquelle je lui tins la main, torturée par la souffrance qui lui était une fois encore infligée. Je dus sortir un moment de la salle, appelée par le docteur Farraj, qui me dit que le scanner avait révélé des modifications alarmantes. Je retournai auprès de mon mari, mais les larmes coulaient sous mon masque chirurgical et je dus m'absenter plusieurs fois pour me ressaisir. Depuis que nous étions mariés, je m'étais toujours efforcée de faire preuve d'optimisme et d'espoir, suivant l'exemple de Hussein, et il m'apparaissait plus important que jamais de ne manifester ni peur ni désespoir, surtout en présence des infirmières et des assistants jordaniens.

Nous nous entretînmes, mon mari et moi, avec notre équipe de médecins jordaniens et de spécialistes de la clinique Mayo qui confirmèrent nos pires craintes : le cancer était apparemment de retour. Nous avions le choix entre trois solutions : soit garder Hussein à Amman sans lui faire suivre aucun traitement, soit rester en Jordanie en lui faisant subir une chimiothérapie dont on ne pourrait attendre aucun effet curatif, soit retourner à Mayo pour tenter une autre greffe. La troisième option était la plus dangereuse, mais c'était la seule qui permettait d'espérer une rémission. Nous n'avons hésité ni l'un ni l'autre : « Nous partons », dit Hussein aux médecins.

Assis à la table de la salle à manger privée de notre palais, le roi entreprit de mettre au point les détails de la succession. Il prépara un message public adressé à Hassan dans lequel il remerciait son frère du précieux soutien qu'il lui avait apporté pendant des années en tant que prince héritier. Il passa le reste de la soirée totalement absorbé par son travail, sirotant du thé sans se laisser interrompre par les personnes qui venaient vérifier qu'il n'avait besoin de rien. Malgré ses forces déclinantes, il luttait pour terminer la tâche qu'il s'était assignée. Mon cœur se serrait en le voyant assailli par la souffrance, incapable d'écrire sans faire de longues pauses pour reprendre des forces. Le temps pressait, car les médecins m'avaient dit que nous devions partir immédiatement. Mais la détermination de Hussein ne faiblissait pas : il voulait assurer à son peuple un avenir stable et rempli d'espoir. Enfin, à minuit, il mit le point final au document et, tandis que le texte en était dactylographié, il eut un entretien avec son frère, le prince Hassan, et son fils Abdallah, le nouveau prince héritier. Aussitôt après, il annonça sa décision aux anciens de la famille, au Premier ministre et aux membres les plus importants du Parlement, de l'armée et des services de renseignement. Délivré de l'immense fardeau qui avait pesé sur ses épaules, il put enfin se reposer pendant quelques heures avant de partir.

Lue le lendemain à la télévision jordanienne et communiquée à la presse internationale, la lettre suscita la polémique. Hussein avait mis six heures à en écrire le texte, fruit d'un effort miraculeux. Il m'en donna une copie pendant le voyage qui nous ramenait à Mayo, mais je n'en pris connaissance que quelques mois plus tard et ne découvris qu'alors, à ma surprise et à ma grande émotion, la place qui m'y était réservée : « Elle m'a apporté le bonheur et m'a entouré de soins affectueux et d'amour pendant ma maladie. Jordanienne par toutes les fibres de son être, elle sert les intérêts de notre pays et prend sa défense la tête haute. Mère, elle se dévoue à sa famille. Nous avons grandi ensemble, par l'âme et par l'esprit, et elle a enduré de nombreuses épreuves pour m'assurer les soins que mon état exigeait. Et, comme moi, elle a ressenti beaucoup d'angoisse, a été exposée à beaucoup de chocs, mais elle a toujours placé sa foi en Dieu et caché ses larmes sous des sourires. Comme moi aussi, elle a été la cible des critiques. Pourquoi pas ? Il y a toujours des ambitieux impatients d'atteindre le sommet, et quand la fièvre montait, certaines personnes pensaient le moment venu de saisir leur chance. »

Le lendemain matin, Burdett, notre infirmière, me prit à part pour me dire que les analyses de sang les plus récentes étaient très inquiétantes. Avec beaucoup de douceur, elle suggéra que Hamzah vienne nous retrouver pour nous accompagner à Mayo. La sachant au courant du règlement très strict de Sandhurst, je compris à quel point la situation était grave et mon cœur se serra. Je me retirai dans la pièce qui me servait de penderie et m'effondrai sur le sol, en larmes. « Je ne suis pas prête à perdre la lumière de ma vie, notai-je dans mon journal. Je dois garder la foi, je dois rester optimiste. Je prierai et prierai et prierai pour sa santé, son bonheur et la paix de son esprit. Si l'un de nous doit être rappelé à Dieu, que ce soit moi ! »

Nous sommes partis le lendemain matin, 26 janvier, à bord du TriStar, une semaine après être rentrés à Amman. Pendant le trajet en voiture jusqu'à l'aéroport, Abdallah était assis à l'avant avec son père, tandis que j'étais à l'arrière avec Rania. Elle craignait que le prince Hassan et ses partisans ne tentent d'intervenir dans la succession. Je m'efforçais de calmer son angoisse, lui répétant que j'étais certaine que les désirs de Sa Majesté seraient respectés. Quelques représentants du gouvernement, des membres de la cour et de la famille étaient rassemblés, livides, à l'aéroport pour souhaiter bon voyage à leur souverain bien-aimé. Quoique extrêmement fatigué et faible, Hussein leur serra la main et dit quelques mots à chacun. Ce geste lui demanda plus de force qu'il n'en avait, mais il le fit.

Le vol sembla interminable. Nous avions demandé à Richard Verrall de se procurer du sang et des plaquettes à Londres et de nous rejoindre avec Raiyah et Hamzah, à Shannon, en Irlande, où nous devions faire le plein de carburant. Mon mari a insisté pour qu'on le réveille avant d'atterrir, car il voulait mettre un veston et une cravate afin d'être dans une tenue correcte quand ses enfants monteraient à bord. L'effort qu'il s'imposa fut une fois de plus considérable, mais il les accueillit tous avec le sourire et des mots d'encouragements.

Il observa la même attitude à notre arrivée à Rochester. Rassemblant son courage, il descendit d'avion sans l'aide de personne et ne perdit rien de son optimisme en retrouvant la chambre qu'il avait occupée pendant les six mois précédents. « O.K., dit-il aux médecins, allons-y. »

Le protocole de chimiothérapie utilisé cette fois ne lui avait jamais été administré. Il présentait un danger particulier car, en détruisant rapidement les cellules cancéreuses, il risquait de causer des anomalies métaboliques éventuellement mortelles. Hussein fut donc placé dans le service de soins intensifs où il bénéficierait d'une surveillance constante. Cette mesure était particulièrement difficile à supporter pour ses gardes du corps dont beaucoup ne nous avaient pas quittés pendant les six mois précédents, refusant de prendre le moindre repos ou de rentrer chez eux pour voir leur famille. Ils auraient donné leur vie pour Hussein, mais ils ne savaient pas comment le protéger du cancer, et le service des soins intensifs les terrifiait. Les gens qu'on y mettait n'en ressortaient jamais vivants, répétaient-ils malgré nos efforts pour les rassurer.

Mon mari toléra d'abord très bien le nouveau traitement qui lui fit suffisamment de bien pour qu'on puisse le ramener dans sa chambre, mais petit à petit, il devint confus et apathique. Il parlait de moins en moins, ne communiquant que par des regards et des expressions. Haya, Ali, Hachim, Iman et Raiyah étaient avec nous et Hamzah quittait rarement sa chambre. « Mes courageux enfants réconfortent et apaisent leur père, ils prient pour lui et lui témoignent leur amour d'une manière que je n'aurais jamais imaginé possible », notai-je dans mon journal. Un soir où je m'étais laissé persuader d'emmener les plus jeunes des filles et Burdett dîner rapidement dehors, Haya me rappela, effrayée par l'état dans lequel elle voyait son père. Il parlait de plus en plus rarement et semblait s'être retiré en lui-même. Il commença ensuite à avoir du mal à respirer.

Ce fut Hamzah qui, de garde un matin auprès du malade, disant les prières qui l'avaient si souvent réconforté, remarqua qu'un changement se produisait en lui. Il appela Burdett qui prévint à son tour les médecins. Ceux-ci décidèrent de le mettre sous respirateur après m'avoir expliqué les avantages et les risques de cette technique. Après m'être entretenue un moment avec eux, je demandai : « Pouvons-nous le ramener dans notre pays ? » « Naturellement », répondirent-ils. « Quand ? » interrogeai-je encore. Si nous devions accepter la défaite, ce ne serait pas à Rochester, Minnesota, décidai-je. Ce serait chez lui, entouré de sa famille jordanienne.

Deux heures plus tard nous étions dans les airs. L'équipe médicale, le personnel administratif et domestique, les pharmaciens, les kinésithérapeutes et l'équipage de l'avion avaient conjugué leurs efforts pour préparer le voyage. Nous nous sommes retrouvés à l'aéroport, bagages faits, accompagnés par dix médecins, une infirmière, un spécialiste de l'assistance respiratoire, et avec tout le matériel et les médicaments dont nous pouvions avoir besoin. Nous avons décollé, priant encore pour qu'un miracle se produise et espérant au moins que Hussein arriverait en Jordanie en vie. Nous avons eu cette fois encore une escorte d'avions de chasse, mais personne ne lui a prêté grande attention.

Nous nous sommes arrêtés à Shannon où Richard Verrall nous attendait avec de l'oxygène, du sang et des plaquettes qu'il s'était procurés à Londres. Il était deux ou trois heures du matin et, de la piste déserte où il se tenait, il a vu le TriStar émerger de l'obscurité et s'approcher, la couronne dorée étincelant sur sa queue. Il a dit plus tard qu'il n'oublierait jamais ce moment. À ma demande, Hamzah l'a prié de monter à bord faire ses adieux à mon mari, comme j'avais invité tout le monde à le faire dans l'avion. C'était bien normal après tout ce que nous avions vécu ensemble pendant de si longues années. Voir Hussein étendu, immobile, lui qui avait toujours été si plein de vie, était terrible.

Une pluie froide frappait les fenêtres de la chambre où mon mari gisait sans bouger au Centre médical du roi Hussein d'Amman. Dehors, des milliers de Jordaniens veillaient anxieusement sous l'averse. Le lendemain de notre arrivée, j'ai marché jusqu'à l'entrée de l'hôpital avec nos fils, Faysal, Ali, Hamzah et Hachim pour demander à la foule de prier pour le roi avec nous. Un désespoir palpable accablait la nation. « Chaque soir, à l'heure du repas, je mets un couvert pour lui », dit une femme.

À l'hôpital, la famille de mon mari s'était réunie pour lui dire adieu. Ses frères, sa sœur, ses cousins, ses neveux, ses nièces, ses ex-épouses vinrent tous prier pour lui. Il était inconscient et la vie glorieuse qui avait été la sienne touchait rapidement à sa fin.

Son état s'était détérioré d'une manière si rapide et si inattendue que j'avais demandé aux médecins de parler à ses fils et de leur faire part de leur pronostic. L'aîné, Abdallah, prendrait bientôt les rênes du pays, assisté par Hamzah et par ses frères, et je pensais qu'ils devaient être mis au courant de l'état de leur père afin de participer aux ultimes décisions médicales. Pendant tout le temps que dura cette veille, les enfants restèrent auprès de leur père, priant pour lui, psalmodiant des *Du'aa,* les uns dormant par terre autour de son lit. Je le sentais en paix entouré de sa famille.

Le dernier matin, je me suis frayé un chemin entre les enfants endormis pour passer un dernier moment tranquille avec mon mari. Mais, de bien des façons, j'avais déjà pris congé de lui. Nous avions, lui et moi, accepté depuis longtemps que Dieu seul déciderait de l'issue de la bataille.

Hussein a rendu le dernier soupir à Amman le 7 février, pendant la prière du milieu de la journée. Il avait fait gris toute la matinée et, quand son cœur s'est arrêté de battre, les cieux se sont littéralement ouverts et ont laissé échapper des torrents de pluie. Il est mort face à La Mecque, au même âge que le Prophète, *Que la paix soit avec lui.* J'étais à côté de son lit, entourée de nos enfants et de nos parents, et je lui tenais la main. Je me suis tournée vers Abdallah et lui ai dit : « Le roi est mort, vive le roi », puis je l'ai serré dans mes bras.

Nous avons, les garçons et moi, ramené le corps de mon mari à Bab al-Salam, la demeure qu'il avait tant aimée, mais où il avait à peine eu le temps de vivre, et nous avons placé son cercueil dans le salon. J'y ai dormi cette nuit-là, sur un canapé, à la lumière d'une unique bougie placée sous son portrait, dans l'air embaumé du parfum d'un encens apaisant. J'étais dans un état de choc, bien sûr, mais j'étais aussi remplie d'un extraordinaire sentiment de paix. Les mots sont impuissants à exprimer la sérénité et la simple foi qui m'ont soutenue pendant ces moments et m'ont aidée à croire que je ne vivais qu'une étape du voyage que nous poursuivrions ensemble. Au milieu de la nuit, Haya, Ali, Hamzah, Hachim et Iman, se soutenant les uns les autres, sont venus sans bruit passer un moment avec lui.

Le matin, les fils de Hussein ont emmené son corps dans la cuisine pour procéder au *ghasl*, le lavage rituel. Le cheikh Ahmad Hillayel, l'imam de la famille hachémite, m'a invitée à passer quelques ultimes instants auprès de mon mari avant de présider à la cérémonie à l'issue de laquelle les garçons ont enveloppé le corps de leur père dans le costume blanc sans couture des pèlerins qui vont à La Mecque, et ont récité les prières pour les morts. Conformément à la coutume musulmane, l'enterrement devait avoir lieu immédiatement.

Une extraordinaire galaxie de dignitaires venus du monde entier s'est rassemblée à Amman pour rendre hommage à Hussein : des rois, des présidents, des chefs d'État, des amis et des ennemis, des représentants de familles royales et des membres de délégations de haut niveau. Parmi les dirigeants moyen-orientaux figuraient le président Hosni Moubarak d'Égypte, le prince héritier Abdallah d'Arabie saoudite, le président Ali Abdallah Saleh du Yémen, le cheikh Al-Khalifeh de Bahreïn, le président Omar Hassan al-Bashir du Soudan, le dirigeant palestinien Yasser Arafat, le président syrien Hafez al-Assad, Taha Ma'rouf, le vice-président irakien, le secrétaire général de la Ligue arabe, Esmat Abdul Meguid, et Son Excellence l'Aga Khan. Quatre présidents des États-Unis étaient présents : Bill Clinton, Gerald Ford, George Bush et Jimmy Carter. Le Premier ministre Netanyahou vint d'Israël avec le président Ezer Weizmann et un groupe de personnalités importantes. La reine Sophie et le roi Juan Carlos d'Espagne étaient là, ainsi que le prince Charles d'Angleterre, la reine Béatrice de Hollande et le roi Albert de Belgique avec la reine Paola ; le prince héritier du Japon, Naruhito, fit aussi le voyage avec son épouse Masako ; le président Boris Eltsine figurait parmi les dirigeants politiques, aux côtés du chancelier allemand Gerhard Schroeder, des Premiers ministres français, Jacques Chirac, et anglais, Tony Blair, des présidents autrichien Thomas Klestil et irlandais Mary McAleese, du ministre de l'Intérieur de l'Afrique du Sud, Mangosuthu Buthelezi, du secrétaire général des Nations unies Kofi Annan et de sa femme Nane, du président tchèque Vaclav Havel, ainsi que de beaucoup d'autres personnalités officielles et d'amis.

Mes parents vinrent des États-Unis avec le président Clinton qui avait eu la bonté de leur offrir des places à bord d'*Air Force One.*

Après avoir dit un dernier adieu à mon mari avec nos filles et les femmes de la famille, j'ai regardé ses fils placer son cercueil sur le corbillard qui l'a transporté en une triste procession à travers la capitale jusqu'au palais Raghadan où les dignitaires jordaniens et étrangers lui rendirent un dernier hommage avant de l'accompagner à la mosquée voisine pour une courte cérémonie, et enfin au cimetière royal où il a été enterré. « *Hatta al samaa iabki ala Al-Hussein* », répétaient les gens sous la pluie, dans les rues qu'enveloppait un épais brouillard. Le ciel lui-même pleure Al-Hussein.

J'avais invité la princesse Basma à venir avec moi au cimetière. La presse raconta à l'époque que, selon la loi musulmane, il m'était interdit d'assister aux funérailles. Ce n'était tout simplement pas vrai. Je savais qu'il fallait que je reste avec lui jusqu'à ce qu'il soit mis en terre, et que ma présence ne serait pas contraire aux enseignements de notre foi. Je ne me sentais pas liée par des traditions sociales et je connaissais la compassion immense dont sont capables les Jordaniens. Je serai toujours reconnaissante aux membres de notre service du protocole et à notre imam, le cheikh Hillayel, de la compréhension qu'ils ont montrée durant ces moments difficiles.

De l'entrée du mausolée des parents de Hussein où je me tenais avec Basma, j'ai regardé ses fils s'arrêter auprès de la tombe de son grand-père et déposer son corps enveloppé d'un linceul et tourné vers l'est, la direction de la ville sainte de La Mecque. Je suis ensuite allée à Al-Ma'Wa pour recevoir le prince héritier Abdallah d'Arabie saoudite qui avait demandé à me rencontrer en privé pour m'offrir ses condoléances. Je me suis ensuite rendue au palais de Raghadan pour recevoir les manifestations de sympathie des autres dignitaires étrangers. Pendant les trois jours suivants, les femmes appartenant aux trois générations de la famille ont accueilli au palais Zahran les visiteuses venues de Jordanie, des pays arabes et du reste du monde pour partager leur deuil. J'étais dans un état de choc, mais j'éprouvais une extraordinaire impression de sérénité. J'étais imbue de l'esprit et de la foi qui avaient guidé mon mari, et me rendaient capable de me tourner vers les autres et de les réconforter, comme il l'aurait fait lui-même.

J'ai compris que je ne craindrais jamais la mort : elle serait au contraire pour nous une chance de réunion.

Et je ne m'étais pas trompée. Rien n'approchera jamais l'amour et le respect que m'inspirait – et que m'inspire toujours – mon mari. L'humanité, la constance, la droiture qui faisaient le fond de son caractère sont des qualités incomparables dans un monde dominé par le mensonge et la poursuite des intérêts individuels. Je continue à remercier Dieu de l'acte de foi qui décida du cours de ma vie dans ma jeunesse. Je tenterai d'apporter à tout ce que j'entreprendrai l'optimisme et la conviction morale qui animaient Hussein. Je m'efforcerai de l'imiter, lui qui ne s'est jamais laissé décourager. Je prie pour que tous nos enfants foulent un jour le sol de Jérusalem où régnera la paix. *Inch'Allah.*

Épilogue

Hussein était un véritable homme de foi, il croyait profondément à la paix, à la tolérance et à la compassion. Je l'ai compris avec plus de clarté que jamais à La Mecque, l'année après sa mort. Pendant sa maladie, nous avions souvent parlé de faire le pèlerinage ensemble, mais ce désir ne s'est jamais réalisé. En 1999, j'ai décidé de partir avec quelques proches, amis et membres de la famille. On prie pour l'âme des défunts en pareille circonstance et j'ai obéi à cette coutume, mais j'ai aussi pu prendre mes distances avec le monde matériel et temporel, et retrouver la pureté de la foi qui m'avait soutenue et guidée pendant la maladie de Hussein et plus tard. J'ai aussi fait l'expérience d'un autre aspect de ma religion qui réconforte et élève l'âme : la solidarité avec l'*umma*, l'ensemble de la communauté musulmane. Elle est en paix et profondément unie à La Mecque, lieu de naissance et cœur de l'islam.

À mon arrivée dans la ville sainte, j'ai été conduite dans le logement que mon mari occupait toujours quand il y séjournait. Tandis que je me lavais et que je revêtais de simples habits blancs, j'imaginais ce que Hussein avait perçu et ressenti en se préparant à ce rituel de renouveau auquel, adulte, il avait pris part presque chaque année. J'ai ensuite rejoint mes parents et mes amis pour prier avant de me rendre avec eux à la Grande Mosquée Al-Haram al-Charif. Devant son entrée principale, on apercevait, en levant les yeux, le fort hachémite érigé au sommet d'une colline, autrefois propriété de la famille de Hussein. La silhouette vaporeuse de cet édifice de pierres dorées, le plus beau de La Mecque après le sanctuaire, brillait dans la lumière déclinante du jour. Une fois arrivés, nous

nous sommes joints à un flot d'hommes et de femmes venus des quatre coins de la planète, seuls ou en groupes, en famille ou avec des voisins, pour prier Dieu comme les musulmans le font depuis le moment où, accomplissant sa mission, le prophète Mahomet a révélé le Coran.

La piété sereine des milliers de pèlerins qui m'entouraient a renforcé le respect que m'inspire l'islam. Nous avons fait ensemble sept fois le tour de la Kaaba – l'édifice de pierre cubique placé au centre de la Grande Mosquée. Puis, pendant le *Sa'j*, trajet effectué dans le Haram, entre Safa et Marwa, pour symboliser celui d'Agar en quête d'eau, nous sommes passés sept fois devant le portail de Bab al-Salam (nom que nous avions donné à notre demeure). Lorsque les gardes saoudiens écartaient la foule pour nous frayer un passage, je pensais à Hussein qui, en adepte passionné du message d'égalité de l'islam, se sentait toujours mal à l'aise lorsqu'il bénéficiait d'un traitement de faveur de cette sorte.

Au fil des heures passées à prier et à méditer, je me suis sentie immensément reconnaissante d'avoir été témoin de l'exemple extraordinaire donné par Hussein, de sa foi, de sa patience, de son calme face aux conflits et à l'hostilité, et de sa fidélité à sa vision de la paix. J'ai pensé à la manière dont, ne ménageant ni ses forces, ni ses conseils, ni son amour, il avait été le pilier non seulement de notre famille hachémite mais de notre famille jordanienne tout entière.

Pendant les derniers mois passés à ses côtés, j'avais compris la puissance de la résignation, j'avais appris que la victoire s'obtient parfois par la soumission, par la confiance, et qu'ainsi on se dépasse. Tandis que mon mari entamait l'étape suivante de son voyage, j'ai ardemment désiré l'accompagner, céder à la douleur qui me brisait le cœur. Au plus fort de la tentation, je pensais à nos enfants, si courageux, si aptes à se réconforter mutuellement et à me consoler. Et notre peuple bien-aimé paraissait compter sur moi pour préserver le contact avec le père, le fils et le frère qu'il chérissait. Tous semblaient chercher à maintenir intacts les liens qui les unissaient à lui, non grâce au souvenir de ce qu'il avait été, mais grâce à son esprit dont la présence continuait à se manifester, comme si j'avais absorbé une partie de sa sagesse et de sa bonté.

Abdallah et ses frères et sœurs assureraient, j'en étais certaine, la continuité de la tradition hachémite et seraient les dignes descendants de cette lignée de chefs. Mais l'extraordinaire confiance que notre peuple avait en moi, le crédit qu'il m'accordait m'ont aidée à tenir bon. J'ai vu dans son attitude une bénédiction, un privilège et un devoir.

Je savais aussi que ma foi me soutiendrait au cours des jours et des mois à venir, et que je retournerais à La Mecque, *Inch'Allah*, lieu où s'incarne le message éternel de l'islam, l'appel à vénérer Dieu en se montrant honnête, humble, prêt au sacrifice et apte à comprendre autrui.

La vie et la mort sont toutes deux des étapes dans le voyage de l'esprit, et toutes deux sont entre les mains de Dieu. Hussein disait souvent que nous n'étions que les gardiens d'un héritage éternel qui transcende tout individu, pays ou civilisation. Nous sommes les porteurs temporaires et mortels de valeurs éternelles et sacrées transmises de génération en génération, dans notre région et ailleurs depuis des milliers d'années. Ces réflexions, qui m'ont tant réconfortée lorsque je priais à La Mecque il y a trois ans, semblent avoir une résonance particulière aujourd'hui dans un monde ébranlé par de terribles bouleversements et en proie à une violence inouïe. Les hommes politiques et les dirigeants chercheront des solutions aux maux de l'humanité, par des moyens pacifiques ou par d'autres, mais, pour que des changements positifs et durables se produisent, nous devons tous reconnaître notre commune humanité et nous conformer chacun aux valeurs prônées par notre foi quelle qu'elle soit, comme l'a dit le prophète Mahomet, *La Paix soit sur lui*. « Aucun d'entre vous n'est un vrai croyant s'il ne désire pas pour son frère ce qu'il désire pour lui-même. »

La mémoire de ce que Hussein a accompli gardera longtemps une place dans l'histoire, je le sais, mais ce sera le souvenir de ses yeux et de son sourire aimants, de son humour sans malice, de sa sagesse tranquille, de son humilité, de sa générosité et de sa clémence qui m'aidera à poursuivre mon existence. Je prie pour que le legs d'amour, de tolérance et de paix qu'il nous a laissé demeure vivant en nous tous. C'est un don pour lequel je lui serai éternellement reconnaissante, et un défi que je tenterai de relever dans ma vie et dans mon travail.

Tu peux compter sur moi, mon amour. Je continuerai à marcher sur le chemin que nous avons suivi côte à côte, et je sais que tu seras là pour m'aider, comme tu l'as toujours été. Et quand nous nous retrouverons, à la fin du voyage, et que nous rirons de nouveau ensemble, j'aurai des milliers de choses à te dire.

Noor al-Hussein
Bab al-Salam
Amman, Jordanie, novembre 2002
Ramadan 1423

INDEX

Table

Selon le vœu de la reine Noor, le produit de la vente de ce livre sera versé à la Fondation du roi Hussein afin de permettre à cette institution d'accomplir sa mission en poursuivant les buts auxquels le souverain a consacré sa vie : contribuer à la recherche de la paix, au développement durable et à la compréhension interculturelle grâce à des programmes favorisant la paix et la démocratie, l'éducation et le sens du leadership, la santé et la protection de l'environnement.

La Fondation, qui mène une action non lucrative aux États-Unis et en Jordanie, a été créée pour poursuivre l'œuvre humanitaire du défunt roi et perpétuer ses idéaux.

Cet ouvrage a été composé
par Graphic Hainaut
et achevé d'imprimer
sur Roto-Page
par l'Imprimerie Floch
à Mayenne en mars 2004

N° d'impression : 59736
Dépôt légal : mars 2004

Imprimé en France